Rund um das Mittelmeer

EINE KULINARISCHE REISE

Kürbis mit würziger Ricotta (Rezept S. 205)

Rund um das Mittelmeer

EINE KULINARISCHE REISE

Mit 235 Originalrezepten aus
Marokko, Algerien, Tunesien, Ägypten, Israel,
Libanon, Syrien, Türkei, Griechenland, Zypern,
Italien, Spanien, Korsika und der Provence

Rezepte von Joyce Goldstein
Text von Ayla Algar
Foodfotos von Peter Johnson

Christian Verlag

Aus dem Englischen übersetzt von
Cornell Ehrhardt
Redaktion: Brigitte Milkau
Korrektur: Petra Tröger
Umschlaggestaltung: Ludwig Kaiser
Herstellung: Dieter Lidl
Satz: Fotosatz Völkl, Puchheim

Produced by Weldon Owen Inc.
President: John Owen
General Manager: Stuart Laurence
Publisher: Jane Fraser
Co-Editions Director: Derek Barton
Production: Stephanie Sherman, Mick Bagnato, James Obata
Design: Tom Morgan, Blue Design, und John Bull,
The Book Design Company
Karten: Kenn Backhaus
Illustrationen: Diana Reiss-Koncar

Produktion: Mandarin Offset, Hong Kong
Printed in China

ISBN 3-88472-265-4

Schutzumschlag: *Mykonos, Griechenland*

Vorsatz: *Mosaik-Detail aus Ephesus, der berühmten Stadt an der türkischen Westküste, die bereits um 1000 v. Chr. von den Griechen besiedelt wurde.*

Seite 2/3: *Santorini wird oft als die schönste Inselgruppe des gesamten Mittelmeerraums beschrieben. Ihre heutige Gestalt erhielt sie um 1500 v. Chr., als die einst fast kreisrunde Insel durch einen Vulkanausbruch zerbarst. Seither ragen nur noch drei Teile des Kraterrands aus dem Meer.*

Rechts: *Die alte ägyptische Tempelanlage von Abu Simbel, die der Göttin Hathor und der Königin Nefertari geweiht war, wurde in den sechziger Jahren an eine höher gelegene Stelle versetzt, damit sie nicht von den Wassermassen des Nasser-Stausees überflutet wurde.*

Seite 8/9 (von links nach rechts): *Fladenbrot* (Rezept S. 82); *Spinatpasteten* (Rezept S. 74); *Kleine Fleischpasteten* (Rezept S. 87)

Seite 12/13: *Casares, ein spanisches Dorf in der Hügellandschaft Andalusiens, blickt in südlicher Richtung auf Gibraltar und Nordafrika.*

Von oben nach unten: *Tomatensuppe* (Rezept S. 107); *Gemüsesuppe mit Basilikumpaste* (Rezept S. 107)

Inhalt

Aufgrund vulkanischer Tätigkeit hat sich die zerklüftete griechische Insel Santorin im Laufe der Zeit immer wieder verändert.

Einführung

Behauptungen, daß ein bestimmter Ort der Mittelpunkt der Welt sei, entspringen eher theologischen Vorstellungen als geographischen oder historischen Realitäten. Die Erde ist zu groß und die Geschichte der Menschheit zu komplex, als daß es für alles ein einziges Zentrum geben könnte. Innerhalb der Alten Welt kann aber das Mittelmeer durchaus eine gewisse Zentralität für sich beanspruchen. Drei Kontinente – Europa, Asien und Afrika – grenzen an seine Gewässer, und seit dem Altertum haben sich die meisten bedeutsamen Entwicklungen der Weltgeschichte im Bereich des Mittelmeeres abgespielt. Jüdische, christliche und islamische Religion haben ihren Ursprung im Mittelmeerraum; ohne Einbeziehung der dort entstandenen Zivilisation lassen sich die Geschichte und die Kultur Europas und des Vorderen Orients kaum begreifen.

Trotz dieser vielfältigen Beziehungen ist das Mittelmeer ein zusammenhängender, weitgehend in sich geschlossener Lebensraum – handelt es sich im Grunde doch um ein Binnenmeer. Ohne die Straße von Gibraltar, die Europa von Afrika trennt und eine Verbindung zum Atlantischen Ozean schafft, wäre das Mittelmeer gänzlich von Festland umgeben. Ein weiterer Durchlaß, der Sueskanal, ist eine künstlich angelegte Schiffahrtsstraße aus jüngerer Zeit; und die zweite Meeresstraße – die Dardanellen, mit ihrer Fortsetzung, dem Bosporus – ist kaum mehr als ein Kanal zum Schwarzen Meer, das man mit Fug und Recht als Nebenmeer des Mittelmeeres bezeichnen kann. Andere Meere innerhalb des Mittelmeeres – das Tyrrhenische Meer, die Adria und die Ägäis – sind lediglich Meeresarme oder Unterteilungen des Hauptmeeres, und es handelt sich dabei um kartographische Übereinkommen und weniger um tatsächliche geographische Gegebenheiten.

Linke Seite: *Ghardaia ist das algerische Zentrum des Teppichhandels. Märkte wie diesen findet man in allen nordafrikanischen Städten.*

All dies hat dazu geführt, daß die an den Ufern des Mittelmeeres lebenden Menschen – trotz unterschiedlicher Sprachen und Religionen – oftmals enger miteinander verbunden waren als mit ihren jeweiligen Landsleuten im Hinterland. Ähnliche klimatische und geographische Verhältnisse waren die Grundlage für den kulinarischen Austausch, der sich aus Völkerwanderungen, Eroberungszügen und Handelsbeziehungen ergab. Hier liegen die eigentlichen Wurzeln der vielfältigen kulinarischen Traditionen, die wir als mediterrane Küche bezeichnen.

Die mediterrane Welt definiert sich naturgemäß durch das Meer, das ihren Mittelpunkt bildet – mit der naheliegenden Konsequenz, daß die Küche seit alters her den Reichtum an Fischen und Meeresfrüchten nutzt. Diese herausragende Stellung der Meerestiere wurde durch einen weiteren geographischen Faktor noch verstärkt: den Mangel an Weideland, durch den Rindfleisch zu einer Seltenheit auf der mediterranen Speisekarte wird. Im Gegensatz dazu ist die Schafzucht weniger von üppigen Weiden abhängig, so daß Lamm und Hammel eine größere Rolle in der Ernährung spielen. Die wirtschaftlichen Verhältnisse setzen dem Fleischverzehr jedoch oftmals Grenzen; nicht ohne Grund galt das Schlachten eines Lamms schon immer als eine großzügige Geste der Gastfreundschaft. Bei all der sonnendurchfluteten Heiterkeit, die wir mit dem Mittelmeer assoziieren – die aber in Wirklichkeit kaum mehr als die Phantasie eines Urlaubers ist –, und bei all der landschaftlichen Schönheit schwingt immer auch ein rauher Unterton mit. Das Land am Mittelmeer – sowohl die bergigen Halbinseln an den nördlichen Küstenstreifen wie auch die verhältnismäßig schmalen Küstenebenen im Osten und Norden – ist in weiten Teilen unfruchtbar, da die Niederschläge im Vergleich zu Nordeuropa nur gering sind. Für die Bewohner bedeutet dies, daß sie ihren Lebensunterhalt der Natur hart abringen müssen. Um so bemerkenswerter ist es, daß sich die

FRANKREICH
ITALIEN
PYRENÄEN
ANDORRA
NIZZA
MONACO
MARSEILLE
Ligurisches Meer
KORSIKA
ROM
BARCELONA
MADRID
SPANIEN
VALENCIA
BALEAREN
MENORCA
MALLORCA
IBIZA
SARDINIEN
NEAPEL
Tyrrhenisches Meer
MÁLAGA
TANGER
Straße von Gibraltar
Mittelländi
PALERMO
SIZILIEN
RABAT
FÈS
ALGIER
SKIKDA
TUNIS
CONSTANTINE
MALTA
MAROKKO
TELLATLAS
TUNESIEN
SFAX
ALGERIEN
TRIPOLIS
WESTLICHER GROSSER ERG
ÖSTLICHER GROSSER ERG
LIB
BACKHAUS

BELGRAD
STAATEN DES EHEMALIGEN JUGOSLAWIEN
PLIT
DUBROVNIK
ALBANIEN
TIRANA
driatisches Meer
Schwarzes Meer
ISTANBUL
ANKARA
TÜRKEI
Ägäisches Meer
GRIECHENLAND
IZMIR
TAURUS
ATHEN
ANTALYA
IONISCHE INSELN
Ionisches Meer
RHODOS
NIKOSIA
ZYPERN
SYRIEN
LIBANON
BEIRUT
DAMASKUS
KRETA
JERUSALEM
ISRAEL
ches Meer
ALEXANDRIA
Sueskanal
KAIRO
BENGASI
ÄGYPTEN
Golf von Sues
Nil
YEN
LIBYSCHE WÜSTE
Rotes Meer

An einer schmalen Meeresbucht am Rande eines bewaldeten Vorgebirges gelegen, bietet das malerische Fischerdorf Portofino das typische Bild eines norditalienischen Hafens.

Landwirtschaft am Mittelmeer prächtig entwickelt hat, was nicht nur der geschickten Kultivierung, sondern auch der Hartnäckigkeit und Ausdauer der bäuerlichen Bevölkerung zuzuschreiben ist. Praktisch allen Landesküchen im Mittelmeerraum liegt der gleiche bäuerliche Charakter zugrunde, dem die Kochkultur der Region einige ihrer besten Eigenschaften verdankt: herzhafte, deftige Gerichte, unverfälschte Zutaten und einfache Rezepte.

»Am Mittelmeer zu leben bedeutet, sich auszutauschen«, schrieb der bekannte französische Historiker Fernand Braudel, ein Experte für die Geschichte der Mittelmeerregion; Häfen und Völker, die über das Meer miteinander in Verbindung stehen, könnten anders nicht leben. Der Austausch erfolgt im allgemeinen über zwei Hauptachsen, die von Ost nach West und von Nord nach Süd verlaufen. Auf der Ost-West-Achse gelangten Feldfrüchte und Küchentechniken durch Phönizier, Griechen und Araber in den westlichen Mittelmeerraum – die Reihenfolge zeigt sowohl die chronologische Abfolge wie auch den Grad ihrer Bedeutung. Und die Hafenstädte des nördlichen Mittelmeeres – Montpellier, Marseilles, Venedig, Genua – verdankten ihren Wohlstand der Tatsache, daß sie mit den östlichen und südlichen Küstenregionen Handel trieben und Nahrungsmittel verschifften.

Die ursprüngliche Form des Austausches ist selbstverständlich der Handel, und während vieler Jahrhunderte stellten Gewürze das wichtigste Handelsgut im Mittelmeergebiet dar. Im Altertum, in der Antike und im Mittelalter verstand man unter Gewürzen nicht nur Würzzutaten, sondern alle extravaganten und feinen Substanzen für die Küche, insbesondere solche aus fernen Ländern. Wenige mediterrane Landesküchen lassen sich heute als scharf bezeichnen, aber Gewürze waren im gesamten Mittelmeerraum von großer historischer Bedeutung und hatten sogar Einfluß auf das politische und militärische Schicksal der Region. Eines der weltlichen Motive für die Kreuzzüge war, die Kontrolle über die östlichen Mittelmeerhäfen zu erlangen, die den Karawanen mit asiatischen Gewürzen als Endpunkt dienten. Und der Wunsch, direkten Zugang zu eben diesen Gewürzen zu erhalten, trieb auch einen geographisch überaus schlecht orientierten Kolumbus über den Atlantik.

Es ist nicht unsere Absicht, ein Loblied auf antike oder neuzeitliche Großmächte anzustimmen, doch läßt sich nicht bestreiten, daß sie eine wesentliche Rolle für den Austausch von Menschen und Waren gespielt haben; und dies ist für die Entstehung einer Kochkultur fast ebenso wichtig wie der Handel. Indem sie verschiedene Territorien unter eine einheitliche politische Führung brachten, sorgten sie für die Verbreitung regionaler Produkte, und die gutsortierten Märkte, die in den großen Reichsstädten – Rom, Bagdad, Konstantinopel – entstanden, waren eine ständige Einladung zu kulinarischen Experimenten und Schwelgereien. Die Höfe und Paläste verliehen der Kochkunst nicht nur den gebührenden Glanz, sondern beteiligten sich mitunter auch aktiv an ihrer Entstehung. So soll Nero die *aïoli*-Sauce erfunden haben, was zweifellos eine größere Leistung war, als beim Brand von Rom Verse zu deklamieren. Und der Initiative eines anderen despotischen Herrschers, des osmanischen Sultans Murad IV., der im 17. Jahrhundert lebte, wird die Erfindung von *hünkâr beğendi* (»Des Sultans Entzücken«) – Auberginenpüree (Rezept S. 200) – zugeschrieben. Beide Anekdoten mögen erfunden sein, verdeutlichen aber, daß die meisten Herrscher Einfluß auf die Gastronomie genommen haben.

Trotz ihrer ausgedehnten Reisen im Mittelmeer, auf deren kulinarische Konsequenzen wir an anderer Stelle zurückkommen, waren die Phönizier und die Griechen vor allem Händler und Kolonialisten und keine Reichsgründer. Erst die Römer schufen ein Imperium, das den gesamten Mittelmeerraum umfaßte. Unter ihrer Herrschaft entwickelte sich der Weizenanbau in Spanien, Sizilien und Nordafrika, sie schätzten erstklassiges Olivenöl, verwendeten Gewürze im Übermaß, kannten beim Essen kaum Tabus und waren gewillt, fast alles zu kosten. Heutzutage fällt es allerdings schwer, sich für eine Küche zu begeistern, die in Honig gegarte Haselmäuse als Delikatesse betrachtete, die »Hasen- und Saueneuter, Bären und Antilopen, Federvieh und Flamingos und Gazellen« als geeignet für »ein herrliches Festmahl« (Juvenal) hielt und die eine allgemeine Abneigung gegen natürliche und unverfälschte Aromen hatte. Komplizierte Saucen, die den natürlichen Geschmack überdecken und die in manchen Kochkulturen die höchste Stufe der Perfektion darstellen, findet man im Mittelmeerraum nur selten; dort, wo sie auftauchen, sind sie ein Relikt der römischen Küche. Stärker verbreitet, zumindest am nördlichen Mittelmeer, ist die Verwendung unterschiedlicher Fleischarten in einem Gericht, was möglicherweise ebenfalls auf römische Traditionen zurückgeht.

Das Oströmische Reich, das sich nach der Zerstörung des Weströmischen Reiches noch ein Jahrtausend behaupten konnte, umfaßte die Balkanhalbinsel, die Inseln des östlichen Mittelmeeres, die asiatischen Provinzen und Ägypten. Zentren der byzantinischen Kultur waren vor allem Konstantinopel und Thessaloniki, bis zum siebten Jahrhundert auch Ravenna, Antiochia und Alexandria, und Reichssprache war das Griechische. Die Byzantiner – die Herren über Konstantinopel, das »zweite Rom« – versuchten auf vielen Gebieten, die römischen Traditionen fortzuführen oder wiederzubeleben; in der Küche hingegen führten sie ihre eigenen Zubereitungsmethoden und Gerichte ein, die im Kapitel über Griechenland näher beleuchtet werden.

Den Arabern waren imperialistische Herrschaftsprinzipien im Grunde unbekannt, und die politische Zergliederung der islamischen Welt begann bereits in früher Zeit. In ihrer Vielschichtigkeit stellten die von den Arabern beherrschten Länder jedoch durchaus ein Imperium dar, das in dieser Hinsicht mit Rom konkurrieren konnte, und der arabische Einfluß auf die Mittelmeerküche war zweifellos größer als der des Römischen Reichs. Die erste »anspruchsvolle Küche, die für alle hochentwickelten Kulturen typisch ist« (Fernand Braudel), zeigte sich im Westen im 15. Jahrhundert, und sie war weitgehend das Ergebnis jahrhundertelanger arabischer Einflußnahme. Es besteht eine generelle Abneigung, bei der Entstehungsgeschichte der geistigen und materiellen Kultur des Westens weiter zurückzugehen als bis zur jüdisch-christlichen Tradition und zur griechisch-römischen Zivilisation, und in Übereinstimmung mit dieser Haltung bezeichnet auch der Ernährungshistoriker Reay Tannahill die Zeit vom fünften bis zum zehnten Jahrhundert als »die stillen Jahrhunderte« der europäischen Küche.

Doch Stille herrschte nur in Nordeuropa. In Spanien lebten Muslime, Juden und Christen in friedlicher Koexistenz. Unter der Maurenherrschaft entwickelten sich in *Al-Andalus*, der spanischen Provinz des Kalifenreiches, die Technik und die Landwirtschaft. Aber auch Poesie, Musik, Philosophie und Mathematik hatten ihre glanzvolle Epoche. Averroes (Ibn Ruschd), der große Philosoph und Arzt, suchte im zwölften Jahrhundert die Lehre des Aristoteles mit der des Koran zu verbinden. In der spanischen Provinz und in Sizilien, wo die Araber ebenfalls herrschten, komponierte man wahre kulinarische Symphonien. Die Araber werden häufig als Nomaden dargestellt, und die karge nomadische Küche ist wohlbekannt. Tatsache ist jedoch, daß die frühen Araber, beflügelt durch den Islam, sich als Händler, Landwirte und Städtebauer hervortaten – drei wesentliche Attribute für jedes Volk, das eine Kochkultur entwickeln will. Welche kulinarischen Beiträge die Araber leisteten, ist in den noch folgenden Kapiteln ausgeführt; an dieser Stelle sei nur der Reis erwähnt, den der Historiker Lucien Lefebvre als den »Segen, den die Araber brachten« bezeichnet.

Persien (oder Iran, wie wir heute sagen), das an die Mittelmeerregion angrenzt, verdient eine besondere Erwähnung. In seiner Blütezeit griff es direkt im Mittelmeerraum ein: Persische Armeen drangen bis zur asiatischen Seite des Bosporus vor, und Ägypten kam vorübergehend unter persische Herrschaft. Durch seine im siebten Jahrhundert einsetzende Eingliederung in die islamische Welt verlor Persien seine Stellung als militärische und politische Macht. Die Verbreitung der persischen Kultur nahm hingegen zu, und der kulinarische Einfluß auf die Mittelmeerregion war vielfältiger Natur.

Da Algerien riesige unbewohnbare Wüstenregionen umfaßt, lebt der größte Teil der Bevölkerung in der Nähe des lebenspendenden Mittelmeers.

In Persien wuchsen viele der Früchte und Gemüse, die die Araber in Syrien, Nordafrika, Spanien und Sizilien einführten. Viele dieser Nutzpflanzen waren ursprünglich aus Indien oder China nach Persien gekommen, so daß Persien als eine Art Zwischenstation für die asiatischen Produkte auf ihrem Weg zum Mittelmeer fungierte. Viele der Bewässerungstechniken, die so erfolgreich von den Arabern eingesetzt wurden, wie etwa das Anlegen unterirdischer Kanäle, hatten sie einst von den Persern übernommen. Die klassische Küche der Araber, sowohl in ihrer östlichen (syrisch-irakischen) wie auch in ihrer westlichen (nordafrikanischen) Ausprägung, war weitgehend von den Persern inspiriert, und dies läßt sich heute noch belegen, indem man eine marokkanische *tagine* neben einen traditionellen persischen *khoresh* stellt. Es gibt allerdings keinen Grund anzunehmen, daß der persische Einfluß stets nur indirekt über die Araber erfolgte. Persische Gelehrte und Musiker reisten bekanntlich bis nach Spanien. Weshalb also nicht auch einige persische Köche?

Das dreikontinentale Osmanische Reich war das letzte und in vielerlei Hinsicht auch das größte der Imperien am Mittelmeer. Im 16. Jahrhundert eroberte Mehmet II. Konstantinopel und festigte damit die Einheit des Osmanischen Reiches. Unter Sülaiman drangen die Osmanen sogar bis nach Wien vor, und das »Reich der drei Meere« erstreckte sich von Ungarn bis zum Irak und von der arabischen Halbinsel bis zum Maghreb. In den Reichszentren Istanbul und Damaskus blühten Handel und Gewerbe. Als Erben der klassischen islamischen Kultur und zahlreicher byzantinischer Traditionen (die religiösen selbstverständlich ausgenommen) schufen die Osmanen eine kraftvolle und fruchtbare Synthese kulinarischer Stile, die sich in weiten Teilen Europas und der arabischen Welt niederschlug.

In der durch Austausch geprägten mediterranen Welt spielten Juden häufig eine besondere Rolle als Händler, Einwanderer und Flüchtlinge. Sie lebten am östlichen, südlichen und nördlichen Mittelmeer und waren sowohl in der islamischen wie auch in der christlichen Welt anzutreffen, wobei sie oftmals als Vermittler zwischen diesen beiden Kulturen fungierten, in die muslimische Gesellschaft allerdings weitaus besser integriert waren als in die christliche. Nach dem Fall Roms sicherten die Juden den weiteren Anbau von Zitronen in der Mittelmeerregion, denn sie benötigten sie für im Talmud festgelegte sakrale Zwecke, und bereiteten damit den Weg für die Araber, die Zitrusfrüchte später im großen Stil anbauen ließen.

Ein Großteil des Handels über die Pyrenäen, der den landwirtschaftlichen Reichtum des arabisch regierten Spanien nach Europa brachte, lag in den Händen von Juden, und bis ins frühe elfte Jahrhundert wurde auch der Gewürzhandel mit den östlichen Mittelmeerländern von Juden beherrscht. Als die Juden aus Spanien vertrieben wurden, rächten sie sich angeblich an ihren Peinigern, indem sie den Kakao in Frankreich einführten und damit das spanische Monopol für diese Ware brachen. (Gleiches wird allerdings auch von der Habsburger Prinzessin Anna von Österreich behauptet.)

Eine greifbarere Folge ihrer Vertreibung aus Spanien ist die Küche jener Juden, die in der osmanischen Türkei Zuflucht suchten. Ihre typischen Gerichte, die in Istanbul noch heute ihre alten spanischen Namen tragen, spiegeln die kulinarischen Traditionen des arabischen Spanien wider, haben aber gleichzeitig ein typisch jüdisches Gepräge. Die sizilianischen Juden, die nach Beendigung der arabischen Herrschaft noch fast zwei Jahrhunderte lang auf der Insel leben durften, könnten eine ähnliche Rolle bei der Erhaltung der sizilianisch-arabischen Küche gespielt und sie durch ihre Tätigkeit als Händler sogar nach Norditalien gebracht haben. Wenn dies zutrifft, wären die Juden das vorletzte Glied einer Übermittlungskette gewesen, die in Bagdad ihren Anfang nahm und in Venedig endete. Allgemein ausgedrückt: Die Juden bereicherten das Repertoire der mediterranen Küche, indem sie viele regionale Gerichte nach ihren religiösen Speisegesetzen abwandelten.

In Verbindung mit politischen Großmächten und Handelsbeziehungen – von denen sie sich niemals völlig trennen läßt – hat die Religion eine entscheidende Rolle bei der Entstehung der mediterranen Küche gespielt. Ähnliches gilt praktisch auch für jeden anderen Teil der Erde, doch im Mittelmeerraum sind die Beziehungen zwischen Ernährung und Religion besonders stark ausgeprägt. Sie beginnen vermutlich mit den Legenden über die ägyptischen und griechischen Götter, sind aber in den drei abrahamischen Religionen ebenso markant. Die religiöse Bedeutung von Brot verbindet fast alle mediterranen Kulturen (mit Ausnahme der römischen Religion). Die alten Ägypter und Griechen brachten ihren Göttern rituelle Brotopfer dar, und Juden backen besondere Brote zum Passah-Fest und zu anderen Feiertagen.

Brot nimmt selbstverständlich auch eine zentrale Stellung beim christlichen Abendmahl ein (zusammen mit Wein, dem zweiten Element der griechischen Trinität aus Brot, Wein und Olivenöl), und zu Weihnachten, Ostern und den Heiligentagen werden am Mittelmeer noch immer spezielle Brote und Backwaren gegessen. Der Islam zollt dem Brot besonderen Respekt, und es ist die religiöse Pflicht der Gläubigen, jedes Stück Brot aufzuheben, das am Boden liegt; spezielle Brote für religiöse Feiertage werden auch in der Türkei gebacken, möglicherweise als unbewußte Nachahmung griechisch-orthodoxer Bräuche. Besondere Brote und Backwaren finden häufig über ihre religiösen Grenzen hinweg Verbreitung. So wurden beispielsweise viele der gehaltvollen, blättrigen Backwaren, die mit den Arabern nach Spanien und Sizilien gelangten, nach deren Vertreibung aus diesen Ländern zu Spezialitäten christlicher Klostergemeinschaften. Und das süße ge-

Das Erechtheum, das im fünften Jahrhundert v. Chr. in Athen erbaut wurde, markiert die Blütezeit des Goldenen Zeitalters von Griechenland.

Hafenstädte wie Porto Colom auf Mallorca dienen seit einem Jahrtausend als Exporthäfen für die Erzeugnisse der Region.

flochtene Osterbrot *paskalya çörĕgi*, das in türkischen Bäckereien verkauft wird, ist fast identisch mit dem jüdischen Hefezopf *challah* (Rezept S. 82).

Das Judentum brachte seine eigenen Speisegesetze ein, die nicht nur den Verzehr von Schweinefleisch, sondern auch bestimmte Kombinationen von Nahrungsmitteln untersagen. Das Verbot, am Sabbat zu kochen, hat einen Eintopf hervorgebracht, den man am Vorabend des Sabbat mit Glut bedeckt, damit er über Nacht gart; er ist unter seiner – bei den sephardischen Juden gebräuchlichen – spanisch-arabischen Bezeichnung adafina (das Vergrabene) bekannt. Das Christentum, als Erbe der omnivoren Traditionen der Griechen und Römer, machte kaum Unterschiede zwischen erlaubten und verbotenen Nahrungsmitteln, doch der regelmäßige Verzicht auf Fleisch, der von den Gläubigen gefordert wurde, begünstigte den Verzehr von Fisch. Der Islam beschränkt sich weitgehend auf das Verbot von Schweinefleisch, hat aber auch Vorbehalte gegen Kaninchen, Schal- und Krustentiere. Der Ramadan ist die strikteste Fastenzeit der abrahamischen Religionen, doch selbst in ärmlichen muslimischen Gemeinden steht dem Fasten während des Tages häufig ein üppiges Festmahl am Abend gegenüber.

In einem sehr elementaren Sinn hat der Atlantik das Mittelmeer von jeher belebt. Jede Sekunde fließen bei Gibraltar

Das Servieren von Tee und Kaffee hat sich in vielen Mittelmeerländern zu einer Kunst entwickelt; hier nehmen Marokkaner an einem Fest in Fès teil.

etwa eine Million Kubikmeter Atlantikwasser ins Mittelmeer, während in einem schwächeren Unterstrom Mittelmeerwasser in den Atlantik strömt; aufgrund dieses Wasseraustauschs bleibt das Mittelmeer mehr oder weniger stabil. Es hat auch ein kulinarischer Austausch zwischen dem Mittelmeer und dem Atlantik – oder vielmehr der Neuen Welt auf der anderen Seite des Ozeans – stattgefunden, und diesem Umstand ist es zu verdanken, daß die Mittelmeerländer ihr Repertoire an Zutaten vervollständigen konnten. Welche Küche im Mittelmeerraum käme beispielsweise ohne Tomaten aus? Obwohl sie heute überall anzutreffen sind, setzten sie sich nur langsam und über Umwege in der Alten Welt durch. Angelandet wurden die ersten Tomaten in Sevilla, Verwendung in der Küche fanden sie jedoch erstmals in Norditalien. Nach Deutschland gelangte die Tomate übrigens erst 1890, allerdings stieß sie hier zunächst auf Skepsis. Der Durchbruch erfolgte im Ersten Weltkrieg; damals wurde die Tomate zu einem Nahrungsmittel der breiten Bevölkerung. Über Italien gelangte die Gartenbohne in die Provence, und die Paprikaschote mußte angeblich den Umweg über den Persischen Golf und die osmanische Türkei nehmen, bevor sie sich in Europa durchsetzen konnte.

Im Gegenzug hat Europa die Küche Nord- und Südamerikas beeinflußt – ebenso wie sich die europäischen Entdeckungsreisen nachhaltig auf die Küche Afrikas und Asiens auswirkten. Man kann also durchaus sagen, daß die »Entdeckung« der Neuen Welt zu einer neuen kulinarischen Weltordnung geführt hat, was es uns gestattet, auch die Veränderungen im Mittelmeerraum in globalen Zusammenhängen zu betrachten.

Das Nachweisen kultureller Einflüsse ist eine heikle und vage Angelegenheit. Häufig gerät man dabei mit dem Nationalstolz eines Volkes in Konflikt, und eindeutige Quellen und Belege stehen selten zur Verfügung. Selbst im Bereich der Literatur und der Kunst, wo unter Umständen konkrete Daten analysiert werden können, steht man vor ähnlichen Problemen. Das Thema Kochkultur ist jedoch noch schwieriger, denn Köche hinterlassen keine bleibenden Werke ihrer Kunst. Die Etymologie der Namen von Nahrungsmitteln und Gerichten ist vermutlich der beste und zuverlässigste Anhaltspunkt. Wenn in einer bestimmten Nationalküche der Name einer Speise aus einer fremden Sprache übernommen wurde oder sich davon ableitet, liegt es nahe, daß auch die entsprechende Speise übernommen wurde – insbesondere, wenn die Ursprungssprache die einer siegreichen Staatsmacht oder Kultur ist. Beispiele hierfür sind die arabischen Lehnwörter, die man im Spanischen, im Italienischen und vereinzelt auch im Französischen findet, sowie die türkischen Bezeichnungen in der Küche Griechenlands und des Balkans. Doch etymologische Belege sind nicht unfehlbar. Speisenamen können ihre Bedeutung selbst innerhalb einer Sprache verändern, und werden sie in eine andere Sprache übernommen, ist diese Möglichkeit noch stärker gegeben. Andere Namen wiederum sind etymologische Geheimnisse, tauchen in vielen Sprachen und Nationalküchen auf, lassen sich aber keiner eindeutig zuordnen. So läßt sich beispielsweise nicht klären, woher der Name beziehungsweise das Gericht *moussaka* stammt, und in dem Streit zwischen Griechenland- und Türkeiliebhabern über die Entstehung von *baklava* ist ebenfalls keine befriedigende Lösung in Sicht.

Aufgabe eines kulinarischen Historikers ist es, in jedem Fall aufzuzeigen, wer was von wem übernommen hat. Ebenso wie andere kulturelle Errungenschaften sind auch Landesküchen das Ergebnis kumulativer und gemeinschaftlicher Bemühungen, die verschiedene Völker zu verschiedenen Zeiten in unterschiedlicher Form und mit unterschiedlicher Intensität vorgenommen haben. Bestimmte Gesellschaften und Kulturen nehmen in der Tat eine herausragende Stellung ein, doch gibt es keine Küche, die ausschließlich als »Geber« oder ausschließlich als »Empfänger« in Erscheinung getreten ist. Dies in Zweifel zu ziehen käme einer Fehlinterpretation der gesamten Geschichte der Mittelmeerküche gleich.

Jenseits der sprachlichen und religiösen Unterschiede und des Systems des gegenseitigen Austauschs gibt es im Mittelmeerraum bestimmte dauerhafte Aspekte des Lebens, die dazu beigetragen haben, die Kochkunst als lebendige Tradition zu erhalten. An erster Stelle steht eine unbewußte Durchdringung des Alltagslebens mit einfachen, unverfälschten Sinnesfreuden, zu denen vor allem das Essen gehört, insbesondere, wenn man es im Freien in landschaftlich schöner Umgebung genießen kann. An zweiter Stelle steht die Bedeutung von Familie und Religion – zwei Brennpunkte der Loyalität. Loyalität gegenüber dem Staat hat selbst in Ländern wie Frankreich und Spanien, wo sie bereits verhältnismäßig früh Wurzeln schlug, niemals sehr weit oben im Wertesystem der Mittelmeervölker rangiert; die Bindungen beziehen sich eher auf kleinere und familiärere sowie auf höhere und globalere Einheiten. Speziell im Mittelmeerraum wird vor allem im Familienverband gekocht und gegessen (am liebsten zusammen mit Gästen).

Die Familie ist der Eckpfeiler aller kulinarischen Traditionen – Fast Food im Gegensatz dazu die Begleiterscheinung der Auflösung des Familienverbandes. Die zentrale Bedeutung der Religion, die zwar auch ihre Nachteile hat, ergänzt die Abfolge der Jahreszeiten durch ihre eigenen Zeiteinheiten, Feste und Fastenzeiten, die das leibliche Wohl in Beziehung zu religiösen Inhalten setzen.

Diese sittliche Grundhaltung des Mittelmeerraums ist durch zahlreiche Entwicklungen bedroht. Das frenetische Tempo des modernen Lebens und wirtschaftliche Gründe führen dazu, daß immer mehr Frauen berufstätig und nur durch größere Selbstaufopferung in der Lage sind, die kulinarischen Traditionen ihrer Mütter und Großmütter weiterzuführen. Überdies werden die Traditionen durch internationale Fast-Food-Ketten bedroht; die goldenen Bögen von McDonald's ragen am Mittelmeer auf wie die Triumphbögen eines weltweiten Konsumvereins. Die Zutaten der Mittelmeerküche sind vielerorts nicht mehr das, was sie einmal waren: Geflügel aus Massentierhaltung liefert die gleichen unbefriedigenden Ergebnisse wie anderenorts; der Einsatz von Kunstdünger beschert der Mittelmeerregion blasse Tomaten ohne Aroma; und die kostbaren Bestände an Fisch und Meeresfrüchten werden immer stärker dezimiert, weil die Umweltverschmutzung derart groß ist, daß die glitzernden und geschichtsträchtigen Mittelmeergewässer heute weitgehend einer Kloake gleichen.

In gewisser Hinsicht ist die Zukunft der mediterranen Küche jedoch nicht ausschließlich von ihrer angestammten Heimat abhängig. In jüngster Zeit wird viel über die gesundheitlichen Vorzüge der Mittelmeerkost diskutiert. Sie wird gelobt, weil sie rotes Fleisch in großen Mengen ablehnt, eine Vorliebe für Fisch und Meeresfrüchte zeigt, Olivenöl anstelle von tierischem Fett verwendet und die Bedeutung von Hülsenfrüchten und frischem Gemüse hervorhebt. (Diese ernährungsbewußte Aufzählung schließt selbstverständlich ein weiteres typisches Element der Mittelmeerküche aus – die Vorliebe für gehaltvolle und zuckerreiche Backwaren!) Die Betrachtung der Ernährung unter gesundheitlichen Aspekten hat ihren Ursprung im Mittelmeerraum.

Es waren die Griechen, die sich als erste bemühten, die Grundlagen einer gesunden Ernährung herauszufinden; ihre fundierten Erkenntnisse wurden von jenen arabischen Ärzten bestätigt, erweitert oder modifiziert, die entweder *in persona* oder durch ihre Schriften für die Gründung europäischer Ernährungsfakultäten in Córdoba, Salerno, Montpellier und anderen Orten verantwortlich waren. Sollten sich die Ernährungsgewohnheiten der Menschen des späten 20. Jahrhunderts in die Richtung mediterraner Vorbilder verändern, wird dies nicht nur auf die generelle Anziehungskraft dieser Vorbilder zurückzuführen sein, sondern auch auf den kulturellen Einfluß, den die Mittelmeerregion noch heute ausübt, auch wenn sich die Zentren der Macht schon lange an anderen Orten der Welt befinden.

Die Einführung ist damit beendet, und wir beginnen nun unsere Reise durch die kulinarische Geschichte der Mittelmeerländer mit ihren sechs Anlegehäfen.

Die Märkte in der Altstadt von Nizza passen ausgezeichnet in das sonnige mediterrane Klima.

SPANIEN

SPANIEN

Andalusien und Katalonien

Man sagt, Spanien verdanke seinen Namen einem Tier – dem Kaninchen. Laut Plinius tauchte es erstmals in Spanien auf und hoppelte dann über die Pyrenäen nach Frankreich, von wo aus es sich in ganz Europa verbreitete. Das Kaninchen war also das erste kulinarische Geschenk Spaniens und vermutlich auch das unbedeutendste. Die bemerkenswerteren Beiträge stammen aus den glorreichen Jahrhunderten arabischer Herrschaft und aus der Zeit, als Spanien Teile Amerikas kolonisierte. Man könnte sogar sagen, daß die gesamte geopolitische Geschichte Spaniens und speziell seiner Mittelmeerküste an der Verbreitung von Nahrungsmitteln und Gerichten abzulesen ist.

Einige grundlegende Elemente der spanischen Küche existierten bereits vor Beginn der römischen Herrschaft, die im frühen zweiten Jahrhundert v. Chr. einsetzte. Der Ölbaum hatte seinen Weg ein oder zwei Jahrhunderte zuvor aus der östlichen Mittelmeerregion nach Spanien gefunden, und die Oliven gediehen schon bald prächtig. In ähnlicher Weise gelangte durch die Phönizier die Kichererbse aus dem Osten nach Spanien. An der Küste Andalusiens wurde bereits Fischfang betrieben, und einige der noch heute praktizierten Methoden zum Einsalzen von Fisch stammen möglicherweise noch aus vorrömischer Zeit.

Vorhergehende Seiten: *Kap Formentor, die nördlichste Spitze von Mallorca, zeichnet sich durch seine zerklüftete Landschaft und die atemberaubende Aussicht auf das Mittelmeer aus.*
Links: *Labyrinthartige Bogengänge und Säulen in der Mezquita von Córdoba sind das Erbe der frühen maurischen Herrschaft; der Bau der Moschee wurde 785 begonnen und zwei Jahrhunderte später beendet.*

Als echte Imperialisten sorgten die Römer dafür, daß die spanische Landwirtschaft vor allem die Bedürfnisse der Reichshauptstadt deckte. Gemeinsam mit anderen Kolonien am Mittelmeer diente Spanien den Römern hauptsächlich als Kornkammer, aus der große Mengen an Getreide zu den Bäckereien in Rom gebracht wurden. Daß der Verzehr von Brot auch zum festen Bestandteil der spanischen Ernährung wurde, war eine eher zufällige Entwicklung; die vielfältige Verwendung von Brot in der Küche kam erheblich später. Die Römer forcierten den Anbau von Oliven, so daß Spanien der Hauptlieferant von Olivenöl für das Römische Reich wurde, aber auch selbst große Mengen konsumierte. Wein und eingesalzener Fisch aus Spanien waren in Rom ebenfalls geschätzt.

Nach den Römern übernahmen die Westgoten die Macht in Spanien, doch ihre Herrschaftszeit vom frühen fünften bis zum frühen achten Jahrhundert war von geringer kulinarischer Bedeutung. Als überzeugte Fleischesser widmeten sich die Westgoten der Viehzucht, und sie waren offenbar begeistert von der Qualität der iberischen Schweine, die hauptsächlich Eicheln fraßen und daher besser schmeckten als ihre nordeuropäischen Artgenossen. Rettiche und einige Hülsenfrüchte runden das nährstoffarme Erbe dieser Ära ab.

Den stärksten Einfluß auf Spanien und seine Küche hatten dann jedoch die sieben Jahrhunderte muslimischer Herrschaft, die mit der Niederlage der letzten Westgoten im Jahr 711 begann. Die Araber, die in aufeinanderfolgenden Eroberungswellen vom fernen Arabien bis zur Atlantikküste vordrangen, schufen – gemeinsam mit Berbern und islamisierten Spaniern – eine hochentwickelte, tolerante Gesellschaft, die lange Zeit die fortschrittlichste in Europa war. Mit Ausnahme von Galizien wurde die gesamte Iberische Halbinsel dem arabisch-islamischen Herrschaftsbereich unterworfen, und die Anziehungskraft der entstehenden islamischen Kultur war so groß, daß selbst Christen an ihr Gefallen fanden – sehr zum Unmut ihrer Bischöfe. Die Küche, die sich unter den Arabern entwickelte, war eine reine »Nationalküche«, die konfessionelle Unterschiede überwand. Im muslimisch regierten Spanien spielten auch Juden eine wichtige Rolle, und nach der Reconquista trugen sie an den verschiedenen Orten ihres Exils, vor allem aber in der Türkei, zum Erhalt der kulinarischen Traditionen bei.

Die engen Gassen von Granada sind von schlichten weißgetünchten Häusern gesäumt, die blumenüberladene Balkone und bemalte Keramiken zieren.

Die beredtesten Zeugen der hispanisch-arabischen Kultur sind zweifellos die architektonischen Meisterwerke, die noch heute Städte wie Córdoba, Sevilla und Granada zieren. Doch die Araber waren im Bereich der Landwirtschaft ebenso begabt wie bei der Planung und Gestaltung ihrer Städte. Sie führten erstklassige Bewässerungssysteme ein, durch die sich die spanische Landwirtschaft veränderte: unterirdische Bewässerungskanäle, Aquädukte, Wasserräder, die das Wasser mit Eimern nach oben beförderten; all dies diente der Kultivierung neuer landwirtschaftlicher Nutzflächen. Auch Windmühlen gehörten zu den Neuerungen der Araber, stammten ursprünglich jedoch aus Khorasan in Persien. Wären die Araber nicht nach Spanien gekommen, es hätte keine Windmühlen gegeben, gegen die Don Quixote hätte kämpfen können.

Ebenso bedeutend war die Palette neuer Nahrungsmittel, die die Araber mit nach Spanien brachten. Die Liste umfaßt vieles, was wir noch heute besonders gern essen: Auberginen, Artischocken, Spargel und Spinat, Quitten, Granatäpfel, Feigen, Aprikosen und Datteln, Mandeln und Pistazien, Zucker und Reis und natürlich Gewürze, wie Muskat, Kreuzkümmel, Zimt, Kurkuma, Nelken, Safran und Vanille. Wie anderenorts zeigten die Araber auch in Spanien großes Interesse an der Kultivierung von Zitrusfrüchten, insbesondere von Orangen.

Der Ruhm der Valencia-Orangen geht auf die riesigen Obstgärten zurück, die dort von den Arabern angelegt wurden. (Es klingt kurios, aber obwohl sich das Wort Orange aus dem Arabischen ableitet, heißen die Früchte heute in Arabien, dem Iran und der Türkei *portaghal* – ein Beleg für die ausgezeichnete Qualität der Orangen, die erstmals von den Arabern in Portugal angepflanzt wurden.) Als Experten des Gartenbaus kultivierten die Araber Pflanzen nicht nur zum Verzehr, sondern auch zu wissenschaftlichen Zwecken; der botanische Garten, den sie 1085 in Sevilla gründeten, war der erste seiner Art in Europa.

Gleichzeitig erfuhr die Geflügelzucht unter den Arabern einen Aufschwung, denn sie verabscheuten das von ihren römischen und westgotischen Vorgängern bevorzugte rote Fleisch. Und wie in Sizilien führten sie Fangmethoden für Thunfisch ein, die noch heute unter der arabischen Bezeichnung *almadraba* bekannt sind.

Die Gerichte, die aus all diesen Aktivitäten hervorgingen, umfassen fast sämtliche Bereiche der Speisekarte. Von besonderer Bedeutung war die Kombination von Gemüse und Fleisch in einem Gericht, wobei das Gemüse mengenmäßig überwog. Mit Ausnahme einiger byzantinischer Vorläufer hatte es dies in der spanischen und der gesamten europäischen Küche noch nicht gegeben. Der Gebrauch von Gewürzen war zwar gängige Praxis, doch führten die Araber viele neue Gewürze ein, und ihre Verwendung erfolgte gezielter und durchdachter als zuvor. Reis wurde vorwiegend in Küstengebieten angebaut und konsumiert, und so lag es nahe, daß man ihn hauptsächlich in Verbindung mit Fisch und Meeresfrüchten aß. Aus dieser Praxis könnte die *paella* entstanden sein. Sicher ist dies allerdings nicht, denn die Pfanne, in der *paella* traditionell gekocht wird, war bereits in römischer Zeit bekannt, und das Gericht enthält neben Fisch und Meeresfrüchten in der Regel auch Schweinefleisch (dessen Verzehr den Muslimen verboten ist) und Kaninchen (das sie nicht sonderlich schätzen). Die Tatsache jedoch, daß *paella* ursprünglich direkt aus der Pfanne gegessen wurde und alle nach arabischer Sitte im Kreis um sie herumsaßen, läßt auf einen arabischen Ursprung dieses gefeierten Nationalgerichts schließen. Der spanische Brauch, Mahlzeiten mit einem Salat zu beginnen, geht eindeutig auf die Fülle von Gemüsen zurück, die die Araber anbauten; *tabbouleh* (Rezept S. 44), ein libanesischer Salat mit Getreide, Tomate, aromatischen Kräutern, Olivenöl und Zitrussaft hat ein andalusisches Gegenstück. Die Araber machten Spanien auch mit den Gaumenfreuden ihrer Backwaren und Süßspeisen bekannt, die mit viel Sirup (ein Wort mit unverkennbar arabischem Ursprung) und Honig zubereitet wurden und kristallisierten Ingwer und kandierte Früchte enthielten – Zutaten, die bis dahin in Europa unbekannt waren. Marzipan war ebenfalls eine arabische Erfindung, ermöglicht durch die reiche Mandelernte. Selbst bestimmte Getränke, wie *aloja,* eine würzige, erfrischende Mischung aus Wasser und Honig, und eine Reihe von Getränken mit Früchten, gehen auf die Araber zurück.

Im Jahr 1492 fiel dann die letzte arabische Bastion in Andalusien an die Machthaber der Reconquista, und die muslimische Bevölkerung wurde vertrieben oder gewaltsam zum Christentum bekehrt. Die endgültige Vertreibung der Mauren, die trotz der durch die Inquisition erzwungenen Christianisierung hartnäckig an ihren Sitten und Gebräuchen festgehalten hatten, fand zwischen 1609 und 1611 statt. Für die spanische Landwirtschaft hatte dies weitreichende Konsequenzen, denn die Mauren waren von jeher die besten Bauern und Gärtner Spaniens gewesen. Der entschlossene Versuch, eine Art nationalen Vergessens hervorzurufen, führte dazu, daß das arabische Erbe weitgehend in Vergessenheit geriet, darunter auch die kulinarische Komponente, und Spanien übernahm eine neue geopolitische Rolle, denn 1492 war auch das Jahr, in dem Kolumbus Amerika entdeckte.

Die beiden zentralen Ereignisse des Jahres 1492 waren auf vielfältige Weise miteinander verknüpft. Rivalität zum Islam und der Wunsch, unter Umgehung der muslimischen Länder im Vorderen Orient einen direkten Zugang zu den Reichtümern Asiens zu erlangen, gehörten zu den Motiven für die Reise von Kolumbus. Ganz im Geiste der Kreuzfahrer versprach er seinen königlichen Gönnern, daß ein Teil des Profits, den er zu machen hoffte, dazu dienen werde, Palästina den Muslimen zu entreißen. Die Wirklichkeit sah dann zwar völlig anders aus, war für die kulinarische Geschichte jedoch nicht weniger bedeutsam. Die spanische Eroberung Amerikas ging mit der Einführung einer Vielzahl neuer Nahrungsmittel in Europa einher. Während Spanien zuvor für die gastronomischen Schätze des Vorderen Orients das Tor nach Europa gewesen war, wurde es nun zum Einfuhrhafen für die exotischen Waren aus der Neuen Welt.

Der Kartoffel begegneten die Spanier erstmals in Peru, und sie kam etwa drei Jahrzehnte später nach Sevilla, galt aber in Spanien und dem übrigen Europa noch lange Zeit als ungenießbar. Mit der Tomate verhielt es sich anders. Die Spanier machten erstmals im 16. Jahrhundert in Mexiko mit ihr Bekanntschaft, und die Mauren, die unter den Konquistadoren zu finden waren, zeigten großes Interesse an den Früchten. In Venedig aß man bereits 1544 Tomaten; in Spanien setzten sie sich dagegen nur langsam durch, da man befürchtete, sie könnten giftig sein. Schließlich aber wurden die Spanier zu begeisterten Anhängern der Tomate und machten sie zur Grundlage von *pisto,* einem Gemüseeintopf, und des andalusischen *gazpacho* (Rezept S. 114). Diese berühmte kalte Suppe hat

Gaudís Meisterwerke, darunter auch die »Sagrada Familia« in Barcelona, sind beeindruckende Beispiele der spanischen Art-Nouveau-Architektur.

man vielfach den Arabern zugeschrieben, doch leitet sich ihr Name nicht aus dem Arabischen ab, und der einzige Bezug, den sie zur arabischen Küche haben könnte, ist die kalte Brühe mit Namen *tharid.* Cortéz stellte fest, daß die Azteken große Mengen an gewürztem Kakao als Aphrodisiakum tranken. Spanische Nonnen in Mexiko zähmten das Getränk, indem sie Milch hinzufügten, und als Vorläufer des Kaffees war heiße Schokolade in dieser Form lange Zeit in Spanien als belebendes Getränk geschätzt. Die Verwendung von Schokolade in Fleisch- und Gemüsegerichten, die in Mexiko recht verbreitet ist, fand in Spanien und anderen Mittelmeerländern wenig Nachahmung.

Viele der genannten Nahrungsmittel sind von Spanien nach Frankreich gelangt (einige fanden ihren Weg dorthin auch über Italien). Nachdem sich die Bourbonen 1759 auf dem spanischen Thron etabliert hatten, kehrte sich die Richtung des kulinarischen Verkehrs jedoch teilweise um. Die Kochkultur der Franzosen erfreute sich in der Hauptstadt und beim spanischen Adel großer Beliebtheit, aber diese Abkehr von der typisch spanischen Küche war lediglich eine vorübergehende Erscheinung.

Eines der beliebtesten Elemente der spanischen Kochkunst, die *tapas,* kamen angeblich erst im 19. Jahrhundert auf. *Tapas* sind kleine Appetithäppchen aus Fleisch, Fisch und Pasteten, die entweder als Imbiß oder zu schweren Weinen wie Sherry gegessen werden. Das Wort *tapa* bedeutet »Deckel«, und angeblich hat es sich bei den ersten *tapas* um jene kleinen getrockneten Fleischstücke gehandelt, die man zum Verschließen von Weinfässern nahm, doch klingt dies mehr nach einer Legende. In ihrer Zusammensetzung und ihrem Verwendungszweck sind *tapas* den *mezes* aus dem östlichen Mittelmeerraum so ähnlich, daß man nur schwer glauben kann, daß sie erst im 19. Jahrhundert entstanden sind. Da *tapas* ihren Ursprung in Andalusien haben, könnten sie eher eine verspätete Antwort auf die Einflüsse des Nahen Ostens gewesen sein, die in Andalusien so stark verwurzelt sind. Oder aber sie waren ein später Ausdruck der subtilen kulinarischen Einheit, die den Mittelmeerraum verbindet.

LE WINE
AL APPELLATION

VORSPEISEN

Knoblauch gehört zu den ältesten Kulturpflanzen des Mittelmeerraums.

VORSPEISEN

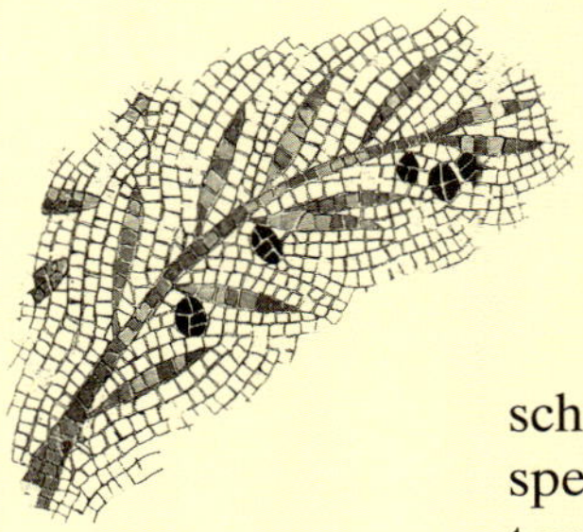

Ob sie nun *meze, antipasti, tapas* oder *hors d'œuvres* heißen, Vorspeisen gehören zu den interessantesten und köstlichsten Gerichten der Mittelmeerküche und sind ein verlockender Auftakt jeder Mahlzeit. Im Mittelmeerraum liebt man große Tischrunden, und jeder Gastgeber ist stolz, wenn er seinen Gästen besonders viele kleine Köstlichkeiten anbieten kann. Eine Tafel mit einer großen Auswahl an Vorspeisen ist Ausdruck von Wohlstand und Gastlichkeit.

Im allgemeinen serviert man einige dieser Speisen nacheinander, oder sie werden alle gemeinsam aufgetragen, und die Gäste bedienen sich selbst. Manche Vorspeisen lassen sich zu Hauptgerichten erweitern, und auch eine Auswahl verschiedener Vorspeisen kann eine eigenständige Mahlzeit darstellen.

Die erste Kategorie von Vorspeisen sind Pürees, die manche auch als Pasten oder Dips bezeichnen. Einige der besten stammen aus dem Nahen Osten und aus Griechenland: *hummus* aus Kichererbsen, *tahin* und Knoblauch (Rezept S. 45); syrisches *muhammarah,* eine Mischung aus Granatapfel und Walnüssen (Rezept S. 63); rauchiges *baba ghannouj* aus gerösteten Auberginen (Rezept S. 45); griechisches Bohnenpüree mit Olivenöl und roter Zwiebel; *skordalia* aus Kartoffeln oder Brotkrumen und reichlich Knoblauch (Rezept S. 58); cremige *taramasalata* mit Fischrogen (Rezept S. 41). Alle diese Vorspeisen werden mit Fladenbrot gereicht. Die französische *tapénade* (Rezept S. 42), eine stückige Olivenpaste, schmeckt ausgezeichnet auf geröstetem Weißbrot oder kann als Sauce zu gegrilltem Fisch und Gemüse serviert werden.

Nordafrikanische Gemüsesalate ergeben eine besonders schmackhafte und farbenfrohe Auswahl an Vorspeisen: pikante Möhrenstifte; mit Oliven bestreuter Blumenkohl; ein Teller mit gegrillten Paprikaschoten, Auberginen und Tomaten; Schüsseln voller Oliven; Zitronenachtel mit einem aromatischen Dressing. Serviert mit tunesischem gesäuertem Fladenbrot (Rezept S. 84) und gefolgt von *b'stilla* (Rezept S. 87), ergeben diese Vorspeisen ein nordafrikanisches Festmahl.

Zu einer italienischen *antipasto*-Auswahl können das sizilianische süß-saure Auberginengericht *caponata* (Rezept S. 47) oder ein apulischer Auberginensalat gehören sowie sautierte Kürbisscheiben mit Minze und Knoblauch, marinierte Sardinen oder Sardellen, knusprige Reiskroketten, mit Olivenöl beträufelte Mozzarella oder frischer Pecorino-Käse, hauchdünn geschnittener luftgetrockneter Schinken und ein Stück *scacciata* (Rezept S. 74), ein gefülltes Fladenbrot aus Kalabrien und Sizilien.

In Spanien, wo die langen Theken der *tapa*-Bars mit Tellern voller kleiner Köstlichkeiten angefüllt sind, wurde die Vorspeisenauswahl praktisch zur Institution erhoben. Jede Bar rühmt sich einer besonderen Spezialität. Man geht von einer Bar zur anderen, trinkt ein Gläschen gutgekühlten trockenen Sherry und probiert einige *tapas,* wie beispielsweise *pa amb tomàquet,* geröstetes Weißbrot, das mit Knoblauch, Olivenöl und Tomaten eingerieben wird (Rezept S. 55); *tortilla española,* ein Omelett aus Kartoffeln und Zwiebeln (Rezept S. 55); marinierte Sardinen oder Gemüse *à la grecque* (Rezept S. 59), das mit einer typisch griechischen Marinade angemacht wird, die von den Franzosen und den Spaniern übernommen wurde. *Buñuelos de Bacalao* aus Klippfisch (Rezept S. 54) und Garnelenküchlein, mit Pinienkernen überzogene Fleisch-

Vorhergehende Seite: *Marinierte Kraken* (Rezept S. 52)

Olivenbäume gedeihen auf dem Peloponnes, seit die Griechen im elften Jahrhundert v. Chr. begannen, Olivenöl zu exportieren.

klößchen, ein Reissalat, ein Stück *manchego*-Käse, einige Scheiben Wurst, gebratene Mandeln und eine Schüssel mit Oliven können die Vorspeisenauswahl vervollständigen.

Die *meze*-Tafel umfaßt je nach Landstrich eine Auswahl an Pürees wie *hummus* oder *baba ghannouj,* knusprige *felafel* (Rezept S. 50) mit Zitronen-*tahin*-Dressing, mit Käse gefüllte Auberginen, fritierte Muscheln mit *tarator*-Sauce (Rezept S. 60), gefüllte Weinblätter, marinierte Kraken, Garnelen und rote Bete mit *skordalia,* um nur einige zu nennen. Mitunter gehören auch hartgekochte Eier dazu, die in geröstete Koriander- und Kreuzkümmelsamen gedippt werden.

Früher waren Gewürze in Europa so kostbar, daß sie zu einem gängigen Zahlungsmittel wurden; hier bietet ein ägyptischer Händler eine Auswahl der einstigen Kostbarkeiten an.

Es gibt zahllose Kombinationsmöglichkeiten und Abwandlungen. Salate wie der traditionelle griechische Bauernsalat aus reifen Tomaten, Gurken, Blattsalat, Oliven und *feta*-Käse oder der ebenso leckere *salade niçoise* können zusammen mit heißen Gerichten wie fritierten Muscheln, Kroketten aus Klippfisch, Reis oder Kartoffeln, kleinen Fleischbällchen oder gebratenem Käse serviert werden. Wenn Freilandtomaten Saison haben, kann man auch *tabbouleh* oder *fattoush* (Rezept S. 45) zubereiten, die beide Tomate, Gurke, Zwiebel, Minze, Petersilie und Zitrone enthalten, sich aber darin unterscheiden, daß der eine Salat mit Bulgur und der andere mit geröstetem Fladenbrot zubereitet wird. Und auch all die kleinen Pasteten mit ihren köstlichen Füllungen, die im nächsten Kapitel zu finden sind, eignen sich ausgezeichnet für den Vorspeisenteller.

Zu den gehaltvolleren Vorspeisen gehören Rezepte wie Tscherkessisches Huhn (Rezept S. 38), ein klassisches türkisches Gericht aus Hühnerfleisch und einer aromatischen Nußsauce, oder ein andalusischer Reissalat mit Garnelen oder Thunfisch. Reis läßt sich auch in Form von *dolmas* servieren, die entweder nur mit Reis gefüllt und mit Joghurt und Zitrone gereicht oder mit einer Füllung aus Fleisch und Reis zubereitet und warm mit *avgolemono*-Sauce und Fladenbrot aufgetragen werden.

Eier kommen im Mittelmeerraum nicht auf den Frühstückstisch. Man reicht sie als Vorspeise oder Hauptgericht, und im allgemeinen werden sie mit Raumtemperatur gegessen. Spanische *tortillas,* italienische *frittate* und *omelettes* aus Frankreich und Nordafrika etwa kann man etwa als Hauptgang servieren oder in kleinere Stücke schneiden und als Vorspeise reichen.

Dieses Kapitel enthält kulinarische Versuchungen, die den Gaumen und den Appetit anregen. Man kann sie vor anderen Menügängen reichen oder sich darauf beschränken und eine überreiche Vorspeisentafel genießen.

Von links im Uhrzeigersinn: *Blumenkohlsalat aus Sfax, Olivensalat, Zitronensalat, Tomaten-Paprika-Salat*

TUNESIEN

Chalda Brouklou Sfaxinya
Blumenkohlsalat aus Sfax

Sfax, die zweitgrößte Stadt Tunesiens, ist ein Zentrum der Landwirtschaft und vor allem für den Anbau von Oliven bekannt. Dieses Rezept vereint das milde Aroma von Kartoffeln und Blumenkohl vortrefflich mit der Schärfe von »harissa«.

1 Blumenkohl, in Röschen geteilt
8 kleine rote Kartoffeln oder Frühkartoffeln, ungeschält
Salz
1 TL *harissa,* mit 3 EL Wasser angerührt (siehe Glossar)
1 TL gemahlener Kümmel
1 TL gemahlener Koriander
4 EL Olivenöl
2–3 EL frisch gepreßter Zitronensaft
Abgeriebene Schale von 1 unbehandelten Zitrone
Scharf gewürzte schwarze Oliven zum Garnieren (nach Belieben)

Zwei Kochtöpfe zu drei Vierteln mit Wasser füllen und das Wasser zum Kochen bringen. In den einen Topf die Blumenkohlröschen, in den anderen die Kartoffeln geben, nach Geschmack Salz hinzufügen und alles wieder zum Kochen bringen. Die Blumenkohlröschen etwa 5 Minuten, die Kartoffeln etwa 20 Minuten garen, bis sie gerade weich sind. Dann abgießen und gründlich abtropfen lassen.

Die Kartoffeln in mundgerechte Stücke schneiden, die ungefähr die gleiche Größe wie die Blumenkohlröschen haben, und beides in eine Servierschüssel geben. In einer kleinen Schüssel *harissa,* Kümmel, Koriander, Salz, Olivenöl, Zitronensaft und -schale verrühren. Das Gemüse mit der Sauce übergießen und gut durchmischen. Den Salat etwa 1 Stunde durchziehen lassen und anschließend abschmecken, da die Kartoffeln das Salz weitgehend aufnehmen.

Falls gewünscht, unmittelbar vor dem Auftragen mit Oliven garnieren. Mit Raumtemperatur servieren.

Für 4–6 Personen

MAROKKO

Salatit Mischwia
Tomaten-Paprika-Salat

Dieser nordafrikanische Salat kann als Vorspeise oder als Beilage zu Fleisch- und Fischgerichten gereicht werden.

6 reife Tomaten, enthäutet, entkernt und in Würfel geschnitten
3 grüne Paprikaschoten, geröstet, enthäutet, Samen und Rippen entfernt, in Würfel geschnitten (siehe Glossar)
2 EL frisch gepreßter Zitronensaft
Salz
Frisch gemahlener Pfeffer
3 EL Olivenöl
2 EL gehackte glatte Petersilie
1 kleine scharfe Chilischote, Samen entfernt, feingehackt (nach Belieben)
Schale von 1/4 eingelegten Zitrone, abgespült und in feine Würfel geschnitten (nach Belieben; siehe Glossar)
1/2 TL gemahlener Kreuzkümmel (nach Belieben)
1 Knoblauchzehe, zerdrückt (nach Belieben)

Tomaten, Paprika, Zitronensaft, Salz, Pfeffer, Öl und Petersilie in eine Salatschüssel geben und alles gründlich durchmischen.

Nach Belieben feingehackte Chilischote, eingelegte Zitronenschale, Kreuzkümmel und Knoblauch hinzufügen. Den Salat nochmals durchheben und mit Raumtemperatur servieren.

Für 6 Personen

MAROKKO

Salatit Limoun
Zitronensalat

Dieser Salat, eine Spezialität aus der farbenfrohen Stadt Fès, schmeckt recht sauer. Man kann ihn auch als Beilage zu gebratenem oder gegrilltem Fisch servieren.

4 Zitronen
1 Zwiebel, feingehackt
4 EL gehackte glatte Petersilie
1 TL Paprika
1/4 TL Cayennepfeffer
2 TL gemahlener Kreuzkümmel
12 schwarze Oliven, entsteint und gehackt
Salz
Olivenöl

Die Zitronen schälen und die Fruchthäute entfernen. Die einzelnen Fruchtsegmente mit dem Messer aus den Trennhäutchen herauslösen. Das Fruchtfleisch in Würfel schneiden und in eine Salatschüssel geben.

Zwiebeln, Petersilie, Paprika, Cayennepfeffer, Kreuzkümmel und Oliven hinzufügen und die Zutaten gründlich durchmischen. Nach Belieben mit Salz würzen. Etwas Olivenöl darüberträufeln und behutsam unterheben. Leicht gekühlt oder mit Raumtemperatur servieren.

Für 4 Personen

MAROKKO

Meslalla
Olivensalat

Obwohl dieses Rezept in Marokko als Salat zubereitet wird, handelt es sich doch eher um eine Art Tischwürze. Man sollte sie als nordafrikanische »tapénade« betrachten und nach eigenem Gutdünken servieren. Bei einem ähnlichen Gericht aus Zypern, das man als Brotaufstrich reicht, werden die Oliven gehackt und mit jeweils 4 Eßlöffeln Olivenöl und Essig, 2 zerdrückten Knoblauchzehen und 2 Teelöffeln gemahlenem Koriander verrührt. Es empfiehlt sich, verschiedene Olivensorten – schwarze, grüne und violette – zu verwenden, damit der Salat farblich interessanter wird.

300 g gemischte Oliven
Saft von 2 großen Zitronen (etwa 125 ml)
1 TL Paprikapulver
1/2 TL Cayennepfeffer
1 Knoblauchzehe, zerdrückt
Salz
3 EL Olivenöl
3 EL gehackte glatte Petersilie

Die Oliven kurz unter fließendem Wasser abspülen, dann entsteinen und in eine Salatschüssel geben. Die übrigen Zutaten hinzufügen und alles gründlich durchmischen. Den Olivensalat vor dem Servieren zugedeckt kalt stellen.

Für 6 Personen

TUNESIEN

MZOURA
Möhrensalat

Dieser Möhrensalat erhält durch die feurige »harissa«-Paste eine besondere Note.

500 g Möhren, geschält und in dünne Scheiben oder feine Stifte geschnitten
5 EL Olivenöl
2 Knoblauchzehen, zerdrückt
1 TL *harissa,* mit 6 EL Wasser angerührt (siehe Glossar)
1 TL gemahlener Kümmel
Salz
1 TL gemahlener Kreuzkümmel
4 EL Weinessig
Gehackte glatte Petersilie oder gehacktes Koriandergrün

Einen Kochtopf zu drei Vierteln mit Wasser füllen, Salz hinzufügen und zum Kochen bringen. Die Möhren dazugeben und 5 Minuten kochen lassen. Abgießen und gut abtropfen lassen.

In einer schweren Pfanne das Olivenöl bei niedriger Temperatur erhitzen. Knoblauch, *harissa,* Kümmel, Salz und Kreuzkümmel hinzufügen. Dann die 4 Eßlöffel Weinessig hineinrühren und alles 2 Minuten unter Rühren erhitzen.

Die abgetropften Möhren dazugeben und 5–8 Minuten garen, bis die Flüssigkeit weitgehend verkocht ist; dabei gelegentlich umrühren. In einer Servierschüssel anrichten und mit Petersilie oder Koriandergrün garnieren.

Den Möhrensalat mit Raumtemperatur servieren.

Für 4–6 Personen

Möhrensalat

Gemüsepfanne mit Ei

ALGERIEN

CHAKCHOUKA
Gemüsepfanne mit Ei

»Chakchouka« ist ein nordafrikanisches Gemüsegericht mit Spiegelei, das manchmal auch mit »merguez« (Rezept S. 182) verfeinert wird. Es eignet sich ideal für eine Party, da man das Gemüse im voraus zubereiten und die Eier kurz vor dem Servieren hinzufügen kann. Die Eier können auf dem Herd oder im Backofen gegart werden. In diesem Rezept werden die für den Mittelmeerraum typischen Gemüse – Auberginen, Paprika und Tomaten – verwendet, doch kann man nach Belieben auch Blumenkohl, Kartoffeln, Zucchini oder Artischocken hinzufügen.

6 EL Olivenöl
2 Auberginen, geschält und in 2,5 cm große Stücke geschnitten
2 rote oder grüne Paprikaschoten, Samen und Rippen entfernt, in lange schmale Streifen geschnitten
250 g *merguez,* in 2,5 cm lange Stücke geschnitten (Rezept S. 182)
3 Tomaten, enthäutet, entkernt und gehackt
2 Knoblauchzehen, zerdrückt
2–3 EL gehackte glatte Petersilie
6 Eier
Salz und frisch gemahlener Pfeffer

In einer großen Pfanne bei mittlerer Temperatur 4 Eßlöffel Olivenöl erhitzen. Die Auberginen dazugeben und etwa 10 Minuten braten, die Stücke dabei gelegentlich wenden.

In der Zwischenzeit in einer zweiten Pfanne bei mittlerer Temperatur die verbliebenen 2 Eßlöffel Olivenöl erhitzen. Die Paprikastreifen hinzufügen, 5 Minuten sautieren und dann sofort zu den Auberginen geben. Wenn die Auberginen weich sind, Tomaten, Knoblauch und Petersilie hinzufügen. Alles gründlich verrühren, den Deckel auflegen und das Gemüse noch etwa 15 Minuten bei schwacher Hitze köcheln lassen, bis es gar ist.

In einer weiteren Pfanne bei mittlerer Temperatur die *merguez*-Stücke sautieren, bis sie gebräunt sind. Dann zu dem Gemüse in die Pfanne geben.

Mit dem Rücken eines Löffels sechs Vertiefungen in die Gemüsemischung drücken und jeweils ein aufgeschlagenes Ei hineingeben. In manchen Rezepten läßt man das Eigelb leicht zerlaufen, doch ist dies nicht unbedingt erforderlich. Den Deckel auflegen und die Gemüsepfanne 4–5 Minuten erhitzen, bis die Eier gestockt sind. Mit Salz und Pfeffer würzen und sofort servieren.

Für 3–6 Personen

TÜRKEI

PANCAR SALATASI
Rote-Bete-Salat

In vielen Mittelmeerländern wird rote Bete einfach mit Olivenöl und Essig angemacht. Mitunter verfeinert man die Vinaigrette auch mit Joghurt, so daß das Salatdressing eine rosarote Farbe annimmt, wenn es unter das Gemüse gehoben wird. Das Kraut der roten Rüben kann gegart und mit dem Salat serviert werden. Für die Vinaigrette nimmt man entweder Olivenöl und Essig oder Olivenöl und Zitronensaft. In anderen Rezepten fügt man der roten Bete noch kleingeschnittene Orangen und rote Zwiebeln hinzu. Bei diesem einfachen türkischen Rezept wird die rote Bete mit Olivenöl, Essig und Knoblauch angemacht. In Frankreich nimmt man für das Dressing häufig Walnußöl und Essig und streut gehackte geröstete Walnußkerne über das Gemüse. Das Dressing würzt man in Griechenland mit 1 Teelöffel gemahlenem Piment oder Zimt, oder man verwendet als Salatdressing eine »skordalia«, die mit Weißbrot und Mandeln zubereitet wird (Rezept S. 58). In Spanien wird das Dressing mit 1 Teelöffel Anissamen gewürzt, in Tunesien dagegen mit 1 Teelöffel Kümmel.

Etwa 750 g rote Bete
4 EL Olivenöl
2 EL Rotweinessig
2 Knoblauchzehen, zerdrückt
Salz und frisch gemahlener Pfeffer

Die roten Beten können entweder in Wasser gekocht oder im Backofen gegart werden, wo sie nach Ansicht mancher Köche einen erdigeren Geschmack bekommen.

Die roten Beten vor dem Kochen gründlich mit einer Bürste säubern, aber nicht schälen. Das Kraut abschneiden, jedoch 2,5 cm der Stengel und Wurzeln stehenlassen, damit die Rüben beim Kochen nicht ausbluten. Das Kraut für einen anderen Verwendungszweck aufbewahren (siehe Blattgemüse mit Zitronen-Olivenöl-Dressing, Rezept S. 49). Die roten Beten in einen Topf legen und mit Wasser bedecken. Das Wasser zum Kochen bringen, auf mittlere Hitze herunterschalten, den Deckel halb auflegen und die Rüben 20–30 Minuten köcheln lassen, bis sie weich sind. Das kochende Wasser abgießen und zum Abkühlen der roten Beten etwas kaltes Wasser in den Topf füllen. Die abgekühlten Rüben schälen und je nach Größe in Scheiben oder Viertel schneiden.

Um die roten Beten im Ofen zu garen, den Backofen auf 180 °C (Gasherd Stufe 2–3) vorheizen. Die Rüben wie zum Kochen vorbereiten, in eine ofenfeste Form legen und 2,5 cm hoch Wasser angießen. Die Form mit Alufolie abdecken und die Rüben etwa 1 Stunde im Backofen garen, bis sie weich sind. Aus dem Ofen nehmen. Die abgekühlten roten Beten schälen und je nach Größe in Scheiben oder Viertel schneiden.

Das kleingeschnittene Gemüse in eine Servierschüssel geben. In einer kleinen Schüssel Öl, Essig, Knoblauch, Salz und Pfeffer verquirlen. Über die roten Beten geben und alles gründlich durchheben. Mit Raumtemperatur servieren.

Für 4–6 Personen

TÜRKEI

ADAS SALATASI
Linsensalat

Linsensalate werden in allen Mittelmeerländern serviert, und die Rezepte weichen kaum voneinander ab. Grüne Linsen haben eine längere Garzeit, zerfallen aber nicht so leicht. In jedem Fall darauf achten, daß die Linsen nicht zu Mus zerkochen. Anstelle von Linsen kann man auch getrocknete grüne, dicke oder weiße Bohnen nehmen. Die Bohnen müssen vor dem Garen jedoch über Nacht in kaltem Wasser eingeweicht werden und erfordern eine längere Garzeit.

450 g getrocknete Linsen
6 EL Olivenöl
3 EL frisch gepreßter Zitronensaft
Salz und frisch gemahlener Pfeffer
1 Zwiebel, feingehackt
1 oder 2 Knoblauchzehen, zerdrückt
2 TL gemahlener Kreuzkümmel
4 EL gehackte Minze und/oder glatte Petersilie
In Viertel oder Scheiben geschnittene Tomaten (nach Belieben)
In Scheiben oder Viertel geschnittene hartgekochte Eier (nach Belieben)
Schwarze Oliven (nach Belieben)
Zerkrümelter *feta* (siehe Glossar) oder frischer Ziegenkäse (nach Belieben)

Die Linsen abspülen und in einen Topf geben. Mit kaltem Wasser bedecken und zum Kochen bringen. Auf schwache Hitze reduzieren und ohne Deckel köcheln lassen, bis die Linsen weich sind, aber noch nicht zerfallen. Die Garzeit hängt vom Alter der Linsen ab; die erste Garprobe nach 15–20 Minuten machen. Manche Linsen müssen 1 Stunde kochen, andere können bereits nach 25 Minuten weich sein. Die Linsen abgießen, gut abtropfen lassen und in eine Schüssel geben.

Die warmen Linsen mit 4 Eßlöffeln Olivenöl und Zitronensaft anmachen. Nach Geschmack mit Salz und Pfeffer würzen.

Die verbliebenen 2 Eßlöffel Olivenöl in einer Pfanne bei mittlerer Temperatur erhitzen. Die Zwiebeln hinzufügen und 3–4 Minuten sautieren. Knoblauch und Kreuzkümmel dazugeben und 2 Minuten mitgaren.

Die Zwiebelmischung unter die Linsen heben, dann behutsam die Petersilie oder Minze untermischen. Den Salat 1 Stunde durchziehen lassen. Anschließend abschmecken, da die Linsen das Salz und die Salatsauce teilweise aufsaugen.

Nach Belieben mit Tomaten, Eiern, Oliven oder zerkrümeltem Käse garnieren. Mit Raumtemperatur servieren.

Für 6 Personen

TÜRKEI

ÇERKEZ TAVUĞU
Geflügelsalat in Walnußsauce

Dieser Geflügelsalat in Walnußsauce heißt auch »Tscherkessisches Huhn« und gehört zu den Glanzstücken der türkischen Küche. Das Rezept stammt ursprünglich aus dem Kaukasus. Gewöhnlich wird der Salat als »meze« serviert, doch kann man ihn in größeren Portionen auch als Mittag- oder Abendessen reichen. Einige Versionen werden mit Chillies zubereitet und sind recht scharf. Mitunter fügt man neben Walnüssen auch Mandeln hinzu. Wer eine solche Sauce ausprobieren möchte, nimmt 250 g Walnüsse und 150 g Mandeln. Der fertige Salat wird mit Paprika bestäubt und mit Olivenöl beträufelt.

FÜR DAS HÜHNERFLEISCH:
1,5 kg Hühnerbrust
1 l Wasser
1 Zwiebel, gehackt
1 Möhre, geschält und in Stücke geschnitten
1 Lorbeerblatt (nach Belieben)
1 Zweig frischer Thymian (nach Belieben)
Einige ganze Gewürznelken (nach Belieben)

FÜR DIE SAUCE:
60 g Butter
1 Zwiebel, gehackt
4 TL zerdrückter Knoblauch
2 EL Paprikapulver (edelsüß)
1 TL Cayennepfeffer
2 Scheiben Weißbrot ohne Rinde
400 g Walnüsse
500 ml reduzierte Hühnerbrühe (Garflüssigkeit des Geflügels)
Salz und frisch gemahlener schwarzer Pfeffer

ZUM ANRICHTEN:
3 EL Walnußöl
2 TL Paprikapulver
Gehackte glatte Petersilie

Rote-Bete-Salat (oben), *Linsensalat* (links), *Geflügelsalat in Walnußsauce*

Die Hühnerbrust mit Wasser, Zwiebeln und Möhren in einen Topf geben. Nach Belieben Lorbeerblatt, Thymian und Nelken hinzufügen. Zum Kochen bringen und auf mittlere Temperatur herunterschalten. Das Hühnerfleisch etwa 25 Minuten im offenen Topf köcheln lassen, bis es gar ist.

Das Hühnerfleisch aus der Brühe nehmen und zum Abkühlen beiseite stellen. Die Knochen aus der abgekühlten Hühnerbrust herauslösen und die Haut entfernen. Das Fleisch in Stücke schneiden, in eine Schüssel geben und zugedeckt beiseite stellen. Knochen und Haut an die Brühe geben und die Flüssigkeit auf 500 ml einkochen. Den Topf von der Kochstelle nehmen und die Brühe durch ein Sieb gießen.

Für die Sauce in einer Pfanne bei mittlerer Hitze die Butter zerlassen. Die gehackten Zwiebeln hinzufügen und 8–10 Minuten sautieren, bis sie weich und glasig sind. Knoblauch, Paprikapulver und Cayennepfeffer dazugeben und 3 Minuten mitsautieren. Die Pfanne von der Kochstelle nehmen.

In einer Schüssel die Weißbrotscheiben kurz in Wasser einweichen, dann ausdrücken, die Walnußkerne hinzufügen und alles im Mixer zerkleinern. Die gehackte Zwiebel hinzufügen und untermischen. Die reduzierte Hühnerbrühe dazugeben und alles zu einer glatten Sauce pürieren. Mit Salz und Pfeffer abschmecken. Das Hühnerfleisch mit der Hälfte der Sauce vermengen. Auf einer Servierplatte anrichten und mit der verbliebenen Sauce überziehen.

Das Walnußöl zusammen mit dem Paprikapulver in einer kleinen Pfanne erhitzen und über die Walnußsauce träufeln.

Petersilie über den Geflügelsalat streuen und den Salat mit Raumtemperatur servieren.

Für 6–8 Personen

Von oben nach unten: *Pürierte gelbe Spalterbsen, Fischrogen-Dip*

GRIECHENLAND

FAVA
Pürierte gelbe Spalterbsen

Ebenso wie in Griechenland, gehört auch in der Türkei, in Ägypten und Nordafrika zumeist ein Püree aus Hülsenfrüchten zur »meze«-Tafel. In Griechenland wird es aus gelben Spalterbsen zubereitet, anderenorts nimmt man dagegen gewöhnlich dicke Bohnen. Die Verwendung von Dill ist in der Türkei üblich. Wird das Püree nicht mit Zitronensaft beträufelt, sollte man es mit Zitronenachteln garnieren. Zumeist reicht man Fladenbrot (Rezept S. 82) dazu, gelegentlich auch »feta«.

250 g getrocknete gelbe Spalterbsen oder dicke Bohnen
1 kleine Zwiebel, gehackt
3 EL Olivenöl
1 l Wasser
Salz
2 EL gehackter Dill (nach Belieben)
Frisch gemahlener Pfeffer

ZUM ANRICHTEN:
2–4 EL Olivenöl
2 EL frisch gepreßter Zitronensaft (nach Belieben)
Gehackte oder in feine Streifen geschnittene rote Zwiebeln oder Frühlingszwiebeln
Frisch gemahlener Pfeffer

Spalterbsen gründlich unter fließendem Wasser abspülen. Dicke Bohnen in eine Schüssel geben und gut mit Wasser bedecken. Zum Einweichen über Nacht in den Kühlschrank stellen. Abgießen und gründlich unter fließendem Wasser abspülen.

Die Erbsen oder Bohnen zusammen mit Zwiebeln, Öl, Wasser und Salz in einen 2-l-Topf geben. Alles bei mittlerer Hitze zum Kochen bringen. Auf niedrige Temperatur herunterschalten, den Deckel auflegen und die Hülsenfrüchte etwa 1 Stunde köcheln lassen, bis sie zerfallen.

Die gegarten Hülsenfrüchte mit ihrer Garflüssigkeit im Mixer pürieren oder durch ein grobmaschiges Sieb streichen. Falls verwendet, den Dill unterrühren. Mit Salz und Pfeffer abschmecken. Das Püree in eine Servierschüssel füllen, mit Klarsichtfolie abdecken und beiseite stellen, damit es abkühlt und eindickt.

Das Erbsenpüree zum Servieren nach Belieben mit Olivenöl und Zitronensaft beträufeln. Mit Zwiebeln garnieren und etwas Pfeffer darübermahlen.

Für 4–6 Personen

GRIECHENLAND

Taramasalata
Fischrogen-Dip

Dieser Dip wird mit »tarama« (Meeräschenrogen) zubereitet. Man bekommt ihn in Dosen oder lose in Geschäften, die griechische oder türkische Lebensmittel führen. Anstelle von Meeräschenrogen kann auch Karpfen- oder Kabeljaurogen verwendet werden. Man reicht dazu warmes knuspriges Weißbrot, Frühlingszwiebeln, Radieschen, Salatgurke und Bleichsellerie.

5 Scheiben Weißbrot ohne Kruste
150 g Meeräschenrogen
1 Zwiebel, grobgehackt
250 ml Olivenöl
Saft von 2 großen Zitronen (etwa 125 ml)
2 EL gehackte glatte Petersilie oder eine Handvoll scharf gewürzte schwarze Oliven

Das Brot in einer flachen Schüssel kurz in Wasser einweichen. Dann ausdrücken und in den Mixer geben.

Meeräschenrogen und Zwiebeln hinzufügen und mit dem Brot vermischen. Bei laufendem Gerät langsam das Öl und den Zitronensaft hinzufügen und alles zu einer glatten Paste verarbeiten.

Den Fischrogen-Dip in eine flache Servierschüssel füllen und zugedeckt kalt stellen.

Vor dem Auftragen mit Petersilie oder schwarzen Oliven garnieren. Gekühlt servieren.

Für 6 Personen

MITTELMEERRAUM

Eingelegte Oliven

Gibt es eine einfachere oder raffiniertere Vorspeise als eine Schüssel marinierter Oliven?

OLIVEN NACH GRIECHISCHER ART:

500 g Kalamata-Oliven
4 EL getrockneter Oregano
1 EL getrockneter Rosmarin
1 EL getrockneter Thymian
2 Streifen Orangenschale von je etwa 5 cm Länge und 0,5 cm Breite
Olivenöl

OLIVEN NACH SIZILIANISCHER ART:

500 g grüne Oliven
3–4 Knoblauchzehen, in Streifen geschnitten
2 EL getrockneter Oregano
1 TL zerstoßene getrocknete rote Chilischoten
Olivenöl

OLIVEN NACH MAROKKANISCHER ART:

500 g schwarze oder grüne Oliven
6 EL gehackte glatte Petersilie
6 EL gehacktes Koriandergrün
3 Knoblauchzehen, gehackt
1 TL zerstoßene getrocknete rote Chilischoten oder 2 frische Chillies, in Streifen geschnitten
½ TL gemahlener Kreuzkümmel
125 ml Olivenöl
2 TL frisch gepreßter Zitronensaft, einige Streifen Zitronen- oder Orangenschale und etwas Saft von ½ eingelegten Zitrone (siehe Glossar)

Für alle drei Rezepte die Lake der Oliven abgießen und die Oliven gründlich abspülen.

Für das griechische Rezept die abgespülten Oliven gründlich trockentupfen. Mit den übrigen Zutaten vermischen und das Olivenöl darübergeben.

Für das sizilianische Rezept die abgespülten Oliven gründlich trockentupfen und dann aufbrechen oder entsteinen. Die Oliven mit den übrigen Zutaten vermischen und das Olivenöl darübergeben.

Für das marokkanische Rezept die abgespülten Oliven aufbrechen und über Nacht in kaltes Wasser legen. Gründlich abtropfen lassen und mit den übrigen Zutaten vermischen.

Die Oliven in ein sterilisiertes Glas füllen, fest verschließen und mindestens 2 Tage im Kühlschrank durchziehen lassen.

Eingelegte Oliven

PROVENCE

TAPÉNADE
Olivenpüree

Dieses kräftig gewürzte Püree hält sich in einem geschlossenen Behälter im Kühlschrank etwa eine Woche. Es schmeckt ausgezeichnet auf warmem Brot, zu hartgekochten Eiern oder als Würzpaste, die man vor dem Braten oder Grillen unter die Haut eines Hähnchens streicht. Das Püree läßt sich auch mit etwas Olivenöl verdünnen und als Dressing für gegrillte Paprikaschoten oder Auberginen verwenden. Einige Versionen enthalten abgeriebene Zitronen- oder Orangenschale, andere gehacktes frisches Basilikum.

150 g *niçoise*-Oliven oder in Öl eingelegte schwarze Oliven, entsteint
6 Sardellenfilets in Olivenöl, abgetropft und gehackt (etwa 1 EL)
2 EL Kapern, abgespült und grobgehackt
2 Knoblauchzehen, feingehackt
Saft von 1 Zitrone
4–6 EL natives Olivenöl extra
2 EL Cognac (nach Belieben)

Im Mixer Oliven, Sardellen, Kapern, Knoblauch und Zitronensaft zu einer Paste verarbeiten. Bei laufendem Gerät nach und nach das Olivenöl hinzufügen, so daß ein geschmeidiges Püree entsteht. Falls verwendet, den Cognac unterrühren.

In eine kleine Schüssel füllen und mit Raumtemperatur servieren.

Für 4 Personen

PROVENCE

SALADE NIÇOISE
Nizza-Salat

Dieser Salat hat sich im Lauf der Jahre verändert. Ursprünglich war es ein reiner Gemüsesalat, doch mittlerweile gehören auch Sardellen und Thunfisch dazu. Je nach Portionsgröße und der Menge an Thunfisch ergibt der Salat eine schlichte Vorspeise oder eine komplette Mahlzeit. Bei dem Thunfisch sollte es sich um in gutem Olivenöl eingelegten Fisch handeln. Puristen nehmen Sardellen oder *Thunfisch und Artischocken* oder *dicke Bohnen, aber wer will bei solch wundervollen Zutaten schon puristisch sein? (In der Provence verwendet man für diesen Salat ganz junge Artischocken und frische dicke Bohnen und fügt sie roh hinzu; da solche zarten Gemüse außerhalb Frankreichs nur selten erhältlich sind, werden sie für dieses Rezept gekocht.) Gekochte Kartoffeln und grüne Bohnen sind ebenfalls eine geschmackliche Bereicherung, auch wenn sie nicht zu den Zutaten eines authentischen Nizza-Salats gehören.*

Sollte etwas von dem Salat übrigbleiben, kann man damit »pan bagnat« – wörtlich »gebadetes Brot« – zubereiten. Dazu ein Baguette längs durchschneiden und einen Teil der Krume entfernen. Die Innenseite mit einer halbierten Knoblauchzehe einreiben, mit etwas Essig und Olivenöl beträufeln und mit Salz und Pfeffer bestreuen. Eine Portion Salat auf dem Brot verteilen und die Hälften fest zusammendrücken. Sorgfältig einwickeln und vor dem Servieren für einige Stunden – mindestens aber 1 Stunde – in den Kühlschrank legen.

Salz
6 Tomaten, in Viertel geschnitten
1 Salatgurke, geschält und in Scheiben geschnitten
2 grüne Paprikaschoten, Samen und Rippen entfernt, quer in Streifen geschnitten
2 kleine Fenchelknollen, den harten Kern keilförmig entfernt, quer in Streifen geschnitten (nach Belieben)
6 Frühlingszwiebeln, geputzt, aber ganz belassen, oder 1 kleine Zwiebel, in feine Streifen geschnitten (nach Belieben)
6 kleine Artischocken, geputzt, gegart und in Viertel geschnitten, oder 12 ganz junge Artischocken, geputzt und gegart
250 g enthülste frische dicke Bohnen, kurz gegart
3 hartgekochte Eier, längs in Viertel geschnitten
12 Sardellenfilets in Olivenöl, in feine Streifen geschnitten
2 Dosen (je 150 g) Thunfisch, in große Stücke gezupft
2 Knoblauchzehen, zerdrückt
4 EL Rotweinessig
125 ml Olivenöl
12 Basilikumblätter, gehackt
Frisch gemahlener Pfeffer
50 g schwarze Oliven

Die Tomatenviertel salzen. Tomaten, Gurke, Paprika, Fenchel und Zwiebeln (falls verwendet), Artischocken, Bohnen und Eier auf sechs Portionstellern anrichten. Sardellenfilets und Thunfisch darauf verteilen. Der Salat kann auch auf einer großen Platte oder in einer großen flachen Schüssel angerichtet werden.

In einer kleinen Schüssel den Knoblauch mit etwas Salz zerdrücken, dann Essig, Öl, Basilikum und frisch gemahlenen Pfeffer nach Geschmack unterschlagen. Das Dressing gleichmäßig über den Salat geben.

Mit Oliven garnieren und servieren.

Für 6 Personen

PROVENCE

BRANDADE DE MORUE
Klippfischpüree

Das Wort »brandade« bedeutet im Dialekt der Provence »etwas, das gerührt wird«. Puristen lehnen die Verwendung eines Mixers strikt ab, da das Püree traditionell in einem Mörser zubereitet wird. Es gibt jedoch keinen Grund, sich gegen den Fortschritt zu sträuben, wenn es – wie hier – der Zeitersparnis dient und der Geschmack nicht leidet. Man kann auch zerdrückte Kartoffeln unter das Fischpüree arbeiten. Man braucht dazu 500 g Kartoffeln, die geschält, gekocht und von Hand zerdrückt werden (in diesem Fall sollte man den Mixer nicht einsetzen, da die Kartoffelmasse sonst klebrig wird). Bei der Verwendung von Kartoffeln benötigt man zusätzlich etwa 250 ml Olivenöl, das angewärmt und den Kartoffeln beim Zerstampfen zugegeben wird. Anschließend rührt man den Kabeljau kräftig mit einer Gabel unter die Kartoffelmasse. In Valencia gibt es ein ähnliches Püree aus Klippfisch und Kartoffeln. Es enthält nur Olivenöl, keine Milch, einige Pinienkerne und wird mit gerösteten Walnüssen und gehackten hartgekochten Eiern garniert.

750 g gesalzener getrockneter Kabeljau (Klippfisch) ohne Gräten (siehe Glossar)
400 ml Olivenöl
300 ml Milch
2 Knoblauchzehen, püriert
Saft von 1 Zitrone
Frisch geriebene Muskatnuß
Frisch gemahlener Pfeffer
Geröstetes Weißbrot

Den Klippfisch in einer Schüssel mit Wasser bedecken. Für 24 bis 48 Stunden in den Kühlschrank stellen; das Wasser während dieser Zeit mindestens viermal erneuern. Wie lange der getrocknete Fisch wässern muß, ist von seinem Salzgehalt abhängig; dickere Stücke brauchen länger als dünnere.

Den Kabeljau abgießen, in einem großen Topf mit Wasser bedecken und zum Kochen bringen. Den Deckel auflegen, auf schwache Hitze reduzieren und den Fisch 8–10 Minuten pochieren, bis er gerade weich ist. Abgießen und etwas abkühlen lassen.

Alle Hautreste und kleinen Gräten entfernen und den Kabeljau mit den Fingern oder einer Gabel zerpflücken.

Öl und Milch in zwei getrennten Töpfen erhitzen. Fisch und Knoblauch in den Mixer geben und kurz vermischen. Bei laufendem Gerät nach und nach die Hälfte des warmen Öls und die Hälfte der warmen Milch unterarbeiten. Dann langsam das restliche Öl und anschließend die verbliebene Milch dazugeben. Nur so viel Öl hinzufügen, daß ein sehr helles, dickes, glattes Püree entsteht. Zitronensaft und etwas Muskat dazugeben und mit Pfeffer abschmecken.

In einer Servierschüssel anrichten und warm mit geröstetem Weißbrot servieren.

Für 6–8 Personen

Rechte Seite: *Nizza-Salat* (oben), *Klippfischpüree* (links), *Olivenpüree* (unten)

Von oben im Uhrzeigersinn: *Auberginenpüree mit Tahin, Bulgur-Salat, Kichererbsenpüree mit Sesam, Salat mit geröstetem Fladenbrot*

LIBANON

TABBOULEH
Bulgur-Salat

Dieser Salat schmeckt am besten im Sommer, wenn es aromatische Freilandtomaten gibt. In der Türkei gibt es einen ähnlichen Salat, der gehackte grüne Paprikaschoten enthält. Für eine interessante Abwandlung läßt man die Frühlingszwiebeln weg, würzt 8 Eßlöffel gehackte Zwiebeln mit ½ Teelöffel gemahlenem Piment und hebt sie zusammen mit der Petersilie unter.

200 g feingeschroteter Bulgur (siehe Glossar)
100 g glatte Petersilie, feingehackt
50 g Frühlingszwiebeln, gehackt
80 g Minze, gehackt
400 g reife Tomaten, gehackt
125 ml frisch gepreßter Zitronensaft
125 ml Olivenöl
Salz und frisch gemahlener Pfeffer
Römischer Salat

Den Bulgur in einer Schüssel mit Wasser bedecken und etwa 20 Minuten quellen lassen. Dann abgießen und gut abtropfen lassen.

In eine Servierschüssel geben und Petersilie, Frühlingszwiebeln, Minze und Tomaten unterheben.

In einer kleinen Schüssel Zitronensaft und Olivenöl verquirlen. Über den Bulgur-Salat geben und alles gründlich durchmischen. Mit Salz und Pfeffer abschmecken.

Römischen Salat dazu reichen; die Blätter werden beim Essen wie ein Löffel benutzt.

Für 4–6 Personen

LIBANON

FATTOUSH
Salat mit geröstetem Fladenbrot

Dieser libanesische Salat wird nicht wie der klassische »tabbouleh« mit Bulgur, sondern mit geröstetem Fladenbrot zubereitet.

2 große Fladenbrote (Rezept S. 82)
300 g reife Tomaten, gehackt
150 g Salatgurke, geschält, entkernt und in Würfel geschnitten
100 g Frühlingszwiebeln, feingehackt
4 EL feingehackte glatte Petersilie
2 EL gehackte Minze (nach Geschmack auch mehr)
2 EL gehackter Portulak (nach Belieben; siehe Glossar)
Kerne von 1 großen Granatapfel (nach Belieben; siehe Glossar)
125 ml Olivenöl
125 ml Zitronensaft
Salz
Frisch gemahlener Pfeffer
1 TL gemahlener Sumach (nach Belieben; siehe Glossar)
1 oder 2 Knoblauchzehen, zerdrückt (nach Belieben)
6 Blätter Römischer Salat, in lange Streifen geschnitten (nach Belieben)

Den Backofen auf 180 °C (Gasherd Stufe 2–3) vorheizen.

Die Fladenbrote auf ein Backblech legen und etwa 5 Minuten backen, bis sie trocken sind; zwischendurch einmal wenden. Die Brote aus dem Ofen nehmen und abkühlen lassen. Anschließend in kleine Stücke brechen und beiseite stellen.

Tomaten, Gurke, Zwiebeln, Petersilie, Minze und, falls verwendet, Portulak und Granatapfelkerne in eine große Salatschüssel geben und vermischen.

Olivenöl, Zitronensaft, Salz und Pfeffer nach Geschmack und gegebenenfalls Sumach und Knoblauch in eine kleine Schüssel geben und verquirlen.

Den Salat mit der Hälfte des Dressings übergießen und etwa 30 Minuten durchziehen lassen. Das geröstete Brot und, sofern verwendet, den Römischen Salat unterheben. Das restliche Dressing dazugeben und unterheben. Sofort servieren.

Für 4 Personen

LIBANON

BABA GHANNOUJ
Auberginenpüree mit Tahin

Dieses Auberginenpüree hat ein besonders köstliches rauchiges Aroma, wenn man die Auberginen auf dem Holzkohlengrill röstet. Der Dip, der in Syrien »mutabbal« heißt, ist auch in Israel und Jordanien sehr beliebt. Libanesisches Fladenbrot (Rezept S. 82) und rohes Gemüse sind ideale Beilagen zu diesem Auberginenpüree.

2 Auberginen (insgesamt etwa 750 g)
2 Knoblauchzehen, sehr fein zerdrückt
75 g *tahin* (siehe Glossar)
80–125 ml frisch gepreßter Zitronensaft (oder nach Geschmack)
Salz
Frisch gemahlener Pfeffer
3 EL Pinienkerne, geröstet
3 EL gehackte glatte Petersilie
1 TL gemahlener Kreuzkümmel (nach Belieben)
2 EL Granatapfelkerne (nach Belieben; siehe Glossar)

Den Grill vorheizen.

Die Auberginen auf ein Backblech legen und unter häufigem Wenden 20–30 Minuten grillen, bis sie recht weich sind und die Haut rundum verkohlt ist. Aus dem Grill nehmen und abkühlen lassen.

Die Auberginen halbieren. Das Fruchtfleisch mit einem Löffel von der Haut lösen, in einer Schüssel mit einer Gabel zerdrücken oder im Mixer pürieren.

Knoblauch, Tahin und Zitronensaft hinzufügen und alles mit der Gabel oder im Mixer gründlich vermischen. Mit Salz und Pfeffer abschmecken.

Das Püree auf einem Teller oder in einer flachen Schüssel anrichten. Mit Pinienkernen, Petersilie und, falls verwendet, Kreuzkümmel und Granatapfelkernen bestreuen.

Für 6–8 Personen

LIBANON

HUMMUS BI TAHINI
Kichererbsenpüree mit Sesampaste

Ein klassischer Dip, der in Syrien und Israel ebenso beliebt ist wie im Libanon, seinem Ursprungsland. Man reicht dazu libanesisches Fladenbrot (Rezept S. 82) oder Salatgurke, Radieschen, Möhren und Frühlingszwiebeln. »Tahin« gibt es in zwei Varianten. Die cremefarbene Paste wird aus geschälten Sesamsamen hergestellt und die bräunliche aus ungeschälten Sesamsamen. Bräunliches »tahin« hat einen etwas bitteren Beigeschmack.

200 g getrocknete Kichererbsen
1 l Wasser
80 g *tahin* (siehe Glossar)
2 Knoblauchzehen, zerdrückt
4 EL frisch gepreßter Zitronensaft
Salz
1 Messerspitze Cayennepfeffer

ZUM ANRICHTEN:
2 EL Olivenöl
3 EL gehackte glatte Petersilie
1 TL gemahlener Kreuzkümmel (nach Belieben)
Cayennepfeffer (nach Belieben)
3 EL Granatapfelkerne (nach Belieben; siehe Glossar)

Die Kichererbsen in einer Schüssel mit reichlich Wasser bedecken und über Nacht im Kühlschrank einweichen.

Die Kichererbsen abgießen und gründlich unter fließendem Wasser abspülen. Dann in einen Topf mit 2 l Fassungsvermögen geben, das Wasser hinzufügen und zum Kochen bringen. Auf schwache Hitze herunterschalten und mit aufgelegtem Deckel 1 Stunde oder länger köcheln lassen, bis die Kichererbsen sehr weich sind.

Die gegarten Kichererbsen abgießen und in den Mixer geben; die Garflüssigkeit auffangen und zurückstellen. Die Kichererbsen pürieren.

Tahin, Knoblauch und Zitronensaft hinzufügen und alles gründlich vermischen. Das Püree mit etwas Garflüssigkeit oder kaltem Wasser verdünnen, so daß es streichbar wird. Mit Salz und Cayennepfeffer abschmecken.

Das Püree zum Servieren auf einem Teller anrichten und mit einem Löffel glattstreichen. Mit Olivenöl beträufeln und mit Petersilie bestreuen. Kreuzkümmel, Cayennepfeffer oder Granatapfelkerne sternförmig daraufstreuen. Das Püree kann auch in eine Schüssel gefüllt und zugedeckt bis zu 6 Stunden bei Raumtemperatur aufbewahrt werden. Im Kühlschrank hält es sich 1–2 Tage. Zum Servieren läßt man es wieder auf Raumtemperatur kommen und verdünnt es nochmals mit Wasser oder zurückgestellter Garflüssigkeit, da es mit der Zeit eindickt.

Für 6–8 Personen

Von unten im Uhrzeigersinn: *Reiskroketten, Auberginen süß-sauer, Kürbissalat mit Minze*

SIZILIEN

ARANCINI DI RISO
Reiskroketten

»Arancini« heißt kleine Orangen, und denen sehen diese herzhaften, goldbraunen Reiskroketten durchaus ähnlich. Es gibt sie mit verschiedenen Füllungen; die einfachste besteht aus Käse und luftgetrocknetem Schinken, doch schmeckt mir am besten Fleisch mit kleinen Erbsen in einer Tomatensauce. Die Kroketten können 1–2 Tage im voraus geformt und im Kühlschrank aufbewahrt werden. Vor dem Fritieren läßt man sie wieder auf Raumtemperatur kommen.

1,5 l Wasser
650 g Arborio-Reis
2 Eier
60 g frisch geriebener Parmesan
Salz
Frisch gemahlener Pfeffer

2 EL Olivenöl
1 Zwiebel, gehackt
250 g gehacktes Kalb- oder Rindfleisch
2 EL Tomatenmark
125 ml trockener Rotwein oder Rinderfond (siehe Glossar)
250 ml Tomatensauce (siehe Glossar)
150 g Erbsen, 30 Sekunden blanchiert und abgetropft
Frisch geriebene Muskatnuß (nach Belieben)

FÜR DIE PANADE:
150 g Mehl
3 Eier
250 g Semmelbrösel

Pflanzenöl zum Fritieren

Das Wasser in einem Topf zum Kochen bringen. Den Reis hinzufügen, den Deckel auflegen und auf schwache Hitze reduzieren. Den Reis 15–20 Minuten garen, bis er das Wasser aufgenommen hat. Er soll *al dente,* aber gar und etwas klebrig sein.
Nacheinander 2 Eier und dann den Käse untermischen. Nach Geschmack mit Salz und Pfeffer würzen. Die Reismischung auf einem Backblech verteilen und zugedeckt abkühlen lassen.

In der Zwischenzeit in einem schweren Topf bei mittlerer Temperatur das Olivenöl erhitzen. Die Zwiebeln hinzufügen und 8 bis 10 Minuten sautieren, bis sie weich und glasig sind. Das Hackfleisch dazugeben und einige Minuten unter Rühren anbraten, bis es bräunt. Tomatenmark und Wein oder Rinderfond unterrühren und alles 5 Minuten köcheln lassen. Dann die Tomatensauce hinzufügen und das Ganze etwa 15 Minuten köcheln lassen, bis die Sauce eindickt. Den Topf von der Kochstelle nehmen und die blanchierten Erbsen unterrühren. Mit Salz, Pfeffer und nach Belieben etwas Muskat abschmecken. Auf Raumtemperatur abkühlen lassen.

Um die Reiskroketten herzustellen, das Mehl in einer flachen Schüssel verteilen. Die restlichen Eier aufschlagen, in eine zweite flache Schüssel geben und mit etwas Wasser verquirlen. Die Semmelbrösel in eine dritte flache Schüssel geben.

Es können kleine Reiskugeln oder größere Kroketten von 7,5 cm Durchmesser geformt werden. Dazu einige Löffel Reis in die hohle Hand nehmen und mit den Fingern eine Vertiefung hineindrücken. Einen Löffel Füllung hineingeben und den Reis über der Füllung zusammendrücken. Zwischen den Händen zu einer gleichmäßigen Kugel rollen. Die Reiskugel nacheinander im Mehl, im verquirlten Ei und in den Semmelbröseln wenden. Auf ein Kuchengitter legen. In gleicher Weise weitere Kroketten formen, bis Reis und Füllung aufgebraucht sind.

Einen hohen schweren Topf 8 cm hoch mit Öl füllen. Das Öl auf 190 °C erhitzen; die richtige Temperatur ist erreicht, wenn eine hineingelegte Reiskugel innerhalb weniger Augenblicke zu bräunen beginnt. Die Kroketten partienweise 4–5 Minuten im heißen Öl fritieren, bis sie goldbraun sind. Mit einem Schaumlöffel herausnehmen und kurz auf Küchenkrepp abtropfen lassen.

Auf einer vorgewärmten Platte anrichten und sofort servieren.

Für 6–8 Personen

SIZILIEN

CAPONATA
Auberginen süß-sauer

Für »caponata« gibt es beinahe so viele Rezepte wie Familien in Sizilien. Die süß-sauren Auberginen werden zusammen mit anderen kalten Vorspeisen oder nur mit geröstetem Brot gereicht. Man sollte sie einen Tag im voraus zubereiten, damit sie durchziehen können. Vor dem Servieren mit Essig und Salz abschmecken.

2 Auberginen
Salz
2 EL sowie 375 ml Olivenöl
150 g Bleichsellerie, in Würfel geschnitten
3 Zwiebeln, gehackt oder in 0,5 cm breite Streifen geschnitten
250 ml Tomatenpüree
3 EL Kapern, abgespült und abgetropft
12 schwarze und/oder grüne Oliven, entsteint und grob gehackt
50 g Pinienkerne oder Mandelstifte, geröstet
125 ml Rotweinessig
2 EL Zucker
Basilikum oder glatte Petersilie, gehackt (nach Belieben)
3 EL Rosinen, in heißem Wasser eingeweicht und abgetropft (nach Belieben)
Frisch gemahlener Pfeffer

Die Auberginen geschält oder ungeschält in 2,5 cm große Würfel schneiden. Mit Salz bestreuen und etwa 1 Stunde in einem Sieb abtropfen lassen. Dann abspülen und trockentupfen.

In einem kleinen Topf bei mittlerer Temperatur 2 Eßlöffel Öl erhitzen. Den Bleichsellerie hinzufügen und kurz sautieren; er soll noch knackig sein. Beiseite stellen.

In einem großen Topf bei mittlerer Temperatur 250 ml Öl erhitzen. Die Auberginen dazugeben und 15–20 Minuten unter häufigem Wenden sautieren, bis sie goldbraun und weich sind. Mit einem Schaumlöffel herausheben und auf Küchenkrepp abtropfen lassen.

Im selben Topf die restlichen 125 ml Olivenöl bei mittelhoher Temperatur erhitzen. Die Zwiebeln hinzufügen und 8–10 Minuten sautieren, bis sie weich und glasig sind. Den zurückgestellten Bleichsellerie und das Tomatenpüree dazugeben und alles 10 Minuten unter häufigem Rühren köcheln lassen. Anschließend gegarte Auberginen, Kapern, Oliven, Pinienkerne oder Mandeln, Essig, Zucker, Basilikum sowie nach Belieben Petersilie und Rosinen hinzufügen.

Gründlich durchrühren und die Mischung 20 Minuten bei schwacher Hitze im offenen Topf köcheln lassen. Mit Salz und Pfeffer abschmecken.

Die Auberginen in eine Servierschüssel füllen und mit Raumtemperatur servieren.

Für 6–8 Personen

SIZILIEN

FEGATO AI SETTE CANNOLI
Kürbissalat mit Minze

Früher konnten es sich die wenigsten Sizilianer leisten, Fleisch zu essen. Da Kürbis sehr fleischig ist, heißt dieses Gericht bei ihnen »fegato« (Leber). »Sette Cannoli« ist der Name eines Brunnens mit sieben Wasserfontänen, der sich in einem Armenviertel in Palermo befindet. Der Salat kann mit Gartenkürbis, Butternußkürbis oder einem anderen großen gelben Winterkürbis zubereitet werden. In manchen Rezepten wird der Knoblauch im Olivenöl sautiert und entfernt, bevor das Kürbisfleisch hineinkommt. Andere Rezepte enthalten keinen Essig und keinen Zimt.

5 EL Olivenöl
1 Stück Kürbis (etwa 1 kg), geschält und in 1 cm dicke Scheiben geschnitten
2 EL gehackte Minze
3 Knoblauchzehen, in hauchdünne Scheiben geschnitten
125 ml Essig
125 g Zucker
1 Messerspitze gemahlener Zimt
Salz
Frisch gemahlener Pfeffer

In einer großen Pfanne bei mittlerer Temperatur das Olivenöl erhitzen. Das Kürbisfleisch hinzufügen und etwa 3 Minuten sautieren, bis es weich ist; zwischendurch einmal wenden, damit die Stücke auf beiden Seiten gebräunt werden.

Mit einem Schaumlöffel auf eine Servierplatte legen. Minze und Knoblauch darüberstreuen.

Essig, Zucker und Zimt zu dem verbliebenen Öl in die Pfanne geben und die Flüssigkeit bei starker Hitze 5–7 Minuten unter ständigem Rühren kochen lassen, bis sich der Zucker aufgelöst hat und die Sauce eindickt. Mit Salz und Pfeffer würzen und über die Kürbisstücke geben.

Den Salat mit Raumtemperatur servieren.

Für 6–8 Personen

Gebratener Käse, Pikante Fleischklößchen

GRIECHENLAND / KATALONIEN

KEFTEDAKIA / ALBÓNDIGAS
Pikante Fleischklößchen

Niemand kann kleinen schmackhaften Fleischklößchen widerstehen, die als »tapa«, »meze« oder Snack gereicht werden. Hier sind zwei Rezepte.

FLEISCHKLÖSSCHEN NACH GRIECHISCHER ART:

3 Scheiben Weißbrot, in Wasser eingeweicht und ausgedrückt
500 g mageres gehacktes Lamm- oder Rindfleisch
150 g Zwiebeln, feingehackt
3 Eier
4 EL feingehackte glatte Petersilie
1 TL getrockneter Oregano
½ TL gemahlener Zimt
Salz und frisch gemahlener Pfeffer

FLEISCHKLÖSSCHEN NACH KATALONISCHER ART:

250 g gehacktes Kalb- oder Rindfleisch
250 g gehacktes Schweinefleisch
2 Knoblauchzehen, zerdrückt
3 EL feingehackte glatte Petersilie
1 Ei
1 Scheibe Weißbrot, in Wasser eingeweicht und ausgedrückt
½ TL frisch geriebene Muskatnuß
1 TL Paprikapulver
Salz
Frisch gemahlener Pfeffer

ZUM BRATEN DER FLEISCHKLÖSSCHEN:

250 g Mehl
Pflanzenöl oder Olivenöl

Alle Zutaten für die gewünschte Hackfleischmischung in eine Schüssel geben – einschließlich Salz und Pfeffer nach Geschmack – und mit den Händen gründlich durchkneten. Zugedeckt kalt stellen.

Das Mehl in eine flache Schüssel füllen. Aus der Hackfleischmischung 2,5 cm große Klößchen formen und diese im Mehl wenden. In einer Pfanne bei mittelhoher Temperatur etwas Öl erhitzen. Die Fleischklößchen dazugeben und in 8–10 Minuten goldbraun braten; die Klößchen dabei immer wieder drehen.

Auf einer vorgewärmten Platte anrichten und sofort servieren.

Jedes Rezept reicht für 6–8 Personen

GRIECHENLAND

SAGANAKI
Gebratener Käse

Dieses Gericht ist nach der Pfanne mit zwei Griffen benannt, in der der Käse gebraten wird. In Sizilien nennt man es »formaggio all'argentiera« – »argentiera« heißt »Silber« und bezieht sich auf das Braten von Käse anstelle von teurem Fleisch. Sizilianische Hausfrauen nehmen »caciocavallo«-Käse, aromatisieren das Öl mit einer zerdrückten Knoblauchzehe, beträufeln den gebratenen Käse mit etwas Essig und streuen Oregano darüber.

250 g *halloumi, kefalotiri* oder *kasseri* (siehe Glossar)
Mehl zum Panieren
Olivenöl
Salz und frisch gemahlener Pfeffer
2 EL gehackte glatte Petersilie
Zitronenachtel

Den Käse in etwa 1 cm dicke, 4–5 cm breite und 5–8 cm lange Scheiben schneiden und in dem Mehl wenden.

In eine Pfanne 0,5 cm hoch Öl gießen und das Öl bei mittlerer Temperatur erhitzen. Den panierten Käse partienweise auf jeder Seite 2–3 Minuten im heißen Öl braten, bis er goldbraun ist. Mit einem Schaumlöffel herausnehmen und kurz auf Küchenkrepp abtropfen lassen.

Auf einer vorgewärmten Platte anrichten. Mit Salz und Pfeffer würzen, mit Petersilie bestreuen und mit Zitronenachteln garnieren. Sofort servieren.

Für 4–6 Personen

GRIECHENLAND

Horta Ladolemono
Blattgemüse mit Zitronen-Olivenöl-Dressing

In Griechenland wird gegartes Blattgemüse häufig mit »ladolemono«, einem klassischen Dressing aus Zitronensaft und Olivenöl, angemacht und als Salat serviert. »Horta« ist das griechische Wort für alle wildwachsenden Blattgemüse. Die Griechen sammeln im Sommer meist Wildpflanzen in der freien Natur, doch schmeckt der Salat ebenso köstlich, wenn man kultiviertes Blattgemüse verwendet. Das Dressing paßt auch ausgezeichnet zu anderem gegartem Gemüse wie roten Beten, Fenchel, dicken Bohnen und Artischocken. Da die Blätter beim Garen stark zusammenfallen, sollte man die Portionen großzügig bemessen und pro Person mindestens 250 g rohes Blattgemüse rechnen. Manche glauben, daß das Trinken der Garflüssigkeit zu einem langen Leben und guter Gesundheit verhilft.

1 kg gemischtes junges zartes Blattgemüse wie Rauke, Sauerampfer, Löwenzahn, Kraut von roten Beten, Wildkohl, Endivie und Frisée in beliebiger Zusammenstellung

FÜR DAS LADOLEMONO-DRESSING:

125 ml Olivenöl
4 EL frisch gepreßter Zitronensaft
Salz und frisch gemahlener Pfeffer

Das Blattgemüse mehrmals in frischem Wasser waschen.

Einen großen Topf zu drei Vierteln mit Wasser füllen und das Wasser zum Kochen bringen. Das Blattgemüse hinzufügen und kurz bei starker Hitze ohne Deckel kochen, bis es gar ist. Abgießen und gut abtropfen lassen. (Das Kochwasser auffangen, wenn man es trinken möchte.) Das Gemüse auf einer Servierplatte anrichten.

In einer kleinen Schüssel für das Dressing Öl, Zitronensaft, Salz und Pfeffer verquirlen.

Das Blattgemüse warm oder mit Raumtemperatur reichen. Vor dem Servieren das *ladolemono*-Dressing unterheben.

Für 4 Personen

Blattgemüse mit Zitronen-Olivenöl-Dressing

ÄGYPTEN

Beid Masluq
Hartgekochte Eier mit Kreuzkümmel und Koriander

Im Nahen Osten liebt man hartgekochte Eier. Bei diesem Rezept werden die Eier in gewürztes Salz getunkt. Mitunter werden sie auch fritiert und anschließend in einer Mischung aus 2 Teelöffeln gemahlenem Zimt, 2 Eßlöffeln zerstoßenem geröstetem Kreuzkümmelsamen, 1 Teelöffel gemahlener Kurkuma, 1 Eßlöffel grobem Salz und etwas frisch gemahlenem Pfeffer gewälzt.

1 EL Koriandersamen
2 TL Kreuzkümmelsamen
1 EL grobes Salz
6 hartgekochte Eier, halbiert oder in Viertel geschnitten

In einer kleinen Pfanne die Koriander- und Kreuzkümmelsamen einige Minuten ohne Zugabe von Fett rösten, bis sie aromatisch duften; die Gewürze dabei ständig umrühren oder die Pfanne hin und her rütteln.

Die gerösteten Gewürze in einem Mörser zerstoßen oder in einer Gewürzmühle zermahlen.

Die Gewürze in eine flache Schüssel geben und mit dem Salz vermischen. Die halbierten oder geviertelten Eier bei Tisch in die Gewürzmischung tunken.

Für 3–6 Personen

ÄGYPTEN

Beid Hamine
Mit Zwiebelschalen gekochte Eier

»Hamin« bedeutet Ofen, und diese Eier können bei sehr niedriger Temperatur im Ofen oder auf dem Herd zubereitet werden. Aufgrund der langen Garzeit bekommen sie eine cremige Konsistenz und nehmen durch die Zwiebelschalen und den Kaffeesatz eine hellbraune Farbe an. In Ägypten ißt man sie mit »ful mudammas« (Rezept S. 214), doch schmecken sie auch gut zu einem Salat.

6 Eier
Schalen von 6–10 Zwiebeln
450 g Kaffeesatz
2 EL Olivenöl

Die Zwiebelschalen in einen Topf geben und die Eier so dazwischenlegen, daß sie auf allen Seiten davon umgeben sind.

Den Kaffeesatz hinzufügen und alles 5 Zentimeter hoch mit Wasser bedecken.

Das Öl dazugeben (es verhindert, daß das Wasser verdampft). Den Deckel auflegen und bei sehr schwacher Hitze 6–8 Stunden köcheln lassen.

Für 3–6 Personen

ÄGYPTEN

Felafel
Kichererbsenkroketten

Dieser köstliche Imbiß wird im Vorderen Orient häufig von Straßenhändlern angeboten. Obwohl diese knusprigen Kroketten ursprünglich aus Ägypten stammen, sind sie heute auch in Syrien, im Libanon und in Israel sehr beliebt. Die Kichererbsen wie für »hummus bi tahini« (Rezept S. 45) garen; für die Kroketten werden 200 g getrocknete Kichererbsen benötigt. Die Kroketten schmecken besonders köstlich, wenn man sie zusammen mit Tomate, Salatgurke, grünem Salat und »tahin«-Dressing in warmes Fladenbrot füllt.

FÜR DIE KROKETTEN:

350 g gegarte, abgetropfte Kichererbsen
5 EL Wasser
1 Scheibe festes Weißbrot, Rinde entfernt, in Stücke gezupft
2 EL Mehl
1/2 TL Natron (Natriumbikarbonat)
3 Knoblauchzehen, zerdrückt
1 Ei, leicht verquirlt
2 EL gehackte glatte Petersilie
Frisch gemahlener schwarzer Pfeffer
Cayennepfeffer
1/2 TL gemahlener Kreuzkümmel
1/2 TL gemahlene Kurkuma
1/2 TL gemahlener Koriander
1 EL *tahin* (siehe Glossar)
Salz

Von oben links im Uhrzeigersinn: *Kichererbsenkroketten. Mit Zwiebelschalen gekochte Eier, Hartgekochte Eier mit Kreuzkümmel und Koriander*

FÜR DAS TAHIN-DRESSING:

125 ml *tahin* (siehe Glossar)
125 ml frisch gepreßter Zitronensaft
250 ml Wasser
2 Knoblauchzehen, zerdrückt
Salz
Frisch gemahlener schwarzer Pfeffer oder Cayennepfeffer

Mehl zum Panieren
Pflanzenöl zum Fritieren
8 kleine Fladenbrote (Rezept S. 82)
Gehackte Tomate, Salatgurke und grüner Salat

Für die Kroketten die gegarten Kichererbsen durch die grobe Scheibe des Fleischwolfs drehen oder im Mixer grob pürieren.

Das Kichererbsenpüree in eine Schüssel geben. Wasser, Weißbrot, 2 Eßlöffel Mehl, Natron, Knoblauch, Ei, Petersilie, schwarzen Pfeffer, Cayennepfeffer, Kreuzkümmel, Kurkuma, Koriander, *tahin* und Salz nach Geschmack hinzufügen. Die Zutaten gründlich vermengen und beiseite stellen.

Für das Dressing alle Zutaten – einschließlich Salz und Pfeffer nach Geschmack – im Mixer glattpürieren. Mit dem Wasser zu einer Sauce verdünnen. (Die gleiche Mischung läßt sich auch als Dip reichen, doch wird sie dann nicht so stark verdünnt.)

Aus der Kichererbsenmischung 16 Bällchen von etwa 2,5 cm Durchmesser formen und diese zwischen den Handflächen ein wenig flachdrücken.

Das Mehl zum Panieren in eine flache Schüssel geben.

Einen schweren Topf 8 cm hoch mit Öl füllen und das Öl auf 190 °C erhitzen; die richtige Temperatur ist erreicht, wenn etwas Kichererbsenmischung innerhalb weniger Augenblicke im heißen Öl zu bräunen beginnt. Die Kichererbsenkroketten im Mehl wenden und partienweise 3–4 Minuten im heißen Öl fritieren, bis sie goldbraun sind.

Mit einem Schaumlöffel herausheben und kurz auf Küchenkrepp abtropfen lassen.

Felafel mit Tomate, Gurke, grünem Salat und etwas Dressing in die Fladenbrote füllen. Sofort servieren.

Für 8 Personen

GRIECHENLAND

OKTAPODI TOURSI
Marinierte Kraken

Damit das Fleisch mürbe wird, muß der Krake vor dem Garen geklopft werden. Anstelle eines großen Kraken können auch mehrere kleine Tiere verwendet werden; die Garzeit ist dann natürlich entsprechend kürzer. Nach Belieben kann man den Fenchel oder Bleichsellerie in etwas Olivenöl sautieren, statt ihn roh hinzuzufügen. Der gegarte Krake kann auch in Stücke geschnitten, auf Spieße gesteckt, mit etwas Marinade beträufelt und gegrillt werden. Zum Servieren werden die Spieße mit weiterer Marinade beträufelt und mit Zitronenachteln angerichtet. In Spanien schneidet man den gegarten Kraken in Stücke und sautiert ihn kurz mit reichlich zerdrücktem Knoblauch, Paprikapulver und zerstoßenen roten Chilischoten – und reicht ihn als warme Vorspeise. Dieser Krakensalat sollte nicht zu kalt, sondern mit Raumtemperatur serviert werden.

Etwa 1 kg Kraken
5 EL Rotweinessig
160 ml Olivenöl
2 EL getrockneter Oregano
1 EL zerdrückter Knoblauch
Abgeriebene Schale von 1 unbehandelten Zitrone oder Orange (nach Belieben)
Salz und frisch gemahlener Pfeffer
4 Knollen Fenchel oder 4 Stangen Bleichsellerie, in dünne Streifen geschnitten
Grüne Oliven (nach Belieben)
Gehacktes Fenchelgrün (nach Belieben)
Gehackte glatte Petersilie

Kraken werden häufig küchenfertig verkauft. Muß man sie selbst säubern, den Körperbeutel umstülpen und Augen, Eingeweide und Kauwerkzeuge wegschneiden. Den Tintenbeutel ebenfalls entfernen und die Kraken anschließend gründlich abspülen. Bei großen Kraken die Haut abziehen.

Die Kraken ohne Wasser in einen großen schweren Topf legen; sie geben beim Garen Flüssigkeit ab. Den Deckel auflegen und die Kraken bei schwacher Hitze garen. Darauf achten, daß immer etwas Flüssigkeit im Topf ist. Die Kraken färben sich rosarot und verlieren Flüssigkeit. Nach etwa 40 Minuten (bei einem großen Kraken nach 1 Stunde) testen, ob sie weich sind. Ist dies nicht der Fall, bei mittlerer Temperatur weitergaren, bis sie sich leicht mit einem Messer einstechen lassen. Die gegarten Kraken aus dem Topf nehmen und abkühlen lassen.

Große Kraken in mundgerechte Stücke schneiden und in eine Schüssel geben. In einer kleinen Schüssel Essig, Öl, Oregano, Knoblauch, Zitrusschale (falls verwendet) sowie Salz und Pfeffer nach Geschmack verquirlen. Die Kraken mit der Marinade übergießen und zugedeckt bis zu 1 Woche – mindestens aber 4 Stunden – im Kühlschrank durchziehen lassen.

Kraken und Marinade in einer Servierschüssel anrichten und auf Raumtemperatur kommen lassen. Mit Fenchel oder Bleichsellerie servieren. Nach Belieben mit grünen Oliven und gehacktem Fenchelgrün oder Petersilie dekorieren.

Für 6 Personen *Abbildung S. 30/31*

ANDALUSIEN

TORTILLITAS DE CAMARONES
Gebratene Garnelenküchlein

Diese kleinen knusprigen Pfannkuchen sind eine Spezialität aus Cádiz.

150 g Zwiebeln, feingehackt
4 EL feingehackte glatte Petersilie
2 EL feingehackter Schnittlauch
250 g kleine Garnelen, aus der Schale gelöst, Darm entfernt, grobgehackt
Abgeriebene Schale von 1 unbehandelten Zitrone (nach Belieben)
150 g Mehl
60 g Kichererbsenmehl (ersatzweise Weizenmehl)
Salz und frisch gemahlener Pfeffer
Pflanzenöl oder raffiniertes Olivenöl zum Fritieren
Zitronenachtel

In einer Schüssel Zwiebeln, Petersilie, Schnittlauch, Garnelen, Zitronenschale (falls verwendet), Mehl, Kichererbsenmehl sowie Salz und Pfeffer nach Geschmack vermengen. Etwas Wasser unterrühren, so daß die Mischung die Konsistenz eines dicken Pfannkuchenteigs bekommt. Zugedeckt für 3 Stunden in den Kühlschrank stellen.

Eine schwere Pfanne 0,5–1 cm hoch mit Öl füllen. Das Öl auf 165–180 °C erhitzen; es muß so heiß sein, daß die Garnelenmischung sofort zu brutzeln beginnt, wenn man ein wenig davon in das heiße Öl gibt. Die Garnelenmischung eßlöffelweise in die Pfanne geben und mit dem Löffelrücken flachstreichen, so daß Küchlein entstehen. Die Garnelenküchlein auf beiden Seiten goldbraun braten – insgesamt 3–4 Minuten. Mit einem Schaumlöffel herausheben und kurz auf Küchenkrepp abtropfen lassen.

Auf einer vorgewärmten Servierplatte mit Zitronenachteln anrichten und sofort servieren.

Für 4 Personen

ANDALUSIEN

ENSALADA DE ARROZ
Reissalat

Reissalate sind in Spanien, Italien und Frankreich beliebt und werden häufig mit Thunfisch oder Meeresfrüchten verfeinert. In Nordspanien bevorzugt man ein Dressing mit Mayonnaise, in Südspanien, Süditalien und Frankreich wird der Salat hingegen mit einer Vinaigrette angemacht, so daß er leichter ist. Statt mit Thunfisch kann dieser Reissalat auch mit 250 g gegartem Kalmar, Garnelen oder Muscheln zubereitet werden. Der gekochte Reis nimmt die Aromen am besten auf, wenn man die Vinaigrette unterhebt, solange der Reis noch warm ist.

250 g weißer Reis
Wasser
Salz
250 ml Olivenöl
125 ml frisch gepreßter Zitronensaft oder 5 EL Rotweinessig
Knoblauch, zerdrückt (nach Belieben)
80 g rote Zwiebeln, feingehackt
50 g rote Paprika, in Würfel geschnitten
4 EL gehackte glatte Petersilie
1 TL gehackter Estragon (nach Belieben)
2 TL getrockneter Oregano (nach Belieben)
Frisch gemahlener Pfeffer
1 Dose (150 g) Thunfisch in Öl, abgetropft

In einem Topf den Reis mit reichlich Wasser und etwas Salz zum Kochen bringen. Dann auf schwache Hitze reduzieren, den Deckel auflegen und den Reis 15–20 Minuten kochen, bis er gar ist. Den Reis abgießen, mit kaltem Wasser abspülen, abtropfen lassen und in eine Schüssel füllen.

In einer kleinen Schüssel Öl, Zitronensaft oder Essig und, falls verwendet, Knoblauch verquirlen. Zwei Drittel der Sauce über den warmen Reis geben und alles gut durchheben. Zwiebeln, Paprikawürfel, Petersilie und gegebenenfalls Estragon oder Oregano hinzufügen. Den Salat gründlich durchheben und mit Salz und Pfeffer abschmecken.

In einer Schüssel den Thunfisch mit der restlichen Vinaigrette vermischen und auf den Reissalat geben. Den Salat mit Raumtemperatur servieren.

Für 6 Personen

Rechte Seite: *Gebratene Garnelenküchlein* (oben), *Reissalat* (unten)

Von oben im Uhrzeigersinn: *Kartoffel-Zwiebel-Omelett, Klippfisch-Beignets, Geröstetes Brot mit Tomate*

KATALONIEN

Buñuelos de Bacalao
Klippfisch-Beignets

Klippfisch ist eingesalzener und an der Luft getrockneter Fisch (bei Stockfisch handelt es sich um ungesalzenen getrockneten Fisch). Diese traditionelle Konservierungsmethode ist im Zeitalter der Tiefkühltechnik zwar nicht mehr notwendig, aber auch heute noch wird Klippfisch hergestellt, weil er so gut schmeckt. Früher war er preiswerter als Fleisch, und daher ist er fester Bestandteil vieler Landesküchen. In Spanien ist »bacalao« eine traditionelle Fastenspeise. Den berühmten »bacalao a la vizcaina« garen die Basken mit Zwiebeln und feurigen Chillies. Das Rezept für diese köstlichen Klippfisch-Beignets stammt aus Katalonien. Die Masse für diesBeignets kann 4–6 Stunden im voraus zubereitet und im Kühlschrank aufbewahrt werden. Die Beignets kurz vor dem Servieren fritieren.

600 g gesalzener getrockneter Kabeljau (Klippfisch) ohne Gräten (siehe Glossar)
500 g mehligkochende Kartoffeln, geschält und in Stücke geschnitten
1 Lorbeerblatt
2 Knoblauchzehen, zerdrückt
250 ml Wasser
5 EL Butter
150 g Mehl
4 Eier
2 EL gehackte glatte Petersilie
Salz
Frisch gemahlener Pfeffer
Pflanzenöl oder raffiniertes Olivenöl zum Fritieren

In einer Schüssel den Klippfisch mit Wasser bedecken. Für 24 bis 48 Stunden in den Kühlschrank stellen und das Wasser während dieser Zeit mindestens viermal erneuern. Wie lange der Klippfisch wässern muß, hängt von seinem Salzgehalt ab; dicke Stücke müssen längere Zeit gewässert werden als dünne.

Den Klippfisch abgießen, in einen Topf geben, mit Wasser bedecken und zum Kochen bringen. Den Deckel auflegen und den Topf von der Kochstelle nehmen. Etwa 20 Minuten stehenlassen. Den Fisch dann aus dem Wasser nehmen und etwas abkühlen lassen. (Das Wasser im Topf aufbewahren.) Alle Hautreste und kleinen Gräten entfernen und den Fisch mit den Fingern oder einer Gabel zerpflücken. Beiseite stellen.

Kartoffeln und Lorbeerblatt in das zurückgestellte Kochwasser geben und zum Kochen bringen. Die Kartoffeln etwa 15 Minuten ga-

men, die Flüssigkeit aufbewahren. Verbliebene Byssusfäden entfernen und alle Muscheln, die sich nicht geöffnet haben, wegwerfen. Die Garflüssigkeit durch ein mit Küchenleinen ausgelegtes Sieb gießen. Muscheln und durchgesiebte Flüssigkeit beiseite stellen.

Um die Füllung zuzubereiten, in einem großen schweren Topf bei mittlerer Temperatur das Öl erhitzen. Die Zwiebeln hinzufügen und 10–15 Minuten sautieren, bis sie weich sind. Pinienkerne und Reis dazugeben und 10 Minuten unter gelegentlichem Rühren garen. Rosinen, Zucker (falls verwendet), Zimt, Piment, die zurückgestellte Garflüssigkeit der Muscheln sowie Salz und Pfeffer nach Geschmack hinzufügen. Den Deckel auflegen und alles bei schwacher Hitze etwa 10 Minuten köcheln lassen. Dann von der Kochstelle nehmen und zugedeckt 15 Minuten stehenlassen. Die Füllung durchrühren und abschmecken.

Die Muschelschalen ein wenig auseinanderdrücken und jeweils einen kleinen Löffel Füllung hineingeben. Nicht zuviel Füllung nehmen, da der Reis noch aufquillt. Die Muscheln zurück in den Topf geben; am besten ist es allerdings, wenn sie beim Garen nicht übereinanderliegen, so daß sich noch ein zweiter Topf empfiehlt. Bei Verwendung eines Topfes die restlichen 250 ml Wasser dazugießen; werden zwei Töpfe benutzt, in jeden 250 ml Wasser gießen. Die Muscheln mit einem Teller oder einem Topfdeckel beschweren und zugedeckt 20–30 Minuten bei schwacher Hitze garen, bis sich die Aromen verbunden haben und der Reis weich ist.

Von der Kochstelle nehmen und auf einer Servierplatte anrichten. Mit Raumtemperatur servieren.

Für 8 Personen

TÜRKEI

MUHAMMARAH
Granatapfel-Walnuß-Paste

Dieses Gericht, das man praktisch auf jeder türkischen »meze«-Tafel findet, ist auch ein köstlicher, pikanter Dip für gegartes Fleisch und für Fisch. In Syrien gibt es eine ähnliche Paste. Wenn Granatapfelsirup nicht erhältlich ist, kann man ihn notfalls durch Zitronensaft ersetzen. Mit Fladenbrot (Rezept S. 82) servieren.

1 EL zerstoßene getrocknete rote Chilischoten
1 TL gemahlener Kreuzkümmel
200 g Walnüsse, geröstet
60 g Semmelbrösel
4 EL Olivenöl
2 EL Granatapfelsirup (siehe Glossar)
1 Prise Zucker
Salz
4 EL Tomatenpüree (nach Belieben)
½ TL gemahlener Piment (nach Belieben)
2 rote Paprikaschoten, geröstet, Haut und Samen entfernt, püriert (nach Belieben; siehe Glossar)
Gehackte glatte Petersilie

Im Mixer zerstoßene Chilischoten, Kreuzkümmel, Nüsse, Semmelbrösel, Olivenöl, Granatapfelsirup, Zucker, Salz nach Geschmack und – falls verwendet – Tomatenpüree, Piment und Paprikaschoten glattpürieren. Man kann auch die Walnüsse in einem Mörser zerreiben und dann die übrigen Zutaten untermischen.

In einer kleinen Schüssel anrichten und mit Petersilie garnieren. Bis zum Servieren in den Kühlschrank stellen.

Für 4–6 Personen

TÜRKEI

PORTOKAL SALATASI
Orangensalat mit Zwiebeln und Oliven

Mit geringfügigen Abwandlungen findet man diesen Salat auch in Griechenland, Sizilien, Spanien und Nordafrika. Manchmal werden Minze, Zitronenmelisse, Dill und Petersilie gehackt und unmittelbar vor dem Servieren über den Salat gestreut. Bei einem beliebten marokkanischen Salat werden die Orangenscheiben dünn mit einer Mischung aus Olivenöl und Zitronensaft bestrichen, mit Zimt bestreut und mit Orangenblütenwasser beträufelt.

2 große Orangen
1 rote Zwiebel, in hauchdünne Streifen geschnitten
125–150 g scharf gewürzte schwarze Oliven, entsteint
Olivenöl
1 Messerspitze Cayennepfeffer (nach Belieben)

Die Orangen schälen und die Fruchthaut entfernen. Die Früchte quer in 3 mm dicke Scheiben schneiden. Alle Samenkerne mit der Spitze eines Messers entfernen.

Die Orangenscheiben auf einer Servierplatte anrichten und die Zwiebeln darauf verteilen. 30 Minuten stehenlassen. Die Oliven darüberstreuen und den Salat mit etwas Olivenöl beträufeln. Nach Belieben etwas Cayennepfeffer darüberstäuben.

Für 4 Personen

AU MAL ASSIS
CHANGE-EXCHANGE
PIZZA
RESTAURANT
SAN PIETRO
NI-304081

FRANKREICH

FRANKREICH

Roussillon,
Languedoc, Provence

Wenn Nationalküchen mit Landessprachen korrespondieren, dann lassen sich Regionalküchen wohl mit Dialekten vergleichen. Mitunter decken oder überschneiden sich diese beiden Unterscheidungen jedoch, wie im Fall von Südfrankreich. Frankreichliebhaber wissen, daß das Languedoc (von *langue d'oc*) jene Region ist, wo »ja« als *oc* übersetzt wird – im Gegensatz zum Verbreitungsgebiet der *langue d'oil*, wo die Bejahungsformel *oil* lautet. Diese Klassifizierung wurde zuerst von Dante vorgenommen, war aber schon damals recht ungenau (aus Gründen, die uns hier nicht zu beschäftigen brauchen). Dennoch ist es so, daß in den historischen Gebieten des Languedoc und der Provence noch heute die charakteristische provenzalische Mundart gesprochen wird. Das Verbreitungsgebiet der provenzalischen Sprache ist auch die Heimat einer Küche, die häufiger gelobt wird als jede andere Küche im Mittelmeerraum; eine gewisse Madame Daudet behauptete 1919 sogar, die Küche der Provence sei »die beste aller Küchen«. Mit Sicherheit weist sie in hohem Maße alle Hauptmerkmale der mediterranen Kochkunst auf.

Die eigenständige Identität Südfrankreichs, sowohl in sprachlicher wie auch in kulinarischer Hinsicht, wird besonders in den westlichen und östlichen Randgebieten deutlich.

Vorhergehende Seiten: *Die malerische Côte d'Azur mit ihren hübschen Dörfern reicht von der Rhônemündung bis nach Italien.*
Links: *Die herbe Schlichtheit dieser Fassade in St. Cannat ist charakteristisch für die Architektur vieler Dörfer Südfrankreichs.*

Das Languedoc wurde bereits im 13. Jahrhundert in das Staatsgebiet Frankreichs eingegliedert, das Roussillon dagegen, das an Katalonien grenzt, erst 1659 von Spanien an Ludwig XIV. abgetreten; noch heute hält man sich dort strikt an die katalanische Sprache und Küche. Die Grafschaft Nizza ging erst 1860 endgültig an Frankreich über, nachdem sie fünf Jahrhunderte unter dem Schutz Savoyens gestanden hatte; es ist daher kaum verwunderlich, daß dort noch viel Italienisch gesprochen wird und die regionale Variante der provenzalischen Küche Pasta-Gerichte wie *cannelloni, ravioli* und *gnocchi* umfaßt.

Die transmediterranen Beziehungen Südfrankreichs in der Antike haben ebenfalls eine bedeutende Rolle gespielt. Die Griechen gründeten viele der wichtigsten Städte: im Languedoc Agde und Nîmes; und in der Provence Marseille, Nizza und Antibes. Mit Ausnahme von Nîmes waren alle diese Städte Seehäfen (auch wenn Agde heute knapp 4 km landeinwärts liegt), und die maritime Vergangenheit – mit allem, was sich daraus für Handel und Küche ergab – reicht somit zweieinhalb Jahrtausende zurück. Auch die wichtigste Zutat der mediterranen Küche, die Olive, verdankt die Region den Griechen, die gleichzeitig als die »Erfinder« der legendären *bouillabaisse* betrachtet werden müssen. Die Römer waren der Region so zugetan, daß sie sie nicht als Kolonie, sondern als Provinz – daher auch der Name Provence – ansahen und als Zeichen ihrer Verbundenheit die Sümpfe des Rhônetals trockenlegten und zu einem wichtigen Zentrum der Viehzucht machten. Überdies gründeten sie Narbonne als weitere Hafenstadt im Languedoc und führten im Hinterland die Bienenzucht ein.

Ein typisches Landschaftsbild der Provence: ein Lavendelfeld mit einem alten landwirtschaftlichen Gebäude, das »mas« genannt wird.

Nach dem Versanden der Häfen wurde das Languedoc kulturell und wirtschaftlich von der benachbarten Provence überflügelt. Doch in seiner Blütezeit war Montpellier, das heute durch mehrere Kilometer Schwemmland und eine Lagune vom Mittelmeer getrennt ist, Frankreichs wichtigster Handelshafen mit dem östlichen Mittelmeer, eine Rolle, die später Marseille übernahm. Montpellier war der Gewürzlieferant für das ganze Land, und die Bedeutung des Gewürzhandels für den Wohlstand der Stadt spiegelt sich sogar in der Herkunft ihres Namens wider, der sich von *monspistillarius* (»Berg der Gewürzhändler«) ableitet. Kräftig gewürzte Gerichte sind im Languedoc noch immer beliebt, was vielleicht nicht nur auf die merkantile Vergangenheit der Region, sondern auch auf die arabischen Einflüsse aus Spanien zurückzuführen ist; Karl Martell zum Trotz hielten die Araber Narbonne jahrzehntelang besetzt und nutzten die Stadt als Ausgangspunkt für ihre Überfälle auf Avignon im Jahr 734 und auf Lyon im Jahr 743. Bezeichnend ist auch, daß der Handel mit Gewürzen und das Erkunden ihrer Eigenschaften wie bei den Griechen und Arabern zu medizinischen Studien führte und schließlich zur Gründung der Universität von Montpellier. Außer Gewürzen und gehaltvollen süßen Backwaren gibt es keine Hinweise für mögliche arabische Einflüsse auf die Küche des Languedoc.

Das Languedoc ist weniger stark in den Mittelmeerraum eingebunden als die Provence. Im Norden reicht das Languedoc bis nach Lyon, und im Westen grenzt es an die Gascogne; die Küstenregion nimmt nur einen kleinen Teil seiner Gesamtfläche ein. Die Grafen von Toulouse, die in einer Stadt residierten, die in keiner Weise mediterran geprägt war, scheinen einen ebenso großen Einfluß auf die Küche des Languedoc gehabt zu haben wie die Gewürzhändler von Montpellier, und so ist es wenig überraschend, daß in der gesamten Provinz Butter und andere tierische Fette die Stelle von Olivenöl einnehmen. Die provenzalische Kombination von Tomaten und Auberginen, die in allen mediterranen Küchen beliebt ist, hat für die Bewohner des Languedoc keine große Anziehungskraft, außer als Beilage zu Fisch.

Die bekannteste Spezialität aus dem Languedoc ist selbstverständlich der *cassoulet* (Rezept S. 178), ein Eintopf aus weißen Bohnen und verschiedenen Fleischarten, zu denen immer Schweinefleisch gehören muß. Die Varianten des *cassoulet* lassen sich im wesentlichen auf drei Versionen reduzieren: jene aus Castelnaudry, wo reichlich Schinken zum Schweinefleisch kommt; jene aus Carcassonne, die mit Hammelfleisch zubereitet wird; und jene aus Toulouse, die neben Schweinefleisch Gans und/oder Ente sowie gelegentlich auch Hammelfleisch enthält. Von historischem Interesse ist in diesem Zusammenhang lediglich die Tatsache, daß man für den *cassoulet* dicke Bohnen verwendete, bevor weiße Bohnen über Norditalien aus der Neuen Welt in die Region gelangten.

Nach Paris ist die Provence vermutlich die Region Frankreichs, die Touristen am besten kennen und am meisten schätzen; für nebelgeplagte Nordeuropäer ist der Begriff »Südfrankreich« – mit dem sie die Provence meinen – gleichbedeutend mit hellen Farben, Ungezwungenheit und vielerlei Genüssen. Diese Vorstellung hat durchaus ihre Berechtigung, denn schließlich haben sich nicht ohne Grund immer wieder Maler in der Provence niedergelassen. Aber auch das andere Gesicht dieser Landschaft darf nicht vergessen werden: die alljährlichen Stürme, die der rauhe, trockene Mistral aus dem Norden hervorruft, und die unterschiedliche Geländestruktur an der Küste, im Rhônetal und in der Gegend um Aix-en-Provence. Selbst die Mittelmeerküste bildet keine Einheit; da es

An Festtagen, wie hier im südfranzösischen Arles, tragen die Bewohner voller Stolz ihre traditionellen Trachten.

lange Zeit keine Küstenstraße gab, entwickelte jede größere Hafenstadt ihren eigenen Lebensstil, und die Kommunikation mit der Außenwelt erfolgte hauptsächlich auf dem Seeweg. Die Küche der Provence ist demzufolge vielfältiger und unterschiedlicher, als man gemeinhin annimmt.

Die verbindenden Elemente innerhalb dieser Vielfältigkeit lassen sich einfach erkennen. An erster Stelle steht die Kombination von Olivenöl, Knoblauch und Tomaten zur *sauce provençale,* durch die sich alle Gerichte auszeichnen, die die Bezeichnung *à la provençale* tragen. Typisch für die provenzalische Küche ist überdies die reichliche Verwendung von Kräutern; ihre Verbreitung in der Region schreibt die Legende König Balthasar zu, einem der drei Weisen aus dem Morgenland, der sie großzügig verstreut haben soll, als er die Gegend durchquerte. Das bekannteste Beispiel der provenzalischen Vorliebe für Gemüsegerichte ist die *ratatouille* aus Tomaten, Artischocken, Auberginen und Paprika. Darüber hinaus zeichnet sich die provenzalische Küche durch ihre unzähligen Rezepte für Meerestiere aus, die noch immer in großer Zahl an der gesamten Küste – von Marseille bis Menton – vorkommen.

Das bekannteste Gericht der Provence ist zweifellos die *bouillabaisse,* eine Fischsuppe mit zahlreichen regionalen Abwandlungen. Die jeweiligen Vorzüge der verschiedenen Versionen werden ebenso heftig diskutiert wie die der *cassoulet*-Rezepte im benachbarten Languedoc. Als »Erfinder« der *bouillabaisse* gelten allgemein die Griechen. Die Entstehung der Suppe wird – wie könnte es bei den Griechen auch anders sein – in einer Götterlegende geschildert, die von einem Ehebruch handelt: Aphrodite, so heißt es, kochte die erste *bouillabaisse* und würzte sie reichlich mit Safran, der in großen Mengen einschläfernd wirkt; nachdem ihr Gatte Hephaistos genug davon gegessen hatte, konnte sie sich unbemerkt mit Ares, ihrem Geliebten, zu einem Stelldichein treffen. Aufgrund der griechischen Vorgeschichte der Stadt kann man annehmen, daß der tatsächliche Ursprung der *bouillabaisse* in Marseille zu suchen ist. Die dort gekochte Version enthält verschiedene Fischarten mit weichem und festem Fleisch, Zwiebeln und Tomaten und eine lange Liste von Gewürzen, zu denen selbstverständlich auch Safran gehört.

Die Provence ist weiter entfernt von Spanien als das Languedoc, und Villefranche war die einzige Siedlung, die von den Arabern besetzt wurde, und auch das nur für kurze Zeit. Dennoch würde man gerne einen arabischen Einfluß auf die provenzalische Küche erkennen – ähnlich wie bei den Troubadouren, die von der Dichtkunst des muslimisch regierten Spaniens inspiriert wurden. Mit Gewißheit verdankt die Provence einige der für ihre Küche typischen Gemüse den landwirtschaftlichen Unternehmungen der Araber, ebenso wie den Reis, der noch heute in der Camargue, dem Gebiet des Rhônedeltas, angebaut wird, doch scheint kein Gericht auf einen arabischen Vorläufer zurückzugehen. Bemerkenswert ist allerdings, daß Rabelais im 16. Jahrhundert davon spricht, daß *coscoton à la moresque* in der Provence gegessen werde. Waren einstmals vielleicht auch andere Gerichte arabischen Ursprungs verbreitet? Dank der großen Gemeinde nordafrikanischer Zuwanderer ist *couscous* heute wieder in Marseilles anzutreffen, doch die Vermischung seiner Aromen mit dem Duft der *bouillabaisse* ist weniger ein Ausdruck kulinarischer Kontinuität als vielmehr die Folge der anhaltenden Völkerwanderung, die den Mittelmeerraum kennzeichnet.

Brote und Pasteten

Die Kunst, gesäuerte Brote herzustellen, wurde angeblich im alten Ägypten entdeckt, wo Weizen im Überfluß wuchs.

Brote und Pasteten

Rustikale Landbrote erfreuen sich in den letzten Jahren wachsender Beliebtheit. Man hat ihr volles Aroma und ihre Vielseitigkeit entdeckt, und das fade, luftige Weißbrot, das man früher in den meisten Geschäften bekam, gehört der Vergangenheit an. Eine »Brotrevolution« ist ausgebrochen, und Restaurants und kleine Bäckereien stillen den Appetit nach gutem Brot aus Vollkornmehl.

Vorhergehende Seite: *Apulisches Brot* (Rezept S. 77)

Muslimische Frauen bei der Brotbereitung; die Wandbilder zeigen die Pilgerreise nach Mekka.

Was für viele von uns neu ist, hat in Wirklichkeit jedoch eine lange Tradition. Zusammen mit Reis, Pasta, Bulgur und *couscous* bilden rustikale Brote die Grundlage der täglichen mediterranen Kost. Es gibt keine Mahlzeit ohne Brot. Und eine Mahlzeit kann sogar nur aus Brot, einem Stück Käse und Tomaten bestehen. Brot wird täglich frisch gebacken, und da es keine Konservierungsstoffe enthält, muß es so rasch wie möglich gegessen werden. Es wird aus schmackhaftem ungebleichtem Vollkornmehl – Weizen, Mais, Roggen – hergestellt und gelegentlich mit Nüssen, Oliven und Kräutern verfeinert. Gesüßte Brote oder Brote mit Ei, wie etwa *challah* (Rezept S. 82), und solche aus raffiniertem Mehl werden zu besonderen Anlässen gegessen und gewöhnlich mit Feiertagen in Verbindung gebracht.

Selten wird im Mittelmeerraum Butter zu Brot gereicht. Und man serviert es gewöhnlich auch nicht mit Olivenöl zum Dippen, wie dies oftmals in hiesigen Restaurants mit mediterraner Küche geschieht – es sei denn, man will die Qualität des Öls testen und benutzt Brot als neutrales Medium. Brot eignet sich jedoch ideal zum Auftunken von Öl oder Bratensaft, und im Falle von Pizza, *pitta, scacciata* (Rezept S. 74) und *focaccia* ersetzt es quasi den Teller.

Küchenherde mit eingebautem Backofen sind noch nicht allzu lange im Mittelmeerraum verbreitet. Manche Familien besaßen einen eigenen Steinbackofen vor dem Haus, doch zumeist brachte man sein Brot (und seine Eintopfgerichte) zum Dorfbäcker. In den meisten marokkanischen Haushalten wurde Brot in einer großen unglasierten Schüssel aus rotem Ton, *gsaa* genannt, geknetet und dann von einem Kind, das die Schüssel auf dem Kopf trug, zum Gemeinschafts-Backofen gebracht. Die Brotlaibe jeder Familie wurden mit einem Holzstempel markiert.

Im östlichen Mittelmeerraum gilt Brot als ein Geschenk Gottes. Wenn man ein Stück Brot auf der Erde liegen sieht, hebt man es auf, küßt es und verwahrt es an einem sicheren Platz. In osmanischer Zeit war Adam der Schutzpatron der türkischen Bäckergilden, weil es hieß, der Erzengel Gabriel habe ihn nach der Vertreibung aus dem Paradies in der Kunst der Teigherstellung unterwiesen. Für die Griechen der Antike war es *artos* – von *artio* (aromatisieren). Das griechische Wort für kochen heißt *mageireno,* abgeleitet von *maza,* was soviel wie »das, was geknetet wird« bedeutet. Die Göttin des Brotes war Demeter – Göttin der Erde, der Fruchtbarkeit und des Ackerbaus. In Italien gibt es das Sprichwort: *Senza il pane tutta diventa orfano* – »Ohne Brot ist jede Speise nur eine halbe Sache.«

Weil Brot das Sinnbild des Lebens ist und sakrale Bedeutung hat, wird es niemals weggeworfen. Brotkrusten nimmt man zum Binden von Suppen; Brotkrumen sind die Grundlage von Saucen wie *skordalia* (Rezept S. 58) oder *rouille.* Übriggebliebenes Brot wird für Suppen und Salate zu *croûtons* geschnitten; bei *panzanella* oder *fattoush* (Rezept S. 45) ist Brot die Hauptzutat des Salates und keine bloße Garnierung.

Brot wird oftmals auf dem Grill geröstet, mit Olivenöl bestrichen und mit einer Knoblauchzehe oder einer halbierten Tomate eingerieben. Oder man bestreicht es mit einer Paste wie *tapénade* (Rezept S. 42) oder Auberginen- oder Bohnenpüree. Brot wird zwischen Fleischwürfel auf Spieße gesteckt, damit es den Bratensaft aufsaugt, oder man benutzt kleine Stücke Brot wie eine Zange, um damit Fleisch oder Gemüse vom Teller zu nehmen. Einige Brote, wie *carta di musica* (Rezept S. 90) aus Sardinien, werden traditionell zur Vorratshaltung und als Reiseproviant getrocknet und zum Verzehr kurz mit Wasser angefeuchtet, damit sie wieder weich werden.

Ein weiteres wesentliches Element der mediterranen Küche ist die Fülle traditioneller Pasteten. Sie können aus Hefeteig, Mürbeteig oder *phyllo*-Teig bestehen und sind ein wichtiger Bestandteil der Regionalküchen. Die kleineren Pasteten, wie *sambusak* (Rezept S. 88) aus Syrien, *fatayeer* (Rezept S. 74) und *sbanik bil ajin* aus dem Libanon, *brik* (Rezept S. 84) aus Nordafrika, *tiropetes* aus Griechenland, *börek* aus der Türkei und *empanadas* (Rezept S. 80) aus Spanien, werden im Backofen gegart oder fritiert und gewöhnlich als Vorspeise oder Imbiß serviert. Größere Pasteten reicht man dagegen oftmals als Hauptgericht. Marokkanische *b'stilla* (Rezept S. 80), eine süß-pikante Pastete mit Taubenfleisch und Mandeln, griechische *pitta,* Gemüsepasteten wie *spanokopitta* (Rezept S. 78) und *prassopitta* (Rezept S. 77), mit Hühnerfleisch gefüllte *kotopitta* (Rezept S. 78) und verschiedene Pasteten mit Lammfleisch ergeben alle ein nahrhaftes Hauptgericht. Ähnliche Pasteten, die in Albanien *peda* und in der Türkei *börek* heißen, sind mit Fleisch, Eiern, Käse und Gemüse gefüllt und köstlich gewürzt.

Türkische Bauern bei der Weizenernte – eine Szene, an der sich seit Jahrhunderten kaum etwas verändert hat.

Zusammen mit Olivenöl und Wein gehört Brot zu den wichtigsten Bestandteilen der mediterranen Küche.

Die Zubereitung dieser Pasteten ist eine Kunst. Junge Frauen lernen, wie *filo*-Teig, in der Türkei *yufka* und in Griechenland *phyllo* genannt, auf einem speziellen Tisch mit einem dünnen Rundholz, das in der Türkei *oklava* heißt, hauchdünn ausgerollt wird. Zu beobachten, mit welcher Geschicklichkeit die Frauen ihre perfekten, gleichmäßigen Teigblätter von 45–60 cm Durchmesser herstellen, kann für jemanden, dem schon das Ausrollen eines 20 cm großen Teigbodens Mühe bereitet, einigermaßen entmutigend sein. Solche großen Pasteten werden in schweren Metallformen gebacken, die in Griechenland *tapsi* heißen. Wer im Teigausrollen ungeübt ist, sollte für die Pasteten abgepackten *phyllo*-Teig verwenden.

Aus dem griechischen Wort für Pastete, *pitta,* ist in der italienischen Küche *pizza* geworden, in Kalabrien und Apulien dagegen haben diese Pasteten ihren alten Namen behalten. Andere Pasteten mit Teigdeckel bereitet man in Sizilien zu. *Cocas* (Rezept S. 81) sind die katalanische Version der italienischen Pizza und werden mit unterschiedlichen Belägen versehen, während große und kleine gefüllte Teigtaschen in Spanien *empanadas* heißen. Es mag für all diese Pasteten auch eine eindeutige kulturelle Verbindung geben, doch haben sie vor allem eines gemein: bäuerlichen Einfallsreichtum und Sparsamkeit. Kleine Teigtaschen oder große Pasteten, die mit übriggebliebenen Speisen gefüllt werden, sehen festlich und appetitlich aus, sind aber in Wirklichkeit einfache und preiswerte Gerichte.

KALABRIEN

SCACCIATA
Gefülltes Fladenbrot

Kalabrien und Sizilien wurden einst von den Griechen erobert, die ihre kulinarischen Spuren hinterließen. Einige der gefüllten Fladenbrote, die man heute dort serviert, tragen noch immer ihren ursprünglichen griechischen Namen – »pitta«. Dieses Fladenbrot heißt jedoch »scacciata«, und eine klassische Füllung aus Tomaten, Thunfisch und Oliven stammt aus Kalabrien; man kann es aber auch einfach mit frischer und gesalzener Ricotta füllen.

FÜR DEN HEFETEIG (GRUNDREZEPT):

2½ TL Trockenhefe
310 ml handwarmes Wasser
550 g Hartweizenmehl (siehe Glossar)
1 TL Salz
3 EL Olivenöl

FÜR DIE TOMATEN-THUNFISCH-FÜLLUNG:

5 EL Olivenöl
1 kg Tomaten, enthäutet, entkernt und gehackt
3 EL gehackter Knoblauch
6 Sardellenfilets in Öl, abgetropft und gehackt
3 EL gehackte glatte Petersilie
80 g entsteinte, scharf gewürzte schwarze Oliven, gehackt
1 EL Kapern, abgespült und abgetropft
150 g in Öl eingelegter Weißer Thun aus der Dose

FÜR DIE RICOTTA-FÜLLUNG:

300 g frische Ricotta (siehe Glossar)
60 g Ricotta secca (siehe Glossar), gerieben
125 g Salami, in kleine Stücke geschnitten
3 hartgekochte Eier, gehackt

Olivenöl zum Bestreichen

Um den Teig herzustellen, die Hefe in einer kleinen Schüssel in 125 ml handwarmem Wasser auflösen und etwa 5 Minuten stehenlassen, bis sich Bläschen bilden.

In einer großen Rührschüssel Hartweizenmehl und Salz vermischen. Die angerührte Hefe, das restliche warme Wasser und das Olivenöl hinzufügen. Die Zutaten verkneten, bis sich der Teig von der Schüssel löst. Ihn dann noch etwa 5 Minuten bei mittlerer Stufe mit der Küchenmaschine oder etwa 10 Minuten von Hand auf der leicht bemehlten Arbeitsfläche durchkneten, bis der Teig glatt und geschmeidig ist. Den Teig zu einer Kugel formen, in eine eingeölte Schüssel legen und darin wenden, damit er rundum von Öl überzogen wird. Zugedeckt 45–60 Minuten an einem warmen Platz gehen lassen.

Den Backofen auf 230 °C (Gasherd Stufe 5) vorheizen.

In der Zwischenzeit eine der Füllungen zubereiten. Für die Tomaten-Thunfisch-Füllung in einer großen Pfanne bei mittlerer Temperatur 3 Eßlöffel Öl erhitzen. Tomaten und Knoblauch dazugeben und etwa 5 Minuten garen, bis die Flüssigkeit weitgehend verkocht ist. In einer kleinen Pfanne bei mittlerer Temperatur die verbliebenen 2 Eßlöffel Öl erhitzen. Die Sardellen hinzufügen und kurz unter Rühren sautieren. Dann Petersilie, Oliven, Kapern und Thunfisch dazugeben. Gründlich durchrühren, von der Kochstelle nehmen und beiseite stellen.

Für die Ricotta-Füllung alle Zutaten bereitstellen.

Den aufgegangenen Hefeteig kräftig durchkneten, um die entstandenen Gase auszutreiben. Den Teig halbieren. Eine Hälfte auf der leicht bemehlten Arbeitsfläche ausrollen, so daß eine flache runde Backform mit 30 cm Durchmesser oder eine flache rechteckige Backform von 23 × 30 cm Größe damit ausgekleidet werden kann. Den ausgerollten Teig vorsichtig in die Backform legen und leicht andrücken.

Bei Verwendung der Tomaten-Thunfisch-Füllung zunächst die Tomaten und dann die Thunfischmischung auf dem Hefeteig verteilen. Wird die Ricotta-Füllung verwendet, die frische Ricotta auf dem Teig verteilen und anschließend die geriebene Ricotta, die Salami und die gehackten Eier darüberstreuen.

Die zweite Teigportion in gleicher Weise ausrollen und über die Füllung legen. Die Ränder sorgfältig zusammendrücken, überstehenden Teig wegschneiden. Das gefüllte Fladenbrot dünn mit Öl bestreichen und etwa 15 Minuten backen, bis es goldbraun geworden ist. In Stücke schneiden und heiß servieren.

Für 6–8 Personen

LIBANON

FATAYEER SBANIKH
Spinatpasteten

Diese pikanten Pasteten kann man als schmackhaften Imbiß servieren oder zum Picknick mitnehmen. Kleinere Pasteten eignen sich auch gut als Vorspeise. Sie lassen sich einige Stunden im voraus zubereiten und können bei 180 °C (Gasherd Stufe 2–3) 5 Minuten im Ofen gebacken werden.

FÜR DEN TEIG:

1 EL Trockenhefe
180 ml handwarmes Wasser
400 g Mehl
Salz
1 EL Olivenöl

FÜR DIE FÜLLUNG:

500 g Spinat
Salz
2 EL Olivenöl
150 g feingehackte Zwiebeln
1 TL gemahlener Piment
6 EL Pinienkerne, geröstet
4 EL frisch gepreßter Zitronensaft
3 EL gehackte Minze
Frisch gemahlener Pfeffer

Olivenöl zum Bestreichen

Für den Teig in einer kleinen Schüssel die Hefe in dem handwarmen Wasser auflösen und etwa 5 Minuten stehenlassen, bis sich Bläschen gebildet haben.

In einer großen Schüssel Mehl und Salz vermischen. Die angerührte Hefe und das Öl hinzufügen und unter das Mehl arbeiten. Den Teig kurz auf der leicht bemehlten Arbeitsfläche durchkneten, bis er glatt und geschmeidig ist.

Den Teig zu einer Kugel formen. In eine eingeölte Schüssel legen und darin wenden, damit er rundum von Öl überzogen wird. Die Schüssel mit einem feuchten Küchentuch oder Klarsichtfolie abdecken und den Hefeteig etwa 1½ Stunden an einem warmen Ort gehen lassen, bis sich sein Volumen beinahe verdoppelt hat.

In der Zwischenzeit die Füllung zubereiten. Den Spinat gründlich waschen und die Blattstiele entfernen. In einem Sieb gut abtropfen lassen. Dann den Spinat grob hacken, mit etwas Salz bestreuen und 1 Stunde stehenlassen. Die Flüssigkeit aus dem Spinat drücken und ihn dann feinhacken.

In einem großen Topf bei mittlerer Temperatur das Öl erhitzen. Die Zwiebeln hinzufügen und 8–10 Minuten sautieren, bis sie weich und glasig sind. Den Piment unterrühren und 1 Minute mitgaren. Den gehackten Spinat dazugeben und unter gelegentlichem Rühren einige Minuten garen, bis er zusammenfällt. Pinienkerne, Zitronensaft, Minze, Salz und Pfeffer nach Geschmack unterrühren. Den Topf von der Kochstelle nehmen.

Den Backofen auf 200 °C (Gasherd Stufe 3–4) vorheizen. Ein Backblech dünn mit Öl bestreichen.

Den aufgegangenen Hefeteig kräftig durchkneten, um die entstandenen Gase auszutreiben. Dann in 12 gleich große Stücke teilen und auf der leicht bemehlten Arbeitsfläche zu runden Teigscheiben von 15 cm Durchmesser ausrollen. Etwas Spinatfüllung in die Mitte jeder Teigscheibe setzen. Die Teigränder jeweils von drei Seiten zur Mitte führen und fest zusammendrücken, so daß dreieckige Teigtaschen entstehen.

Die Pasteten auf das vorbereitete Backblech legen, mit Öl bestreichen und 15–20 Minuten backen, bis sie goldbraun sind. Aus dem Ofen nehmen und nochmals mit Olivenöl bestreichen. Warm servieren.

Ergibt 12 Pasteten

Abbildung S. 8/9

Rechte Seite: *Gefülltes Fladenbrot*

Von links nach rechts: *Maisbrot, Olivenbrot*

ZYPERN

ELIOPITA
Olivenbrot

Oliven gehören zu den ältesten Nutzpflanzen der Menschheit. Schon 2500 v. Chr. wurden sie im Vorderen Orient kultiviert. Dieses köstliche Bauernbrot aus Zypern ist mit grünen oder schwarzen Oliven und Zwiebeln gefüllt. Man nimmt dazu aromatische, in Öl eingelegte Oliven und entsteint sie. Der Teig kann auch ohne Füllung zu einem Stangenbrot oder einem Kranz geformt, mit Wasser bestrichen, mit Sesam bestreut und gebacken werden. Auch in der Türkei, wo Brot ein Hauptnahrungsmittel ist, wird Olivenbrot gebacken. Dort fügt man der Olivenmischung 5 Eßlöffel gehackte Minze hinzu.

500 g Mehl
1 EL Trockenhefe
250 ml handwarmes Wasser
2 TL Zucker
1 TL Salz
4 EL Olivenöl sowie Olivenöl zum Bestreichen
100 g feingehackte Zwiebeln
200 g grüne oder schwarze Oliven, entsteint und grobgehackt

Das Mehl in eine Schüssel sieben. In einer großen Rührschüssel die Hefe in 4 Eßlöffeln handwarmem Wasser auflösen und etwa 5 Minuten stehenlassen, bis sich Bläschen gebildet haben. Dann das restliche warme Wasser, Zucker und Salz unterrühren. Etwa 150 g Mehl dazugeben und alles gut durchrühren.

Den Vorteig mit einem Küchentuch oder Klarsichtfolie abdecken und etwa 30 Minuten an einem warmen Ort gehen lassen, bis sich Blasen gebildet haben.

Das restliche Mehl unterarbeiten und dann 2 Eßlöffel Öl hinzufügen. Mit der Küchenmaschine (mittlere Stufe) oder von Hand auf der bemehlten Arbeitsfläche den Teig etwa 15 Minuten durchkneten, bis er glatt und geschmeidig ist.

Den Teig zu einer Kugel formen, in eine eingeölte Schüssel legen und darin wenden, damit er rundum von Öl überzogen wird. Mit einem feuchten Küchentuch oder mit Klarsichtfolie abdecken und etwa 1 Stunde an einem warmen Ort gehen lassen, bis der Teig sein Volumen verdoppelt hat.

In der Zwischenzeit in einer Pfanne bei mittlerer Temperatur die restlichen 2 Eßlöffel Öl erhitzen. Die Zwiebeln hinzufügen und 8–10 Minuten sautieren, bis sie weich und glasig sind.

Die Zwiebeln in einer Schüssel mit den Oliven vermengen und beiseite stellten.

Den aufgegangenen Hefeteig kräftig durchkneten, um die entstandenen Gase auszutreiben. Dann auf der bemehlten Arbeitsfläche mit den Händen so flachdrücken, daß ein gut 1 cm dickes Rechteck entsteht.

Die Zwiebel-Oliven-Mischung gleichmäßig auf dem Teig verteilen; dabei rundum einen etwa 2,5 cm breiten Rand frei lassen. Den Teig von einer Längsseite aus zusammenrollen und die Ränder fest zusammendrücken.

Das Olivenbrot auf ein eingeöltes Backblech legen und oben 4 flache schräge Einschnitte machen. Mit einem Küchentuch abdecken und nochmals an einem warmen Ort etwa 1 Stunde gehen lassen, bis sich das Volumen verdoppelt hat.

In der Zwischenzeit den Backofen auf 190–200 °C (Gasherd Stufe 3–4) vorheizen.

Das Brot dünn mit Olivenöl bestreichen und 35–45 Minuten backen, bis es eine schöne goldbraune Farbe angenommen hat und hohl klingt, wenn man auf die Unterseite klopft.

Das Olivenbrot auf einem Gitter abkühlen lassen und warm oder mit Raumtemperatur servieren.

Ergibt 1 Brot

GRIECHENLAND

PRASSOPITTA
Porreepastete

Diese Pastete mit einer Porree-Käse-Füllung findet man auch in Albanien und anderen Balkanstaaten. Einige Versionen werden ohne Tomaten und mit würzigerem »feta« und »kefalotiri« (dann jedoch nur mit der halben Menge) zubereitet, und der Porree wird mit Muskat und Piment gewürzt. In kleineren Portionen läßt sich diese Pastete auch als Vorspeise servieren.

10 Stangen Porree
6 EL Butter sowie etwa 125 g Butter, zerlassen und abgekühlt
2 EL feingehackter Dill
2 Knoblauchzehen, zerdrückt
500 ml enthäutete, entkernte und gehackte Tomaten
4 Eier
500 g Ricotta oder *mizithra* (siehe Glossar)
500 g *phyllo*-Teig (siehe Glossar)
Salz und frisch gemahlener Pfeffer
½ TL frisch geriebene Muskatnuß (nach Belieben)

Butter zum Einfetten der Form

Die Porreestangen längs halbieren und gründlich waschen, um Sand und Erde zu entfernen, und quer in schmale Streifen schneiden.

In einem großen Topf bei mittlerer Temperatur 6 Eßlöffel Butter zerlassen. Den Porree hinzufügen und etwa 10 Minuten sautieren, bis er weich wird. Dill, Knoblauch und Tomaten dazugeben und alles 10–15 Minuten köcheln lassen, bis die Flüssigkeit verdampft und der Porree weich ist. Von der Kochstelle nehmen und etwas abkühlen lassen.

In einer Schüssel die Eier verquirlen. Den Käse und anschließend das Gemüse untermischen. Mit Salz und Pfeffer abschmecken und nach Belieben mit Muskat würzen. Eine 23 × 33 × 7,5 cm große ofenfeste Form mit Butter einfetten. Die Form mit etwa 10 *phyllo*-Teigblättern auslegen und diese jeweils dünn mit Butter bestreichen. Die Porreemischung gleichmäßig darauf verteilen. Die Füllung mit den restlichen Teigblättern abdecken und auch diese jeweils dünn mit Butter bestreichen. Die Form abdecken und für einige Stunden in den Kühlschrank stellen.

Den Backofen auf 190 °C (Gasherd Stufe 3) vorheizen. Die oberen Teigblätter der Pastete mit einem scharfen Messer so einritzen, daß sich 12 große oder 24 kleine Quadrate ergeben.

Die *pitta* 30–40 Minuten backen, bis sie eine schöne goldbraune Farbe angenommen hat. Dann 5–10 Minuten ruhen lassen und in Quadrate schneiden. Warm servieren.

Für 4–6 Personen *Abbildung S. 78/79*

TÜRKEI

MISIR EKMEĞLİ
Maisbrot

Ein ähnliches Maisbrot gibt es auch in den Balkanstaaten. Dort ersetzt man jedoch die Hälfte des Joghurts durch saure Sahne, nimmt 1 oder 2 Eier mehr (die Eier werden getrennt, das Eiweiß wird steif geschlagen und untergehoben) und fügt geriebenen Schafkäse hinzu. Dieses Brot, das aus der Schwarzmeerregion stammt, hält sich einige Tage, wenn man es in Alufolie wickelt.

125 g Mehl
2 TL Zucker
2 TL Backpulver
1½ TL Salz
150 g feingemahlenes gelbes Maismehl
1 ganzes Ei und 1 Eigelb
450 g Joghurt
3 EL Olivenöl

Butter zum Einfetten der Form

Den Backofen auf 220 °C (Gasherd Stufe 4–5) vorheizen. Eine 13 × 23 × 7,5 cm große Kastenform mit Butter einfetten.

In einer großen Schüssel Mehl, Zucker, Backpulver und Salz vermischen. Das Maismehl unterrühren.

In einer anderen Schüssel Ei, Eigelb und Joghurt verquirlen und das Olivenöl unterrühren. Die Masse nach und nach unter die Mehlmischung rühren. Den Teig kräftig – aber nicht zu lange – durchschlagen, bis er glatt ist.

Den Teig in die vorbereitete Kastenform füllen und 20–30 Minuten backen, bis das Brot goldbraun ist. Aus dem Ofen nehmen und 5 Minuten in der Form stehenlassen. Dann auf ein Kuchengitter stürzen und vollständig abkühlen lassen.

Ergibt 1 Brot

APULIEN

PANE PUGLIESE
Apulisches Brot

Dieses Rezept verdanke ich der bekannten Ernährungsexpertin und Autorin Carol Field. Es stammt aus ihrem hervorragenden Buch »Der italienische Bäcker«, und sie empfiehlt, den Teig mit der Küchenmaschine herzustellen, da er recht feucht und klebrig ist und beim Kneten von Hand zuviel Mehl aufnehmen würde. Wer möchte, kann 250 g entsteinte kleine schwarze Oliven unter den fertigen Teig mengen.

1¼ TL Trockenhefe
4 EL handwarmes Wasser
750 ml Wasser mit Raumtemperatur
200 g Sauerteigansatz (Rezept S. 84)
1,1 kg Mehl
1 EL Salz

In der Schüssel der Küchenmaschine die Hefe im warmen Wasser auflösen und etwa 5 Minuten stehenlassen, bis sich Bläschen gebildet haben. Das kalte Wasser und den Sauerteigansatz hinzufügen und alles mit dem Rührbesen bei mittlerer Stufe vermischen. Mehl und Salz hinzufügen und den Teig etwa 2 Minuten durcharbeiten, bis er zusammenhält.

Den Knethaken in die Maschine einsetzen und den Teig bei mittlerer Stufe 3–5 Minuten kneten, bis er weich und geschmeidig ist. (Er ist dann noch etwas klebrig und löst sich nicht vollständig von der Schüssel.) Den Teig auf der leicht bemehlten Arbeitsfläche noch 1–2 Minuten durchkneten, bis er seine Klebrigkeit verliert.

Den Teig zu einer Kugel formen, in eine leicht eingeölte Schüssel legen und darin wenden, damit er rundum mit Öl überzogen wird. Fest mit Klarsichtfolie abdecken und etwa 3 Stunden gehen lassen, bis sich das Teigvolumen verdreifacht hat.

Die Arbeitsfläche und die Hände großzügig bemehlen. Den Teig aus der Schüssel nehmen und in zwei Portionen teilen. Die beiden Teigstücke nacheinander zu einem Rechteck flachdrücken. Dann von der schmalen Seite aus fest zusammenrollen. Den Teig um 90 Grad drehen, erneut flachdrücken und zusammenrollen.

Die Rolle zwischen den Händen zu einer festen Kugel formen. Die Oberfläche sollte recht straff sein und sich beim Daraufdrücken elastisch anfühlen. Jede Teigkugel auf ein mit Pergamentpapier ausgelegtes und mit Mehl bestäubtes Backblech legen. Mit einem schweren Tuch abdecken und etwa 1 Stunde gehen lassen, bis sich das Teigvolumen verdoppelt hat.

Etwa 30 Minuten bevor das Brot gebacken werden soll, den Ofen auf 230 °C (Gasherd Stufe 5) vorheizen. Wer einen großen Pizza-Stein besitzt, kann ihn in den Ofen legen und miterhitzen.

Die Oberfläche der Brote mit den Fingern eindrücken; die Fingerspitzen dazu dick mit Mehl bestäuben. Die Brote 10 Minuten ruhen lassen. Auf diese Weise gehen sie im Backofen nicht zu stark und zu rasch auf.

Die Backbleche in den Ofen oder die Brote auf den Pizza-Stein schieben. Etwa 50 Minuten backen, bis sie knusprig und goldbraun sind und hohl klingen, wenn man auf die Unterseite klopft. Auf Kuchengittern abkühlen lassen.

Ergibt 2 große runde Brote *Abbildung S. 70/71*

GRIECHENLAND

SPANAKOPITTA
Mit Spinat und Feta gefüllte Pastete

Diese »pitta« ist weit über die Grenzen Griechenlands hinaus bekannt. Mit der gleichen Spinatmischung lassen sich auch kleine dreieckige Teigtaschen füllen, die man als Vorspeise reicht. Dazu die Teigblätter einfach in lange, 7,5 cm breite Streifen schneiden. Für jedes Dreieck 2 oder 3 Streifen übereinanderlegen und jeweils mit Öl bestreichen. An ein Ende 1 gehäuften Eßlöffel Füllung setzen, den Teig so umschlagen, daß ein Dreieck entsteht, und in gleicher Weise weiterfalten. Die Teigtaschen bei 190 °C (Gasherd Stufe 3) etwa 20 Minuten backen, bis sie goldbraun sind.

500 g Spinat
2 EL Olivenöl sowie Olivenöl zum Bestreichen der Teigblätter
12 Frühlingszwiebeln, gehackt, einschließlich eines Teils des zarten Grüns
400 g *feta* (siehe Glossar)
4 EL gehackte glatte Petersilie
4 EL gehackter Dill
1 Messerspitze frisch geriebene Muskatnuß (nach Belieben)
Frisch gemahlener Pfeffer
12–14 *phyllo*-Teigblätter (siehe Glossar)

Olivenöl zum Einfetten der Form

Den Spinat gründlich waschen und die Blattstiele entfernen. Gut abtropfen lassen und trockentupfen. In einem großen Topf bei mittlerer Temperatur 2 Eßlöffel Olivenöl erhitzen. Spinat und Zwiebeln hinzufügen und etwa 5 Minuten sautieren, bis der Spinat zusammenfällt. In einem Sieb abtropfen lassen und möglichst viel Flüssigkeit herausdrücken. Grobhacken und beiseite stellen.

Den *feta* in eine Schüssel geben und mit einer Gabel zerdrücken. Dann die Petersilie, den Dill und die Spinatmischung dazugeben und alles gründlich vermengen.

Den Backofen auf 180 °C (Gasherd Stufe 2–3) vorheizen. Eine 26 × 40 × 6 cm große ofenfeste Form mit Olivenöl einfetten. Dann 6 *phyllo*-Teigblätter hineinlegen und mit Olivenöl bestreichen. Die Spinat-Käse-Mischung gleichmäßig darauf verteilen. 6–8 weitere Teigblätter darauflegen und diese ebenfalls mit Olivenöl bestreichen. Zugedeckt für etwa 30 Minuten kalt stellen.

Mit einem scharfen Messer die oberen vier Teigblätter einritzen, so daß große Quadrate entstehen. Die Pastete etwa 30 Minuten backen, bis sie goldbraun ist. 5–10 Minuten stehenlassen, dann in Quadrate schneiden und sofort servieren.

Für 6–8 Personen

GRIECHENLAND

KOTOPITTA
Hühnchenpastete

Bei dieser Pastete wird die Füllung manchmal auch nur mit Eiern und Käse gebunden – und nicht, wie hier, mit einer Sauce. In einem ähnlichen Rezept aus der Türkei fügt man der Füllung anstelle von Kräutern etwas gehackte Kokosnuß hinzu.

1 l Hühnerfond (siehe Glossar)
6 Hühnerbrusthälften ohne Knochen oder 1 Huhn (etwa 2 kg), in Portionsstücke zerlegt
60 g Butter sowie 125 g Butter, zerlassen und abgekühlt
100 g gehackte Frühlingszwiebeln
45 g Mehl
3 Eier, leicht verquirlt
250 g *feta*, zerkrümelt
1 TL frisch geriebene Muskatnuß
4 EL gehackter Dill
4 EL gehackte glatte Petersilie
1 EL gehackte Minze (nach Belieben)
Salz und frisch gemahlener Pfeffer
12–14 *phyllo*-Teigblätter (siehe Glossar)

Butter zum Einfetten der Form

Den Hühnerfond in einem Topf zum Kochen bringen. Das Geflügel hinzufügen und leise köcheln lassen, bis es weich ist; bei Portionsstücken mit Knochen beträgt die Garzeit etwa 25 Minuten, bei entbeinter Hühnerbrust 10 Minuten. Das Geflügel aus dem Fond nehmen und zum Abkühlen beiseite stellen. Den Hühnerfond aufbewahren.

Wenn das Geflügel abgekühlt ist, das Fleisch, wenn nötig, von den Knochen lösen, in mundgerechte Stücke schneiden und in eine große Schüssel geben.

In einem Topf bei schwacher Hitze 60 g Butter zerlassen. Die Zwiebeln hinzufügen und etwa 10 Minuten sautieren, bis sie weich

Von links im Uhrzeigersinn: *Mit Spinat und Feta gefüllte Teigtaschen, Hühnchenpastete, Porreepastete* (Rezept S. 77)

und glasig sind. Das Mehl dazugeben und einige Minuten unter Rühren anrösten.

Nach und nach 600 ml des zurückgestellten Hühnerfonds hinzufügen und kräftig unterrühren. Die Sauce 8–10 Minuten köcheln lassen, bis sie eingedickt ist. Von der Kochstelle nehmen und etwas abkühlen lassen.

Die Sauce zu dem Hühnerfleisch geben. Dann Eier, *feta*, Muskat, Dill, Petersilie und Minze (falls verwendet) unterrühren. Mit Salz und Pfeffer abschmecken.

Den Backofen auf 180 °C (Gasherd Stufe 2–3) vorheizen.

Eine rechteckige (23 × 30 × 7,5 cm) oder eine runde (23 cm) ofenfeste Form mit Butter einfetten. Dann 6 oder 7 *phyllo*-Teigblätter mit zerlassener Butter bestreichen und in die Form legen. Die Hühnerfleischmischung darauf verteilen. Die restlichen Teigblätter darüberlegen und zuvor ebenfalls mit Butter bestreichen.

Mit einem scharfen Messer die obersten Teigblätter einritzen, so daß sich große Quadrate ergeben. Die Pastete 40–45 Minuten backen, bis sie goldbraun ist.

Anschließend 5 Minuten ruhen lassen, dann in Quadrate schneiden und heiß servieren.

Für 4–6 Personen

Von oben links im Uhrzeigersinn: *Zwiebelkuchen mit Sardellenfilets* (Rezept S. 82), *Pikante Teigfladen mit Tomate und Pinienkernen, Teigtaschen mit Fleisch- oder Spinatfüllung*

KATALONIEN

EMPANADAS
Teigtaschen mit Fleisch- oder Spinatfüllung

Obwohl diese kleinen Teigtaschen ursprünglich aus Galizien stammen, findet man sie heute überall in spanischen »tapa«-Lokalen. Die beiden hier aufgeführten Füllungen sind typisch katalanisch. Die köstliche Spinatfüllung erhält durch die Sardellenfilets und die Pinienkerne ihr besonderes Aroma. Die Fleischfüllung bekommt durch den Kreuzkümmel eine arabische Note.

FÜR DEN TEIG:

1 EL Trockenhefe
4 EL handwarmes Wasser
125 ml Milch
3 EL Schweineschmalz oder Pflanzenfett
550 g Mehl
1½ TL Salz
2 Eier, leicht verquirlt

FÜR DIE SPINATFÜLLUNG:

500 g Spinat
3 EL Olivenöl
2 Knoblauchzehen, zerdrückt
6 Sardellenfilets in Öl, feingehackt

3 EL Pinienkerne
6 EL Rosinen, 30 Minuten in heißem Wasser eingeweicht, abgetropft
Salz und frisch gemahlener Pfeffer

FÜR DIE FLEISCHFÜLLUNG:

6 EL Rosinen, 30 Minuten in heißem Wasser eingeweicht, abgetropft
3 EL Olivenöl
2 Zwiebeln, feingehackt
3 Knoblauchzehen, zerdrückt
1 TL getrockneter Oregano
1 TL Paprika
1 EL gemahlener Kreuzkümmel
400 g gehacktes Schweinefleisch
400 g gehacktes Kalb- oder Rindfleisch
3 EL gehackte glatte Petersilie
2 hartgekochte Eier, grobgehackt
Salz und frisch gemahlener Pfeffer

In einer kleinen Schüssel die Hefe in dem handwarmen Wasser auflösen und etwa 5 Minuten stehenlassen, bis sich Bläschen gebildet haben. In der Zwischenzeit in einem Topf die Milch zusammen mit dem Schweineschmalz oder dem Pflanzenfett erhitzen, bis das Fett schmilzt. Abkühlen lassen, bis die Flüssigkeit nur noch lauwarm ist.

In einer großen Schüssel Mehl und Salz vermischen. Eier, abgekühlte Milch und angerührte Hefe dazugeben und alles gründlich verschlagen, bis sich der Teig von der Schüssel löst. Den Teig auf der leicht bemehlten Arbeitsfläche 3–5 Minuten durchkneten, bis er glatt und geschmeidig ist.

Den Teig zu einer Kugel formen, in eine eingeölte Schüssel legen und darin wenden, damit er rundum mit Öl überzogen wird. Die Schüssel mit einem feuchten Küchentuch oder mit Klarsichtfolie abdecken und den Teig etwa 1½ Stunden an einem warmen Ort gehen lassen, bis sich sein Volumen verdoppelt hat.

Den aufgegangenen Hefeteig kräftig durchkneten und schlagen, um die entstandenen Gase auszutreiben. Dann einige Minuten auf der leicht bemehlten Arbeitsfläche durchwirken und wieder zu einer Kugel formen. Zugedeckt noch etwa 1 Stunde gehen lassen, bis sich sein Volumen wieder verdoppelt hat.

Während der Teig zum zweiten Mal geht, eine der Füllungen zubereiten. Für die Spinatfüllung die Blattstiele vom Spinat entfernen. Die Blätter gründlich waschen, um Sand und Erde zu entfernen, dann abtropfen lassen. Den Spinat in einem großen Topf bei starker Hitze einige Minuten unter häufigem Durchheben garen, bis er zusammengefallen ist. In einem Sieb abtropfen lassen, dann grobhacken. Nochmals abtropfen lassen und überschüssige Flüssigkeit herausdrücken. Den Spinat in eine Schüssel geben.

In einem kleinen Topf bei mittlerer Temperatur das Öl erhitzen. Knoblauch, Sardellenfilets und Pinienkerne hinzufügen und erhitzen. Spinat und Rosinen dazugeben, alles gut vermengen und mit Salz und Pfeffer abschmecken. Beiseite stellen.

Für die Fleischfüllung die Rosinen abgießen; 4 Eßlöffel Einweichwasser zurückstellen. In einer großen Pfanne bei mittlerer Temperatur das Öl erhitzen. Die Zwiebeln hinzufügen und 8–10 Minuten sautieren, bis sie weich und glasig sind. Knoblauch, Oregano, Paprika und Kreuzkümmel dazugeben und einige Minuten mitsautieren. Das Hackfleisch hinzufügen, mit einer Gabel zerteilen und etwa 8 Minuten bei starker Hitze garen, bis es seine rote Farbe verliert. Das zurückgestellte Einweichwasser der Rosinen hinzufügen und alles noch 5 Minuten garen. In eine Schüssel füllen. Eier, Rosinen und Petersilie unterrühren. Nach Geschmack mit Salz und Pfeffer würzen.

Den Backofen auf 180 °C (Gasherd Stufe 2–3) vorheizen.

Den aufgegangenen Hefeteig kräftig durchkneten, um die entstandenen Gase auszutreiben. Den Teig in zwei Stücke teilen. Die eine Hälfte auf der leicht bemehlten Arbeitsfläche etwa 3 cm dick ausrollen und mit einem Keksausstecher oder einem Glas etwa 20 Teigscheiben von 7,5 cm Durchmesser ausstechen.

Etwa 1 Teelöffel Füllung in die Mitte der Teigscheiben setzen und den Teig zu einem Halbkreis zusammenklappen. Die Ränder mit einer Gabel fest zusammendrücken. Die Teigtaschen auf ein ungefettetes Backblech legen.

Den restlichen Teig in gleicher Weise ausrollen, ausstechen und mit der verbliebenen Spinat- oder Fleischmischung füllen.

Die Teigtaschen etwa 20 Minuten backen, bis sie goldbraun sind. Die *empanadas* heiß servieren.

Ergibt etwa 40 kleine Teigtaschen

KATALONIEN

COCAS
Pikante Teigfladen mit Tomate und Pinienkernen

Eine »coca« ist die katalanische Version einer klassischen italienischen Pizza. Die Teigfladen werden zumeist mit Tomate, Paprikaschote und Wurst oder mit Tomate, Pinienkernen und Sardellenfilets oder mit gegartem Mangold, gewürfelten Tomaten und kleingeschnittenem Schinken belegt. In Katalonien bereitet man auch süße »cocas« zu.

FÜR DEN TEIG:

1 EL Trockenhefe
310 ml handwarmes Wasser
550 g Mehl
2 TL Salz
2 EL Olivenöl

FÜR DEN BELAG:

Olivenöl
2 Zwiebeln, in feine Streifen geschnitten
4–6 Knoblauchzehen, feingehackt
2 grüne oder rote Paprikaschoten, Samen und Rippen entfernt, in feine Streifen geschnitten
1 kg Tomaten, enthäutet, entkernt und gehackt
50 g Pinienkerne, leicht geröstet
Salz und frisch gemahlener Pfeffer
250 g *butifarra,* in dünne Scheiben geschnitten (nach Belieben; siehe Glossar)
250 g Frühstücksspeck, in Würfel geschnitten und leicht angebraten (nach Belieben)
In dünne Scheiben geschnittene Champignons (nach Belieben)
Gehackte Sardellenfilets (nach Belieben)
Maismehl zum Bestäuben der Backbleche

Um den Teig herzustellen, in einer kleinen Schüssel die Hefe in 4 Eßlöffeln handwarmem Wasser auflösen und etwa 5 Minuten stehenlassen, bis sich Bläschen gebildet haben.

In einer großen Schüssel Mehl und Salz vermischen. Die angerührte Hefe, die restlichen 250 ml warmes Wasser und das Öl hinzufügen und die Zutaten gründlich verschlagen, bis sich der Teig von der Schüssel löst.

Den Teig etwa 5 Minuten mit der Küchenmaschine (mittlere Stufe) oder etwa 10 Minuten auf der bemehlten Arbeitsfläche von Hand durchkneten, bis er glatt und geschmeidig ist.

Den Teig zu einer Kugel formen, in eine eingeölte Schüssel legen und darin wenden, damit er rundum mit Öl überzogen wird. Die Schüssel mit einem feuchten Küchentuch oder mit Klarsichtfolie abdecken und den Teig etwa 1 Stunde an einem warmen Platz gehen lassen, bis er sein Volumen verdoppelt hat.

Den Backofen auf 230 °C (Gasherd Stufe 5) vorheizen.

In der Zwischenzeit den Belag vorbereiten. In einen großen Topf etwas Öl geben, so daß der Boden dünn damit überzogen ist, und erhitzen. Zwiebeln und Knoblauch hinzufügen und 8–10 Minuten unter häufigem Rühren garen, bis sie weich und glasig sind. Paprika und Tomaten dazugeben und etwa 10 Minuten garen, bis sie weich sind und die Flüssigkeit weitgehend verkocht ist. Das Gemüse in ein Sieb geben und gut abtropfen lassen. Dann in eine Schüssel füllen und nach Geschmack mit Salz und Pfeffer würzen.

Den aufgegangenen Hefeteig kräftig durchkneten, um die entstandenen Gase auszutreiben. Den Teig halbieren und auf der leicht bemehlten Arbeitsfläche zu 2 runden oder ovalen Teigfladen ausrollen oder mit den Händen flachdrücken. Der Teig sollte etwa 0,5 cm dick sein. Zwei Backbleche mit Maismehl bestäuben und die Teigfladen darauflegen. Falls gewünscht, kann man auch einen großen Teigfladen herstellen.

Die abgetropfte Tomatenmischung gleichmäßig auf dem Teig verteilen. Pinienkerne und (falls verwendet) Wurst, Speck, Champignons oder gehackte Sardellenfilets darüberstreuen.

Etwa 15 Minuten backen, bis die Kruste goldbraun ist. In Stücke schneiden und sehr heiß servieren.

Für 6–8 Personen

PROVENCE

PISSALADIÈRE
Zwiebelkuchen mit Sardellenfilets

Der Name dieses Zwiebelkuchens leitet sich ab von »pissala«, einer provenzalischen Sardellenpaste. Die Rezepte für diesen würzigen Zwiebelkuchen variieren stark. Manche verwenden 1 kg Zwiebeln, andere bis zu 3 kg. Wichtiger als die Menge ist jedoch, wie die Zwiebeln gegart werden. Sie müssen sehr lange bei schwacher Hitze garen, bis sie fast zu Mus zerkocht sind. Bei der italienischen Version, der »pizza all' Andrea«, werden pürierte Tomaten zwischen die Zwiebellagen gestrichen. Einige Rezepte enthalten zerdrückten Knoblauch, andere nicht. Und die Menge an Sardellen kann von einigen wenigen Filets bis zu einem Dutzend reichen.

Hefeteig (Grundrezept siehe *scacciata,* S. 74)

FÜR DEN BELAG:

4 EL Olivenöl sowie Olivenöl für die Sardellenfilets (nach Belieben)
1,5 kg Zwiebeln, in feine Streifen geschnitten
Salz
2 oder 3 Knoblauchzehen, zerdrückt (nach Belieben)
1 Zweig frischer Thymian (nach Belieben)
Frisch gemahlener Pfeffer
6–10 Sardellenfilets in Öl
50 g *niçoise*-Oliven

Olivenöl zum Einfetten des Backblechs

Den Hefeteig wie auf Seite 74 beschrieben herstellen und gehen lassen.

Für den Belag in einem großen schweren Topf bei mittlerer Temperatur 4 Eßlöffel Olivenöl erhitzen. Die Zwiebeln hinzufügen und nach Geschmack salzen. Mit aufgelegtem Deckel 45–60 Minuten bei schwacher Hitze garen, bis die Zwiebeln zu Mus zerkocht sind; zwischendurch gelegentlich umrühren. Die Zwiebeln sollen nicht bräunen. Nach der Hälfte der Garzeit gegebenenfalls Knoblauch und Thymian dazugeben. Wenn die Zwiebeln fertig sind, den Thymianzweig (falls verwendet) herausnehmen und nach Geschmack mit Pfeffer würzen.

Den Backofen auf 190 °C (Gasherd Stufe 3) vorheizen.

Den aufgegangenen Hefeteig kräftig durchkneten, um die entstandenen Gase auszutreiben. Dann auf der leicht bemehlten Arbeitsfläche ausrollen und ein eingeöltes Backblech von 30 × 37 cm Größe oder eine eingeölte runde Pizza-Form von 37 cm Durchmesser damit auslegen.

Für den Belag entweder die Sardellenfilets hacken, mit etwas Olivenöl vermischt auf dem Teig verteilen und dann die Zwiebeln darauf verteilen. Oder erst die Zwiebeln auf dem Teig verteilen, die Sardellenfilets in lange Streifen schneiden und dekorativ darauflegen. Mit den Oliven garnieren.

Den Zwiebelkuchen 35–40 Minuten backen, bis er goldbraun ist. Man kann ihn auch bei 200 °C (Gasherd Stufe 3–4) in den Ofen schieben, die Temperatur nach 15–20 Minuten auf 180 °C (Gasherd Stufe 2–3) herunterschalten und den Zwiebelkuchen weitere 15–20 Minuten backen. In Stücke schneiden und warm servieren.

Für 4–6 Personen — *Abbildung S. 80*

LIBANON

KHUBZ ARABI
Fladenbrot

Klassisches Fladenbrot läßt sich recht einfach herstellen. In Griechenland heißt es »pitta«, in Israel und in vielen anderen Ländern des Nahen Ostens »pita« und in der Türkei »pide«. Für den Teig kann man auch bis zu 300 g Weizenvollkornmehl nehmen. Das Brot läßt sich gut einfrieren. In fest verschlossenen Gefrierbeuteln hält es sich im Tiefkühlgerät 2–3 Wochen.

1 EL Trockenhefe
1 TL Zucker
500 ml handwarmes Wasser
Etwa 950 g ungebleichtes Mehl
2 TL Salz
3 EL Olivenöl

Olivenöl zum Einfetten des Backblechs

In einer kleinen Schüssel die Hefe und den Zucker in 125 ml handwarmem Wasser auflösen und etwa 5 Minuten stehenlassen, bis sich Blasen gebildet haben. In eine große Schüssel 300 g Mehl geben. Die angerührte Hefe und die restlichen 375 ml warmes Wasser hinzufügen. Die Zutaten mit einem Holzlöffel gründlich vermengen. Mit einem Küchentuch oder mit Klarsichtfolie abdecken und etwa 30 Minuten an einem warmen Platz gehen lassen, bis sich Blasen gebildet haben.

Weitere 500 g Mehl, das Salz und das Olivenöl dazugeben. Etwa 5 Minuten mit der Küchenmaschine (niedrige Stufe) verkneten oder 10 Minuten von Hand durcharbeiten.

Von den verbliebenen 150 g Mehl einen Teil auf die Arbeitsfläche streuen. Den Teig aus der Schüssel nehmen und etwa 5 Minuten durchkneten, bis er glatt und geschmeidig ist. Dabei weiteres Mehl unterarbeiten, falls der Teig klebrig ist.

Den Teig zu einer Kugel formen, in eine eingeölte Schüssel legen und darin wenden, damit er rundum von Öl überzogen wird. Die Schüssel mit einem feuchten Küchentuch oder mit Klarsichtfolie abdecken und den Teig etwa 1½ Stunden an einem warmen Ort gehen lassen, bis sich sein Volumen verdoppelt hat.

Den aufgegangenen Hefeteig kräftig durchkneten, um die entstandenen Gase auszutreiben. Dann in 12 Teigkugeln gleicher Größe teilen und diese auf ein bemehltes Brett legen. Mit einem Küchentuch abdecken und etwa 30 Minuten gehen lassen, bis sich das Teigvolumen verdoppelt hat.

Die Teigkugeln auf der leicht bemehlten Arbeitsfläche zu 15 cm großen Teigfladen ausrollen. Darauf achten, daß der Teig dabei nicht reißt, da sich sonst beim Backen kein Hohlraum in den Broten bildet. Die Teigfladen auf ein leicht bemehltes großes Brett oder auf Backbleche legen, mit Küchentüchern abdecken und 20–30 Minuten gehen lassen.

In der Zwischenzeit den Backofen auf 250 °C (Gasherd Stufe 6) vorheizen. Ein schweres Backblech dünn mit Öl bestreichen.

Einige Teigfladen mit ausreichend großem Abstand auf das vorbereitete Backblech legen und etwa 5 Minuten backen, bis sie sich aufgebläht haben und goldbraun sind. Die Fladenbrote wenden, zurück in den Ofen schieben und kurz auf der zweiten Seite bräunen. Alternativ kann man sie auch aus dem Ofen nehmen und die zweite Seite unter dem vorgeheizten Grill bräunen. Auf Kuchengittern abkühlen lassen. Die restlichen Teigfladen in gleicher Weise backen. Die Brote mit einem angefeuchteten Küchentuch abdecken oder in Plastikbeutel geben, damit sie nicht austrocknen.

Ergibt 12 Fladenbrote — *Abbildung S. 8/9*

ISRAEL

CHALLAH
Sabbat-Brot

Dieses Hefebrot wird traditionell zum Sabbat bereitet. Es kann zu einem einfachen Zopf oder zu einem beeindruckenden Dreierzopf geformt werden.

2 EL Trockenhefe
2 EL Zucker
250 ml handwarmes Wasser
800 g Mehl
3 Eier, leicht verquirlt
100 g Margarine, zerlassen, oder 5 EL Pflanzenöl
2 TL Salz
1 Eigelb, mit 2 EL kaltem Wasser verquirlt (zum Bestreichen)
Sesam oder Mohn

Pflanzenöl zum Einfetten des Backblechs

In der Schüssel der Küchenmaschine die Hefe und den Zucker im warmen Wasser auflösen und etwa 5 Minuten stehenlassen, bis sich Bläschen gebildet haben. 150 g Mehl hinzufügen und mit dem Rührbesen bei mittlerer Stufe untermischen. Nacheinander die Eier und

Sabbat-Brot

dann die Margarine oder das Öl dazugeben. Weitere 150 g Mehl hinzufügen und alles bei hoher Stufe 3 Minuten verrühren.

Den Knethaken einsetzen. Das Salz und die restlichen 500 g Mehl in die Schüssel geben und den Teig etwa 10 Minuten gründlich durchkneten, bis er glatt ist.

Der Teig kann auch in der beschriebenen Reihenfolge mit einem Holzlöffel angerührt und anschließend auf der leicht bemehlten Arbeitsfläche etwa 15 Minuten durchgeknetet werden, bis er glatt ist.

Den Teig zu einer Kugel formen, in eine eingeölte Schüssel legen und darin wenden, damit er rundum von Öl überzogen wird. Mit einem feuchten Küchentuch oder mit Klarsichtfolie abdecken. Etwa 1½ Stunden an einem warmen Ort gehen lassen, bis sich das Teigvolumen verdoppelt hat.

Den aufgegangenen Hefeteig kräftig durchkneten, um die entstandenen Gase auszutreiben, und auf die leicht bemehlte Arbeitsfläche legen. Den Teig für einen einfachen Zopf in 3 gleiche Stücke teilen oder für 2 einfache Zöpfe halbieren und jede Hälfte in 3 gleiche Stücke teilen. Für einen Dreierzopf den Teig zunächst in 3 ungleiche Stücke – ein großes, ein mittleres und ein kleines – und dann jedes dieser Stücke in 3 gleiche Portionen teilen. In allen Fällen die einzelnen Teigstücke mit den Händen auf der leicht bemehlten Arbeitsfläche zu einem Strang von höchstens 30 cm Länge rollen. Die Länge ist von der Art des gewünschten Zopfes abhängig. Aus jeweils 3 Teigsträngen einen Zopf flechten, die Enden flachdrücken und unter den Zopf stecken. Den großen oder die beiden kleineren einfachen Zöpfe nach dem Flechten auf ein mit Öl bestrichenes Backblech legen. Für einen Dreierzopf den größten Zopf auf ein eingeöltes Backblech legen. Den mittleren daraufsetzen und fest auf den unteren drücken. Dann den kleinen Zopf darauflegen und ebenfalls fest andrücken. Mit einem Küchentuch abdecken und etwa 45 Minuten gehen lassen, bis sich das Teigvolumen verdoppelt hat.

In der Zwischenzeit den Backofen auf 180 °C (Gasherd Stufe 2–3) vorheizen. Den Hefezopf oder die Zöpfe kurz vor dem Backen mit dem verquirlten Ei bestreichen und mit Sesam oder Mohn bestreuen. Die beiden kleinen Zöpfe etwa 30 Minuten backen, den großen einfachen Zopf etwa 40 Minuten und den Dreierzopf etwa 50 Minuten. Die Zöpfe sind durchgebacken, wenn es beim Klopfen auf die Unterseite hohl klingt. Auf Kuchengittern abkühlen lassen.

Ergibt 1 großen Zopf oder 2 kleine Zöpfe

TUNESIEN

Briks à l'Œuf
Mit Thunfisch und Ei gefüllte Teigtaschen

Für diese traditionellen tunesischen Teigtaschen belegt man »malsouqua«-Teigblätter mit gegartem Fleisch, Geflügel oder Thunfisch aus der Dose und setzt jeweils ein aufgeschlagenes Ei darauf. Dann werden die Teigtaschen behutsam verschlossen, damit das Ei nicht zerläuft. Als Fleisch verwendet man gewöhnlich Lammfleisch, das mit Zwiebeln, Kreuzkümmel, Paprika, Cayennepfeffer und Petersilie oder Koriandergrün gewürzt wird, oder kleingeschnittenes gegartes Hühnerfleisch und Kartoffeln mit Zwiebeln. Teigblätter für chinesische Frühlingsrollen oder »phyllo«-Teig sind ein ausgezeichneter Ersatz für »ouarka«-Teig. Beim Essen der Teigtaschen aufpassen, daß das flüssige Eigelb nicht die Kleider beschmutzt.

1 EL Erdnußöl sowie Erdnußöl zum Bestreichen der Teigblätter und zum Fritieren
1 Zwiebel, gehackt
180 g Thunfisch in Öl, abgetropft und zerdrückt
2 EL gehackte glatte Petersilie
1–2 EL frisch gepreßter Zitronensaft
Salz und frisch gemahlener Pfeffer
1 Messerspitze Cayennepfeffer oder etwas *harissa* (nach Belieben; siehe Glossar)
6 Teigblätter für chinesische Frühlingsrollen oder *phyllo*-Teigblätter (siehe Glossar)
6 Eier
1 oder 2 Eiweiß, leicht verquirlt

In einer Pfanne bei mittlerer Temperatur 1 Eßlöffel Öl erhitzen. Die Zwiebeln hinzufügen und 8–10 Minuten sautieren, bis sie weich und glasig sind. In einem Sieb abtropfen lassen, dann in eine Schüssel geben.

Thunfisch, Petersilie, Zitronensaft, Salz und Pfeffer nach Geschmack und, falls verwendet, Cayenne oder *harissa* hinzufügen.

Werden Teigblätter für Frühlingsrollen verwendet, auf jedes Teigblatt ein Sechstel der Füllung setzen und mit dem Löffelrücken eine Vertiefung hineindrücken. In jede Vertiefung ein aufgeschlagenes Ei geben. Die Teigränder gut 1 cm breit mit Eiweiß bestreichen. Den Teig vorsichtig in der Mitte umklappen und die Ränder fest zusammendrücken.

Bei Verwendung von *phyllo*-Teig jeweils ein Teigblatt dünn mit Erdnußöl bestreichen und von der schmalen Seite aus einmal zusammenfalten. Ein Sechstel der Füllung auf das untere Drittel des zusammengelegten Teigblatts setzen, so daß auf der linken und der rechten Seite jeweils ein 2,5 cm breiter Rand frei bleibt. Mit dem Löffelrücken eine Vertiefung in die Füllung drücken und ein aufgeschlagenes Ei hineingeben. Die Ränder mit Eiweiß bestreichen. Vorsichtig die linke und die rechte Seite nach innen klappen und dann das freie Teigstück über die Füllung legen. Die Ränder fest zusammendrücken.

Einen schweren Topf etwa 7 cm hoch mit Öl füllen. Das Öl auf 190 °C erhitzen; es muß so heiß sein, daß ein Stückchen Teig innerhalb weniger Augenblicke zu bräunen beginnt. Jeweils 2 oder 3 Teigtaschen vorsichtig in das heiße Öl gleiten lassen und etwa 4–5 Minuten fritieren, bis sie goldbraun sind. Mit einem Schaumlöffel herausheben und kurz auf Küchenkrepp abtropfen lassen. Die fritierten Teigtaschen heiß servieren.

Ergibt 6 Teigtaschen

TUNESIEN

Khubz Mbassis
Gesäuertes Fladenbrot

Viele Brote im Mittelmeerraum werden mit Sauerteig bereitet. Der hier verwendete Sauerteigansatz eignet sich beispielsweise auch für italienische Brote wie »pane pugliese« (Rezept S. 77). Sauerteig läßt sich nur schwer in kleinen Mengen ansetzen, doch da er lediglich aus Mehl, Wasser und etwas Trockenhefe besteht, kann man ihn einfach wegwerfen, falls er zu stark säuert oder verdirbt, bevor man ihn verwenden kann. Dieses Rezept habe ich von Baroui Karoui bekommen.

FÜR DEN SAUERTEIGANSATZ:
250 ml handwarmes Wasser
1/8 TL Trockenhefe
320 g Mehl

FÜR DAS BROT:
1 EL Trockenhefe
1 EL Zucker
500 ml handwarmes Wasser
125 g Sauerteigansatz
4 EL Olivenöl
4 EL Paradiessamen (siehe Glossar)
500 g Hartweizenmehl
300 g Mehl
1 EL Salz

Für den Sauerteigansatz handwarmes Wasser, Hefe und Mehl in die Schüssel der Küchenmaschine geben. Den Rührbesen einsetzen und die Zutaten etwa 3 Minuten bei mittlerer Stufe verrühren, bis sich der Teig von der Schüssel löst. Die Zutaten können auch mit einem Holzlöffel verrührt werden.

Den Sauerteigansatz in eine Gefrierdose mit 2 l Fassungsvermögen oder einen anderen Behälter füllen, in dem sich sein Volumen verdreifachen kann. Abdecken und über Nacht bei Raumtempera-

Von links nach rechts: *Mit Thunfisch und Ei gefüllte Teigtaschen, Gesäuertes Fladenbrot*

tur stehenlassen. Der Sauerteigansatz kann am nächsten Tag verwendet werden, doch sollte man ihn nach Möglichkeit noch einige Tage in den Kühlschrank stellen, damit sich sein Aroma entwickelt. Für dieses Rezept wird nur eine kleine Menge des Sauerteigansatzes benötigt; der Rest kann bis zu 3 Tage im Kühlschrank aufbewahrt und für andere Brote verwendet werden.

Um den Brotteig herzustellen, in der Rührschüssel der Küchenmaschine die Hefe und den Zucker in warmem Wasser auflösen. Den Sauerteigansatz dazugeben und alles gründlich verrühren.

Den Knethaken einsetzen. Olivenöl, 2 Eßlöffel Paradiessamen, Hartweizenmehl, Mehl und Salz mit in die Schüssel geben. Bei mittlerer Stufe etwa 10 Minuten durchkneten, bis der Teig glatt und geschmeidig ist und sich von der Schüssel löst.

Die Zutaten können auch in der genannten Reihenfolge mit einem Holzlöffel verrührt werden. Den Teig in diesem Fall auf der leicht bemehlten Arbeitsfläche etwa 15 Minuten von Hand durchkneten, bis er glatt und geschmeidig ist.

Den Teig zu einer Kugel formen. In eine leicht eingeölte Schüssel legen und darin wenden, damit der Teig rundum von Öl überzogen wird. Mit einem feuchten Küchentuch oder mit Klarsichtfolie abdecken und 1½–2 Stunden an einem warmen Ort gehen lassen, bis sich das Teigvolumen verdoppelt hat. Den aufgegangenen Hefeteig kräftig durchkneten, um die entstandenen Gase auszutreiben. Wieder abdecken und erneut etwa 1 Stunde gehen lassen.

Den Teig nochmals kräftig durchkneten und dann in zwei gleich große Stücke teilen. Die beiden Hälften nacheinander auf der bemehlten Arbeitsfläche zu runden Fladen von 30 cm Durchmesser ausrollen. Die Fladen jeweils am Rand dünn mit Wasser bestreichen. Den Teigrand im Abstand von 2,5 cm ein wenig hochziehen, nach innen klappen und fest auf den angefeuchteten Teig drücken, so daß die Fladen einen wellenförmigen Rand bekommen und ähnlich wie Pasteten aussehen.

Die Brote auf 2 Backbleche legen und mit den restlichen Paradiessamen bestreuen. Mit einem Küchentuch abdecken und etwa 45 Minuten gehen lassen, bis die Brote um die Hälfte höher geworden sind.

Während die Brote gehen, den Backofen auf 220 °C (Gasherd Stufe 4–5) vorheizen. Falls vorhanden, einen großen Pizza-Stein in den Ofen legen und mit aufheizen.

Die Brote auf dem Backblech in den Ofen schieben oder direkt auf den heißen Pizza-Stein legen. Die Fladenbrote während der ersten 15 Minuten drei- oder viermal leicht mit Wasser besprühen; dadurch bekommen sie eine schöne Kruste.

Etwa 45 Minuten backen, bis die Brote goldbraun sind und hohl klingen, wenn man auf die Unterseite klopft. Auf Kuchengittern abkühlen lassen.

Ergibt 2 Fladenbrote

MAROKKO

B'STILLA
Täubchenpastete

Diese süß-pikante Pastete wird traditionell mit »malsouqua«, einem Teig aus Hartweizenmehl, zubereitet. Die Teigherstellung ist allerdings recht schwierig und erfordert Zeit und Erfahrung. Aus diesem Grund kaufen selbst nordafrikanische Hausfrauen zumeist fertigen »malsouqua«-Teig in Geschäften, die sich auf seine Herstellung spezialisiert haben. »Phyllo«-Teigblätter sind ein guter Ersatz für »malsouqua«-Teig. Anstelle von Taubenfleisch kann die Pastete auch mit Stubenküken zubereitet werden.

FÜR DIE FÜLLUNG:

4 Täubchen oder Stubenküken mit Lebern und Geflügelklein
Salz und frisch gemahlener Pfeffer
125 g Butter
150 g Zwiebeln, gehackt
4 EL gehacktes Koriandergrün
2 EL gehackte glatte Petersilie
1 TL gemahlener Ingwer
1 TL gemahlener Kreuzkümmel
½ TL Cayennepfeffer
½ TL gemahlene Kurkuma
½ TL gemahlener Zimt
Einige Safranfäden, zerdrückt
250 ml Wasser
2 EL frisch gepreßter Zitronensaft (nach Belieben)
8 Eier

FÜR DIE MANDELSCHICHT:

60 g Butter
220 g Mandelstifte
2 EL Zucker
½ TL gemahlener Zimt

ZUM EINSCHICHTEN DER PASTETE:

125 g Butter, zerlassen und abgekühlt
14–16 *phyllo*-Teigblätter (etwa 500 g), falls tiefgefroren, im Kühlschrank aufgetaut (siehe Glossar)
Butter zum Einfetten der Pizza-Form

ZUM SERVIEREN:

3 EL Puderzucker
1 EL gemahlener Zimt
Abgezogene Mandeln zum Dekorieren (nach Belieben)

Um die Füllung zuzubereiten, die Tauben oder Stubenküken jeweils in 4 Stücke teilen. Die Geflügelstücke salzen und pfeffern. In einem großen schweren Topf bei mittlerer Hitze die Butter zerlassen. Die Geflügelteile hinzufügen und etwa 10 Minuten unter häufigem Wenden anbraten, bis sie gleichmäßig gebräunt sind. Das Geflügel auf eine Platte legen, das Bratfett im Topf belassen.

Zwiebeln, Leber und Geflügelklein in den Topf geben und bei mittlerer Temperatur 8–10 Minuten sautieren, bis die Zwiebeln weich und glasig sind. Koriandergrün, Petersilie, alle Gewürze und das Wasser hinzufügen. Zum Kochen bringen. Das angebratene Geflügel dazugeben und auf schwache Hitze reduzieren. Den Deckel auflegen und alles 40 Minuten köcheln lassen, bis das Geflügel weich ist. Geflügelstücke, Leber und Geflügelklein aus dem Topf nehmen. Die Garflüssigkeit im Topf belassen. Sobald das Geflügel etwas abgekühlt ist, das Fleisch von den Knochen lösen und kleinschneiden. Leber und Geflügelklein ebenfalls in Stücke schneiden.

Die Garflüssigkeit bei starker Hitze auf etwa 450 ml reduzieren. Falls verwendet, den Zitronensaft hinzufügen.

Die Eier in einer Schüssel verquirlen und in die reduzierte Garflüssigkeit einrühren. Unter ständigem Rühren bei niedriger Temperatur erhitzen, bis das Ei gerinnt und ausflockt. Mit Salz und Pfeffer würzen. Den Topf von der Kochstelle nehmen. Die Eimischung in ein Sieb geben und zum Abtropfen beiseite stellen.

Für die Mandelschicht in einer Pfanne bei mittlerer Hitze die Butter zerlassen. Die Mandeln hinzufügen und etwa 5 Minuten unter gelegentlichem Rühren braten, bis sie goldbraun sind. Mit einem Schaumlöffel herausnehmen und auf Küchenkrepp abtropfen lassen.

Linke Seite: *Täubchenpastete*

Die Mandeln grobhacken und in eine kleine Schüssel füllen. Zucker und Zimt dazugeben und alles gründlich vermischen. Beiseite stellen.

Für die Pastete den Backofen auf 180 °C (Gasherd Stufe 2–3) vorheizen. Eine runde Pizza-Form von etwa 35 cm Durchmesser mit etwas Butter einfetten. Die Form mit 8 *phyllo*-Teigblättern auskleiden; die Teigblätter dazu wie die Speichen eines Rades anordnen und jeweils mit zerlassener Butter bestreichen. Die Teigblätter sollen sich überlappen, so daß die Form vollständig ausgekleidet ist, und am Rand reichlich überstehen. Darauf achten, daß auch der überhängende Teig mit Butter bestrichen wird. Ein Drittel der Mandelmischung so auf die Teigblätter streuen, daß in der Mitte ein 25 cm großer Kreis entsteht. Die Hälfte der Eimischung auf den Mandeln verteilen. Das kleingeschnittene Geflügel darauflegen, dann die verbliebene Eimischung und als letztes die restlichen Mandeln einfüllen. Den überhängenden *phyllo*-Teig über die Füllung legen. Das Ganze mit 6–8 weiteren Teigblättern abdecken, die wie zuvor beschrieben angeordnet werden. Den überstehenden Teig nun jedoch unter die Pastete falten. Die Pastete mit der zerlassenen Butter bestreichen.

Die Pastete etwa 20 Minuten backen, bis sie goldbraun ist. Aus dem Ofen nehmen und vorsichtig die überschüssige Butter ablaufen lassen. Eine zweite Pizza-Form umgekehrt auf die Pastete legen und alles zusammen herumdrehen. Die obere Pizza-Form abnehmen und die Pastete zurück in den Backofen schieben. Weitere 10–15 Minuten backen, bis die zweite Seite gebräunt ist. Die Pastete ein zweites Mal wie beschrieben umdrehen und noch 5 Minuten backen.

Die fertige Pastete aus dem Ofen nehmen und auf eine Servierplatte gleiten lassen; sie kann auch in der Form serviert werden. Die Pastete mit Puderzucker bestäuben und den Zimt gitterförmig daraufstreuen. Nach Belieben mit ganzen Mandeln verzieren. Warm auftragen und bei Tisch in Stücke schneiden.

Für 6–8 Personen

LIBANON

FATAYEER
Kleine Fleischpasteten

Nach diesem Rezept lassen sich auch pizzaähnliche Teigfladen zubereiten, die »lahm bil ajin« heißen. Man rührt dazu 250 g Joghurt unter die Füllung, verteilt diese gleichmäßig auf 6 Teigfladen mit 15 cm Durchmesser, so daß rundum ein etwa 1 cm breiter Rand frei bleibt, und bäckt die Fladen wie kleine Pizzen im Backofen.

Teig für *fatayeer sbanikh* (Rezept S. 74)

FÜR DIE FÜLLUNG:

2 EL Olivenöl
1 Zwiebel, feingehackt (etwa 150 g)
500 g gehackte Lammschulter
2 EL gehackte glatte Petersilie
50 g Pinienkerne, geröstet
¼ TL gemahlener Piment
½ TL gemahlener Zimt
Salz
Frisch gemahlener Pfeffer

Olivenöl zum Bestreichen der Teigtaschen
Joghurt zum Servieren

Den Teig wie auf Seite 74 beschrieben herstellen. Den Backofen auf 200 °C (Gasherd Stufe 3–4) vorheizen. Ein Backblech dünn mit Öl bestreichen.

Für die Füllung in einer Pfanne bei mittlerer Temperatur das Öl erhitzen. Die Zwiebeln hinzufügen und etwa 5 Minuten sautieren, bis sie weich sind. Dann in eine Schüssel geben. Gehacktes Lammfleisch, Petersilie, Pinienkerne und Gewürze hinzufügen und alles gründlich vermengen.

Den Hefeteig in 24 Stücke teilen und zu runden Teigscheiben von 7,5 cm Durchmesser ausrollen. Jeweils einen gehäuften Löffel Füllung auf den Teig setzen und nach der gleichen Methode wie für *fatayeer sbanikh* (Rezept S. 74) dreieckige Teigtaschen formen.

Die Teigtaschen auf das vorbereitete Backblech legen und mit Öl bestreichen. Dann 15–20 Minuten backen, bis sie goldbraun sind. Warm servieren und Joghurt dazu reichen.

Ergibt 24 Teigtaschen *Abbildung S. 8/9*

SYRIEN

SANBUSAK
Teigtaschen mit Käse- oder Fleischfüllung

Pasteten mit pikanten Füllungen sind im Vorderen Orient überaus beliebt. Hier sind zwei Füllungen, die nicht in Hefeteig, sondern in eine Art Mürbteig eingeschlagen werden.

FÜR DIE KÄSEFÜLLUNG:

500 g *feta* (siehe Glossar)
2 Eier
4 EL gehackte Minze oder 2 EL getrocknete Minze
Frisch gemahlener weißer Pfeffer

FÜR DIE FLEISCHFÜLLUNG:

2 EL Olivenöl
2 Zwiebeln, feingehackt
1 TL gemahlener Zimt
½ TL gemahlener Piment
500 g gehacktes Lammfleisch
50 g Pinienkerne, geröstet
Salz und frisch gemahlener Pfeffer

FÜR DEN TEIG:

125 g Butter
125 ml Olivenöl
125 ml handwarmes Wasser
Salz
500 g Mehl

FÜR DIE TEIGTASCHEN:

1 Ei, leicht verquirlt (wenn die Pasteten gebacken werden)
6 EL Sesamsamen (für Pasteten mit Käsefüllung)
Mildes Olivenöl oder Pflanzenöl (wenn die Teigtaschen fritiert werden)

Eine der Füllungen auswählen. Um die Käsefüllung zuzubereiten, den Käse in eine Schüssel bröseln oder mit einer Gabel zerdrücken. Eier und Minze hinzufügen und alles gründlich vermengen. Mit Pfeffer würzen.

Um die Fleischfüllung zuzubereiten, in einem großen schweren Topf bei mittlerer Temperatur das Öl erhitzen. Die Zwiebeln dazugeben und 8–10 Minuten sautieren, bis sie weich und glasig sind. Zimt und Piment hinzufügen und die Zwiebeln noch 2 Minuten garen. Das gehackte Lammfleisch dazugeben, zerteilen und etwa 5 Minuten anbraten, bis es Farbe annimmt. Die Pinienkerne unterrühren und nach Geschmack mit Salz und Pfeffer würzen. Das Lammfleisch bei geringer Temperatur garen, es soll zum Schluß noch saftig sein. Von der Kochstelle nehmen und die Fleischfüllung vor der Verwendung vollständig abkühlen lassen.

Für den Teig in einem kleinen Topf bei schwacher Hitze die Butter zerlassen; sie soll nicht aufschäumen. Den Topf von der Kochstelle nehmen und Öl, warmes Wasser und Salz hinzufügen. Das Ganze in die Schüssel der Küchenmaschine geben und das Gerät kurz einschalten, um die Flüssigkeit zu vermischen. Nach und nach das Mehl hinzufügen und die Küchenmaschine nach jeder Zugabe kurz laufen lassen. Der Teig wird sehr weich, soll sich aber von der Schüssel lösen.

Der Teig kann auch von Hand zubereitet werden. Dazu die Zutaten in der angegebenen Reihenfolge verrühren, das Mehl jedoch mit einem Holzlöffel unterschlagen. Den Teig nur so lange durcharbeiten, bis er zusammenhält.

Den Teig auf die leicht bemehlte Arbeitsfläche geben und in 8 gleiche Portionen teilen. Die Teigstücke dünn ausrollen und insgesamt etwa 36 runde Teigscheiben von 7,5 cm Durchmesser ausstechen.

In die Mitte jeder Teigscheibe einen gehäuften Teelöffel Füllung setzen und den Teig zu einem Halbkreis zusammenlegen. Die Ränder mit einer Gabel fest zusammendrücken.

Sollen die Teigtaschen gebacken werden, den Backofen auf 180 °C (Gasherd Stufe 2–3) vorheizen. Die Teigtaschen auf ungefettete Backbleche legen und mit dem verquirlten Ei bestreichen. Sind die Pasteten mit Käse gefüllt, die Teigtaschen mit Sesam bestreuen. Etwa 30 Minuten backen, bis sie goldbraun sind. Warm servieren.

Sollen die Teigtaschen fritiert werden, einen schweren Topf 5–7,5 cm hoch mit Öl füllen. Das Öl auf 190 °C erhitzen; es muß so heiß sein, daß ein Stückchen Teig innerhalb weniger Augenblicke bräunt. Pasteten mit Käsefüllung behutsam in die Sesamsamen drücken und dann partienweise im heißen Öl fritieren. Teigtaschen mit Fleischfüllung, so wie sie sind, in das heiße Öl geben. Die Pasteten 3–5 Minuten fritieren, bis sie goldbraun sind. Mit einem Schaumlöffel herausnehmen und kurz auf Küchenkrepp abtropfen lassen. Heiß servieren.

Ergibt 36 Teigtaschen

ÄGYPTEN

SEMIT
Sesamringe

In Ägypten werden diese Sesamringe an Straßenständen verkauft, wo sie an langen Stangen hängen. Man kann das Brot zum Frühstück oder als Snack mit Käse essen. Sesamringe sind auch in Griechenland und der Türkei beliebt. Statt mit Sesam können die Brote mit Paradiessamen (siehe Glossar) oder einer Mischung aus gleichen Teilen Sesam und Mohn bestreut werden.

600 g Mehl
1 TL Salz
160 ml Milch
2 EL Butter
4 TL Trockenhefe
2 EL Zucker
125 ml handwarmes Wasser
1 Ei
125 g Sesamsamen

Das Mehl mit dem Salz in eine große Schüssel sieben. In einem Topf bei mittlerer Hitze die Milch aufkochen. Dann von der Kochstelle nehmen, die Butter hinzufügen und abkühlen lassen, bis die Flüssigkeit nur noch lauwarm ist.

In der Zwischenzeit in einer kleinen Schüssel die Hefe und den Zucker in warmem Wasser auflösen und etwa 5 Minuten stehenlassen, bis sich Bläschen gebildet haben.

Die angerührte Hefe in die abgekühlte Milch rühren. Die Flüssigkeit nach und nach mit einem Holzlöffel unter das Mehl rühren, so daß ein weicher Teig entsteht, der sich von der Schüssel löst. Den Teig anschließend etwa 8 Minuten mit der Küchenmaschine oder auf der leicht bemehlten Arbeitsfläche etwa 15 Minuten von Hand durchkneten, bis er glatt und geschmeidig ist.

Den Teig zu einer Kugel formen, in eine eingeölte Schüssel legen und darin wenden, damit er rundum von Öl überzogen wird. Mit einem feuchten Küchentuch oder mit Klarsichtfolie abdecken und 1½–2 Stunden an einem warmen Ort gehen lassen, bis der Teig sein Volumen verdoppelt hat.

Den aufgegangenen Hefeteig kräftig durchkneten, um die entstandenen Gase auszutreiben, dann in 16 gleiche Portionen teilen. Die Hände bemehlen und die Teigstücke auf der leicht bemehlten Arbeitsfläche mit den Handflächen jeweils zu einem langen dünnen Strang rollen. Die Enden zusammenführen und zusammendrücken, so daß Ringe von 15–18 cm Durchmesser entstehen. Die Ringe jeweils mit 5 cm Abstand auf eingeölte oder mit Pergamentpapier ausgelegte Backbleche legen.

In einer kleinen Schüssel das Ei mit etwas Wasser verquirlen. Die Ringe dünn damit bestreichen und mit Sesam bestreuen. Etwa 30 Minuten an einem warmen Ort gehen lassen, bis sich ihr Volumen verdoppelt hat.

In der Zwischenzeit den Backofen auf 220 °C (Gasherd Stufe 4–5) vorheizen. Die Sesamringe 7–10 Minuten backen, dann die Temperatur auf 165 °C (Gasherd Stufe 1–2) herunterschalten und die Ringe noch etwa 20 Minuten backen, bis sie goldbraun sind und hohl klingen, wenn man auf die Unterseite klopft. Auf Kuchengittern abkühlen lassen.

Ergibt 16 Sesamringe

Rechte Seite: *Sesamringe, Teigtaschen mit Käse- oder Fleischfüllung*

Von oben links im Uhrzeigersinn: *Notenpapier, Pastete mit ausgebratenen Speckwürfeln, Kichererbsen-Beignets, Rosinen-Walnuß-Brötchen*

SARDINIEN

CARTA DA MUSICA
Notenpapier

Auf Sardinien gibt es noch ein ähnliches Brot, das »pane carasaw« heißt. Es wird zuerst auf der heißen Herdplatte gebacken und dann gesalzen und mit etwas Öl beträufelt. Dieses hauchdünne Fladenbrot hält sich lange. Es gehörte früher zum Proviant der Hirten, wenn sie ihre Herden zu abgelegenen Bergwiesen trieben. Ein wenig erinnert es an »lavash«, das Knusperbrot aus dem Vorderen Orient, und an »markook«, das dünne Brot der libanesischen Bergbewohner. In einigen Rezepten wird Hefe verwendet, aber diese Version ohne Hefe ist einfacher und liefert ein gutes Ergebnis.

300 g Mehl
150 g Hartweizenmehl
Salz
250–310 ml Wasser

In einer Schüssel Hartweizenmehl, Mehl und Salz vermischen. Unter ständigem Rühren nach und nach das Wasser hinzufügen, so daß ein glatter Teig entsteht, der einem festen Nudelteig ähnelt.

Aus dem Teig 8–10 gleich große Kugeln formen und diese auf ein bemehltes Küchentuch oder Pergamentpapier legen. Mit einem leicht bemehlten Tuch abdecken und 30 Minuten ruhen lassen.

Den Backofen auf 230 °C (Gasherd Stufe 5) vorheizen. Falls vorhanden, einen Pizza-Stein oder schwere Backplatten aus Metall in den Ofen legen und aufheizen. Die Teigkugeln auf der leicht bemehlten Arbeitsfläche so dünn wie möglich ausrollen. Die hauchdünnen Fladen auf schwere Backbleche legen, oder aber mit einem

Brotschieber oder einem randlosen Backblech auf den heißen Pizza-Stein oder die Backplatten schieben. Die Fladen 2½ Minuten backen, dann wenden und noch etwa 2 Minuten backen; die Fladenbrote sollen nur leicht gebräunt sein. Auf Kuchengittern abkühlen lassen. Sobald die Fladenbrote vollständig ausgekühlt sind, können sie übereinandergelegt werden.

Ergibt 8–10 dünne Fladenbrote

APULIEN

Sfogliata con Ciccioli
Pastete mit ausgebratenen Speckwürfeln

Diese Pastete ist eine Spezialität aus Bari.

Hefeteig (Grundrezept siehe *scacciata* S. 74)

FÜR DIE FÜLLUNG:

4 EL Olivenöl
6 Zwiebeln, in feine Streifen geschnitten
200 g Tomaten, enthäutet, entkernt und in Würfel geschnitten
2 EL geriebene Ricotta secca (siehe Glossar)
5 EL ausgebratene Speckwürfel
5 hartgekochte Eier, gehackt
75 g entsteinte, scharf gewürzte schwarze Oliven, gehackt
2 Sardellenfilets in Öl, abgetropft und gehackt
60 g geriebener Pecorino

Olivenöl zum Bestreichen der Pastete

Den Hefeteig wie bei *scacciata* auf Seite 74 beschrieben herstellen und gehen lassen.

Den Backofen auf 180 °C (Gasherd Stufe 2–3) vorheizen.

Um die Füllung zuzubereiten, in einem großen Topf bei mittlerer Temperatur das Öl erhitzen. Die Zwiebeln hinzufügen und etwa 5 Minuten sautieren, bis sie weich werden. Tomaten und Ricotta dazugeben und 5 Minuten mitgaren. Die ausgebratenen Speckwürfel hinzufügen und die Zutaten weitere 5 Minuten sautieren. Von der Kochstelle nehmen und abkühlen lassen. Die restlichen Zutaten bereitstellen.

Den aufgegangenen Hefeteig kräftig durchkneten, um die entstandenen Gase auszutreiben. Den Teig in zwei Stücke teilen und eine Hälfte auf der leicht bemehlten Arbeitsfläche ausrollen. Eine flache, runde ofenfeste Form von 30 cm Durchmesser oder eine rechteckige ofenfeste Form von 23 × 30 cm Größe damit auskleiden. Die Zwiebelmischung auf dem Teig verteilen und lagenweise die hartgekochten Eier, Oliven, Sardellen und den Pecorino darüberstreuen.

Die zweite Teigportion ausrollen und über die Füllung legen. Die Ränder fest zusammendrücken und überstehenden Teig wegschneiden. Den Teigdeckel mit Olivenöl bestreichen. Die Pastete 30–40 Minuten backen, bis sie goldbraun ist. Heiß servieren und bei Tisch in Stücke schneiden.

Für 4–6 Personen

KORSIKA

Uga Siccati
Rosinen-Walnuß-Brötchen

Dieses Gebäck ähnelt stark den berühmten römischen Rosinenbrötchen »maritozzi«. Die Walnüsse geben den Brötchen einen interessanten Biß. Man ißt sie mit Ziegenkäse oder Butter.

1 EL Trockenhefe
125 ml handwarmes Wasser
550 g Mehl
4 EL Butter mit Raumtemperatur
1 Ei
Salz
125 g Zucker
1 TL abgeriebene Zitronenschale
200 g Rosinen, 30 Minuten in heißem Wasser eingeweicht und abgetropft
125 g geröstete Walnüsse, gehackt

In einer Schüssel die Hefe in handwarmem Wasser auflösen. Dann 5 Eßlöffel Mehl hinzufügen und mit einem Holzlöffel unterrühren. Mit einem Küchentuch oder Klarsichtfolie abdecken und für etwa 30 Minuten an einen warmen Platz stellen, bis sich Blasen gebildet haben.

In einer zweiten Schüssel Butter, Ei, Salz nach Geschmack, Zucker und Zitronenschale gründlich vermischen. Nach und nach das restliche Mehl und dann die angerührte Hefe unterarbeiten. Den Teig etwa 4 Minuten mit der Küchenmaschine oder etwa 10 Minuten von Hand auf der leicht bemehlten Arbeitsfläche durchkneten, bis er glatt und geschmeidig ist. Anschließend die Rosinen und die Walnüsse gleichmäßig unterkneten.

Den Teig zu einer Kugel formen. Die Teigkugel in eine geölte Schüssel legen und darin wenden, damit der Teig rundum von Öl überzogen wird.

Mit einem feuchten Küchentuch oder mit Klarsichtfolie abdecken und etwa 1 Stunde gehen lassen, bis sich das Teigvolumen verdoppelt hat.

Den Backofen auf 220 °C (Gasherd Stufe 4–5) vorheizen.

Ein Backblech dünn mit Öl bestreichen oder mit Pergamentpapier auslegen.

Den Teig in 16 Stücke teilen und aus jeder Portion eine kleine Kugel von 4 cm Durchmesser formen. Die Brötchen auf das vorbereitete Backblech legen und etwa 35 Minuten backen, bis sie eine schöne goldbraune Farbe bekommen haben. Auf Kuchengittern abkühlen lassen und servieren.

Ergibt 16 Stück

SIZILIEN

Panelle
Kichererbsen-Beignets

In der Provence heißen diese Beignets »panisses« und werden mit gehackter Petersilie zubereitet.

230 g Kichererbsenmehl (siehe Glossar)
750 ml Wasser
Salz und frisch gemahlener Pfeffer
1 EL Olivenöl
Erdnußöl zum Fritieren

Ein Backblech auch an den Seiten mit Öl bestreichen oder mit Pergamentpapier auslegen und dann mit Öl einfetten.

Das Kichererbsenmehl in einen großen Topf geben. Nach und nach das Wasser unterschlagen. Nach Geschmack mit Salz und Pfeffer würzen und das Olivenöl unterrühren. Bei mittlerer Temperatur zum Kochen bringen und etwa 5 Minuten köcheln lassen, bis die Masse eingedickt ist; dabei ständig umrühren, damit sich keine Klümpchen bilden.

Die heiße Masse auf das vorbereitete Backblech geben und glattstreichen; die Schicht soll etwa 1 cm dick sein. Die Masse vollständig abkühlen lassen; sie wird dabei recht fest.

Die kalte Kichererbsenmasse auf die Arbeitsfläche stürzen und in 1 cm breite und 5–8 cm lange Streifen schneiden.

Einen schweren Topf 5 cm hoch mit Erdnußöl füllen. Das Öl auf 190 °C erhitzen; es muß so heiß sein, daß die Kichererbsenmasse innerhalb weniger Augenblicke zu bräunen beginnt, wenn man ein Stückchen davon hineingibt. Die Kichererbsenstreifen partienweise 2–3 Minuten fritieren, bis sie goldbraun sind. Mit einem Schaumlöffel herausnehmen und kurz auf Küchenkrepp abtropfen lassen.

Die fertigen Beignets auf einer vorgewärmten Platte anrichten. Mit Salz und Pfeffer würzen und heiß servieren.

Für 8 Personen

ITALIEN

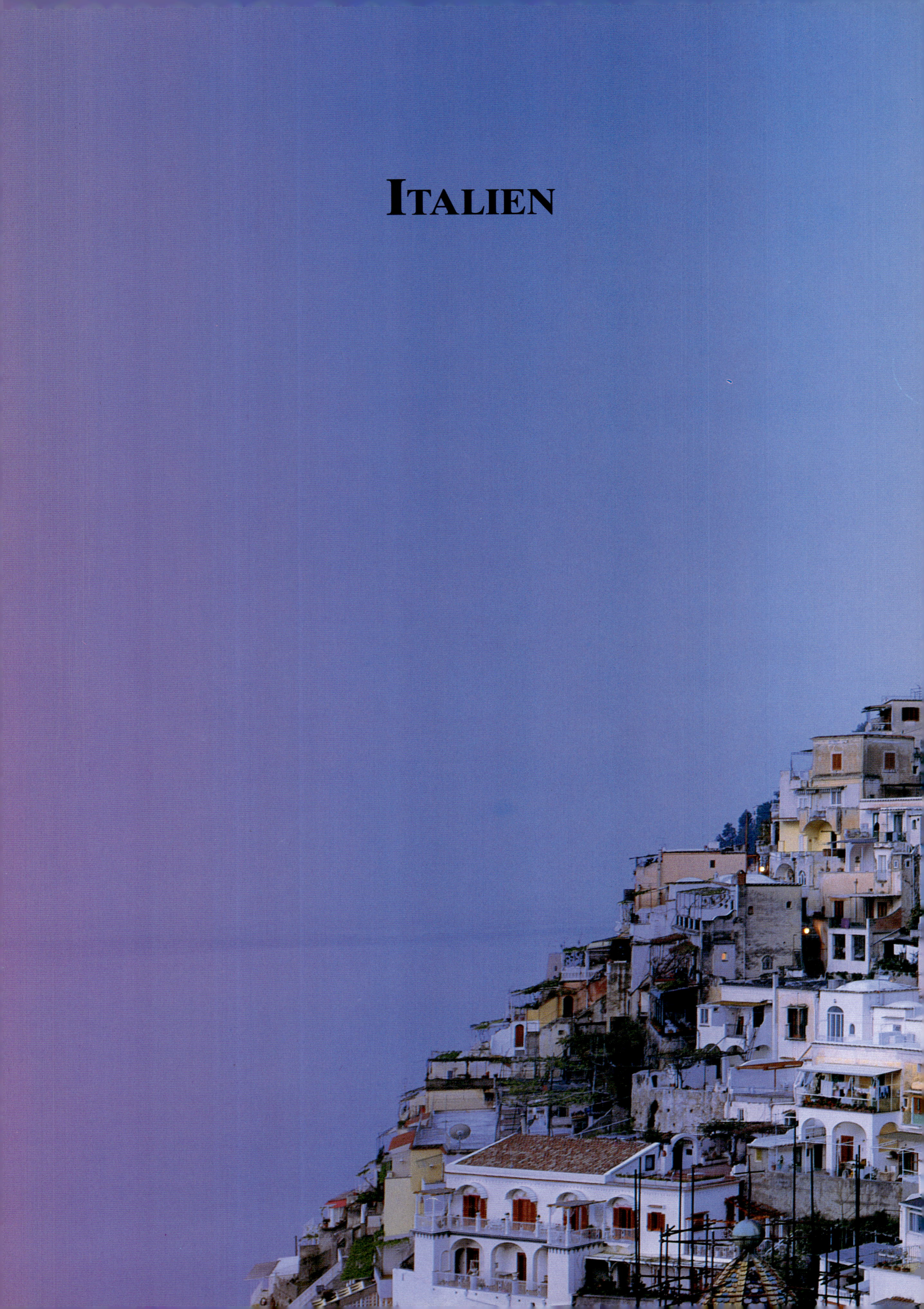

ITALIEN

Der Süden, Sizilien und Sardinien

Die Einheit Italiens ist verhältnismäßig jung und noch immer zerbrechlich, denn die Gründung des italienischen Staates liegt kaum mehr als ein Jahrhundert zurück. Dies bedeutet nicht, daß es keine gemeinsame italienische Moral gäbe. Die bestehende Moral drückt vielmehr aus, was Geographie und Geschichte bestätigen: eine recht scharfe Trennung zwischen Norden und Süden. Eine festgelegte Grenze zwischen beiden Landesteilen findet sich auf der Landkarte selbstverständlich nicht, aber man kann davon ausgehen, daß der Süden irgendwo unterhalb der Toskana beginnt, wo die Apenninen und ihre Ausläufer zur restlichen italienischen Halbinsel hin ansteigen. In vorrömischer Zeit hatten die Etrusker im Norden dieser unsichtbaren Linie die Oberhand und die Griechen im Süden.

Diese politische Teilung spiegelt sich noch heute in der Küche wider: Polenta, eine Speise, die auf die Etrusker zurückgeht, ist im Norden stärker verbreitet als im Süden. Die Auswirkungen der geographischen Gegebenheiten auf die Küche sind noch zahlreicher und eindeutiger. Die Landschaftsgestalt des Südens schließt die Rinderhaltung weitgehend aus, so daß Molkereiprodukte, insbesondere Butter, die im Norden viel verwendet werden, in der Küche des Südens völlig fehlen. Als eine Art Ausgleich eignet sich der von der Sonne ausgedörrte Boden jedoch ideal zum Anbau von Oliven, und Olivenöl findet reichlich Verwendung. Die Teilung in Norden und Süden hat auch eine volkswirtschaftliche Komponente. Und so ist die Pasta des reichen Nordens weich,

Vorhergehende Seiten: *Das pittoreske Dorf Positano bei Neapel wurde mit großer Wahrscheinlichkeit von Flüchtlingen aus Paestum gegründet, die sich im Mittelalter vor den Sarazenen in Sicherheit brachten.*
Links: *Die mediterranen Pinien in Fregene bei Rom strahlen bei Sonnenaufgang eine ätherische Stimmung aus.*

flach, zart und wird mit Eiern zubereitet, während die Nudeln des relativ armen Südens hart und röhrenförmig sind und gewöhnlich keine Eier enthalten (Makkaroni und Spaghetti). Aber auch hier verfügt der Süden über einen gerechten Ausgleich: Der intensive Geschmack und die Farbe seiner Gemüse ermöglichen Pasta-Gerichte, deren Geschmack und Aussehen einzigartig sind.

Apulien, Basilicata und Kalabrien bilden sozusagen den tiefen Süden Italiens. In diesen drei Regionen, einstmals *Magna Graecia* (Großgriechenland) genannt, war der Einfluß der Griechen weitaus größer als auf dem übrigen italienischen Festland. Einige der bedeutendsten Städte – Bari, Tarent, Gallipoli, Metapont, Santa Severina – wurden entweder von den Griechen gegründet oder wiederbesiedelt, und ihre Namen sind in der griechischen Epik festgehalten. Den Griechen verdankt die Landwirtschaft der Region auch so wichtige kulinarische Grundlagen wie Oliven und Wein.

Heute ist Apulien die wohlhabendste der drei Regionen; zu ihren vielfältigen Erzeugnissen gehören Weizen, Olivenöl, Feigen, Melonen und Zitrusfrüchte. Bari, jahrhundertelang der wichtigste Seehafen des Südens, besitzt noch heute eine florierende Lebensmittelindustrie mit Pasta-Fabriken, Olivenölraffinerien und Fabriken für Fisch- und Gemüsekonserven. Trotz erheblicher lokaler Unterschiede zeichnet sich die Küche Apuliens insgesamt durch deftige, rustikale Gerichte von schmackhafter Würzigkeit aus, die anstelle von Knoblauch jedoch mit Zwiebeln zubereitet werden, was für den Mittelmeerraum völlig untypisch ist. Zu den bemerkenswerten Gerichten gehören *tiella,* ein Relikt der spanischen Besetzung, das an Paella erinnert, aber Kartoffeln statt Reis enthält; *caldariello* aus Gravina, ein Ragout aus Lamm- oder Ziegenfleisch, das in Schaf- oder Ziegenmilch gegart wird und von dem man behauptet, daß es »mindestens dreitausend Jahre alt« sei; und Fischsuppen wie *zuppa di pesce* oder *brodetto* aus Tarent, Brindisi und Gallipoli, die sich recht eindeutig den Griechen zuschreiben lassen. Schließlich sei noch erwähnt, daß der ausschließliche Anbau von Weizen auf der fruchtbaren Halbinsel Gargano Brot zu einem ebenso wichtigen Nahrungsmittel in ganz Apulien werden ließ wie Pasta.

Die Provinz Basilicata, die bergiger als Apulien ist und schmalere, kürzere Küstenebenen hat, ist die ärmste Region der gesamten italienischen Halbinsel. Erwähnenswert sind jedoch ihre Wurst- und Fleischwaren, die in alle Teile Italiens exportiert werden, sowie die Vorliebe für scharfe Würzmischungen, die auf Ingwer und Chillies basieren. Dieses Faible für Gewürze mag ein Relikt der kurzzeitigen arabischen Besetzung im zehnten Jahrhundert sein.

Im Gegensatz zu dem friedlichen Leben von heute war Sizilien in früheren Jahrhunderten das Sprungbrett für begierige Eroberer des Mittelmeerraums.

Kalabrien ist fast ebenso arm wie Basilicata, doch war dies nicht immer so. Zu den Städten, die die Griechen dort gründeten, gehörte Sybaris, das im sechsten Jahrhundert v. Chr. eine Stadt der Gastronomen war, in der Köche für die Kreation neuer Gerichte ausgezeichnet wurden; die Bewohner der Stadt galten als verweichlichte Schlemmer *(Sybariten),* die jeder Art von Luxus und Völlerei frönten. Sybaris existiert nicht mehr, und auch an die Griechen erinnert nur noch wenig, außer vielleicht der Schwertfischfang in der Meerenge von Messina, für den die kalabrischen Fischer noch heute Wurfspieße benutzen. Von den späteren Invasoren hatten die Araber den nachhaltigsten Einfluß. Sie hielten Reggio di Calabria im zehnten und frühen elften Jahrhundert besetzt, und die intensive Kultivierung von Zitrusfrüchten in diesem produktivsten Teil der Region geht auf ihren fruchtbaren Einfluß zurück. Darüber hinaus kann man annehmen, daß *turiddu,* ein kalabrisches Gebäck aus Mehl, Eiern und Mandeln, arabischen Ursprungs ist und sich von *tharid* ableitet. Die heutige Küche Kalabriens besteht im wesentlichen aus dicken Suppen, Pasta und Gemüsegerichten, die prinzipiell Paprika, Tomaten und Auberginen enthalten. Auberginen werden in Kalabrien nach besonderen, um nicht zu sagen merkwürdigen Rezepten zubereitet, die im übrigen Mittelmeerraum unbekannt sind. *Melanzane all'agrodolce* ist beispielsweise ein Mittelding zwischen einem Gemüsegericht und einer Nachspeise; es besteht aus Auberginen, die in einer Mischung aus Essig, Zimt, Zucker, Walnüssen, Zitronat, Rosinen und Schokolade gegart werden.

Der Stern am gastronomischen Himmel des Südens ist zweifellos Sizilien; in Anbetracht der Fülle, Auswahl und Originalität der Gerichte halten manche Leute die sizilianische Küche sogar für die beste Regionalküche Italiens. Stärker als jede andere Region des Südens hat Sizilien die Kochkunst des gesamten Landes geprägt und auch die europäische Gastronomie beeinflußt.

Sizilien, das mehr als die räumliche Entfernung vom italienischen Festland trennt, kann als Übergangszone zwischen Europa und Nordafrika betrachtet werden. Von Trapani im äußersten Westen der Insel kann man bei gutem Wetter die Küste Tunesiens erkennen, und die Pelagischen Inseln, die von Sizilien verwaltet werden, liegen fast genau auf halbem Wege zwischen Sizilien und der nordafrikanischen Küste. Das zumeist kahle Innere der Insel mit seinen verstreuten, aber dichtbevölkerten Siedlungen erinnert eher an Nordafrika als an das italienische Festland; es scheint, als hätten sowohl die Landschaft als auch die geographische Lage Sizilien für die jahrhundertelange arabische Herrschaft prädestiniert.

Das Schicksal der Insel lag jedoch lange Zeit in der Hand der Griechen. Sizilien war noch stärker hellenisiert als *Magna Graecia,* und viele der wichtigsten Städte wurden von den Griechen gegründet; Syrakus war ein mächtiger Stadtstaat, der mit Athen konkurrierte. Wie an anderen Orten förderten die Griechen in Sizilien den Anbau von Oliven und waren von der Fülle an Weizen und Gemüsen angetan, die sie dort vorfanden. All dies hatte einen merkantilen Aspekt, denn die Griechen exportierten einen Großteil der sizilianischen Erzeugnisse in ihr Mutterland und ihre nordafrikanischen Siedlungen. Aber Sizilien war auch ein wichtiges Zentrum der Gastronomie. In Syrakus wurde das erste Kochbuch der west-

Rechte Seite: *Der Hafen von Amalfi in Süditalien spielte eine herausragende Rolle vor einem Jahrtausend, als er zu einem Netzwerk von Handelsrouten gehörte, die den gesamten Mittelmeerraum überspannten.*

Die eindrucksvollen Ruinen des Tempels von Kastor und Polydeukes aus dem fünften Jahrhundert v. Chr. in Agrigent auf Sizilien zeugen von der Zeit, als die Griechen die Insel beherrschten.

lichen Welt geschrieben, die verschollene »Kunst des Kochens« von Mithaikos, und hier wurde auch die erste Schule für professionelle Köche gegründet, der ein gewisser Labducus vorstand. Und in einer anderen sizilianischen Stadt, in Gela, lebte ein gefeierter Epikureer der Antike, Archestratus; die wenigen noch erhaltenen Fragmente seiner Schriften zeigen sein kultiviertes Interesse an Fisch und seine ablehnende Haltung gegenüber der Völlerei, die sich in Syrakus abzuzeichnen begann.

Außer dem Fischtopf *brodetto* weist die heutige sizilianische Küche kaum Spuren der griechischen Vergangenheit auf, und die Römer, die Sizilien vor allem als Kornkammer für das Festland betrachteten, scheinen überhaupt keinen bleibenden kulinarischen Beitrag geleistet zu haben. Erst mit Eintreffen der Araber im neunten Jahrhundert nimmt die sizilianische Küche klare Konturen an, oder wie es Waverley Root formulierte: Alles, was uns »typisch sizilianisch« erscheint, ist im Grunde genommen »typisch sarazenisch« – also arabisch.

Nach unbestätigten gastronomischen Überlieferungen sollen die Araber, unmittelbar nachdem sie im Juni 827 bei Mazara del Vallo an der Südostküste der Insel landeten, das sizilianische Nationalgericht *pasta con le sarde* (Nudeln mit Sardinen, Korinthen und Pinienkernen) kreiert haben. Eher nachprüfbar und bedeutsamer sind die Verbesserungen, die

die Araber in Sizilien einführten und die in ihrer Gesamtheit eine Revolution in der Landwirtschaft bewirkten. Die Bewässerung wurde auf der gesamten Insel erneuert, teilweise durch die Reparatur der römischen Schöpfräder, teilweise durch das Anlegen unterirdischer Kanäle, eine Technik, die die Araber von den Persern übernommen hatten und auch in Spanien überaus erfolgreich einsetzten. In der Nähe größerer sizilianischer Städte sind noch die Überreste von arabischen Wasserspeichern vorhanden, und es spricht für sich selbst, daß die meisten Wasserquellen auf der Insel noch immer arabische Namen tragen.

Die verbesserte Wasserversorgung kam dem Gartenbau zugute: Verschiedene Zitrusfrüchte, darunter Orangen, die es zuvor auf der Insel nicht gegeben hatte, wuchsen sowohl zum häuslichen Verzehr wie auch für den Export in mauerumgrenzten Gärten, die vor allem in den westlichen Regionen zahlreich waren. Die Araber führten nach Sizilien auch Datteln, Pistazien, Auberginen und Buchweizen (der noch heute in Italien *grano saraceno* – Sarazenenkorn – heißt) ein sowie zwei Produkte, die für die europäische Küche von eminenter Bedeutung waren: Reis und Zucker. Die erste Reisplantage Europas legten die Araber in der Nähe von Lentini, südlich von Catania in Ostsizilien an; dort wurde bis ins 18. Jahrhundert Reis angebaut. Risotto ist der sizilianischen Küche zwar weitgehend fremd, doch seine spätere Verbreitung auf dem italienischen Festland wäre ohne die Einführung von Reis in Sizilien kaum denkbar gewesen. Neben Kreta war Sizilien auch die erste Gegend in Europa, in der Zuckerrohr angebaut und Zucker raffiniert wurde. Die einfache Verfügbarkeit des Süßungsmittels ermöglichte die Verbreitung all der Backwaren und Nachspeisen, die noch heute zu den Glanzstücken der sizilianischen Küche gehören.

Der durchdachte und einfallsreiche Gebrauch von Gewürzen in verschiedenen sizilianischen Gerichten läßt sich generell auf den arabischen Einfluß zurückführen, doch ist er bei bestimmten Gerichten recht eindeutig. Zwei davon werden einem Emir von Catania zugeschrieben, dessen Name in italienischen Quellen ungenau als Muhammed ibn Thummah überliefert ist: *tummàla,* ein komplizierter Reistopf, der unmäßige Mengen an Fleisch enthält und heute zu Weihnachten gegessen wird (was nicht einer gewissen Ironie entbehrt, wenn man den arabischen Ursprung des Gerichts bedenkt); und *pollo alla pasticcio,* Huhn, das mit Mandeln und Pistazien in einem ausgehöhlten Brotlaib gegart wird. Es wäre unzutreffend, den Arabern einen ähnlichen Einfluß auf die Pasta-Gerichte Siziliens zuschreiben zu wollen. Alle Theorien über die Herkunft der italienischen Nudeln stehen auf schwachen Beinen, und der populären Legende, daß Marco Polo sie als exotische Kuriosität aus China mitbrachte, schenkt man schon lange keinen Glauben mehr. Voller Enthusiasmus für ihre Wahlheimat, behauptet Mary Taylor Simeti, *pasta asciutta* (Nudeln mit Sauce und Käse) sei im arabisch regierten Sizilien entstanden. Es stimmt, daß im zwölften Jahrhundert unter arabischer Schirmherrschaft *vermicelli* in Sizilien hergestellt wurden und daß Nudeln selbst in heutiger Zeit in Sizilien *tria* heißen, ein Wort, das sich vom arabischen *itriya* ableitet. Doch dieser Begriff geht seinerseits auf ein griechisches Wort zurück, und wahrscheinlich war es eher so, daß die Araber einer bereits bestehenden Pasta-Kultur neue Impulse verliehen, sie aber nicht begründet haben.

Die arabische Herrschaft über Sizilien endete Mitte des zwölften Jahrhunderts, und obwohl die normannischen Eroberer der arabischen Kultur und Küche anfänglich aufgeschlossen gegenüberstanden, setzte sich letztlich der europäische Ausschließlichkeitsgedanke durch, und so gab es im Jahr 1300 bereits keine muslimische Bevölkerung mehr auf der Insel. Die Vertreibung der Araber, in Verbindung mit den anhaltenden Kriegen, von denen der Zusammenbruch der normannischen Herrschaft gefolgt wurde, führte dazu, daß viele der landwirtschaftlichen Errungenschaften der vorausgehenden vier Jahrhunderte verlorengingen.

Aber der arabische Einfluß auf die Küche und die Kultur war zu groß, um ausgelöscht zu werden. Er ist vor allem in Trapani noch stark ausgeprägt, wo noch heute *couscous* nach tunesischer Art mit Fisch anstelle von Lammfleisch zubereitet wird. Die typisch arabische Technik des Thunfischfangs (die auch in Spanien überlebt hat) wird noch immer von den Fischern der Region angewandt, und ihrem alljährlichen Fest *mattanza* (möglicherweise von arabisch *muntazah) del tonno* steht ein *rais* (arabisch für »Oberhaupt«) vor.

Eiscreme könnte man als eine Art verspätetes Geschenk der Araber an Sizilien, Italien, Europa und die Welt betrachten. Denn schließlich waren es die Araber, die im Osten erstmals Eis im großen Stil herstellten, die das Sorbet (ein Wort arabischen Ursprungs) erfanden oder von den Persern übernahmen und die die Kunst, Früchte zu kandieren, entdeckten und verbreiteten. Dies waren die drei Hauptelemente, die in die sizilianische Eiscreme einflossen und die es uns gestatten, Francesco Procopio, den aus Sizilien stammenden Gründer des Pariser Cafés Procope, in eine arabische Geistestradition zu stellen. Mit etwas mehr Bescheidenheit sei darauf hingewiesen, daß sich *cassata* von dem arabischen Wort *qas'ah* ableitet.

Sardinien, weiter entfernt vom italienischen Festland als Sizilien, hat ebenfalls einen ausgeprägten Charakter, doch mangelt es der Insel am reichen Glanz Siziliens. Sardinien erlebte die übliche Folge von Invasoren und Kolonialherren, aber sie ließen sich fast ausschließlich an der Küste nieder und hinterließen nur wenige Spuren im Binnenland, wo der Boden karg und die Bewässerung schwierig ist. Aus diesem Grund bezeichnet man diese zweitgrößte Insel im Mittelmeer auch wenig schmeichelhaft als das »Reich der Steinzeit«, was aus kulinarischer Sicht bedeutet, daß Wild, Fleisch und Brot die wichtigsten Bestandteile der sardischen Küche sind. Die geographische Lage läßt sich wohl kaum für die Abneigung der Sarden gegen Fisch verantwortlich machen, denn in den Küstengewässern der Insel gibt es reiche Fischvorkommen.

Um nicht mit einer abschreckenden und ungerechtfertigt negativen Bemerkung von Italien Abschied zu nehmen, sollten wir unterstellen, daß es Sardiniens kulinarische Funktion ist, die eigensinnige und kunstlose Ausnahme zu sein, die die mediterrane Regel von Raffinesse, Fülle und Aroma bestätigt.

Das ausgeprägte Familienleben im Mittelmeerraum zeigt sich besonders deutlich zu den Mahlzeiten; hier sitzt eine Familie in Lipari auf den Äolischen Inseln nachmittags beim Essen zusammen.

Suppen

Hülsenfrüchte sind die Grundlage zahlreicher mediterraner Suppen und Eintöpfe.

Suppen

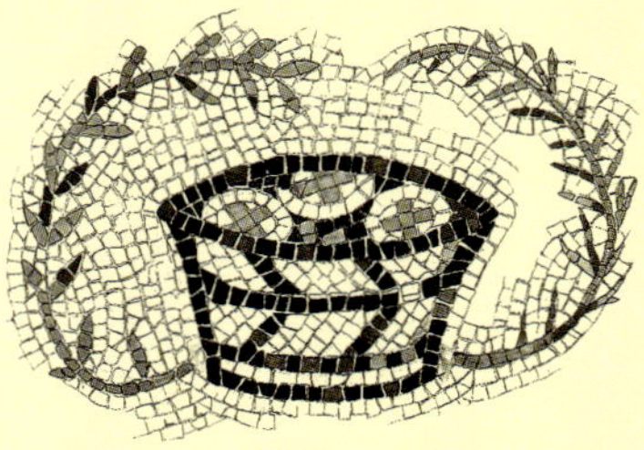

Im Mittelmeerraum besteht das Abendessen oftmals nur aus einer deftigen Suppe. Statt eine Bouillon oder eine einfache Suppe von pürierten Gemüsen zu servieren, fügen die sparsamen Köche der Mittelmeerregion ihren Suppen jedoch Bohnen, Reis, Pasta, Brot, Fleisch oder Fisch hinzu, so daß eine sättigende und nahrhafte Mahlzeit entsteht. Diese Eßgewohnheiten sind überdies gesünder, denn es ist besser, ein reichhaltiges Mittagessen zu sich zu nehmen, das der Körper im Laufe des Tages verbrennen und verdauen kann, und am Abend nur eine Suppe zu essen. Dies ist in heutiger Zeit zwar nicht immer möglich, da die meisten Berufstätigen dazu gezwungen sind, am Abend ihre Hauptmahlzeit einzunehmen, doch bleibt es dennoch eine erstrebenswerte Praxis.

Die meisten Suppen in diesem Kapitel sind herzhaft und deftig. Hülsenfrüchte werden im Mittelmeerraum gern gegessen, und viele der aufgeführten Rezepte fallen in die Kategorie »Bohnen- und Blattgemüse-Suppen«. Die syrische *shouraba il addis* (Rezept S. 111) besteht aus Linsen und Blattgemüsen und kann mit Ei und Zitrone gebunden oder mit Joghurt serviert werden. Um der Suppe eine säuerliche Note zu geben, fügen manche Hausfrauen Rhabarber hinzu – eine interessante Verwendung dieser Pflanze, die viele als Obst betrachten, obwohl sie botanisch zu den Gemüsen gehört. (Rhabarber wird auch in Griechenland und der Türkei zusammen mit Tomaten für eine süß-saure Sauce verwendet, die man zu Fisch reicht.) Wildfenchel und bitteres Blattgemüse sind Bestandteil der sizilianischen *maccu* (Rezept S. 104), einer Suppe mit dicken Bohnen, die mitunter auch Nudeln enthält.

Weiße Bohnen oder *borlotti-Bohnen* sind eine wesentliche Zutat für *soupe au pistou* (Rezept S. 107) oder eine gute Minestrone. Manchmal werden die gesamten Bohnen püriert, mitunter püriert man auch nur einen Teil davon und bindet die Suppe lediglich damit, so daß sie mehr Struktur und Biß hat. Unterschiedliche Bohnensorten bilden die Grundlage für *harira* (Rezept S. 110), jene marokkanische Suppe, die traditionell gegessen wird, um die Fastenzeit des Ramadan zu brechen.

Vorhergehende Seiten (von oben links im Uhrzeigersinn): *Kichererbsensuppe mit Kürbis und grünen Bohnen* (Rezept S. 108); *Fischsuppe mit Pomeranzensaft* (Rezept S. 114); *Mandelsuppe aus Granada* (Rezept S. 114); *Kalte Gemüsesuppe* (Rezept S. 114)

In Ägypten transportiert man Feldfrüchte manchmal noch auf traditionelle Weise.

Auf marokkanischen Märkten gibt es von Töpferwaren und Textilien bis hin zu einer erstaunlich großen Auswahl an frischem Obst und Gemüse alles zu kaufen.

Die reichhaltigsten Versionen dieser Suppe enthalten Lammfleisch, Reis, Kichererbsen und Linsen und werden mit Ei und Zitrone gebunden. Schlichtere Versionen werden nur mit Linsen und Nudeln zubereitet. Bei der *olla gitana* (Zigeunertopf, Rezept S. 108) aus Valencia sind Kichererbsen Teil einer ungewöhnlichen Melange aus Kürbis, grünen Bohnen, Birnen und Tomaten, und die Suppe wird mit einer klassischen *picada* aus Mandeln, Knoblauch und gebratenem Brot gebunden. Andere Suppen werden anstelle von Bohnen mit Brot angedickt.

Nudeln sind eine weitere beliebte Suppeneinlage – nicht nur in Italien, sondern im gesamten Mittelmeerraum. Die Provence ist sowohl geographisch wie auch durch ihre Vorliebe für Pasta-Gerichte mit der italienischen Riviera verbunden. So enthält *aïgo bouido* häufig *vermicelli* (Fadennudeln), ebenso wie eine *soupe de poisson* (Rezept S. 108). Im Vorderen Orient fügt man Suppen ebenfalls häufig Nudeln hinzu, darunter auch Nudeln aus Mehl und fermentierter Milch. Diese Teigwaren heißen in Griechenland *trahana,* in der Türkei *tarhana* und in arabischen Ländern *kishk.* Auf Sardinien wiederum verwendet man *fregula,* kleine Kügelchen aus Hartweizengrieß. Mit einer ähnlichen Beschaffenheit wie *couscous* nimmt man sie für *minestra con le vongole* (Rezept S. 104), eine Suppe mit Venusmuscheln und sonnengetrockneten Tomaten. Reis ist in *harira* (Rezept S. 111), der ägyptischen *melokhia* (Rezept S. 111) und in einigen *avgolemono*-Suppen, die mit Ei und Zitrone gebunden werden, enthalten.

Obwohl es sich bei der Flüssigkeit, die die Grundlage für viele mediterrane Suppen bildet, um Wasser handelt, ergibt sich daraus eine aromatische Gemüsebrühe, wenn man frisches Gemüse darin kocht. Hühner- und Fleischbrühe werden ebenfalls für Suppen verwendet, doch seltener. Schinkenabschnitte und -knochen, Räucherspeck-Endstücke, Lammknochen, Fleischreste und Hühnerknochen sind Schätze, die man zum Kochen einer Suppe aufbewahrt. Besonders milde Brühen werden mitunter mit Zitronensaft aromatisiert.

Wenn es Gemüse im Überfluß gibt, püriert man es für Suppen. Tomaten, Möhren, Fenchel, Kartoffeln oder Kürbisse werden häufig auf diese Weise zubereitet und dann lediglich mit einem Spritzer Olivenöl, etwas Joghurt oder gehackten frischen Kräutern verfeinert. Fleischklößchen sind eine beliebte Einlage für sizilianische und apulische Gemüsesuppen, griechische *avgolemono*-Suppen (siehe Glossar), türkische Joghurtsuppe und katalanische *sopa de albóndigas.* Suppen mit Fleischeinlage sind zumeist besonderen Gelegenheiten vorbehalten, wo sie eine festliche und sättigende Mahlzeit darstellen.

Komplexe Suppen mit Fisch und Meeresfrüchten sind in der Mittelmeerregion sehr beliebt. Da sie häufig erhebliche Mengen an Meerestieren enthalten und als eigenständige Mahlzeiten serviert werden, findet man die meisten im Kapitel »Fisch und Meeresfrüchte«. Hier sind nur drei einfache Suppen mit Meeresfrüchten aufgeführt: *caldo de perro gaditano* aus Valencia (Rezept S. 114), eine leichte Brühe mit Pomeranzensaft und einigen kleinen Fischstücken, eine Venusmuschelsuppe aus Sardinien und die bekannte provenzalische *soupe de poisson* (Rezept S. 108), für die der Fisch mit dem Fischfond püriert wird.

SIZILIEN

MACCU
Blattgemüsesuppe mit dicken Bohnen

Dies ist eine typische Bauernsuppe – ein sämiges Bohnenpüree, das mit Tomaten, Fenchelgrün, Endivie, Mangold, Rote-Bete-Kraut und Blattsenf verfeinert werden kann. Getrocknete dicke Bohnen sind zumeist bereits geschält. Bekommt man sie nur ungeschält, 600 g Bohnen nehmen, über Nacht einweichen, 30 Sekunden in kochendem Wasser blanchieren, abgießen und dann schälen und wie im Rezept beschrieben zubereiten. Wer möchte, braucht auch nur die Zwiebeln und den Knoblauch zu sautieren und kann das Blattgemüse kochen, bevor es in die Suppe kommt. Gekochte kleine Nudeln eignen sich gut als zusätzliche Suppeneinlage.

500 g getrocknete dicke Bohnen
2 l Wasser
30 g Fenchelgrün, feingehackt
5 EL aromatisches Olivenöl sowie Olivenöl zum Anrichten
125 g Zwiebeln, in Würfel geschnitten
2 Knoblauchzehen, zerdrückt
400 g Tomaten, enthäutet, entkernt und gehackt (nach Belieben)
500 g Blattgemüse wie Mangold, Rote-Bete-Kraut, Endivie, Blattsenf oder Frisée in beliebiger Zusammenstellung, gründlich gewaschen und grobgehackt
Salz und frisch gemahlener Pfeffer
Frisch geriebener Pecorino zum Anrichten (nach Belieben)

Die Bohnen in einer Schüssel mit reichlich Wasser bedecken und über Nacht in den Kühlschrank stellen. Abgießen und gründlich abspülen. Bohnen und Fenchelgrün mit dem Wasser in einen schweren Suppentopf geben und zum Kochen bringen. Auf niedrige Temperatur herunterschalten und die Bohnen 1–2 Stunden im offenen Topf köcheln lassen, bis sie sehr weich sind und sich mit einem Löffel im Topf zerdrücken lassen. Während des Garens, wenn nötig, Wasser angießen und von Zeit zu Zeit umrühren, damit die Bohnen nicht anbrennen. Zum Schluß 3 Eßlöffel Olivenöl unterrühren.

In einem großen Topf bei mittlerer Temperatur die restlichen 2 Eßlöffel Öl erhitzen. Zwiebeln und Knoblauch dazugeben und einige Minuten sautieren. Tomaten (falls verwendet) und Blattgemüse hinzufügen und rühren, damit das Blattgemüse zusammenfällt. Das Wasser, das vom Waschen noch an den Blättern hängt, sollte als Flüssigkeit ausreichen; ist dies nicht der Fall, etwas Wasser hinzufügen, damit die Blätter durch den Wasserdampf zusammenfallen.

Das Blattgemüse zu den Bohnen geben und die Suppe, wenn nötig, mit Wasser verdünnen. (Sie dickt beim Ruhen ein.) Alles 10 Minuten köcheln lassen.

Mit Salz und Pfeffer abschmecken. Zum Servieren etwas Olivenöl darüberträufeln und mit etwas geriebenem Pecorino bestreuen.

Für 6 Personen

SARDINIEN

MINESTRA CON LE VONGOLE
Muschelsuppe mit Nudeln und sonnengetrockneten Tomaten

Für diese Suppe nimmt man winzige Nudeln aus Hartweizengrieß, die an »couscous« erinnern. Falls keine kleinen Nudeln aus Hartweizengrieß erhältlich sind, kann man sie durch »couscous« ersetzen. Bei Verwendung von sonnengetrockneten Tomaten, die nicht in Öl eingelegt sind, die Tomaten in Wasser einweichen und das Einweichwasser zusammen mit der Muschelflüssigkeit an die Suppe geben.

1,5 kg lebendfrische Venusmuscheln, gründlich gesäubert
1 l Wasser
2 EL Olivenöl
1 große Zwiebel, gehackt
1 Knoblauchzehe, zerdrückt
6 sonnengetrocknete Tomaten in Olivenöl, abgetropft und feingehackt
75 g kleine Suppennudeln aus Hartweizengrieß oder *couscous*
Salz
Frisch gemahlener Pfeffer
Frische Petersilie oder Minze, gehackt

Alle Muscheln wegwerfen, die sich nicht schließen, wenn man daraufklopft. In einem großen Topf das Wasser zum Kochen bringen. Die Muscheln hinzufügen und 3–5 Minuten dämpfen, bis sie sich öffnen. Mit einem Schaumlöffel in eine Schüssel geben. Alle Muscheln, die sich nicht geöffnet haben, wegwerfen. Die Garflüssigkeit durch ein mit Küchenleinen ausgelegtes Sieb gießen und beiseite stellen. Die Muscheln aus ihren Schalen lösen und die Schalen wegwerfen. Das Muschelfleisch beiseite stellen.

In einem Topf mit 1,5 l Fassungsvermögen bei mittlerer Temperatur das Öl erhitzen, Zwiebeln und Knoblauch dazugeben und 8–10 Minuten sautieren, bis sie weich und glasig sind.

Die Tomaten und die zurückgestellte Garflüssigkeit der Muscheln hinzufügen und alles 10 Minuten köcheln lassen. Anschließend Muschelfleisch, Nudeln oder *couscous* dazugeben und die Suppe noch 5–7 Minuten köcheln lassen, bis die Teigwaren gar sind. Mit Salz und Pfeffer abschmecken.

Mit Petersilie oder Minze bestreuen und heiß servieren.

Für 4–6 Personen

Im Uhrzeigersinn von oben: *Wildfenchelsuppe mit Ricotta* (oben), *Muschelsuppe mit Nudeln und sonnengetrockneten Tomaten* (unten), *Zutaten für Gemüsesuppe mit dicken Bohnen*

SARDINIEN

Minestra di Finocchi Selvatici
Wildfenchelsuppe mit Ricotta

Wilden Fenchel findet man in hiesigen Breiten nur selten, doch ist kultivierter Gemüsefenchel in vielen Geschäften erhältlich. Diese Suppe ist einfach in der Zubereitung und kann als Hauptgericht serviert werden, wenn man reichlich Brot und Käse dazu reicht.

1 kg wilder Fenchel oder Gemüsefenchel
Etwa 1,5 l gesalzenes Wasser oder Rinderfond (siehe Glossar)
Salz
Frisch gemahlener Pfeffer
6 EL Butter
2 EL Olivenöl
8–12 Scheiben Weißbrot
150 g Ricotta oder anderer Frischkäse

Die Stengel und das Grün von den Fenchelknollen abschneiden. Das Fenchelgrün nach Belieben zum Garnieren zurückstellen. Die Fenchelknollen längs halbieren, den harten weißen Kern keilförmig herausschneiden und verfärbte äußere Blattschichten entfernen. Den Fenchel quer in Streifen schneiden.

In einem großen Topf das gesalzene Wasser oder den Rinderfond zum Kochen bringen. Den Fenchel hinzufügen und auf schwache Hitze reduzieren. Das Gemüse 15–20 Minuten im offenen Topf köcheln lassen, bis es weich ist. Den Topf von der Kochstelle nehmen. Nach Geschmack mit Salz und Pfeffer würzen. Den Rinderfond mit dem Fenchel beiseite stellen.

In einer großen Pfanne bei mittlerer Temperatur 2 Eßlöffel Butter und 1 Eßlöffel Öl erhitzen. Die Hälfte der Brotscheiben hineinlegen und auf jeder Seite etwa 3 Minuten goldbraun braten. Auf Küchenkrepp abtropfen lassen. Das übrige Brot im verbliebenen Öl und der Hälfte der restlichen Butter ebenfalls goldbraun braten. Das Brot in 5 cm große Stücke schneiden.

Den Backofen auf 180 °C (Gasherd Stufe 2–3) vorheizen. In eine große ofenfeste Keramikschüssel oder 4 Suppenschalen eine Lage Brot und darauf eine Lage Käse geben. Mit einem Schaumlöffel etwas Fenchel aus der Suppe nehmen und auf dem Käse verteilen. Ein wenig Brühe darüberschöpfen und das Ganze wiederholen, bis Brot, Käse, Fenchel und Brühe aufgebraucht sind.

Die verbliebenen 2 Eßlöffel Butter in Flöckchen daraufsetzen.

Etwa 20 Minuten im Ofen goldbraun überbacken. Sehr heiß servieren. Nach Belieben das Fenchelgrün hacken und die Suppe damit garnieren.

Für 4 Personen

PROVENCE

Aïgo Bouïdo
Knoblauchsuppe mit Salbei

Da Knoblauch und Salbei als gesund gelten, steht diese traditionelle Suppe in dem Ruf, ein Tonikum zu sein. Man kann die Fadennudeln weglassen und die Suppe mit 6 Eigelb binden. In jede Suppenschale eine Scheibe geröstetes Weißbrot legen und die legierte Suppe darüberschöpfen. Mit Olivenöl beträufeln und nach Belieben mit Käse bestreuen.

6–8 Knoblauchzehen, zerdrückt
3 große oder 6 kleine frische Salbeiblätter
2 Zweige Thymian
1,5 l Wasser
180 g Fadennudeln
6 Eigelb, leicht verquirlt (nach Belieben)
Salz und frisch gemahlener Pfeffer
3 EL natives Olivenöl extra
6 EL frisch geriebener Parmesan (nach Belieben)

Knoblauch, Salbei, Thymian und Wasser in einen Topf mit 2 l Fassungsvermögen geben und bei starker Hitze zum Kochen bringen. Auf niedrige Temperatur herunterschalten und alles 20 Minuten im offenen Topf köcheln lassen.

Die Nudeln hinzufügen und die Suppe noch einige Minuten köcheln lassen, bis die Nudeln gar sind. Mit Salz und Pfeffer abschmecken. Das Öl unterrühren und die Suppe sofort servieren. Nach Belieben mit Parmesan bestreuen.

Für 6 Personen

PROVENCE

Soupe aux Tomates
Tomatensuppe

Diese Suppe wird zwar in einigen Rezepten mit Wasser zubereitet, aber dies ist nicht unbedingt erforderlich, da die Tomaten genügend Flüssigkeit abgeben. Die Suppe kann mit »croûtons«, gehacktem frischem Basilikum oder Petersilie oder einem Klecks »pistou« (Rezept rechts) angerichtet werden.

3 EL Olivenöl
2 große Zwiebeln, in Streifen geschnitten
1 Knoblauchzehe, zerdrückt
1,5 kg reife Tomaten, in dicke Scheiben oder in Stücke geschnitten
3 Zweige glatte Petersilie
5 Basilikumblätter
Salz und frisch gemahlener Pfeffer
Zucker (falls nötig)
1 Messerspitze Cayennepfeffer oder gemahlene Nelke (nach Belieben)

In einem großen schweren Topf bei mittlerer Temperatur das Olivenöl erhitzen. Die Zwiebeln hinzufügen und 8–10 Minuten sautieren, bis sie weich und glasig sind. Den Knoblauch dazugeben und 1–2 Minuten mitsautieren. Tomaten, Petersilie und Basilikum unterrühren, den Deckel auflegen und alles etwa 30 Minuten bei schwacher Hitze köcheln lassen, bis die Tomaten ihren Saft abgegeben haben und sehr weich sind; zwischendurch gelegentlich umrühren, damit die Tomaten nicht ansetzen.

Die Suppe durch ein Passiersieb streichen oder portionsweise im Mixer pürieren. Die Suppe zurück in den Topf geben und heiß werden lassen. Mit Salz und Pfeffer abschmecken.

Wenn die Tomaten säuerlich sind, eine Prise Zucker zum Abrunden des Geschmacks hinzufügen. Eine Messerspitze Cayennepfeffer oder gemahlene Nelke gibt der Suppe ein besonders feines Aroma. Heiß servieren.

Für 6 Personen *Abbildung S. 10*

Linke Seite: *Knoblauchsuppe mit Salbei*

PROVENCE

Soupe au Pistou
Gemüsesuppe mit Basilikumpaste

Für diese Gemüsesuppe gibt es keine exakten Mengenangaben. Die Zusammenstellung der Gemüse und die jeweilige Menge bleibt jedem selbst überlassen. Im allgemeinen enthält eine »soupe au pistou« Möhren, grüne Bohnen, frische dicke Bohnen, Zucchini, Kartoffeln, Tomaten und Nudeln. Anstelle von frischen dicken Bohnen kann man auch 100 g getrocknete kleine weiße Bohnen nehmen, die über Nacht in Wasser eingeweicht, dann abgetropft, gekocht und zusammen mit den grünen Bohnen in die Suppe gegeben werden. Die Suppe erinnert stark an eine Minestrone – und im wesentlichen unterscheidet sie sich auch kaum davon. Bei dem provenzalischen »pistou« handelt es sich um nichts anderes als um »pesto«, die klassische Genueser Mischung aus Basilikum, Knoblauch und Parmesan. Das Wort »pistou«, das dem Nizzaer Dialekt entstammt, bedeutet »zerstoßen« und bezieht sich auf die traditionelle Herstellung der Basilikum-Knoblauch-Paste in einem Mörser. »Pistou« hält sich im Kühlschrank gut; damit sich die Paste nicht verfärbt, deckt man sie mit etwas Olivenöl ab. »Pistou« darf niemals stark erhitzt werden, da die Paste sonst braun wird und ihren angenehmen Duft verliert. Die Paste daher erst in die Suppe (oder unter die Pasta) rühren, wenn man den Topf von der Kochstelle genommen hat.

3 EL Olivenöl
750 g Zwiebeln, in Würfel geschnitten
250 g Möhren, geschält und in Scheiben geschnitten
4 Stangen Bleichsellerie, in Würfel geschnitten
500 g Tomaten, enthäutet, entkernt und in Würfel geschnitten
Etwa 2 l Wasser oder Hühnerfond (siehe Glossar)
6 neue Kartoffeln, ungeschält, in Würfel geschnitten (etwa 500 g)
150 g frische dicke Bohnen
250 g grüne Bohnen, in 2,5 cm lange Stücke geschnitten
4 Zucchini, längs halbiert und dann in 1 cm dicke Scheiben geschnitten
250 g Mangold, grobgehackt (nach Belieben)
100 g kurze Makkaroni oder kleine Nudeln in Muschelform
Salz und frisch gemahlener Pfeffer

FÜR DEN PISTOU:

1 TL zerdrückter Knoblauch (etwa 3 Zehen)
Salz
30 g Basilikumblätter
30 g frisch geriebener Parmesan
5 EL Olivenöl
Salz und frisch gemahlener Pfeffer

ZUM ANRICHTEN:

Natives Olivenöl extra (nach Belieben)
Frisch geriebener Parmesan (nach Belieben)

In einem großen Suppentopf bei mittlerer Temperatur das Öl erhitzen. Die Zwiebeln hinzufügen und etwa 10 Minuten sautieren, bis sie weich sind. Möhren und Bleichsellerie dazugeben und einige Minuten sautieren. Dann Tomaten und Hühnerfond hinzufügen und alles 10 Minuten im offenen Topf köcheln lassen.

Kartoffeln und dicke Bohnen dazugeben und 5 Minuten köcheln lassen. Dann grüne Bohnen, Zucchini, Mangold und Nudeln hinzufügen und die Suppe noch 15–20 Minuten köcheln lassen, bis Gemüse und Nudeln gar sind. Mit Salz und Pfeffer abschmecken.

Während die Suppe köchelt, den *pistou* zubereiten. Den Knoblauch in einem Mörser mit etwas Salz zu einer Paste zerreiben oder feinhacken und im Mixer mit den Basilikumblättern vermischen. Den Parmesan hinzufügen und unterrühren. Dann das Olivenöl in einem dünnen Strahl dazugeben. Das Gerät nicht zu lange laufen lassen – die Paste soll nicht glattpüriert sein. Mit Salz und Pfeffer abschmecken.

Die Suppe von der Kochstelle nehmen und den *pistou* unterrühren. Nach Belieben mit etwas Olivenöl beträufeln und mit Parmesan bestreuen. Sofort servieren.

Für 6–8 Personen *Abbildung S. 10*

PROVENCE

SOUPE DE POISSONS
Fischsuppe mit Rouille

Diese klassische Suppe aus Nizza, ein Püree aus weißfleischigem Fisch, reicht man gewöhnlich mit geröstetem Weißbrot und »rouille«, einer Knoblauchsauce mit Paprikaschoten oder Tomaten. Bei einigen Rezepten kommen Nudeln und etwas Safran in die Suppe – so auch in diesem –, doch kann man beide Zutaten auch weglassen, ohne daß der Geschmack darunter leidet.

4–6 EL Olivenöl
2 Fischköpfe
Mittelgräten von 2 Fischen
1 kg kleine weißfleischige Fische
3 Zwiebeln, in Streifen geschnitten
3 oder 4 Knoblauchzehen, gehackt
4 EL Cognac
1 kg Tomaten, enthäutet, entkernt und in Würfel geschnitten
1 Zweig Thymian
1 Lorbeerblatt
1 Streifen Orangenschale, etwa 7,5 cm lang (nach Belieben)
1,75 l Fischfond (siehe Glossar) oder Wasser
1/2 TL Safranfäden, in 4 EL trockenem Weißwein eingeweicht

FÜR DIE ROUILLE:
4 Knoblauchzehen, zerdrückt
Salz
2 Scheiben Weißbrot, Rinde entfernt, in Wasser eingeweicht und ausgedrückt
Cayennepfeffer
2 EL Tomatenmark (nach Belieben)
1 rote Paprikaschote, geröstet, enthäutet, Samen und Rippen entfernt, gehackt (siehe Glossar)
6 EL Olivenöl
Frisch gepreßter Zitronensaft (nach Belieben)
Salz und frisch gemahlener Pfeffer

Salz
Frisch gemahlener Pfeffer
1 Messerspitze Cayennepfeffer
100 g Spaghetti oder Fadennudeln, in Stücke gebrochen
60 g frisch geriebener Parmesan

18–24 Scheiben Baguette, geröstet und mit Knoblauch eingerieben

In einer großen Pfanne bei mittlerer Temperatur 2 Eßlöffel Olivenöl erhitzen. Fischköpfe und Gräten hinzufügen und etwa 10 Minuten sautieren, bis sie etwas Flüssigkeit gezogen haben. In einen Suppentopf geben.

Weitere 2 Eßlöffel Öl bei mittlerer Temperatur in der Pfanne erhitzen und die Fische hinzufügen. Etwa 8 Minuten sautieren, bis sie leicht gebräunt sind. In den Suppentopf geben.

Zwiebeln und Knoblauch in der Pfanne bei mittlerer Temperatur etwa 15 Minuten goldgelb sautieren; wenn nötig noch etwas Öl in die Pfanne gießen, damit sie nicht ansetzen. Zwiebeln und Knoblauch in den Suppentopf geben. Den Bratensatz mit Weinbrand ablöschen und bei starker Hitze mit dem Kochlöffel unter Rühren lösen. Zusammen mit Tomaten, Thymian, Lorbeerblatt, Orangenschale (falls verwendet) und Wasser in den Suppentopf geben und alles zum Kochen bringen. Auf schwache Hitze herunterschalten, den Deckel auflegen und die Suppe etwa 30 Minuten köcheln lassen, bis der Fisch auseinanderfällt. Safran und Wein hinzufügen und alles noch 5 Minuten köcheln lassen.

In der Zwischenzeit die *rouille* zubereiten. Dazu den Knoblauch in einem Mörser mit etwas Salz zu einer Paste zerreiben. Das Brot hinzufügen und untermischen. Dann Cayennepfeffer, Tomatenmark (falls verwendet) und gehackte Paprika dazugeben und die Zutaten gründlich vermischen. Langsam das Olivenöl hinzufügen und mit dem Stößel unterrühren. Mit Salz und Pfeffer und nach Belieben mit Zitronensaft abschmecken. Die Sauce kann auch im Mixer zubereitet werden. Die Zutaten dazu pürieren und anschließend das Olivenöl untermischen. In eine Schüssel geben und beiseite stellen.

Die Suppe von der Kochstelle nehmen und die großen Fischgräten entfernen. Dann portionsweise im Mixer pürieren oder durch ein Passiersieb streichen. Das Püree in beiden Fällen anschließend durch ein feinmaschiges Sieb streichen, um kleine Gräten zu entfernen. Die pürierte Suppe in einem Topf zum Kochen bringen. Nach Belieben mit Fischfond oder Wasser verdünnen. Mit Pfeffer, Cayennepfeffer und Salz abschmecken.

Die Nudeln dazugeben und bei schwacher Hitze garen, bis sie weich sind.

Die Suppe in einzelne Schalen schöpfen. Die *rouille,* Parmesan und geröstetes Brot dazu reichen.

Für 8 Personen

PROVENCE

SOUPE DE POTIRON
Kürbissuppe

Kürbis ist die Grundlage vieler mediterraner Suppen und Gemüseeintöpfe. In Marokko fügt man häufig Kichererbsen oder Reis hinzu. Auch in Frankreich wird Kürbissuppe manchmal mit gekochtem Reis zubereitet. In Griechenland wird sie gewöhnlich mit Hartweizengrieß gebunden und mit sautierten Zwiebeln, gehackter Petersilie und Olivenöl angerichtet. In Italien bestreut man sie mit gehacktem Salbei oder »croûtons« und Parmesan oder Pecorino. Gehacktes gegartes Blattgemüse kann ebenfalls hinzugefügt werden.

3 EL Olivenöl
2 Zwiebeln, in Streifen oder Würfel geschnitten
1/4 TL gemahlener Koriander (nach Belieben)
1/4 TL gemahlener Zimt (nach Belieben)
1 Stück Kürbis (etwa 1,25 kg), geschält und in Würfel geschnitten
1,5–2 l Hühnerfond (siehe Glossar) oder Wasser
250 ml Sahne oder Milch
Salz und frisch gemahlener Pfeffer
Croûtons und frisch geriebener Parmesan zum Anrichten

In einem großen Topf bei mittlerer Temperatur das Olivenöl erhitzen. Die Zwiebeln hinzufügen und 8–10 Minuten sautieren, bis sie weich und glasig sind. Falls verwendet, Koriander und Zimt dazugeben und einige Minuten mitsautieren. Kürbisstücke und Hühnerfond oder Wasser hinzufügen und zum Kochen bringen. Auf schwache Hitze reduzieren, den Deckel auflegen und alles 15–20 Minuten köcheln lassen, bis der Kürbis weich ist.

Die Suppe portionsweise im Mixer glattpürieren. Zurück in den Topf geben.

Sahne oder Milch hineinrühren und mit Salz und Pfeffer abschmecken. Die Suppe leicht erhitzen.

In einzelne Suppenschalen schöpfen und mit *croûtons* und Parmesan anrichten.

Für 6 Personen

ANDALUSIEN

OLLA GITANA
Kichererbsensuppe mit Kürbis und grünen Bohnen

In der Provence gibt es eine ähnliche Suppe, die »soupe à la citrouille« heißt und mit weißen Bohnen, Kürbis, Zwiebeln, Schinkenwürfeln, Knoblauch, »croûtons« und gehackter Minze zubereitet wird. Diese spanische Version mit Kichererbsen, Kürbis und Bohnen erhält jedoch eine besondere Note durch Birnenstücke und »picada«, eine aromatische Paste aus Knoblauch, Mandeln und Brot.

220 g getrocknete Kichererbsen
1 l Wasser

FÜR DIE PICADA:
125 ml Olivenöl
10 Mandeln, blanchiert, enthäutet und geröstet

Kürbissuppe (oben links), *Fischsuppe* (rechts), *Rouille* (unten links)

1 Scheibe Weißbrot, in fingerdicke Streifen geschnitten
1 Knoblauchzehe
2 EL Weinessig (nach Belieben)

1 Zwiebel, in Würfel geschnitten
1 EL Paprikapulver (edelsüß)
2 Tomaten, enthäutet, entkernt und in Würfel geschnitten
1 Prise Safranfäden, in 4 EL heißem Hühnerfond (siehe Glossar) eingeweicht
250 g grüne Bohnen, in 5 cm lange Stücke geschnitten
250 g Kürbisfleisch, in Würfel geschnitten oder grobgehackt
3 feste Birnen, geschält und Kerngehäuse entfernt, in Stücke geschnitten
Salz
Frisch gemahlener Pfeffer

In einer Schüssel die Kichererbsen mit Wasser bedecken und zum Einweichen über Nacht in den Kühlschrank stellen. Abgießen und gut abspülen.

Die Kichererbsen zusammen mit dem Wasser in einen großen Topf geben und zum Kochen bringen. Auf niedrige Temperatur herunterschalten, den Deckel halb auflegen und die Kichererbsen etwa 1 Stunde köcheln lassen, bis sie weich sind.

In der Zwischenzeit die *picada* zubereiten. Dazu in einem Topf bei mittlerer Temperatur das Öl erhitzen. Mandeln, Brot und Knoblauch hinzufügen und alles in etwa 8 Minuten goldbraun sautieren. Die Zutaten mit einem Schaumlöffel in einen Mörser geben; das Öl im Topf belassen. Die Mandelmischung mit dem Stößel zu einer Paste zerreiben. Dann – falls verwendet – den Essig unterrühren.

Die Zwiebeln in den Topf geben und bei mittlerer Hitze etwa 15 Minuten sautieren, bis sie goldbraun sind. Paprikapulver und Tomaten hinzufügen und 10 Minuten unter gelegentlichem Umrühren garen. Safran mit dem Hühnerfond dazugeben und gründlich durchrühren.

Grüne Bohnen, Kürbis- und Birnenstücke an die Kichererbsen geben und die Suppe 10 Minuten köcheln lassen.

Die *picada* und die Tomatenmischung in die Suppe rühren. 10 Minuten köcheln lassen.

Mit Salz und Pfeffer abschmecken. Heiß servieren.

Für 6–8 Personen *Abbildung S. 100/101*

SYRIEN

Shouraba il Addis
Linsensuppe

Linsensuppen sind im gesamten Mittelmeerraum beliebt. Die meisten werden püriert, und einige enthalten Blattgemüse oder Reis. In der Türkei wird Linsensuppe mit in Butter geschwenkter Minze und Cayennepfeffer oder mit Röstzwiebeln und »croûtons« angerichtet. Sehr gut schmeckt sie auch mit gehacktem, in Öl sautiertem Knoblauch und mit gemahlenem Koriander bestreut.

3 EL Butter oder Olivenöl
180 g Zwiebeln, gehackt
1 Möhre, geschält und in kleine Stücke geschnitten
1 Stange Bleichsellerie mit Grün, gehackt
2 l Lammfond (siehe Glossar) oder Wasser
450 g getrocknete rote, grüne oder braune Linsen
1 Markknochen vom Lamm (beim Metzger bestellen; nach Belieben)
1 TL gemahlener Kreuzkümmel
1 Messerspitze gemahlener Piment
2 kleine Stangen Rhabarber, geputzt und in 2,5 cm lange Stücke geschnitten (nach Belieben)
1–2 EL frisch gepreßter Zitronensaft
Salz und frisch gemahlener Pfeffer

In einem schweren Topf bei mittlerer Temperatur die Butter zerlassen oder das Öl erhitzen. Zwiebel-, Möhren- und Bleichselleriestücke hinzufügen und etwa 15 Minuten sautieren, bis sie weich und leicht gebräunt sind. Rinderfond, Linsen und – falls verwendet – den Markknochen dazugeben und alles zum Kochen bringen. Auf schwache Hitze reduzieren, den Deckel auflegen und die Suppe etwa 45 Minuten köcheln lassen, bis die Linsen sehr weich sind.

Den Knochen herausnehmen. Kreuzkümmel, Piment und Rhabarber (falls verwendet) hinzufügen. Die Suppe weitere 15–20 Minuten köcheln lassen, damit der Rhabarber weich wird.

Die Suppe portionsweise im Mixer pürieren und dann zurück in den Topf geben. Wieder erhitzen und mit Zitronensaft, Salz und Pfeffer abschmecken. Heiß servieren.

Für 6 Personen

MAROKKO

Harira
Lammsuppe mit Kichererbsen und Linsen

Muslime servieren diese herzhafte Suppe am Ende des Ramadan, um das Fasten zu brechen. Es gibt viele Abwandlungen dieses Rezepts. Alle schmecken säuerlich, manche werden ohne Eier, andere nur mit Linsen und wieder andere mit Nudeln zubereitet.

100 g getrocknete Kichererbsen, über Nacht eingeweicht
Salz
2,25 l Wasser
150 g Linsen
3 EL weißer Reis
3 EL Mehl, in 125 ml Wasser angerührt
2 EL Butter
1 El Olivenöl
250 g Lammfleisch, in 1 cm große Würfel geschnitten
350 g Zwiebeln, gehackt
2 Knoblauchzehen, zerdrückt
1/2 TL gemahlener Ingwer
1 TL gemahlener Zimt
1/2 TL gemahlene Kurkuma
500 ml Tomaten aus der Dose, püriert, oder 750 g frische Eiertomaten, enthäutet, entkernt und gehackt
2 EL gehackte glatte Petersilie
1 EL gehacktes Koriandergrün
Frisch gemahlener Pfeffer
2 Eier
4 EL frisch gepreßter Zitronensaft

Die Kichererbsen abgießen und gründlich abspülen.

Die Kichererbsen zusammen mit 750 ml Wasser in einen Topf mit etwa 1 l Fassungsvermögen geben und zum Kochen bringen. Auf schwache Hitze herunterschalten, den Deckel auflegen und die Kichererbsen etwa 1 Stunde köcheln lassen, bis sie gar sind, aber noch nicht zerfallen. Von der Kochstelle nehmen und mit etwas Salz würzen. Die Kichererbsen abgießen und die Garflüssigkeit auffangen. Kichererbsen und Garflüssigkeit beiseite stellen.

In einem Topf mit 3 l Fassungsvermögen weitere 750 ml Wasser zum Kochen bringen. Linsen und Reis hinzufügen und 20 Minuten garen. Das mit Wasser angerührte Mehl unterrühren.

Während die Linsen köcheln, in einem großen Topf bei hoher Temperatur die Butter und das Öl erhitzen. Das Lammfleisch hinzufügen und etwa 5 Minuten kräftig anbraten. Zwiebeln, Knoblauch, Ingwer, Zimt und Kurkuma dazugeben und einige Minuten mitsautieren. Die restlichen 750 ml Wasser hinzufügen und alles bei schwacher Hitze 30 Minuten im offenen Topf köcheln lassen.

Die Lammfleisch-Zwiebel-Mischung, die abgetropften Kichererbsen, Tomaten, Petersilie und Koriander zu den Linsen in den Topf geben und die Suppe 15 Minuten köcheln lassen. Mit Salz und Pfeffer abschmecken; die Suppe soll einen pfeffrigen Geschmack haben. Wenn nötig, mit etwas zurückgestellter Garflüssigkeit verdünnen. Von der Kochstelle nehmen.

In einer kleinen Schüssel Eier und Zitronensaft verquirlen und in die Suppe rühren. Sofort servieren.

Für 6 Personen

ÄGYPTEN

Melokhia
Melokhia-Suppe

Die »melokhia« (Naltajute) gehört zur Gattung der Malvengewächse. Ihre Blätter erinnern an Minze oder kleinblättrigen Spinat. Sie haben einen wenig ausgeprägten Eigengeschmack, geben der Suppe aber eine interessante Textur. Es ist äußerst unwahrscheinlich, daß man bei uns frische »melokhia« bekommt, doch gibt es in Geschäften, die sich auf Lebensmittel aus dem Nahen Osten spezialisiert haben, getrocknete »melokhia«. Diese Suppe wird traditionell mit »taklia« (auch »ta'leya« genannt) aromatisiert.

125 g getrocknete *melokhia*-Blätter
1,5 l Rinder- oder Hühnerfond (siehe Glossar)

FÜR DIE TAKLIA:

2 EL geklärte Butter (siehe Glossar)
4 Knoblauchzehen, zerdrückt
1 EL gemahlener Koriander
Cayennepfeffer
Gehackte Zwiebeln, in frisch gepreßtem Zitronensaft oder Branntweinessig mariniert (zum Anrichten; nach Belieben)

Die getrockneten *melokhia*-Blätter zerkleinern, dann etwa 20 Minuten in etwas kaltem Fond einweichen. Den restlichen Fond zum Kochen bringen. Die *melokhia*-Blätter unterrühren. Auf schwache Hitze reduzieren und die Flüssigkeit etwa 20 Minuten im offenen Topf köcheln lassen, bis sie eingedickt ist; zwischendurch immer wieder umrühren, damit die *melokhia* sich nicht am Topfboden absetzt.

Währenddessen die *taklia* zubereiten. Dazu in einer Pfanne bei mittlerer Temperatur die geklärte Butter zerlassen. Den Knoblauch dazugeben und einige Minuten sautieren. Koriander und etwas Cayennepfeffer unterrühren und alles noch 2–3 Minuten erhitzen.

Wenn die Suppe fertig ist, die *taklia* einrühren und alles 2 Minuten köcheln lassen. In einzelne Suppenschalen schöpfen. Nach Belieben marinierte Zwiebeln dazu reichen, die jeder bei Tisch nach Geschmack in seine Suppe gibt.

Für 6 Personen

Linke Seite, von oben nach unten: *Linsensuppe, Lammsuppe mit Kichererbsen und Linsen, Melokhia-Suppe*

SIZILIEN

Pallottine in Brodo
Fleischklößchensuppe

Dies ist eine köstliche sizilianische Suppe mit kleinen Fleischklößchen. In Spanien wird Fleischklößchensuppe mit Tomaten, einer Prise Safran und »croûtons« zubereitet. Im Libanon fügt man mitunter gekochten Reis oder Nudeln hinzu. In Griechenland wird die Brühe mit »avgolemono«, einer Mischung aus Eigelb und Zitronensaft, angereichert. Bei dem hier aufgeführten Rezept verquirlt man dazu 2 Eigelb mit dem Saft von 2 Zitronen, verrührt das Ganze mit etwas heißem Rinderfond und bindet dann die Suppe damit. Die Fleischklößchen können aus Kalb-, Rind- oder Lammfleisch zubereitet werden. In Griechenland fügt man der Hackfleischmasse etwas Knoblauch hinzu und würzt sie manchmal mit Kreuzkümmel, Muskat, Nelken, Koriander und Piment. In arabischen Ländern gibt man Petersilie, Zimt, Kreuzkümmel und Piment dazu. Die Fleischklößchen können auch angebraten werden, bevor man sie in den heißen Rinderfond gibt. Ihre Garzeit verkürzt sich dann auf 15 Minuten.

FÜR DIE FLEISCHKLÖSSCHEN:

250 g gehacktes Rind-, Kalb- oder Lammfleisch
1 kleine Zwiebel, gerieben
30 g Semmelbrösel
1 Ei
3 EL geriebener Pecorino
Salz
Frisch gemahlener Pfeffer

1,5 l kräftiger Rinderfond (siehe Glossar)
1 kg Endiviensalat, gegart und gehackt
150 g gekochte kleine Nudeln in Muschelform oder andere kleine Suppennudeln
Salz und frisch gemahlener Pfeffer
4 EL gehackte glatte Petersilie (nach Belieben)

Für die Fleischklößchen in einer Schüssel Hackfleisch, Zwiebeln, Semmelbrösel, Ei, Käse sowie Salz und Pfeffer nach Geschmack vermengen. Aus der Hackfleischmasse kleine Klößchen von 1,5 cm Durchmesser formen. Beiseite stellen.

In einem großen Topf den Rinderfond erhitzen und den gehackten Endiviensalat hineingeben. Die rohen Fleischklößchen hinzufügen und bei schwacher Hitze etwa 15 Minuten leise köcheln lassen, bis sie gar sind. Die Nudeln dazugeben und die Suppe noch 5 Minuten köcheln lassen.

In einzelne Suppenschalen schöpfen und nach Belieben mit gehackter Petersilie bestreuen.

Für 6 Personen

TÜRKEI

Tutmaç Çorbasi
Joghurtsuppe mit Nudeln und Fleischklößchen

»Tutmaç« bedeutet »laß uns nicht Hunger leiden« – und das braucht man bei dieser Suppe auch nicht. Man kann die Fleischklößchen weglassen und statt dessen 200 g gegarte Kichererbsen sowie 150 g gekochten weißen Reis dazugeben und kurz in der Suppe erhitzen. Bei einer anderen Variante werden die Nudeln fritiert, bevor man sie in die Suppe gibt.

FÜR DIE FLEISCHKLÖSSCHEN:

250 g gehacktes Lamm- oder Rindfleisch
Salz
Frisch gemahlener Pfeffer
1/2 TL Paprikapulver
2 EL Olivenöl oder Butter
750 g Joghurt
2 Eigelb
2 EL Mehl
500 ml Lammfond (siehe Glossar) oder Wasser
2–3 Knoblauchzehen, zerdrückt (nach Belieben)
150–180 g frische oder getrocknete Eiernudeln, in kleine Stücke geschnitten oder gebrochen
Salz
Frisch gemahlener Pfeffer
Cayennepfeffer (nach Belieben)
60 g Butter
1 Zwiebel, feingehackt
2 EL getrocknete Minze, zerrieben

Für die Fleischklößchen in einer Schüssel Hackfleisch, Salz, Pfeffer und Paprika gründlich vermengen. Aus dem Hackfleisch kleine Klößchen von 1,5 cm Durchmesser formen. In einer Pfanne bei mittlerer Temperatur das Öl oder die Butter erhitzen. Die Fleischklößchen dazugeben und 2–3 Minuten braten, bis sie rundum leicht gebräunt sind. Beiseite stellen.

In einer Schüssel Joghurt, Eigelb und Mehl gründlich verquirlen. Die Joghurtmischung in einem schweren Topf langsam zum Köcheln bringen. Lammfond oder Wasser und, falls verwendet, Knoblauch dazugeben und alles zum Kochen bringen. Die Nudeln hinzufügen und die Hitze reduzieren. Die Suppe ohne Deckel leise köcheln lassen, bis die Nudeln gar sind. Salz und Pfeffer dazugeben und nach Belieben mit Cayennepfeffer abschmecken.

Während die Suppe köchelt, in einer Pfanne bei mittlerer Hitze die Butter zerlassen. Die Zwiebeln hinzufügen und 8–10 Minuten sautieren, bis sie weich und glasig sind.

Wenn die Suppe fertig ist, sautierte Zwiebeln, Fleischklößchen und zerriebene Minze dazugeben und in der Suppe erhitzen. Heiß servieren.

Für 6 Personen

GRIECHENLAND

Tarhana
Tarhana-Suppe mit Tomaten und Käse

Sowohl in Griechenland wie auch in der Türkei nennt man die Teigwaren, die die Grundlage für diese Suppe bilden, »tarhana«, was »knusprig« bedeutet. In Syrien und im Libanon heißen sie »kishk«. Sie werden aus Mehl, Salz, Eiern, saurer Milch und Wasser oder Joghurt hergestellt, und man läßt den Teig in der Sonne trocknen, um ihn dann in kleine Stücke zu brechen. »Tarhana«-Teigwaren halten sich den ganzen Winter hindurch. Zumeist dienen sie als Suppeneinlage, doch kann man sie auch wie Nudeln kochen und mit Tomaten und Butter reichen. »Tarhana« bekommt man in Geschäften, die Lebensmittel aus dem Nahen Osten führen. Wer möchte, kann die Zitronenachtel auch weglassen und die Suppe mit gehackter frischer Minze und Röstzwiebeln anrichten, wie es in Syrien und im Libanon üblich ist, oder rote Paprikastückchen darüberstreuen, wie in der Türkei.

60 g *tarhana* (siehe oben)
1 l Rinderfond (siehe Glossar)
3 oder 4 Tomaten, enthäutet, entkernt und in Würfel geschnitten
125 g *haloumi*, gerieben, oder *kasseri* oder Mozzarella, in kleine Würfel geschnitten (siehe Glossar)
Zitronenachtel

Die *tarhana* in 3 mm große Stücke brechen. In einer Schüssel mit Wasser bedecken und 2–3 Stunden einweichen. Dann abgießen.

In einem Topf den Rinderfond zum Kochen bringen. Eingeweichte *tarhana* hinzufügen und mehrmals umrühren. Die Tomaten dazugeben, den Deckel auflegen und auf niedrige Temperatur herunterschalten. Die Suppe 10–15 Minuten köcheln lassen, bis die Teigwaren weich sind.

In Suppenschalen schöpfen und den Käse unterrühren. Heiß mit Zitronenachteln servieren.

Für 6 Personen

Rechte Seite: *Fleischklößchensuppe, Joghurtsuppe mit Nudeln und Fleischklößchen, Tarhana-Suppe mit Tomaten und Käse*

TÜRKEI

CACIK
Kalte Joghurt-Gurken-Suppe mit Walnüssen und Minze

Eine erfrischende Sommersuppe, die in Griechenland und den Balkanstaaten ebenso beliebt ist wie in der Türkei. Ohne Wasser ergibt das Rezept einen köstlichen Sommersalat.

500 g Joghurt
1 Knoblauchzehe, zerdrückt
1 große Salatgurke, geschält, entkernt und geraspelt oder in kleine Würfel geschnitten
3 EL gehackte geröstete Walnußkerne
2 EL gehackte Minze
Salz
Frisch gemahlener Pfeffer
Eiswasser

In einer Schüssel alle Zutaten – außer dem Eiswasser – verrühren. Zugedeckt für 2–4 Stunden in den Kühlschrank stellen.

Zum Servieren mit Eiswasser auf die gewünschte Konsistenz verdünnen. Abschmecken, dann in einzelne Suppenschalen schöpfen und sofort servieren.

Für 4 Personen

ANDALUSIEN

CALDO DE PERRO GADITANO
Fischsuppe mit Pomeranzensaft

Pomeranzen, die wirklich bitter schmecken, werden heute kaum noch angeboten. In diesem Rezept werden sie deshalb auch durch eine Mischung aus Orangen- und Limettensaft ersetzt. Sind Bitterorangen wider Erwarten erhältlich, nimmt man anstelle der beiden angegebenen Zitrussäfte 125 ml Pomeranzensaft. Hat man keinen selbstgemachten Fischfond zur Hand, ersetzt man ihn durch ein Fertigprodukt. Die Suppe bekommt dann zwar nicht das gleiche feine Aroma, schmeckt aber trotzdem gut.

500 g feste weißfleischige Fischfilets (wie etwa Seeteufel)
Grobes Salz
3 EL Olivenöl
1 große Zwiebel, gehackt
2 Knoblauchzehen, zerdrückt
1 EL abgeriebene Schale von unbehandelten Orangen (nach Belieben)
1 l Fischfond (siehe Glossar)
5 EL frisch gepreßter Orangensaft
2 EL frisch gepreßter Limetten- oder Zitronensaft
Salz und frisch gemahlener Pfeffer
Minze oder glatte Petersilie, gehackt (nach Belieben)

Die Fischfilets in 4 cm lange, 1 cm breite Streifen schneiden. In eine flache Schüssel legen und mit etwas grobem Salz bestreuen. Zugedeckt in den Kühlschrank stellen, bis der Fisch in die Suppe kommt.

In einem Topf mit 1,5 l Fassungsvermögen bei mittlerer Temperatur das Öl erhitzen. Die Zwiebeln hinzufügen und 8–10 Minuten sautieren, bis sie weich und glasig sind. Auf schwache Hitze reduzieren. Den Knoblauch dazugeben und 5 Minuten mitsautieren; er soll nicht bräunen.

Falls verwendet, die Orangenschale unterrühren (sie gibt der Suppe ein gutes Aroma) und den Fischfond dazugeben. Alles 15 Minuten köcheln lassen. Den Fisch hinzufügen und 7–10 Minuten in der Suppe erhitzen, bis er gar ist.

Den Zitrussaft in die Suppe rühren und mit Salz und Pfeffer abschmecken. Nach Belieben mit Minze oder Petersilie bestreuen und sofort servieren.

Für 4–6 Personen *Abbildung S. 100/101*

ANDALUSIEN

SOPA DE ALMENDRAS
Mandelsuppe aus Granada

Es gibt zwei berühmte Mandelsuppen in Südspanien: eine kalte Mandel-Trauben-Suppe aus Malaga und diese heiße Mandelsuppe mit Knoblauch und Safran aus Granada. Beide werden mit Wasser zubereitet und mit Brot gebunden, die eine ist jedoch kalt und süß, die andere dagegen heiß und pikant.

3 EL Olivenöl
170 g ganze Mandeln, blanchiert und enthäutet
3 Knoblauchzehen, zerdrückt
2 Scheiben Weißbrot, in Stücke geschnitten
1 TL Safranfäden, feingehackt
3 Pfefferkörner, zerstoßen
1 rote Paprikaschote, Samen und Rippen entfernt, in Würfel geschnitten
2 EL gehackte glatte Petersilie sowie gehackte Petersilie zum Anrichten
1 l kochendes Wasser
Salz
Frisch gemahlener Pfeffer

In einer Pfanne bei mittlerer Temperatur das Olivenöl erhitzen. Die Mandeln dazugeben und etwa 8 Minuten unter Rühren goldbraun rösten.

Mit einem Schaumlöffel herausnehmen und auf Küchenkrepp abtropfen lassen.

Knoblauch, Brot, Safran, Pfefferkörner, gewürfelte Paprika und Petersilie in die Pfanne geben. Bei mittlerer Hitze 5–8 Minuten sautieren, bis das Brot goldbraun ist.

Die Mandeln und die Brotmischung im Mixer oder Mörser zu einer Paste verarbeiten.

Die Paste in einen Topf geben und bei schwacher Hitze nach und nach das Wasser unterrühren. Die Suppe 5 Minuten köcheln lassen. Mit Salz und Pfeffer abschmecken.

Nach Belieben mit Petersilie bestreuen. Heiß servieren.

Für 6 Personen *Abbildung S. 100/101*

ANDALUSIEN

GAZPACHO
Kalte Gemüsesuppe

In Andalusien gibt es viele Rezepte für »gazpacho«. Die Bezeichnung ist arabischen Ursprungs und bedeutet eingeweichtes Brot. Trotz der Etymologie wird nicht jeder »gazpacho« mit Brot gebunden, doch taucht Brot mitunter in Form von »croûtons« zum Garnieren auf. In manchen Rezepten wird das gesamte Gemüse püriert, in anderen püriert man nur die Hälfte des Gemüses, hackt den Rest in kleine Stücke und bestreut die Suppe damit. Manche »gazpachos« enthalten Kräuter, andere nicht. Einige werden im Kühlschrank gekühlt, anderen fügt man Eiswürfel hinzu. Allen Rezepten ist jedoch eines gemein: Ihr Gelingen hängt von reifen, aromatischen Tomaten ab. Diese Suppe ist an heißen Sommertagen herrlich erfrischend. Sie kann 1 Tag im voraus zubereitet werden.

2 grüne Paprikaschoten, Samen und Rippen entfernt, grobgehackt
2 kleine Salatgurken, geschält, entkernt und grobgehackt
1 Zwiebel, grobgehackt
2 oder 3 Knoblauchzehen, grobgehackt

1 kg reife Freilandtomaten, enthäutet, entkernt und grobgehackt
250 ml Tomatensaft, gut gekühlt, oder Eiswasser
4 EL Rotweinessig
30 g frische Weißbrotkrumen, in Wasser eingeweicht und ausgedrückt (nach Belieben)
125 ml aromatisches Olivenöl
Salz
Frisch gemahlener Pfeffer
Eiswürfel (nach Belieben)

Kalte Joghurt-Gurken-Suppe mit Walnüssen und Minze

ZUM SERVIEREN:

400 g Tomaten, enthäutet und in Würfel geschnitten
150 g geschälte, entkernte und in Würfel geschnittene Salatgurke
150 g grüne Paprikaschoten, Rippen und Samen entfernt, feingehackt
100 g *croûtons,* mit Knoblauch eingerieben

Gehackte Paprikaschoten und Gurken im Mixer pürieren und in eine Schüssel geben.

Die Zwiebeln und den Knoblauch ebenfalls pürieren und mit in die Schüssel geben.

Zum Schluß die Tomaten pürieren – das Püree kann glatt sein oder noch kleine Stücke enthalten. Die Tomaten mit den anderen Zutaten in der Schüssel vermischen.

Tomatensaft oder Eiswasser, Essig, ausgedrücktes Brot (falls verwendet) und Öl unterrühren. Mit Salz und Pfeffer abschmecken. Zugedeckt kalt stellen.

Die Suppe gut gekühlt servieren. Nach Belieben in jede Suppenschale einen Eiswürfel geben.

Die kleingeschnittenen Gemüse und die *croûtons* in getrennten Schüsseln dazu reichen.

Für 6 Personen

Abbildung S. 106/107

GRIECHENLAND UND DER BALKAN

GRIECHENLAND

und der Balkan

Die Frage, ob die heutigen Bewohner Griechenlands die direkten Nachfahren der antiken Griechen sind oder nicht, ist Gegenstand einer kontroversen wissenschaftlichen Diskussion. Niemand wird jedoch bestreiten, daß die Liebe zum Essen und die Einbeziehung von Speisen in das soziale und rituelle Leben ein Element der Kontinuität zwischen dem antiken und dem modernen Griechenland darstellt.

Speisen, darunter auch die drei typischen mediterranen Zutaten Olivenöl, Brot und Wein, spielen in der griechischen Mythologie eine herausragende Rolle, was eingedenk der Tatsache, daß die Bedürfnisse und Gelüste der griechischen Götter mindestens ebenso unersättlich waren wie die der Sterblichen, kaum verwundert. Die Scherereien scheinen mit Zeus begonnen zu haben, der die Titanin Metis dazu brachte, seinem Vater Kronos ein Brechmittel in ein Getränk zu mischen. Kronos erbrach daraufhin alle seine Kinder, die er verschlungen hatte, und Zeus konnte seinen Vater mit Hilfe seiner Brüder Poseidon und Hades stürzen. Als nächstes nahm Zeus die Gestalt einer Schlange an, um seine Schwester Demeter, die Erdgöttin, zu verführen. Das Ergebnis dieser Liaison war Persephone, die auf Drängen ihrer Mutter schließlich neun Monate im Jahr bei Demeter leben durfte; den Rest des Jahres mußte sie in der Unterwelt verbringen – die unglückliche Folge des Verzehrs von einigen Granatapfelkernen zum falschen Zeitpunkt. Demeter, voller Trauer und Schmerz über den Verlust ihrer Tochter Persephone, wurde von einer Hirtenfamilie getröstet. Als Zeichen ihrer Dankbarkeit gab sie Triptolemos,

Vorhergehende Seiten: *Mykonos entwickelt sich zunehmend zum St. Tropez der Kykladen, wo die Schickeria in den Sommermonaten absteigt.*
Links: *Dubrovnik, das vor rund 1300 Jahren gegründet wurde, zählte im Mittelalter zu den bedeutendsten Stadtstaaten am Adriatischen Meer.*

dem jüngsten Sohn der Familie, Saatgut, einen hölzernen Pflug und einen von Schlangen gezogenen Wagen. Persönlich lehrte sie ihn die Kunst des Ackerbaus und hieß ihn, die Menschen auf der ganzen Erde darin zu unterrichten.

Demeter führte ein außergewöhnlich turbulentes Leben, selbst für eine Göttin; nach einer alten Sage soll Dionysos, der Gott des Weines, »doppelt geboren« sein. Danach soll er aus einer weiteren inzestuösen Verbindung Demeters mit Zeus hervorgegangen sein. Die begeisterten Anhänger des Dionysos begnügten sich nicht mit ihrem privilegierten Zugang zur Trunkenheit, sondern zogen angeblich auch noch das Monopol zum Anbau von Feigen an sich. Die Olive wiederum war ein Geschenk der Pallas Athene an die nach ihr benannte Stadt, und die Kunst des Ölpressens lernten die Sterblichen von Aristaios, Sohn des Apollon. Kein Wunder also, daß jedem landwirtschaftlichen Vorgang im antiken Griechenland ein ritueller Aspekt innewohnte und daß ein Koch in einem Stück von Menandros, einem Komödienschreiber des dritten Jahrhunderts v. Chr., sagen konnte: »Unsere Profession ist in gewisser Weise sakrosankt.«

Die Kost der alten Griechen zeichnete sich zunächst mehr durch Vielfalt als durch Raffinesse aus. Die Palette an Vierfüßlern, die sie für eßbar hielten, war beinahe so groß wie bei den Chinesen. Hippokrates erörterte in seiner »Diätetik« die Vorzüge von Pferd, Esel, Hund, Fuchs, Igel, Wildschwein, Schaf, Ziege und Hausschwein; Schweinefleisch, einschließlich der Innereien, war besonders geschätzt.

Fisch erfreute sich zunächst keiner großen Beliebtheit, und Homer beschrieb ihn sogar als »ein erbärmliches Nahrungsmittel, die letzte Zuflucht schiffbrüchiger Seeleute«, doch Archestratus konnte später bereits eine Vielzahl von Fischrezepten auflisten, und es sind zweifellos diese antiken Vorläufer, auf die die heutige Fülle von Fischgerichten zurückgeht. Im Lauf der Zeit wurden Fleisch- wie auch Fischgerichte mit Kräutern und Saucen verfeinert; es wird glaubhaft behauptet, daß die Béchamelsauce griechische Wurzeln habe. Die Griechen erkannten, daß die ästhetische Wirkung von Speisen sowohl von der Farbe und dem Geruch wie auch vom Geschmack abhängig ist, was Theophrastos in seiner »Pflanzenkunde« erläuterte, und die Tatsache, daß das Wort »Aroma« griechischen Ursprungs ist, spricht für sich selbst. Die Griechen der Antike waren auch meisterliche Bäcker. Sie erfanden den Steinbackofen zum Brotbacken und bereiteten zahlreiche verschiedene Brotsorten zu, einige zu rituellen Zwecken; Athenaios führt nicht weniger als zweiundsiebzig Sorten auf. Brot war in der Tat ein unerläßlicher Bestandteil jeder Mahlzeit, die per Definition aus Brot *(maza)* und dem daraufgelegten Fleisch, Fisch oder Gemüse *(opson)* bestand; diese Kombination kann als Vorläufer von Pizza und *pissaladière* (Rezept S. 82) angesehen werden.

Eine zweite Komponente der griechischen Küche wurzelt in den Traditionen des Byzantinischen Reichs und der griechisch-orthodoxen Kirche, der wichtigsten Hinterlassenschaft der Byzantiner im modernen Griechenland. Das Wort »byzantinisch« ist zu einem Synonym für Kompliziertheit und Komplexität geworden, und die Küche der Byzantiner war, wie die eines jeden großen Imperiums, zweifellos eklektisch und nicht nur vom antiken Griechenland inspiriert, sondern auch von Syrien, Persien und sogar Indien. Die byzantinische Kaiserin Lupicina arbeitete vor ihrer Thronbesteigung als Köchin, und Kaiserin Theodora, erst Mätresse und später Ehefrau von Justinian, kümmerte sich persönlich um die Verwaltung der Palastküchen. Die wichtigsten kulinarischen Beiträge der Byzantiner scheinen eine verstärkte Verwendung von Gemüsen, ein ausgeprägter Hang zu gehaltvollen Backwaren und eine Vorliebe für Fisch gewesen zu sein.

»Evzones«, griechische Soldaten in traditionellen Uniformen, halten vor dem Präsidentenpalast in Athen Wache.

Dieser letztgenannte Aspekt stand in enger Beziehung zur Übernahme des Christentums. Der Fisch war ein Symbol der frühen christlichen Kirche und erinnerte an das Wasser der Taufe. Entscheidender war jedoch, daß der regelmäßige Verzicht auf Fleisch, der von den Gläubigen verlangt wurde, zwangsläufig zu einem stärkeren Fischverzehr führte. Ein umfangreicher Kalender mit Heiligentagen sowie den Hauptfesten Ostern und Weihnachten erforderte besondere Speisen, und Pilgerfahrten zu den Gräbern von Heiligen sind noch heute Anlaß zum Essen und zur Andacht. (Dies trifft selbstverständlich auf fast alle christlichen und muslimischen Kulturen des Mittelmeerraums zu.)

St. Basilius, der bedeutende Kirchenlehrer und Bischof von Caesarea, hat eine besondere Beziehung zur Kochkunst; *vasilopita,* ein nach ihm benanntes Brot, wird regelmäßig in der Kirche und zu Hause gegessen, insbesondere am Neujahrstag. Ganz allgemein sind die sakralen Beziehungen des Essens – ein Erbe des antiken Griechenlands – durch den Brauch erhalten geblieben, Speisen und Getränke in der Kirche segnen zu lassen.

Ein Großteil der heutigen griechischen Küche geht auf die jahrhundertelange osmanische Herrschaft zurück. Ein Beleg hierfür ist die große Zahl von griechischen Speisenamen, die sich aus dem Türkischen ableiten: *dolmathes,* gefüllte Gemüse, von *dolma; pilafi,* Reis, von *pilav; keftedes,* Hackfleischklößchen, von *köfte; tsoureki,* süßes Brot, von *çörek; yuvetsi,* Schmortopf, von *güvec; tsatziki,* Gurken-Joghurt-Salat, von *cacik; lukoumades,* Fettgebäck, von *lokma; bourekakia,* Teigtaschen, von *börek* – die Liste ließe sich beinahe endlos fortsetzen. Die Behauptung, daß sich hinter diesen Namen ursprünglich griechische Gerichte verbergen, denen die osmanischen Herrscher ihre eigenen Namen gaben, ist wenig stichhaltig. Wie andere unterworfene Völker genossen auch die Griechen ein hohes Maß an kultureller Autonomie unter den Osmanen, und es findet sich in keinem anderen Bereich des griechischen Vokabulars eine vergleichbare Gruppe von

Lehnwörtern. Wenn wir die osmanische Küche im nächsten Kapitel über die Türkei näher betrachten, wird sich zeigen, daß der kulinarische Verkehr keineswegs nur in einer Richtung verlief. Die unverfänglichste Schlußfolgerung, die sich zu diesem strittigen Punkt der griechisch-türkischen Beziehungen treffen läßt, ist wohl die, daß beide Völker ihre ganz verschiedenen Beiträge leisteten zu einer kulinarischen Synthese, die während der osmanischen Herrschaftszeit zur höchsten Perfektion gelangte.

Bevor wir Griechenland verlassen, sollte noch der besondere Fall von Korfu, einer griechischen Insel im Ionischen Meer, erwähnt werden, das aufgrund seiner Lage und Geschichte venezianischen, französischen und sogar britischen Einflüssen ausgesetzt war, wobei letzteres weniger auf den modernen Zustrom britischer Touristen als vielmehr auf die militärische Besetzung zurückzuführen ist, die von 1810 bis 1863 dauerte. Mit Blick auf ganz Griechenland (sowie auf Spanien und einige Teile Frankreichs) muß man allerdings feststellen, daß einer der schädlichen Effekte des Massentourismus die zunehmende Verbreitung einer banalen »internationalen« Küche ist und die Nationalküche von den Restaurants häufig auf eine bloße Parodie aus einer Handvoll der bekanntesten Gerichte reduziert wird.

Wenn wir die stolze hellenistische Behauptung mißachten, daß Griechenland selbst geographisch gesehen eine eigene Welt darstelle und daher nicht zum Balkan gehöre, läßt sich Griechenland als der einzige Balkanstaat mit einer Mittelmeerküste bezeichnen. Dennoch ist es gerechtfertigt, die meisten Landstriche des ehemaligen Jugoslawien sowie Albanien mit ihren Landesküchen mediterran zu nennen. Die Adria, an der sie liegen, ist in Wirklichkeit ein riesiger Meeresarm des Mittelmeers. Überdies wurzeln die kulturellen und kulinarischen Merkmale der Balkanländer größtenteils in einer nach Süden ausgerichteten Orientierung zur wirklichen mediterranen Welt.

Der Begriff »Balkanisierung« ist ein fester Bestandteil unseres Vokabulars und meint den Zerfall eines Territoriums in instabile und sich feindlich gesinnte Fragmente. Es kann in der Tat kein Zweifel darüber bestehen, daß der Balkan eine der explosivsten Regionen der Erde ist. Es entbehrt daher nicht einer gewissen Ironie, daß die widerstreitenden Volksgruppen im wesentlichen die gleiche Küche haben, die auf die osmanischen Türken zurückgeht. Das Vordringen der Türken auf dem Balkan begünstigte die Entwicklung der Landwirtschaft, da die Steuern für die Bauern drastisch gesenkt und Straßen zu den wichtigsten Städten angelegt wurden. Die Küche, die sie den Balkanstaaten bescherten, war die Manifestation einer allen gemeinsamen Lebenshaltung, die sich während der osmanischen Herrschaft entwickelte; das ästhetische Bewußtsein, die Bedeutung der Familie, der Häuser- und Städtebau waren bei Muslimen und Christen – trotz gegensätzlicher Religionen – weitgehend identisch. Die gemeinsame Küche ist auch der dauerhafteste Aspekt des osmanischen Erbes auf dem Balkan; selbst wenn die Serben alles daransetzen, die Muslime auszurotten, die sie (fälschlicherweise) als Türken betrachten, essen sie Gerichte, die ihnen ausgerechnet die Türken hinterließen.

Es versteht sich von selbst, daß der kulinarische Einfluß der Türken in den Regionen am stärksten ausgeprägt ist, wo die Mehrheit der Bevölkerung den islamischen Glauben der Osmanen annahm – Bosnien-Herzegowina, Mazedonien und Albanien. Vor 1992 hätte sich dies leicht durch einen Besuch im Ascinica belegen lassen, einem beliebten Restaurant in der Bascarsija, dem mittlerweile zerstörten Zentrum der Altstadt von Sarajevo. Die dort servierten Speisen – deftige Suppen, *pilav*, gefüllte Gemüse, Eintöpfe und riesige Tabletts mit Käse-*börek* – entsprachen genau dem Angebot eines durchschnittlichen anatolischen Restaurants. Und in allen zentralen und südlichen Landstrichen des früheren Jugoslawien waren türkische Gerichte verbreitet wie *cevapcici,* gehacktes Lamm- oder Rindfleisch auf Spießen, die türkischen *şiş köfte; djuvec,* das Schmorgericht, dem wir bereits in Griechenland begegnet sind; *sarma,* gefüllte Kohlblätter; *pogaca,* Teigtaschen; und *kaymak,* angedickte Sahne, die zumeist zu Nachspeisen gegessen, mitunter aber auch zu Brot gereicht wird.

Andererseits haben bestimmte serbische Spezialitäten, die Schweinefleisch enthalten, aus naheliegenden Gründen keine Beziehung zu den Osmanen. Beispiele hierfür sind: *pljeskavica,* gegrillte Hackfleischklößchen aus Schweine- und Kalbfleisch; *raznjici,* Spieße mit Schweine- und Kalbfleisch; und *bosanski lonac,* ein bosnischer Eintopf aus Rind, Schwein, Lamm, Kalbsfüßen und Speck. Die nordserbische Provinz Wojwodina hat eine große ungarische Bevölkerungsgruppe, was sich auch in der Küche niederschlägt. Türkische kulinarische Einflüsse fehlen auch weitgehend an der dalmatinischen Küste von Kroatien, wo man seit jeher eine enge Beziehung zu Italien auf der anderen Seite der Adria hatte, wie die Stadt Dubrovnik mit ihrer Stadtmauer auf eindrucksvolle Weise belegt. In Dalmatien sind daher Pasta-Gerichte sehr beliebt, und die Region ist bekannt für einen Schinken, der stark an *prosciutto* erinnert. Und sobald wir in das nach Norden ausgerichtete Kernland Kroatiens kommen, verlassen wir eindeutig die kulinarische Domäne des Mittelmeerraums und betreten den Einflußbereich der schwerverdaulichen germanischen Küche.

Albanien ist durch Isolation, Kommunismus und die anarchische Auflösung der kollektiven Landwirtschaft in der nachkommunistischen Ära dreifach verarmt. Die linguistischen Zeugnisse lassen jedoch auf eine generelle Übereinstimmung mit türkischen kulinarischen Vorbildern schließen.

Dieses jugoslawische Dorf, Sveti Stefan, wurde in den sechziger Jahren zu einer luxuriösen Hotelanlage umgewandelt.

FISCH UND MEERESFRÜCHTE

Die beliebteste Garmethode für Fisch ist in den Mittelmeerländern das Grillen über einem offenen Holzfeuer.

FISCH UND MEERESFRÜCHTE

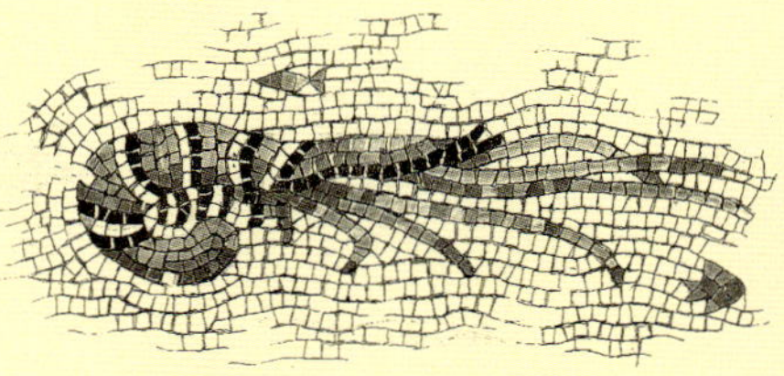

Tierisches Eiweiß findet man in der Mittelmeerküche zumeist in Form von Fisch. Auf den örtlichen Fischmärkten herrscht ein geschäftiges, lautes Treiben, und die zahllosen Stände bieten Unmengen von Meerestieren an. Für all jene, die nur das begrenzte Angebot unserer heimischen Märkte kennen, ist die Auswahl überwältigend groß.

Im gesamten Mittelmeerraum, vor allem aber in Griechenland und der Türkei, sind Meerbarben geschätzte Speisefische, die gewöhnlich in der Pfanne gebraten werden. Wolfsbarsch, der in der Türkei *levrek* heißt, in Griechenland *rofos* und in Italien *spigola,* kann gegrillt oder im Backofen gegart werden. Schwertfisch – türkisch *kiliç*, italienisch *pesce spada* und griechisch *xifias* – kann ebenfalls im Ofen gegart oder gegrillt werden und ist besonders in der Türkei und Sizilien beliebt. In Sizilien wird Thunfisch gegrillt, geschmort oder im Ofen gegart und auch zu Pasta serviert. Andere geschätzte Speisefische und Meeresfrüchte sind Petersfisch, Steinbutt, Seeteufel, Makrele, Zackenbarsch, Meerbrasse, Kabeljau, Seezunge, Flußbarsch, Sardine, Sardelle, Schnapper, Forelle, Hecht, Rochen, Aal, Krake, Kalmar, Jakobsmuscheln, Garnelen, Venusmuscheln, Miesmuscheln, Langusten, Meereskrebse und andere Köstlichkeiten. Der Schätze des Meeres und der Flüsse wird man niemals überdrüssig.

So groß und vielfältig das Angebot an Fisch und Meeresfrüchten auch sein mag, die Zubereitungsmethoden sind zumeist recht einfach – einige Tropfen aromatisches Olivenöl, etwas frisch gepreßter Zitronen- oder Orangensaft, ein Spritzer Essig, ein paar Knoblauchstifte, einige Zweige Rosmarin oder Majoran, ein Lorbeerblatt oder zwei, etwas Kreuzkümmel, Paprika oder Koriander. Und selbstverständlich gehört auch immer Salz dazu. Manchmal wird der Fisch vor dem Garen einige Stunden mariniert, wobei die marokkanische *chermoula* (Rezept S. 127) das Glanzstück unter den Marinaden darstellt.

Die weitaus beliebteste Garmethode für Fisch ist das Grillen über einem Holzfeuer. Manchmal wirft man Kräuter auf die Glut, die dem Fisch zusätzlich Aroma verleihen. Fisch kann zum Grillen ganz belassen, in Scheiben oder Steaks oder aber für Spieße in Würfel geschnitten werden. Man kann ihn in Weinblätter wickeln, damit er nicht am Grillrost festbrät und das feine Aroma der Blätter annimmt. Wenn Fisch über einem Holzfeuer gegart wird, zieht das leichte Raucharoma in das zarte Fleisch, so daß nur eine leichte Sauce erforderlich ist. Die übliche Marinade oder Sauce besteht aus Zitronensaft und Olivenöl und wird mit oder ohne Kräuter zubereitet.

Fast ebenso beliebt wie das Grillen ist das Braten. Fisch und Meeresfrüchte können ohne Panade in der Pfanne gebraten werden, wie etwa *gambas al ajillo* (Rezept S. 136), Garnelen mit Knoblauch und Zitrone aus Katalonien. Oder sie werden mit einer Panade überzogen, die lediglich aus Mehl bestehen kann, und dann rasch in Öl fritiert und dampfend heiß mit einem Spritzer Zitronensaft gegessen. Der fritierte Fisch ist außen knusprig, innen zart und saftig und wird keine Sekunde länger als nötig gegart. Sehr kleine Fische oder eine Mischung aus Fisch und Meeresfrüchten – die allgegenwärtigen *fritto misto* Süditaliens – werden auf die Teller gehäuft und mit Zitrone gereicht oder mit einer Dip-Sauce, wie türkische *tara-*

Vorhergehende Seiten: *Gegrillter Schwertfisch* (links: Rezept S. 131); *Gefüllte Makrelen* (rechts: Rezept S. 131)

tor mit Walnüssen oder Haselnüssen, katalanische *romesco* (Rezept S. 136) oder provenzalische *aïoli* (Rezept S. 144).

Das Repertoire an Rezepten für Fisch und Meeresfrüchte aus dem Backofen hat sich vergrößert, seit mehr und mehr Haushalte moderne Küchenherde besitzen. Diese Rezepte sind im allgemeinen einfach in der Zubereitung. Mitunter wird Fisch auch wie Fleisch geschmort. Für *gigot de mer* (Rezept S. 142) wird Seeteufel mit Knoblauch gespickt und auf einem Gemüsebett im Ofen gegart. Für das sizilianische Gericht *alalungo al ragù* (Rezept S. 130) spickt man Thunfisch mit Knoblauch und Minze, brät ihn an und schmort ihn anschließend im Backofen oder auf dem Herd.

Viele Fischgerichte, die im Backofen gegart oder geschmort werden, serviert man mit Raumtemperatur, da sie früher im Gemeinschaftsofen gegart und dann zum späteren Verzehr mit nach Hause genommen wurden. Die Bewohner der Mittelmeerländer sind an lauwarme Gerichte gewöhnt und meinen, daß sich die Aromen besser entwickeln, wenn die Speisen einige Zeit ruhen. *Sarde a beccaficu* (Rezept S. 130), gefüllte Sardinen aus Sizilien, schmecken gut, wenn man sie heiß serviert, sind kalt aber vermutlich noch besser. *Samak bi tahini* (Rezept S. 128) aus dem Libanon, ein ganzer Fisch, der mit einer kräftigen Sesamsauce überzogen, mit Gurke und Radieschen umlegt, mit gerösteten Pinienkernen und Granatapfelkernen bestreut und kalt serviert wird, gehört zu den imposantesten Gerichten der Region. Entgrätete ganze Makrelen werden in der Türkei mit Pilaw gefüllt, im Ofen gegart und bei Tisch vorsichtig in Portionen geteilt.

Die Küche der Mittelmeerländer umfaßt auch eine Vielzahl von Fischtöpfen und -suppen. Die Rezepte können einfach sein: in pikanter Tomatensauce geschmorte Fischklößchen, in Wein und Knoblauch gedämpfte Miesmuscheln oder Kalmar, der in einer schlichten Tomatensauce mit Erbsen gegart wird. Einige Eintopfgerichte enthalten ein opulentes Medley aus Fisch und Meeresfrüchten und basieren auf dem jeweiligen Tagesfang der Fischer. Raffinierte Fischtöpfe wie pfeffriger *bourthéto* aus Korfu, sardische *cassola* (Rezept S. 132) – die mit der spanischen *zarzuela* (Rezept S. 134) verwandt ist –, provenzalische *bourride* (Rezept S. 144) oder *bouillabaisse*, tunesischer Fisch-*couscous* (Rezept S. 128) oder die panitalienische *zuppa di pesce* lassen sich aufgrund der riesigen Auswahl, die die Fischmärkte bieten, jederzeit zubereiten, ohne daß man für schönes Wetter und eine ruhige See beten muß.

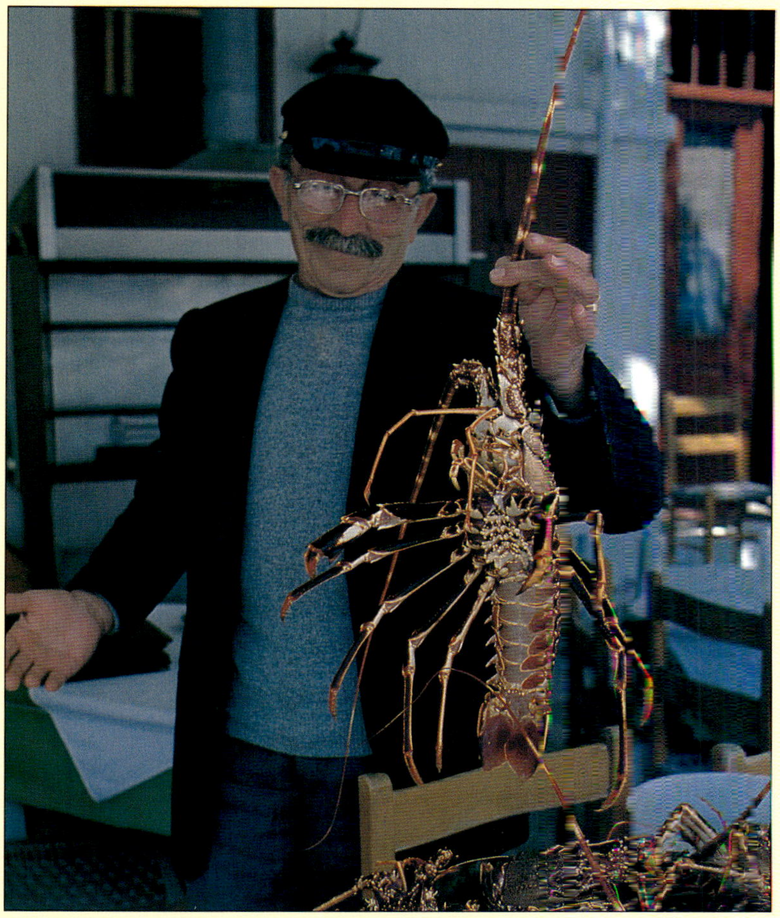

Ein griechischer Fischhändler präsentiert stolz die am Morgen gefangenen frischen Langusten.

Bei Gerichten, die ausgefallene Fische enthalten, sind in den Rezepten Alternativen angegeben – für den Fall, daß diese Fische nicht erhältlich sind. Ihr Fischhändler hat vermutlich ebenfalls einige hervorragende Alternativvorschläge. Kaufen Sie in jedem Fall nur Fisch, der angenehm riecht, sich fest anfühlt und keine trockenen Stellen aufweist. Und verarbeiten Sie ihn noch am gleichen Tag, denn im Gegensatz zu Wein verbessert sich seine Qualität nicht mit dem Alter. Achten Sie darauf, daß der Fisch nicht zu lange gegart wird; am besten schmeckt er, wenn er noch feucht und saftig ist.

Seit alters her ist das Fischereiwesen ein wichtiger Wirtschaftszweig der Mittelmeerregion.

Garnelen mit Feta (oben), *Überkrusteter Fisch mit Tomaten* (unten)

GRIECHENLAND

PSARI SPÉTSIOTIKA
Überkrusteter Fisch mit Tomaten

Dieses nach der Insel Spétsai benannte Gericht läßt sich sehr leicht zubereiten und ist äußerst schmackhaft. Die Zutaten sind einfach: frischer Fisch, aromatische Freilandtomaten und gutes Weißbrot. Der überkrustete Fisch kann warm oder kalt serviert werden.

1 kg Filets oder Steaks von Fischen mit festem weißem Fleisch
7 EL Olivenöl
1 EL frisch gepreßter Zitronensaft
Salz und frisch gemahlener Pfeffer
500 g Tomaten, enthäutet, entkernt und gehackt
4 Knoblauchzehen, zerdrückt
125 ml trockener Weißwein
1 EL Zucker oder Honig
4 EL gehackte glatte Petersilie
1 TL getrockneter Oregano oder gemahlener Zimt (nach Belieben)
125 g Semmelbrösel

Die Fischstücke in eine mit 1 Eßlöffel Öl eingefettete ofenfeste Form legen, in der sie nebeneinander Platz haben. In einer kleinen Schüssel 2 Eßlöffel Öl mit Zitronensaft und etwas Salz und Pfeffer verquirlen. Den Fisch mit der Marinade beträufeln und etwa 30 Minuten bei Raumtemperatur stehenlassen.

In der Zwischenzeit den Backofen auf 200 °C (Gasherd Stufe 3–4) vorheizen.

Tomaten, Knoblauch, Wein, Zucker oder Honig, Petersilie und, falls verwendet, Oregano oder Zimt in einen Topf geben und bei mittlerer Hitze etwa 10 Minuten köcheln lassen. Die Tomatensauce mit Salz und Pfeffer abschmecken.

Den Fisch mit der Tomatensauce bedecken. Die Semmelbrösel darüberstreuen und mit den verbliebenen 4 Eßlöffeln Öl beträufeln. Für etwa 15 Minuten in den Backofen schieben, bis die Fischstücke gar sind und aus den Semmelbröseln eine goldbraune Kruste geworden ist.

Den Fisch heiß servieren.

Für 4 Personen

GRIECHENLAND

GARIDES YOUVETSI
Garnelen mit Feta

Diese Spezialität aus Saloniki wird überall in Griechenland gern gegessen. Man kann die Garnelen einige Stunden im voraus zubereiten und dann kurz vor dem Servieren im Ofen überbacken.

750 g Garnelen, aus der Schale gelöst, den Darm entfernt
Salz
Frisch gemahlener Pfeffer
8 EL Olivenöl
1 Zwiebel, gehackt
1 Bund Frühlingszwiebeln mit den zarten grünen Teilen, feingehackt
2 Knoblauchzehen, zerdrückt
1 EL getrockneter Oregano
3 EL gehacktes Basilikum oder gehackter Dill (nach Belieben)
4 Tomaten, enthäutet, entkernt und gehackt
1 TL Honig oder Zucker
125 ml trockener Weißwein
250 g *feta*, zerkrümelt (siehe Glossar)
4 EL gehackte glatte Petersilie

Die Garnelen salzen und pfeffern. In einem großen schweren Topf bei hoher Temperatur 4 Eßlöffel Öl erhitzen. Die Garnelen dazugeben und auf beiden Seiten kurz anbraten. Aus dem Topf nehmen und beiseite stellen. (Die Garnelen in den Kühlschrank stellen, wenn sie erst später gegart werden sollen.)

Im gleichen Topf bei mittlerer Temperatur die restlichen 4 Eßlöffel Öl erhitzen. Die Zwiebeln hinzufügen und 8–10 Minuten sautieren, bis sie weich und glasig sind. Frühlingszwiebeln, Knoblauch, Oregano und – falls verwendet – Basilikum oder Dill dazugeben und 5 Minuten garen.

Tomaten, Honig oder Zucker und Wein hinzufügen und alles 8–10 Minuten kochen lassen, damit die Tomatensauce eindickt. Mit frisch gemahlenem Pfeffer würzen; da der *feta* recht salzig ist, nur wenig Salz hinzufügen.

In der Zwischenzeit den Backofen auf 200 °C (Gasherd Stufe 3–4) vorheizen. Die Hälfte der Tomatensauce in vier ofenfeste Suppenschalen schöpfen. Die Garnelen gleichmäßig darauf verteilen und die restliche Tomatensauce darüberschöpfen. Mit *feta* bestreuen und etwa 10 Minuten im Ofen überbacken, bis die Garnelen gar sind und der *feta* zerläuft.

Man kann auch die Tomatensauce wie beschrieben zubereiten, die angebratenen Garnelen hinzufügen und den *feta* darüberstreuen. Den Deckel auflegen und alles etwa 7 Minuten köcheln lassen, bis der Käse schmilzt.

Mit Petersilie bestreuen und heiß servieren.

Für 4 Personen

MAROKKO

HUT B'NOUA
Fisch in Mandelpaste

Dies ist ein exotisches und sehr aromatisches Gericht. Möchte man es mit Fischfilet zubereiten, den Fisch auf die mit Safran gewürzten Zwiebeln legen, mit der Mandelpaste bestreichen und 10–12 Minuten im Backofen garen; zwischendurch mit etwas zerlassener Butter begießen.

1 ganzer Roter Schnapper oder Lachs oder ein anderer ganzer Fisch mit mildem Geschmack (etwa 1,75 kg), gesäubert, aber Schwanzflosse und Kopf belassen
Salz
350 g Mandeln, geröstet
125 g Zucker
1 TL gemahlener Zimt
1 EL Orangenblütenwasser
2 EL Wasser

2 EL Olivenöl
1 große Zwiebel, feingehackt
½ TL Safranfäden, in 60 ml heißem Wasser eingeweicht
Frisch gemahlener Pfeffer
60 g Butter, zerlassen

Den Fisch innen und außen mit Salz einreiben, dann abspülen. Auf beiden Seiten drei- oder viermal schräg einschneiden und beiseite stellen.

Im Mixer die Mandeln mit dem Zucker zermahlen. Anschließend Zimt, Orangenblütenwasser und Wasser hinzufügen und alles kurz vermischen.

Die Hälfte der Mandelpaste in den Fisch füllen und die Bauchhöhle mit Holzspießchen verschließen. Den Fisch in eine eingeölte ofenfeste Form legen und beiseite stellen.

Den Backofen auf 200 °C (Gasherd Stufe 3–4) vorheizen. In einer kleinen schweren Pfanne bei mittlerer Temperatur das Öl erhitzen. Die Zwiebeln hinzufügen und 8–10 Minuten sautieren, bis sie weich und glasig sind. Den Safran mit dem Einweichwasser, Salz und Pfeffer dazugeben.

Die gewürzten Zwiebeln rund um den Fisch in der ofenfesten Form verteilen. Nun den Fisch – außer am Kopf und der Schwanzflosse – mit der restlichen Mandelpaste gleichmäßig bestreichen und die zerlassene Butter darüberträufeln. Für etwa 30 Minuten in den Backofen schieben, bis der Fisch gar ist; zur Garprobe mit einem Messer hineinstechen.

Fisch und Zwiebeln auf einer vorgewärmten Servierplatte anrichten und sofort auftragen.

Für 6 Personen

MAROKKO

CHERMOULA
Würzige Fischmarinade

»Chermoula« ist die klassische marokkanische Marinade für Fisch. Sie verleiht ihm ein wundervolles Aroma, ganz gleich, ob er anschließend im Ofen gegart, in der Pfanne gebraten, gegrillt oder gedämpft wird. Den Fisch 2–6 Stunden in der Marinade durchziehen lassen. Zum Servieren etwas zusätzliche »chermoula« darüberträufeln.

Es gibt viele Rezepte für »chermoula«. Im allgemeinen unterscheiden sie sich darin, ob Zwiebeln, Cayennepfeffer oder Zitronensaft enthalten ist. Hier sind vier Rezepte für »chermoula«; die Marinaden können auch für Schal- und Krustentiere, Huhn, Taube oder Lamm verwendet werden.

CHERMOULA I:

1 Zwiebel, feingehackt
4 Knoblauchzehen, zerdrückt
2 TL gemahlener Kreuzkümmel
1 TL Paprikapulver
½ TL Safranfäden, in 2 EL warmem Wasser eingeweicht
2 EL gehackte glatte Petersilie
2 EL gehacktes Koriandergrün
6 EL Olivenöl
4 EL frisch gepreßter Zitronensaft
Salz

CHERMOULA II:

4 EL gehacktes Koriandergrün
3 Knoblauchzehen, zerdrückt
2 TL Paprikapulver
2 TL gemahlener Kreuzkümmel
½ TL Cayennepfeffer
½ TL Safranfäden, in 2 EL warmem Wasser eingeweicht
3 EL frisch gepreßter Zitronensaft
6 EL Olivenöl
Salz

CHERMOULA III:

3 Knoblauchzehen, zerdrückt
Schale von 1 eingelegten Zitrone, abgespült und feingehackt (siehe Glossar)
2 EL gehacktes Koriandergrün
2 EL gehackte glatte Petersilie
½ TL Cayennepfeffer
½ TL Safranfäden, in 2 EL warmem Wasser eingeweicht
1 TL Paprikapulver
6 EL Olivenöl
3 EL frisch gepreßter Zitronensaft

CHERMOULA IV:

2 Knoblauchzehen, zerdrückt
2 EL gehacktes Koriandergrün
2 EL gehackte glatte Petersilie
Frisch gemahlener Pfeffer
½ TL gemahlener Zimt
½ TL gemahlener Ingwer
½ TL Safranfäden, in 2 EL warmem Wasser eingeweicht
2 TL gemahlener Kreuzkümmel
1 TL Paprika
Salz
6 EL Olivenöl

Alle Zutaten für das jeweils gewünschte Rezept der Marinade in eine Schüssel geben und verquirlen. Den Fisch in ein genügend großes säurebeständiges Gefäß legen, mit der Marinade übergießen und wie oben angegeben durchziehen lassen. Etwas Marinade zurückstellen, mit der man den fertiggegarten Fisch zum Servieren beträufelt. Anschließend den Fisch wie im jeweiligen Rezept angegeben garen.

Jedes Rezept ergibt genügend Marinade für etwa 1 kg ganze Fische oder Fischfilets.

Würzige Fischmarinade (oben), *Fisch in Mandelpaste* (unten)

LIBANON

SAMAK BI TAHINI
Seebarsch mit Tahin-Sauce

Dieses klassische arabische Gericht serviert man sowohl im Libanon als auch in Syrien. Der Fisch wird im Backofen gebraten und, wenn er auf Raumtemperatur abgekühlt ist, mit »tahin«-Sauce überzogen und mit Petersilie und Pinienkernen garniert. Zum Garnieren eignen sich auch gut Gurken- und Radieschenscheiben und Granatapfelkerne (siehe Glossar). Die »tahin«-Sauce kann mit 125 g gehackten Walnüssen verfeinert werden. Oder man fügt ihr beim Pürieren ½ Teelöffel Cayennepfeffer und 2 Eßlöffel gehacktes Koriandergrün zu, bestreicht den Fisch nach der Hälfte der Garzeit damit und schiebt ihn dann noch 15 Minuten in den Ofen; heiß oder mit Raumtemperatur servieren.

Salz
1 ganzer Fisch wie Seebarsch oder Roter Schnapper (etwa 1,25–1,5 kg)
3 EL Olivenöl
2 EL frisch gepreßter Zitronensaft
Frisch gemahlener Pfeffer

FÜR DIE TAHIN-SAUCE:

3 oder 4 Knoblauchzehen, zerdrückt
1 TL Salz
250 g *tahin* (siehe Glossar)
4–6 EL frisch gepreßter Zitronensaft
6–8 EL Wasser

50 g Pinienkerne, geröstet
3 EL gehackte glatte Petersilie

Den Backofen auf 200 °C (Gasherd Stufe 3–4) vorheizen. Den Fisch mit Salz bestreuen, dann abspülen und auf jeder Seite drei- oder viermal schräg einschneiden. In einer kleinen Schüssel Öl und Zitronensaft mit etwas Salz und Pfeffer verquirlen. Den Fisch damit einreiben und in eine ofenfeste Form legen.

Für 25–35 Minuten in den Backofen schieben, bis der Fisch gar ist (zur Garprobe mit einem Messer hineinstechen); zwischendurch von Zeit zu Zeit mit der Garflüssigkeit begießen. Den Fisch vorsichtig auf eine Servierplatte heben und abkühlen lassen.

Für die Sauce im Mixer den Knoblauch mit Salz, *tahin* und Zitronensaft pürieren und so viel Wasser hinzufügen, daß eine geschmeidige Paste entsteht.

Die Haut vom Fisch entfernen und wegwerfen. Den Fisch mit der *tahin*-Sauce bestreichen. Mit Pinienkernen und Petersilie garnieren und servieren.

Für 6 Personen

TUNESIEN

KES KOW BIL HOUT
Fisch mit Couscous

Fisch-»couscous« wird in ganz Nordafrika serviert, aber in Tunesien schmeckt dieses Gericht am besten. Mit den Arabern kam es – vermutlich im 12. oder 13. Jahrhundert – nach Sizilien, wo es heute »cuscùsu trapanese« heißt. Seit es »couscous« als Fertigprodukt gibt, haftet seiner Zubereitung nichts Geheimnisvolles mehr an. Und wer »couscous« einmal nach der ursprünglichen Methode hergestellt hat, wird sich ohnehin fragen, wofür die ganze Arbeit überhaupt gut war. Manche behaupten, traditionell zubereiteter »couscous« sei am besten, doch wenn man ihn in einem Durchschlag, der mit Küchenleinen ausgelegt ist, zum Warmhalten in den Suppentopf hängt, so daß er allmählich das Aroma des Fisches aufnimmt, und von Zeit zu Zeit ein wenig Fischfond darüberschöpft, schmeckt auch das Fertigprodukt ganz ausgezeichnet.

Ob dieses »couscous«-Gericht eher einfach oder raffiniert ist, hängt von den gewählten Zutaten ab. Als Fisch eignen sich Seebarsch, Meeräsche, Meerbarbe und Kabeljau gut. Der »couscous« kann mit Kichererbsen und gemischtem Gemüse wie Möhren, Kartoffeln, weißen Rüben und Kohl verfeinert werden. In Tunesien würzt man den Eintopf mit »harissa« und reicht die Paste zusätzlich als Tischwürze. In Sizilien wird »cuscùsu« mit Fisch, etwas Zwiebel, Knoblauch und Tomate zubereitet und mit einer Messerspitze Zimt aromatisiert. Man reicht dazu eine heiße scharfe Sauce, für die man 250 ml der Fischbrühe mit zerstoßenen, getrockneten scharfen Chilischoten verrührt.

Salz
1–1,5 kg gemischter Fisch (etwa Seebarsch, Meeräsche, Meerbarbe und Kabeljau), in dicke Stücke geschnitten
Couscous, mit Wasser oder einem Teil Fischfond zubereitet und mit 1 TL gemahlenem Zimt und etwas Olivenöl oder Butter vermischt (Rezept S. 204)
4 EL Olivenöl
2 Zwiebeln, gehackt
2 Knoblauchzehen, zerdrückt
1 TL *harissa* (siehe Glossar) oder ½ TL Cayennepfeffer
1 TL gemahlener Kreuzkümmel
Frisch gemahlener schwarzer Pfeffer
Etwa 1 l Wasser oder Fischfond (siehe Glossar)
2 oder 3 Tomaten, enthäutet, entkernt und gehackt
3 Möhren, geschält und in 2,5 cm lange Stücke geschnitten
2 weiße Rüben, geschält und in 5 cm lange Stücke geschnitten
100 g Kichererbsen, gegart (nach Belieben)
8 kleine neue Kartoffeln, halbiert (nach Belieben)

Die Fischstücke leicht salzen und in den Kühlschrank stellen. Mit der Zubereitung des *couscous* beginnen (Rezept S. 204).

In einem großen schweren Topf oder einem Suppentopf bei mittlerer Temperatur das Öl erhitzen. Zwiebeln und Knoblauch dazugeben und 5 Minuten sautieren. *Harissa* oder Cayennepfeffer, Kreuzkümmel und schwarzen Pfeffer unterrühren. Die Zutaten noch etwa 2 Minuten erhitzen, dann Wasser oder Fischfond, Tomaten, Möhren und weiße Rüben hinzufügen und alles 15 Minuten köcheln lassen.

Den Fisch und – falls verwendet – die Kichererbsen und Kartoffeln dazugeben und das Ganze etwa 20 Minuten köcheln lassen, bis Fisch und Kartoffeln gar sind.

Zum Servieren den *couscous* in einzelnen Suppenschalen anrichten. Fisch und Gemüse rund um den *couscous* verteilen und etwas Brühe darüberschöpfen. Oder den *couscous* auf einer großen vorgewärmten Platte anrichten, in die Mitte eine Mulde drücken, den Fisch hineingeben und das Gemüse am Rand verteilen. Etwas Brühe darüberschöpfen und die restliche Brühe in einer separaten Schüssel reichen.

Für 6–8 Personen

ÄGYPTEN

SAMAK MAGLI KOUSBARIYEH
Fritierter Fisch mit Tomaten und Nüssen

Im Vorderen Orient wird Fisch gewöhnlich gegrillt oder fritiert. Kleine Fische fritiert man im ganzen, große werden in Steaks oder Stücke geschnitten. Fritierter Fisch kann mit »tarator«-Sauce (Rezept S. 60), »romesco«-Sauce (Rezept S. 134) oder mit Zitronenachteln serviert werden. In diesem Rezept wird der fritierte Fisch mit einer Sauce aus Tomaten, Zwiebeln und Nüssen überzogen.

250 g Mehl
Salz
Frisch gemahlener Pfeffer
1 TL Paprikapulver (nach Belieben)
1 TL gemahlener Koriander
1 kg weißfleischige Fische mit mildem Aroma (siehe oben)
Distelöl oder anderes Pflanzenöl zum Fritieren

FÜR DIE SAUCE:

2 EL Olivenöl
200–300 g Zwiebeln, in feine Streifen geschnitten
3 große Tomaten, enthäutet, entkernt und grobgehackt

Von oben links im Uhrzeigersinn: *Fisch mit Couscous, Seebarsch mit Tahin-Sauce, Fritierter Fisch mit Tomaten und Nüssen*

150 g Haselnüsse oder 125 g Walnüsse, geröstet und gehackt
50 g Pinienkerne, geröstet
125 ml Wasser
4 EL gehackte glatte Petersilie
Salz
Frisch gemahlener Pfeffer
½ TL gemahlener Piment

In einer flachen Schüssel Mehl, Salz, Pfeffer, Paprikapulver und Koriander vermischen. Die Fische darin wenden und überschüssiges Mehl abschütteln.

Einen schweren Topf etwa 5 cm hoch mit Öl füllen. Das Öl auf 190 °C erhitzen; es muß so heiß sein, daß ein Stückchen Brot innerhalb weniger Augenblicke zu bräunen beginnt. Die Fische in das heiße Öl gleiten lassen und auf jeder Seite etwa 3 Minuten fritieren, bis sie gar und goldbraun sind. Mit einem Schaumlöffel herausheben und auf Küchenkrepp abtropfen lassen. Mit Salz bestreuen und beiseite stellen.

Für die Sauce in einem großen schweren Topf bei mittlerer Temperatur das Olivenöl erhitzen. Die Zwiebeln dazugeben und 8–10 Minuten sautieren, bis sie weich und glasig sind. Die gehackten Tomaten hinzufügen und etwa 5 Minuten köcheln lassen, bis sie weich sind. Nüsse und Pinienkerne dazugeben und alles noch einige Minuten erhitzen. Dann das Wasser angießen und mit Petersilie, Salz, Pfeffer und Piment würzen.

Die Sauce einige Minuten bei schwacher Hitze köcheln lassen, damit sich die Aromen verbinden.

Die fritierten Fische hinzufügen, vorsichtig in der Sauce wenden und alles 3 Minuten köcheln lassen, damit der Fisch heiß wird. Man kann den Fisch auch im Ofen backen. Dazu den Backofen auf 200 °C (Gasherd Stufe 3–4) vorheizen. Den fritierten Fisch in eine ofenfeste Form legen, die Sauce darüberschöpfen und alles 5–8 Minuten im Backofen erhitzen.

Fisch und Sauce auf einer vorgewärmten Platte anrichten und sofort servieren.

Für 4–6 Personen

Von oben links im Uhrzeigersinn: *Geschmorter Weißer Thun, Meerbarbe mit Minzefüllung, Gefüllte Sardinen*

SIZILIEN

Sarde a Beccaficcu
Gefüllte Sardinen

Ein »beccaficco« ist ein kleiner Zugvogel, der Feigen (»fichi«) frißt und davon dick wird. Hier werden jedoch keine Vögel zubereitet, sondern der Name dieser Spezialität aus Palermo beruht darauf, daß die gefüllten Sardinen wie sehr dicke kleine Vögel aussehen. Bei manchen Rezepten werden Lorbeerblätter zwischen die aufgerollten gefüllten Fische gesteckt, bei anderen wird die Füllung mit Käse, Kapern und Oliven zubereitet. In Catania fügt man der Semmelbröselmischung gewürfelten »caciocavallo« (siehe Glossar) hinzu, wendet die gefüllten Sardinen in Mehl und fritiert sie. Die Sardinen können heiß oder kalt gegessen werden und sind eine schmackhafte Bereicherung jeder »antipasto«-Auswahl.

1,25 kg frische Sardinen (etwa 24 Stück)
6 EL Olivenöl
125 g Semmelbrösel
2 Knoblauchzehen, zerdrückt
60 g Pinienkerne, geröstet und gehackt
60 g Korinthen, in heißem Wasser eingeweicht, abgetropft und gehackt
3 EL gehackte glatte Petersilie
150 g scharf gewürzte schwarze Oliven, entsteint und gehackt (nach Belieben)
30 g Pecorino gerieben (nach Belieben; siehe Glossar)
50 g Kapern, abgespült, abgetropft und gehackt (nach Belieben)
Etwa 24 Lorbeerblätter (nach Belieben)
2–3 EL frisch gepreßter Zitronensaft
4 EL frisch gepreßter Orangensaft (nach Belieben)

Um die Sardinen vorzubereiten, die Köpfe und Flossen abtrennen. Die Fische schuppen, am Bauch aufschneiden und ausnehmen. Mit dem Finger jeweils an der Mittelgräte entlangfahren, um die Sardinen auseinanderzuklappen. Die Mittelgräte herausziehen und am Schwanzende abbrechen.

Den Backofen auf 190–200 °C (Gasherd Stufe 3–4) vorheizen.

Für die Füllung in einem kleinen Topf bei mittlerer Temperatur 2 Eßlöffel Öl erhitzen. Die Semmelbrösel hinzufügen und etwa 3 Minuten unter ständigem Rühren rösten. Den Knoblauch dazugeben und 2 Minuten sautieren. Den Topf von der Kochstelle nehmen. Pinienkerne, Korinthen, Petersilie und, falls verwendet, Oliven, Pecorino oder Kapern hinzufügen. Die Füllung nach Geschmack mit Salz und Pfeffer würzen.

Die auseinandergeklappten Sardinen jeweils mit der Hautseite nach unten auf die Arbeitsfläche legen. Am Kopfende einen Teelöffel Füllung verteilen und die Fische vom Kopfende aus aufrollen. Die gefüllten Sardinen mit dem Schwanzende nach oben dicht nebeneinander in eine leicht eingeölte ofenfeste Form legen, so daß sie sich nicht wieder auseinanderrollen. Nach Belieben jeweils ein Lorbeerblatt zwischen die Sardinen stecken.

In einer kleinen Schüssel das verbliebene Öl mit Zitronensaft und – falls verwendet – Orangensaft verquirlen. Die Sardinen damit übergießen und für etwa 10 Minuten in den Backofen schieben, bis sie gar sind. Auf einer Servierplatte anrichten und warm oder mit Raumtemperatur servieren.

Für 6 Personen

SIZILIEN

Alalungo al Ragù
Geschmorter Weißer Thun

Bei diesem sizilianischen Rezept für geschmorten Weißen Thun wird der Fisch – ähnlich wie eine Lammkeule – mit Knoblauch und Minze gespickt. Die Zubereitung ähnelt der von »gigot de mer« (Rezept S. 142), doch wird der Thunfisch nicht im Ofen gegart, sondern angebraten und in einer aromatischen Tomaten-Zwiebel-Sauce geschmort. Bei einigen Versionen wird die Sauce mit Zimt oder Chillies gewürzt. Man reicht dazu Kartoffeln.

1 kg Weißer Thun am Stück, die Haut abgezogen
4 Knoblauchzehen
12 große Blätter frische Minze
Salz und frisch gemahlener schwarzer Pfeffer
120 ml Olivenöl
125 ml trockener Weißwein
1 große Zwiebel, gehackt
3 große Tomaten, enthäutet, entkernt und in Würfel geschnitten
1 Prise zerstoßene, getrocknete rote Chilischoten (nach Belieben)
1 Stück Zimtstange, etwa 2,5 cm lang (nach Belieben)

Den Fisch rundum zwölfmal gut 1 cm tief einstechen. Drei der Knoblauchzehen längs in Viertel schneiden. In jeden Einschnitt ein Stück Knoblauch und ein Minzeblatt stecken. Den Fisch mit Salz und Pfeffer würzen. In einem schweren Topf bei mittelhoher Temperatur 4 Eßlöffel Öl erhitzen. Den Fisch hinzufügen und auf beiden Seiten anbraten. Mit dem Weißwein ablöschen und einige Minuten kochen lassen, bis er beinahe verdampft ist.

In der Zwischenzeit die restliche Knoblauchzehe zerdrücken. In einem kleinen Topf die verbliebenen 4 Eßlöffel Öl erhitzen. Zwiebeln und Knoblauch hinzufügen und 8–10 Minuten sautieren, bis sie weich und glasig sind. Zusammen mit den Tomaten und, falls verwendet, Zimt oder Chili an den Fisch geben. Den Deckel auflegen und den Thunfisch 45–60 Minuten bei schwacher Hitze garen; zur Garprobe mit einem Messer hineinstechen. Zum Schluß mit Salz und Pfeffer würzen.

Auf einer vorgewärmten Platte anrichten und sofort servieren.

Für 6 Personen

TÜRKEI

Kılıç Balığı Izgarası
Gegrillter Schwertfisch

Schwertfisch ist in der Türkei überaus beliebt. Gewöhnlich wird er mariniert und gegrillt. Bei diesem Rezept serviert man ihn in Form von Steaks, doch kann er auch in Würfel geschnitten und am Spieß (»kılıç şiş«; siehe Abbildung S. 122/123) zubereitet werden; die Lorbeerblätter in diesem Fall zwischen die Fischstücke stecken. Obwohl der Schwertfisch saftiger ist, wenn er heiß serviert wird, schmeckt er auch gut, wenn man ihn mit Raumtemperatur als Vorspeise reicht. Als Tischwürze eignet sich »tarator«-Sauce (siehe Rezept S. 60).

6 Schwertfischsteaks (je etwa 180 g und 2 cm dick)
1 Zwiebel, gerieben
2–3 EL frisch gepreßter Zitronensaft sowie Zitronensaft zum Anrichten (nach Belieben)
2 Knoblauchzehen, zerdrückt
2 EL gemahlener Koriander
1 Messerspitze Cayennepfeffer
1 TL Paprikapulver
4 EL Olivenöl sowie Öl zum Bestreichen des Fisches und zum Anrichten (nach Belieben)
6 Lorbeerblätter
Salz
Frisch gemahlener schwarzer Pfeffer

Den Schwertfisch in ein flaches säurebeständiges Gefäß legen. In einer Schüssel geriebene Zwiebel, Zitronensaft, Knoblauch, Koriander, Cayennepfeffer, Paprikapulver und 4 Eßlöffel Olivenöl verquirlen. (Die Marinade kann auch im Mixer angerührt werden.) Den Fisch mit der Marinade übergießen und die Lorbeerblätter dazugeben. Zugedeckt für 5–6 Stunden in den Kühlschrank stellen; den Fisch während dieser Zeit mehrmals wenden.

Den Küchengrill vorheizen oder einen Holzkohlengrill anheizen. Die Schwertfischsteaks aus der Marinade nehmen. Auf beiden Seiten dünn mit Öl bestreichen und mit Salz und Pfeffer nach Geschmack würzen. Den Fisch auf den Grillrost legen und auf jeder Seite 4–5 Minuten grillen, bis er gar ist; zur Garprobe mit einem Messer hineinstechen.

Die Schwertfischsteaks auf einer großen, vorgewärmten Servierplatte anrichten.

Nach Belieben etwas Olivenöl und Zitronensaft verquirlen und über den Fisch träufeln.

Die Schwertfischsteaks heiß oder mit Raumtemperatur servieren.

Für 6 Personen *Abbildung S. 122/123*

TÜRKEI

Uskumru Dolması
Gefüllte Makrelen

Hier wird Fisch als »dolma« zubereitet, mit einer pikanten Mischung aus Kräutern, Nüssen und Rosinen gefüllt, dann gebraten, gegrillt oder im Backofen gegart und heiß oder mit Raumtemperatur serviert. (Den Fisch zum Grillen mit Olivenöl bestreichen und auf jeder Seite etwa 4 Minuten garen.) Bei der traditionellen Zubereitungsart wird die Haut in einem Stück vom Fisch abgelöst. Dann vermengt man das entgrätete Fleisch mit den übrigen Zutaten und füllt die Mischung in die Fischhaut. Dieses Verfahren erfordert sehr viel Übung und Geduld. Weitaus einfacher ist es daher, die Füllung in den entgräteten Fisch zu geben und die Bauchhöhle mit Küchengarn oder Holzspießchen zu verschließen.

2 EL Olivenöl sowie Olivenöl zum Braten
2 Zwiebeln, gehackt
½ TL gemahlener Piment
1 TL gemahlener Zimt
½ TL gemahlene Nelken
3 EL Pinienkerne, geröstet
3 EL gehackte, geröstete Haselnüsse oder Walnüsse
50 g Rosinen oder Korinthen, in heißem Wasser eingeweicht und abgetropft
4 EL gehackter Dill
4 EL gehackte glatte Petersilie
60 g frische Weißbrotkrumen (nach Belieben)
Salz
Frisch gemahlener Pfeffer
4 ganze Makrelen oder Lachsforellen (je 350–400 g), gesäubert
Mehl zum Panieren
Zitronenachtel

In einer großen Pfanne bei mittlerer Temperatur das Öl erhitzen. Die Zwiebeln hinzufügen und 8–10 Minuten sautieren, bis sie weich und glasig sind. Piment, Zimt und Nelken dazugeben und 2 Minuten mitsautieren.

Von der Kochstelle nehmen und Pinienkerne, Nüsse, Rosinen oder Korinthen, Dill, Petersilie und, falls verwendet, Weißbrotkrumen unterrühren. Nach Geschmack mit Salz und Pfeffer würzen. Auf Raumtemperatur abkühlen lassen.

Die Füllung in vier Portionen teilen und die Fische damit füllen. Die Bauchhöhle der Fische mit Küchengarn oder Holzspießchen verschließen.

Mehl in einer großen flachen Schüssel verteilen und nach Geschmack mit Salz und Pfeffer würzen. Die Fische im Mehl wenden und überschüssiges Mehl abschütteln.

Eine große schwere Pfanne etwa 0,5 cm hoch mit Öl füllen. Das Olivenöl bei mittlerer Temperatur erhitzen. Die Fische nicht zu dicht gedrängt hineinlegen und in etwa 4 Minuten auf jeder Seite goldbraun braten.

Auf einer Servierplatte mit den Zitronenachteln anrichten. Heiß oder mit Raumtemperatur servieren.

Für 4 Personen *Abbildung S. 122/123*

SIZILIEN

Triglie in Cartoccio
Meerbarbe mit Minzefüllung

Wenn Meerbarben nicht erhältlich sind, kann dieses Rezept auch mit Forellen oder anderen kleinen Fischen zubereitet werden. Und anstelle von Pergamentpapier kann man die Fische auch in Alufolie einwickeln. Die Füllung ist eine würzige Minzepaste. Möchte man die Fische grillen, wickelt man sie in Alufolie oder in Weinblätter (siehe Rezept S. 141).

4 EL feingehackte Minzeblätter
2 Knoblauchzehen, zerdrückt
4 Sardellenfilets in Olivenöl, abgetropft und feingehackt
30 g Semmelbrösel
4 EL Olivenöl

4 Forellen oder große Meerbarben, gesäubert, Köpfe und Flossen entfernt (je 180–250 g nach dem Säubern)
Salz
2 TL gehackter Majoran

Den Backofen auf 230 °C (Gasherd Stufe 5) vorheizen. In einem Mörser Minze, Knoblauch und Sardellenfilets zerreiben. Die Semmelbrösel und so viel Olivenöl hinzufügen, daß eine streichbare Paste entsteht.

Die gesäuberten Forellen oder Meerbarben jeweils auf ein Stück Alufolie oder Pergamentpapier legen, das so groß ist, daß sich der Fisch darin einpacken läßt.

Die Fische innen mit etwas Salz bestreuen und jeweils ein Viertel der Minzepaste in der Bauchhöhle verteilen. Die gefüllten Fische mit Öl beträufeln und mit jeweils ½ Teelöffel Majoran bestreuen.

Die Alufolie oder das Pergamentpapier über den Fisch legen und die Ränder zusammenfalten, um das Päckchen zu verschließen. Für 10–15 Minuten in den Backofen schieben, bis der Fisch gar ist. Die Päckchen öffnen, den Fisch auf einer vorgewärmten Platte anrichten und sofort servieren.

Für 4 Personen

SARDINIEN

CASSOLA
Fischsuppe

»Cassola« leitet sich von »cazuela« ab, einem Schmortopf aus Ton, in dem diese Fischsuppe traditionell gekocht wird. Der Name klingt spanisch, und er ist es auch, denn Sardinien stand von 1296 bis 1714 unter spanischer Herrschaft. Die Suppe ist eine Spezialität aus Cagliari, der Hauptstadt Sardiniens, wo noch heute katalanischer Dialekt gesprochen wird. Andere sardische Rezeptbezeichnungen, die den spanischen Einfluß erkennen lassen, sind »impanadas« für »impanata« (eine Pastete) und »l'olla podrida« für »lepudrida« (einen Fleisch-Gemüse-Eintopf). Diese Fischsuppe ist durch die Chilischoten recht scharf, doch kann man sie auch etwas milder würzen. Ein Teil des Fisches läßt sich nach Belieben durch Krebsfleisch, Aal, Krake und/oder Kalmar ersetzen. Oder man nimmt anstelle ganzer Fische etwa 750 g Fischfilet und einen bereits vorhandenen Fischfond (etwa den für »bourride«, Rezept S. 144).

1 kg gemischte, ganze weißfleischige Fische, wie Barsch, Meeräsche, Meerbarbe und Drachenkopf
1 l Wasser oder trockener Weißwein
4 EL Olivenöl
2 Zwiebeln, in Würfel geschnitten
2 Knoblauchzehen, zerdrückt
6 Blätter frisches Basilikum
Zerstoßene, getrocknete rote Chilischoten oder ganze getrocknete Chillies
500 g Tomaten, enthäutet, entkernt und in Würfel geschnitten
1 kg lebendfrische Venusmuscheln, gründlich gesäubert
Salz und frisch gemahlener schwarzer Pfeffer
12 Scheiben Baguette, etwa 1 cm dick, in Olivenöl gebraten

Die Fische säubern. Die Köpfe abtrennen und für den Fond aufbewahren. Den Fisch in Portionsstücke schneiden. Die Stücke gründlich in gesalzenem Wasser waschen, abtropfen lassen und trockentupfen. Beiseite stellen. Die Fischköpfe in einen Topf geben, Wasser oder Weißwein hinzufügen und zum Kochen bringen. Auf niedrige Temperatur herunterschalten und die Fischköpfe 20 Minuten köcheln lassen, damit ein aromatischer Fond entsteht. Durch ein Sieb gießen und beiseite stellen.

In einem großen hohen Topf bei mittlerer Temperatur das Öl erhitzen. Zwiebeln, Knoblauch, Basilikum und nach Geschmack zerstoßenen Chili oder ganze Chillies dazugeben und 8–10 Minuten sautieren, bis die Zwiebeln weich und glasig sind. Tomaten und zurückgestellten Fischfond hinzufügen und alles zum Kochen bringen. Dann als erstes den Fisch mit der längsten Garzeit dazugeben, anschließend die übrigen Fische – entsprechend ihrer Garzeit – hinzufügen und den Fisch im offenen Topf köcheln lassen. Etwa 5 Minuten, bevor die Fischstücke gar sind, die Venusmuscheln mit in den Topf geben (zuvor alle Muscheln wegwerfen, die sich nicht schließen, wenn man daraufklopft) und mit aufgelegtem Deckel 3–5 Minuten dämpfen, bis sie sich öffnen. Alle Muscheln, die sich nicht geöffnet haben, aussortieren und wegwerfen.

Die Suppe mit Salz und Pfeffer abschmecken. In Suppenteller schöpfen und an den Tellerrand jeweils 2 Scheiben gebratenes Weißbrot legen.

Für 6 Personen

SIZILIEN

PESCESPADA O TONNO ALLA STEMPERATA
Schwertfisch oder Thunfisch in pikanter Sauce

Nach altem Sprachgebrauch bedeutete »stemperato« unmäßig oder übermäßig. An dieser aromatischen Sauce ist nichts Unmäßiges, außer daß man vielleicht zuviel davon ißt!

6 dicke Thunfisch- oder Schwertfischfilets (je etwa 250 g)
Salz und frisch gemahlener Pfeffer
4 EL Olivenöl
4 Knoblauchzehen, zerdrückt
6 Stangen Bleichsellerie, gehackt
125 g grüne Oliven, entsteint und grobgehackt
100 g Rosinen, in heißem Wasser eingeweicht und abgetropft
50 g Kapern, abgespült und abgetropft
5 EL Weißweinessig

Den Fisch salzen und pfeffern. In zwei großen Pfannen bei mittlerer Temperatur 2–3 Eßlöffel Öl erhitzen. Den Fisch hinzufügen und auf jeder Seite 1–2 Minuten sautieren, bis er leicht gebräunt ist. Mit einem Schaumlöffel auf eine Platte legen.

Weitere 2 Eßlöffel Öl in die Pfanne geben und bei mittlerer Temperatur erhitzen. Knoblauch und Bleichsellerie hinzufügen und etwa 10 Minuten unter häufigem Rühren goldbraun sautieren. Oliven, Rosinen und Kapern dazugeben und alles 2–3 Minuten köcheln lassen. Die Sauce in eine Schüssel geben. Den Fisch zurück in die Pfanne heben und mit der Sauce und dem Essig übergießen. Bei hoher Temperatur 1–2 Minuten erhitzen, damit der Essig verdampft, und dann noch 3–5 Minuten köcheln lassen, bis der Fisch gar ist.

Auf einer vorgewärmten Platte anrichten und sofort servieren.

Für 6 Personen

SIZILIEN

CALAMARI RIPIENI
Gefüllter Kalmar

In allen Mittelmeerländern gibt es Rezepte für gefüllten Kalmar. In Griechenland und der Türkei ist Reis die Grundlage der Füllung. In Frankreich und Italien bindet man die Füllung mit Weißbrot und fügt mitunter Käse oder Wurst hinzu. Hier wird der Kalmar gegrillt. Verwendet man keine Tomaten für die Füllung, kann man eine leichte Tomatensauce (siehe Glossar) zubereiten und den Kalmar zum Servieren damit überziehen. Oder man schmort den gefüllten Kalmar 30 Minuten in einer leichten Tomatensauce. Eine weitere Möglichkeit ist es, den Kalmar in eine eingeölte ofenfeste Form zu legen und abgedeckt bei 200 °C (Gasherd Stufe 3–4) für etwa 25 Minuten in den Backofen zu schieben; den Kalmar dabei von Zeit zu Zeit mit Wein oder Olivenöl begießen. Pro Person rechnet man 3 kleine oder 2 mittelgroße Kalmare.

8 mittelgroße oder 12 kleine Kalmare, gesäubert, die Körperbeutel ganz belassen, die Fangarme in kleine Stücke geschnitten (siehe Glossar)
100 g frische Weißbrotkrumen
6 EL Olivenöl sowie Olivenöl zum Grillen und Anrichten
Salz und frisch gemahlener Pfeffer
1 große Zwiebel, gehackt
2 Knoblauchzehen, feingehackt
3 EL gehackte glatte Petersilie sowie Petersilie zum Garnieren
2 TL getrockneter Oregano (nach Belieben)
1 EL gehackter Dill (nach Belieben)
2 EL gehackte Minze (nach Belieben)
2 Tomaten, enthäutet, entkernt, in Würfel geschnitten und abgetropft (nach Belieben)
1 TL Fenchelsamen, geröstet und gemahlen (nach Belieben)
30 g geriebener Pecorino (nach Belieben; siehe Glossar)
2 EL feingehackte Sardellenfilets (nach Belieben)
30 g luftgetrockneter Schinken, in Würfel geschnitten (nach Belieben)
Frisch gepreßter Zitronensaft

Den Backofen auf 200 °C (Gasherd Stufe 3–4) vorheizen. Die Kalmare vorbereiten und beiseite stellen.

In einer flachen ofenfesten Form die Weißbrotkrumen mit 4 Eßlöffeln Öl vermischen und nach Geschmack mit Salz und Pfeffer würzen. Für etwa 15 Minuten in den Backofen schieben, bis das Brot knusprig und goldbraun ist; zwischendurch von Zeit zu Zeit durchheben. Aus dem Ofen nehmen und in einer Rührschüssel beiseite stellen.

Einen Holzkohlengrill anheizen.

Von oben nach unten: *Fischsuppe, Schwertfisch oder Thunfisch in pikanter Sauce, Gefüllter Kalmar*

In einem schweren Topf bei mittlerer Temperatur die verbliebenen 2 Eßlöffel Öl erhitzen. Die Zwiebeln hinzufügen und 8–10 Minuten sautieren, bis sie weich und glasig sind. Die Tentakelstücke, Knoblauch, 3 Eßlöffel gehackte Petersilie und, falls verwendet, eines der Küchenkräuter dazugeben und 2 Minuten sautieren. Brotkrumen und, falls verwendet, die Tomaten hinzufügen. Dann nach Belieben die zusätzlichen Zutaten dazugeben. Alles gründlich verrühren und nach Geschmack mit Salz und Pfeffer würzen. (Bei Verwendung von Pecorino oder Sardellen nur wenig salzen.)

Die Kalmare mit dieser Mischung füllen und mit Holzspießchen verschließen.

Die gefüllten Kalmare auf Spieße stecken, mit Öl bestreichen und mit Salz und Pfeffer würzen. Auf den Grillrost legen und auf jeder Seite einige Minuten grillen.

Auf einer Platte anrichten, mit etwas Öl und Zitronensaft beträufeln und mit gehackter Petersilie bestreuen.

Für 4 Personen

KATALONIEN

SALSA ROMESCO
Sauce für gegrillte Meeresfrüchte

Diese katalanische Sauce wird nicht nur zu gegrillten Meeresfrüchten gereicht, sondern auch zu gebratenem Lamm-, Schweine- und Hühnerfleisch, zu Salaten und gegrilltem Gemüse. Es gibt unzählige Abwandlungen dieses Saucenrezepts. Einige sind recht scharf, andere eher mild. Man kann diese Sauce mit 2 oder 3 getrockneten Chillies zubereiten: Die Chillies mit Wasser bedecken und bei schwacher Hitze 10 Minuten ziehen lassen, dann von der Kochstelle nehmen und noch weitere 20 Minuten ziehen lassen. Abgießen und Stiele und Samen entfernen. Die Paprikaschote und den zerstoßenen getrockneten Chili weglassen und die Sauce mit Cayennepfeffer abschmecken. Obwohl es im allgemeinen nicht üblich ist, eine »salsa romesco« mit Mayonnaise zuzubereiten, läßt sich eine ähnliche Sauce herstellen, wenn man eine »aïoli« (Rezept S. 144) mit Cayennepfeffer, einem Püree aus enthäuteter roter Paprikaschote und Tomaten sowie gemahlenen gerösteten Mandeln verrührt. Bei manchen Rezepten fügt man außer Mandeln auch gemahlene abgezogene Haselnüsse hinzu. Am einfachsten ist es, die Sauce im Mixer zuzubereiten, damit sie emulgiert und dickflüssig wird.

180 ml Olivenöl
1 große Scheibe Weißbrot (etwa 30 g)
100–125 g Mandeln, geröstet
½–1 TL getrocknete rote Chilischoten, zerstoßen und feingemahlen
2–3 TL zerdrückter Knoblauch
1 große rote Paprikaschote, geröstet, enthäutet, Samen und Rippen entfernt (siehe Glossar)
1 große reife Tomate, enthäutet, entkernt und in Würfel geschnitten (etwa 100 g)
1 TL Paprikapulver
Salz und frisch gemahlener schwarzer Pfeffer
Etwa 4 EL Rotweinessig

In einer Pfanne bei mittlerer Temperatur 3 Eßlöffel Öl erhitzen. Das Brot hinzufügen und etwa 3 Minuten auf jeder Seite braten, bis es goldbraun ist. Das Brot in Stücke brechen und in den Mixer geben. Mandeln, feingemahlenen Chili und Knoblauch hinzufügen und das Gerät kurz einschalten. Enthäutete Paprika, Tomate, Paprikapulver und etwas Salz und Pfeffer dazugeben und die Zutaten grob pürieren. Den Essig hinzufügen und kurz unterrühren. Bei laufendem Gerät das verbliebene Öl in einem sehr feinen Strahl hinzufügen und die Zutaten verrühren, bis die Sauce emulgiert. Die Sauce kosten und, wenn nötig, nachwürzen.

In eine Schüssel füllen und servieren.

Ergibt etwa 350 ml; für 6 Personen

KATALONIEN

ZARZUELA DE MARISCOS
Eintopf von Meeresfrüchten

Dieses »Singspiel der Meeresfrüchte«, wie die wörtliche Übersetzung des Rezeptnamens heißt, ist so festlich, daß man es in einer Runde von mindestens sechs Personen genießen sollte. Wenn man die Hummer in ihrem Panzer beläßt und die Garnelen nicht aus der Schale löst, muß man beim Essen zwar die Finger zu Hilfe nehmen, doch wird das Gericht dann noch aromatischer und sieht beim Auftragen besonders ansprechend aus. Bei einigen Versionen dieses Rezepts fügt man zerstoßene geröstete Mandeln hinzu, bei anderen eine Messerspitze Cayennepfeffer. Eine andere Möglichkeit ist, sowohl die Mandeln wie auch den Cayennepfeffer wegzulassen und »salsa romesco« (Rezept oben) als Tischwürze zu reichen. Zum Auftunken der köstlichen Garflüssigkeit serviert man geröstetes Weißbrot.

4 EL Olivenöl
2 Zwiebeln, gehackt
1–2 EL zerdrückter Knoblauch
2 rote oder grüne Paprikaschoten, Samen und Rippen entfernt, in kleine Würfel geschnitten
700 g Tomaten, enthäutet, entkernt und in Würfel geschnitten
1 Lorbeerblatt, in Stücke gebrochen
Einige Safranfäden, in 4 EL trockenem Weißwein eingeweicht
Salz und frisch gemahlener Pfeffer
100 g Mandeln, geröstet und gemahlen (nach Belieben)
1 Messerspitze Cayennepfeffer (nach Belieben)
400 ml trockener Weißwein
2 kleine oder mittelgroße Hummer, in reichlich sprudelnd kochendem Wasser getötet, 5 Minuten gegart, das Fleisch ausgelöst und in mundgerechte Stücke geschnitten
12–18 lebendfrische Miesmuscheln, gesäubert und entbartet
12–18 lebendfrische Venusmuscheln, gesäubert
12–18 große Garnelen, mit Ausnahme des Schwanzendes aus der Schale gelöst, den Darm entfernt
500–750 g Jakobsmuscheln, große Exemplare halbiert
1–2 EL frisch gepreßter Zitronensaft (nach Belieben)

In einem großen schweren Topf bei mittlerer Temperatur das Öl erhitzen. Die Zwiebeln hineingeben und 5 Minuten sautieren. Knoblauch und Paprikaschoten hinzufügen und etwa 5 Minuten mitsautieren, bis das Gemüse weich, aber nicht gebräunt ist. Tomaten, Lorbeerblatt, den Safran mit dem Weißwein, Salz und Pfeffer nach Geschmack und, falls verwendet, Mandeln und Cayennepfeffer dazugeben. Alles zum Kochen bringen. Auf mittlere Hitze reduzieren und die Mischung etwa 10 Minuten unter gelegentlichem Rühren garen, bis sie eindickt.

Den Weißwein hineinrühren und alles zum Kochen bringen. Hummer, Miesmuscheln und Venusmuscheln hinzufügen (zuvor alle Muscheln wegwerfen, die sich nicht schließen, wenn man daraufklopft). Den Deckel auflegen und alles etwa 5 Minuten garen. Auf mittlere Temperatur herunterschalten, Garnelen und Jakobsmuscheln dazugeben und das Ganze noch 3–5 Minuten köcheln lassen, bis Hummer, Garnelen und Jakobsmuscheln gar sind und sich die Venus- und Miesmuscheln geöffnet haben. Alle Muscheln, die noch geschlossen sind, aussortieren und wegwerfen. Abschmecken und zum Abrunden des Geschmacks nach Belieben den Zitronensaft hinzufügen.

In einer vorgewärmten Schüssel anrichten und sofort servieren.

Für 6–8 Personen

KATALONIEN

GAZPACHO DE MERO
Gazpacho mit Zackenbarsch

Die Gemeinsamkeiten zwischen diesem Fischeintopf und der als »gazpacho« bekannten Suppe beschränken sich darauf, daß beide Tomaten und Knoblauch enthalten und mit Weißbrot gebunden werden.

4 kleine getrocknete Chilischoten
2 l Wasser
120 ml Olivenöl
8 Knoblauchzehen
1 kg Zwiebeln, in feine Streifen geschnitten
1 kg Tomaten, enthäutet und feingehackt
2 Lorbeerblätter
Salz und frisch gemahlener Pfeffer
Kopf und Mittelgräte von einem 1 kg schweren Zackenbarsch oder Seebarsch, in Stücke gehackt
1 kg Filets vom Braunen Zackenbarsch oder Seebarsch, in 2,5 cm große Stücke geschnitten
170 g Mandeln, geröstet
2 Scheiben altbackenes Weißbrot, zerkrümelt

Die Samen der Chilischoten entfernen und wegwerfen. Die Chillies mit etwa 125 ml Wasser in eine kleine Schüssel geben.

In einem Suppentopf das restliche Wasser zum Kochen bringen. In der Zwischenzeit in einem schweren Topf bei mittlerer Temperatur 4 Eßlöffel Öl erhitzen. 4 Knoblauchzehen hinzufügen und etwa 5 Minuten sautieren, bis sie leicht gebräunt sind. Die Hälfte der Zwiebeln dazugeben und etwa 5 Minuten garen. Die Tomaten hinzufügen und das Ganze weitere 5 Minuten garen. Die Mischung in das kochende Wasser geben, Lorbeerblätter sowie Salz und Pfeffer nach Geschmack hinzufügen.

Alles wieder zum Kochen bringen und 30 Minuten ohne Deckel köcheln lassen. Fischkopf und -gräten dazugeben und 20 Minuten

Von oben nach unten: *Sauce für gegrillte Meeresfrüchte, Gazpacho mit Zackenbarsch, Eintopf von Meeresfrüchten*

köcheln lassen. Durch ein Sieb gießen und den Fond beiseite stellen. Das Fleisch vom Fischkopf ablösen und ebenfalls beiseite stellen.

Die eingeweichten Chilischoten abgießen. Zwei der verbliebenen Knoblauchzehen zerdrücken. In einem großen Topf bei mittlerer Temperatur die restlichen 4 Eßlöffel Öl erhitzen. Den zerdrückten Knoblauch und die verbliebenen Zwiebeln dazugeben und 5 Minuten sautieren. Die Fischstücke und das abgelöste Fleisch vom Fischkopf hinzufügen und bei schwacher Hitze 5 Minuten garen; dabei gelegentlich umrühren. Den Fischfond angießen und zum Kochen bringen. Die Temperatur herunterschalten, so daß die Flüssigkeit nur noch leise köchelt. In einem Mörser die Mandeln und die restlichen 2 Knoblauchzehen mit einer Prise Salz zu einer Paste zerreiben. Die Paste mit in den Topf geben und die Suppe etwa 5 Minuten köcheln lassen, bis der Fisch weich ist. Das zerkrümelte Brot hinzufügen und alles noch 5 Minuten köcheln lassen.

In Suppenschalen schöpfen und heiß servieren.

Für 4–6 Personen

KATALONIEN

Romesco
Fischtopf mit Bohnen

Dieses Fischgericht sollte man nicht mit der katalanischen Würzsauce »salsa romesco« verwechseln, auch wenn es ebenfalls Tomaten, Mandeln und Chillies enthält. Dem fertigen Fischtopf fügt man gegarte weiße Bohnen hinzu.

750 g Seeteufelfilet, in etwa 2,5 cm dicke Stücke geschnitten
750 g Seebarschfilet, in 2,5 cm große Stücke geschnitten
750 g Seezungenfilet, in breite Streifen geschnitten
8 Garnelen, aus der Schale gelöst, den Darm entfernt
500 g Kalmare, gesäubert und in breite Ringe geschnitten (siehe Glossar)
Salz
4 EL Olivenöl
4 Knoblauchzehen, zerdrückt
2 reife Tomaten, enthäutet, entkernt und in Streifen geschnitten
1 grüne Paprikaschote, Samen und Rippen entfernt, quer in Streifen geschnitten
1 Zwiebel, in feine Streifen geschnitten
80 g Mandeln, geröstet und feingehackt
Einige Safranfäden, in 4 EL trockenem Weißwein eingeweicht
Grobgemahlener Pfeffer
1 frische Chilischote, gehackt
3 EL gehackte glatte Petersilie
100 g weiße Bohnen, gegart und abgetropft

Die Fischstücke, Garnelen und Kalmarringe leicht salzen und bis zur Verwendung in den Kühlschrank stellen.

In einem schweren Topf bei mittlerer Temperatur 4 Eßlöffel Öl erhitzen. Knoblauch, Tomaten und Paprika hinzufügen und etwa 10 Minuten sautieren, bis die Paprikastreifen weich sind. Mit einem Schaumlöffel in eine Schüssel heben. Die Zwiebel in den Topf geben und 12–15 Minuten sautieren, bis sie eine goldbraune Farbe angenommen hat.

Die Tomaten-Paprika-Mischung zurück in den Topf geben. Mandeln, Safran mit Weißwein, Pfeffer, Chili und Petersilie hinzufügen. Gründlich durchrühren und alles gut 1 cm hoch mit Wasser bedecken. Zum Kochen bringen. Den Fisch dazugeben und die Hitze reduzieren. Den Deckel auflegen und alles etwa 10 Minuten köcheln lassen. Dann Garnelen und Kalmarringe hinzufügen und den Eintopf weitere 2 Minuten köcheln lassen. Die gegarten weißen Bohnen unterrühren und heiß werden lassen. Abschmecken.

In einer vorgewärmten Schüssel anrichten und sofort servieren.

Für 10–12 Personen

KATALONIEN

Gambas al Ajillo
Gebratene Garnelen mit Knoblauch

Diese Garnelen werden in Katalonien häufig als »tapa« serviert. Sie schmecken aber so köstlich, daß man sie als Hauptgericht essen sollte. Nach dem gleichen Rezept lassen sich auch Jakobsmuscheln oder in Ringe geschnittene Kalmare zubereiten. Die herrlich aromatische Sauce wird mit reichlich Weißbrot aufgetunkt.

4 EL Olivenöl
60 g Butter
750 g Garnelen, aus der Schale gelöst, den Darm entfernt
4–6 Knoblauchzehen, feingehackt oder in dünne Scheiben geschnitten
4 EL frisch gepreßter Zitronensaft
1 TL Paprikapulver
½ TL zerstoßene, getrocknete rote Chilischoten
Salz und frisch gemahlener Pfeffer
4 EL gehackte glatte Petersilie

In einem großen flachen Topf oder einer Kasserolle bei hoher Temperatur das Öl zusammen mit der Butter erhitzen. Garnelen und Knoblauch hinzufügen und etwa 2 Minuten braten. Zitronensaft, Paprikapulver, zerstoßene Chillis sowie Salz und Pfeffer nach Geschmack dazugeben.

In einer vorgewärmten Servierschüssel anrichten, mit Petersilie bestreuen und sofort servieren.

Für 4 Personen

KATALONIEN

Calamares con Guisantes
Kalmar mit Knoblauch und Erbsen

Dieses Gericht mit Erbsen und Minze wird in Spanien auch mit Venusmuscheln oder Kraken zubereitet, doch ist diese Version mit Kalmar besonders reizvoll. Will man den Kalmar durch Venusmuscheln ersetzen, 2 kg gründlich gesäuberte Venusmuscheln in 250 ml Weißwein dämpfen und anschließend das Muschelfleisch aus den Schalen lösen. Die Garflüssigkeit durch ein mit Küchenleinen ausgelegtes Sieb gießen. Die Erbsen in die pürierte und wieder erhitzte Sauce (siehe unten) geben und dann das Muschelfleisch und die Garflüssigkeit hinzufügen. Das Ganze erhitzen und wie unten beschrieben garnieren. In diesem Rezept wird reichlich Knoblauch verwendet, doch kann man auch weniger nehmen. In Rom gibt es ebenfalls ein beliebtes Gericht mit Kalmar und Erbsen, es enthält aber nur sehr wenig Knoblauch und wird ohne Tomaten und Minze zubereitet.

2 kg Erbsen in der Schote, ausgepalt (etwa 600 g)
Salz
125 ml Olivenöl
2 Knollen Knoblauch, in Zehen geteilt und abgezogen
2 Scheiben Weißbrot, Rinde entfernt
1 EL Mehl
3 Tomaten, enthäutet, entkernt und gehackt
125 ml trockener Weißwein
4 EL gehackte Minze
4 EL gehackte glatte Petersilie
1 kg Kalmare, gesäubert und in 2,5 cm breite Ringe geschnitten (siehe Glossar)

Einen Topf zu drei Vierteln mit Wasser füllen und das Wasser zum Kochen bringen. Die Erbsen und etwas Salz dazugeben und die Erbsen 3–5 Minuten kochen, bis sie gar sind. Abgießen und unter fließendem kaltem Wasser abschrecken. Abtropfen lassen und beiseite stellen.

In einem großen schweren Topf bei mittlerer Temperatur das Öl erhitzen. Die Knoblauchzehen hinzufügen und etwa 4 Minuten sautieren, bis sie goldgelb sind. Mit einem Schaumlöffel zum Abtropfen auf Küchenkrepp legen. Im gleichen Öl das Brot etwa 3 Minuten auf jeder Seite goldbraun braten. Das Brot herausnehmen und ebenfalls auf Küchenkrepp abtropfen lassen.

In einem Mörser den Knoblauch und das Brot zu einer Paste zerreiben. (Die Zutaten können auch im Mixer püriert werden.) Beiseite stellen.

Das Mehl zu dem Öl in die Pfanne geben und bei mittlerer Temperatur rösten, bis es zu bräunen beginnt. Dann Wein, Tomaten, Knoblauchpaste und jeweils 2 Eßlöffel Minze und Petersilie hinzufügen und die Sauce 15 Minuten köcheln lassen. Ist die Sauce zu dickflüssig, etwas Wasser dazugießen; sie muß vom Löffel laufen und relativ flüssig sein.

Die Sauce in der Küchenmaschine pürieren. Ist sie zu dickflüssig, ein wenig Wasser unterrühren. Die Sauce zurück in den Topf geben und zum Kochen bringen. Den Kalmar hinzufügen, gründlich durchrühren und 1–2 Minuten köcheln lassen. Die Erbsen unterrühren und alles noch 1 Minute erhitzen.

In einer vorgewärmten Servierschüssel anrichten, mit der restlichen Minze und der verbliebenen Petersilie bestreuen und sofort servieren.

Für 6 Personen

Rechte Seite von oben nach unten: *Fischtopf mit Bohnen, Gebratene Garnelen mit Knoblauch, Kalmar mit Knoblauch und Erbsen*

Fischklößchen in Tomatensauce

TUNESIEN

Tagine Kefta mn Hoot
Fischklößchen in Tomatensauce

Zu diesen tunesischen Fischklößchen sollte man »couscous« (Rezept S. 204) reichen. In der Türkei gibt es ähnliche Fischklößchen, die mit Dill und Frühlingszwiebeln zubereitet, in Mehl gewendet, goldbraun gebraten und ohne Sauce als Vorspeise mit Zitronenachteln serviert werden. In Spanien fügt man der Fischmasse Petersilie und etwas Käse hinzu und reicht die gebratenen Klößchen mit Tomatensauce.

FÜR DIE FISCHKLÖSSCHEN:

750 g weißfleischiges Fischfilet wie Kabeljau, Seezunge oder Barsch
4 EL gehackte glatte Petersilie
3 Knoblauchzehen, zerdrückt
2 Zwiebeln, feingehackt
Salz
½ TL *harissa* (siehe Glossar)
125 g altbackenes Weißbrot, in Scheiben geschnitten, Rinde entfernt, in Wasser eingeweicht und ausgedrückt, oder 100 g frische Weißbrotkrumen
1 Ei
Olivenöl zum Fritieren

FÜR DIE SAUCE:

3 EL Olivenöl
2 Knoblauchzehen, zerdrückt
6 EL pürierte Tomaten
500 ml Fischfond (siehe Glossar) oder Wasser
Salz und frisch gemahlener Pfeffer

Gehackte glatte Petersilie (zum Anrichten)

Für die Klößchen die im Fischfilet verbliebenen Gräten sorgfältig entfernen. Den Fisch feinhacken und in eine Schüssel geben. Alle übrigen Zutaten – mit Ausnahme von Ei und Olivenöl – hinzufügen und alles gründlich vermengen. Das Ei dazugeben und die Masse durchkneten, bis sie glatt ist. (Die Klößchenmasse kann auch im Mixer hergestellt werden.) Ein Backblech mit Pergamentpapier auslegen. Einen Löffel und die Hände mit kaltem Wasser anfeuchten. Jeweils einen gehäuften Eßlöffel Fischmasse abstechen und mit den Händen zu Klößchen von 2,5 cm Durchmesser rollen. Die Fischklößchen auf das Backblech legen. (Werden sie nicht sofort gegart, bis zur Verwendung in den Kühlschrank stellen.)

Eine große hohe Bratpfanne 5 cm hoch mit Öl füllen und bei mittlerer Temperatur erhitzen. Die Fischklößchen partienweise im heißen Öl fritieren, bis sie rundum leicht gebräunt sind. Mit einem Schaumlöffel zum Abtropfen auf Küchenkrepp legen. Für die Sauce in einem großen Topf bei mittlerer Temperatur 3 Eßlöffel Öl erhitzen. Die übrigen Zutaten hinzufügen, gründlich durchrühren und zum Kochen bringen. Die Fischklößchen dazugeben. Auf schwache Hitze reduzieren und alles etwa 15 Minuten ohne Deckel köcheln lassen, bis die Fischklößchen gar sind und die Sauce etwas eingekocht ist.

In einer vorgewärmten Schüssel anrichten, mit Petersilie bestreuen und servieren.

Für 4 Personen

MAROKKO

Al Toune bil Tomatich
Thunfisch mit Tomatensauce und eingelegter Zitrone

Statt mit Thunfisch kann dieses Rezept auch mit Kabeljau, Schnapper oder einem anderen Fisch mit festem weißem Fleisch zubereitet werden. Noch aromatischer wird das Gericht, wenn man die Tomatensauce mit 1 Teelöffel gemahlenem Ingwer und einigen Safranfäden würzt, oder aber 1 Teelöffel gemahlenen Zimt, 1 zerdrückte Knoblauchzehe und Cayennepfeffer dazugibt.

Bei einem ähnlichen Rezept wird der Fisch nicht mariniert und ohne Tomaten zubereitet. Man legt den Fisch in einer ofenfesten Form auf ein Bett aus feingeschnittener eingelegter Zitronenschale, beträufelt ihn mit Olivenöl oder einer »chermoula« (Rezepte S. 127) und gart ihn wie unten angegeben im Backofen. Zum Servieren wird der Fisch mit Oliven und gehackter Petersilie bestreut.

6 dicke Thunfischfilets oder andere festfleischige Fischfilets, je etwa 250 g (siehe oben)
125 ml *chermoula*-Marinade (Rezepte S. 127)
1 kg Tomaten, enthäutet, entkernt und in Würfel geschnitten
4 EL gehackte glatte Petersilie
Schale von 1 eingelegten Zitrone, in feine Streifen geschnitten (siehe Glossar)
18 scharf gewürzte schwarze Oliven
2 EL Kapern, abgespült und abgetropft (nach Belieben)

Den Fisch in eine große, säurebeständige ofenfeste Form legen und mit der *chermoula*-Marinade übergießen. Mit Alufolie abdecken und zum Marinieren für 4 Stunden in den Kühlschrank stellen.

In der Zwischenzeit die Tomaten in einen Topf geben. Bei mittlerer Temperatur 10–15 Minuten unter häufigem Rühren zu einem dicken Püree einkochen. Petersilie, Zitronenschale, Oliven und, falls verwendet, Kapern dazugeben und alles 5 Minuten köcheln lassen.

Den Backofen auf 200 °C (Gasherd Stufe 3–4) vorheizen. Den Fisch aus dem Kühlschrank nehmen und mit der Tomatensauce überziehen. Wieder mit Alufolie abdecken und für etwa 25 Minuten in den Backofen schieben, bis der Fisch gar ist.

Auf einer Platte anrichten oder direkt aus der Form servieren. Heiß oder mit Raumtemperatur auftragen.

Für 6 Personen

Thunfisch mit Tomatensauce und eingelegter Zitrone

GRIECHENLAND

PSARI SE AMBELOFILLA
Fisch in Weinblättern

Dieses Gericht ist nicht nur in Griechenland, sondern im gesamten Mittelmeerraum beliebt. Man kann kleine Fische wie Sardinen oder Meerbarben, Plattfische wie Seezunge oder festfleischige Fische wie Hai, Schwertfisch oder Thunfisch nehmen und sie – statt im Backofen – auf dem Holzkohlengrill oder im Küchengrill garen. Die eingewickelten Fische dazu auf beiden Seiten mit der Marinade bestreichen, mit Salz und Pfeffer würzen und dann 4–6 Minuten auf jeder Seite grillen. Die Weinblätter verhindern, daß der Fisch austrocknet, und verleihen ihm ein besonderes Aroma und ein raffiniertes Aussehen. Die Öl-Zitronensaft-Mischung, mit der man die Fische vor dem Braten oder nach dem Grillen übergießt, kann mit Thymian, Oregano, gerösteten Pinienkernen, Oliven, Kapern, in Würfel geschnittenen Tomaten oder eingeweichten Rosinen verfeinert werden.

1 kg Rote Meerbarben, gesäubert, oder Seezungen-, Schwertfisch- oder Barschfilet
125 ml Olivenöl
4 EL frisch gepreßter Zitronensaft
4 TL gehackter Thymian (nach Belieben)
2 EL getrockneter Oregano (nach Belieben)
Salz und frisch gemahlener Pfeffer
Eingelegte Weinblätter, Lake abgespült, Blattstiele entfernt

Den Fisch in eine flache säurebeständige Schüssel legen. In einer kleinen Schüssel 3 Eßlöffel Öl, 2 Eßlöffel Zitronensaft und, falls verwendet, Thymian und Oregano verquirlen. Den Fisch mit der Marinade übergießen und mit Salz und Pfeffer würzen. Zum Marinieren etwa 1 Stunde bei Raumtemperatur stehenlassen.

Den Backofen auf 200 °C (Gasherd Stufe 3–4) vorheizen. Den Fisch aus der Marinade nehmen. Die ganzen Fische oder die Filets einzeln in Weinblätter wickeln. Eine große ofenfeste Form mit einigen Weinblättern auslegen. Die Fischpäckchen mit der Nahtstelle nach unten nebeneinander in die Form legen. In einer kleinen Schüssel 2 Eßlöffel Öl mit 1 Eßlöffel Zitronensaft verquirlen. Die Fischpäckchen damit beträufeln und je nach Größe und Dicke des Fisches für 10–18 Minuten in den Backofen schieben.

Auf einer vorgewärmten Platte anrichten. Die verbliebenen 3 Eßlöffel Öl und 1 Eßlöffel Zitronensaft verquirlen und über den Fisch geben. Sofort servieren.

Für 4–6 Personen

GRIECHENLAND

PSARI BOURTHETO
Pfeffriges Fischragout aus Korfu

Dieses Rezept läßt sich mit gemischten festfleischigen Fischen oder mit nur einer Fischart zubereiten. Der Fisch kann vor dem Garen 30 Minuten in Olivenöl und Zitronensaft mariniert werden. Man kann das Ragout auch bei 200 °C (Gasherd Stufe 3–4) 10–15 Minuten im Backofen garen. Es wird mit Bratkartoffeln serviert.

4 EL Olivenöl
2 Zwiebeln, in feine Streifen geschnitten
1 Knoblauchzehe, zerdrückt
1 Lorbeerblatt, in Stücke gebrochen
Cayennepfeffer
Frisch gemahlener Pfeffer
2 TL gehackter Thymian
1 TL feingehackter Rosmarin (nach Belieben)
4 EL Rotweinessig
125 ml trockener Rot- oder Weißwein
600 g Tomaten, enthäutet, entkernt und in Würfel geschnitten (nach Belieben)
Salz
1 kg festes weißfleischiges Fischfilet, in 5 cm große Stücke geschnitten
3 EL frisch gepreßter Zitronensaft
1 TL Paprikapulver
4 EL gehackte glatte Petersilie

In einem großen schweren Topf bei mittlerer Temperatur das Öl erhitzen. Zwiebeln, Knoblauch und Lorbeerblatt dazugeben und 8–10 Minuten sautieren, bis die Zwiebeln weich und glasig sind. Cayennepfeffer, schwarzen Pfeffer, Thymian und – falls verwendet – Rosmarin hinzufügen und 2 Minuten sautieren. Essig, Wein und – falls verwendet – Tomaten dazugeben und zum Kochen bringen. Die Fischstücke mit Salz und Pfeffer würzen und mit in den Topf geben. Die Hitze reduzieren, den Deckel halb auflegen und alles etwa 8 Minuten köcheln lassen, bis der Fisch gar ist.
Zitronensaft und Paprika hinzufügen und das Fischragout noch 2 Minuten köcheln lassen. Dann abschmecken. In einer vorgewärmten Schüssel anrichten, mit Petersilie bestreuen und sofort servieren.

Für 4 Personen

Linke Seite von oben links im Uhrzeigersinn: *Fisch in Weinblättern, Pfeffriges Fischragout aus Korfu, Seebarsch in Tomatensauce mit Rosmarin*

GRIECHENLAND

LEVRAKIA MARINATA
Seebarsch in Tomatensauce mit Rosmarin

Dieses Rezept kann mit ganzen Fischen oder Fischfilet zubereitet werden. Es eignet sich für alle Fische mit mildem Aroma und festem Fleisch: Meerbarben, Sardinen, Forellen, Seeteufel oder Seebarsch. Es kann heiß oder mit Raumtemperatur aufgetragen werden. Bei manchen Versionen wird die Sauce mit etwas gehackter Tomate verfeinert.

4 Seebarschfilets (je etwa 180 g)
Salz und frisch gemahlener Pfeffer
2 EL frisch gepreßter Zitronensaft
Mehl zum Panieren
Olivenöl zum Braten

FÜR DIE SAUCE:
4 EL Olivenöl
2 EL Mehl
5 EL Rotweinessig
4 EL Wasser
1 oder 2 Knoblauchzehen, feingehackt
2 EL gehackter Rosmarin
2 Lorbeerblätter
200 g Tomaten, enthäutet und gehackt (nach Belieben)
Salz und frisch gemahlener Pfeffer

Olivenöl, wenn der Fisch mit Raumtemperatur serviert wird

Den Fisch salzen, pfeffern und mit Zitronensaft beträufeln. Mehl in einer flachen Schüssel verteilen. Den Fisch im Mehl wenden, überschüssiges Mehl abschütteln. Eine große Pfanne etwa 0,5 cm hoch mit Öl füllen und bei mittlerer Temperatur erhitzen. Den Fisch hineinlegen und etwa 4 Minuten auf jeder Seite braten, bis er goldbraun und gar ist. Zum Abtropfen auf Küchenkrepp legen. Den Fisch mit Alufolie abdecken, damit er warm bleibt.

Für die Sauce das Bratfett aus der Pfanne weggießen und die Pfanne mit Küchenkrepp auswischen. Dann 4 Eßlöffel Öl darin bei mittlerer Temperatur erhitzen. Das Mehl hinzufügen und etwa 3–5 Minuten unter Rühren rösten, bis es goldbraun ist. Essig, Wasser, Knoblauch, Rosmarin, Lorbeerblätter und, falls verwendet, Tomaten dazugeben. Auf schwache Hitze reduzieren und die Sauce köcheln lassen, bis sie eingedickt ist. Mit Salz und Pfeffer abschmecken.

Den Fisch, wenn er heiß serviert werden soll, auf einer vorgewärmten Platte anrichten, mit der Sauce beschöpfen und sofort auftragen. Soll er mit Raumtemperatur serviert werden, den Fisch auf einer Platte anrichten, die Sauce darüberschöpfen und auf Raumtemperatur abkühlen lassen. Der Fisch kann auch zugedeckt über Nacht in den Kühlschrank gestellt und erst am nächsten Tag serviert werden. Den Fisch zuvor auf Raumtemperatur kommen lassen und mit gutem Olivenöl beträufeln.

Für 4 Personen

PROVENCE

MOULES À LA PROVENÇALE
Gedämpfte Miesmuscheln

In Sardinien bestreut man diese Muscheln zusätzlich mit gerösteten Semmelbröseln. Dazu reicht man Weißbrot zum Auftunken der köstlichen Sauce. Das Brot kann auch geröstet werden.

3 EL Olivenöl
1 Zwiebel oder 3 große Schalotten, gehackt
2 oder 3 Knoblauchzehen, zerdrückt
300 g Tomaten, enthäutet, entkernt und in Würfel geschnitten (nach Belieben)
125 ml trockener Weißwein oder Wasser
2 kg lebendfrische Miesmuscheln, gesäubert und entbartet (18–24 Stück pro Person)
Frisch gemahlener schwarzer Pfeffer
2 EL gehackte glatte Petersilie

In einem großen schweren Topf bei mittlerer Temperatur das Öl erhitzen. Die Zwiebeln oder Schalotten dazugeben und etwa 15 Minuten sautieren, bis sie weich sind und goldbraun werden. Knoblauch, Tomaten (falls verwendet) und Wein oder Wasser unterrühren. Die Muscheln hinzufügen (zuvor alle Muscheln wegwerfen, die sich nicht schließen, wenn man daraufklopft) und zum Kochen bringen. Den Deckel auflegen und die Muscheln 3–4 Minuten bei starker Hitze garen, bis sie sich geöffnet haben. Alle Muscheln, die noch geschlossen sind, wegwerfen.

Die Muscheln und die Garflüssigkeit in Suppenschalen schöpfen, etwas Pfeffer darübermahlen, mit Petersilie bestreuen und sofort servieren.

Für 4 Personen

PROVENCE

ANGUILLE À LA MARTEGALE
Aal mit Porree, Oliven und Weißwein

Dieses Gericht wird in der alten Hafenstadt Martigues traditionell am Weihnachtsabend gegessen. Aber es gibt keinen Grund, es nur einmal im Jahr zuzubereiten, denn es schmeckt einfach köstlich. Der Aal muß sehr frisch sein; man zieht die Haut ab und schneidet den Fisch in große Stücke. Wer möchte, kann den Aal – statt im Backofen – auch auf dem Herd garen und kurz vor dem Servieren mit gerösteten Semmelbröseln bestreuen.

4 EL Olivenöl
3 Stangen Porree mit den zarten hellgrünen Teilen, gehackt
2 Knoblauchzehen, zerdrückt
4 EL gehackte glatte Petersilie
Salz und frisch gemahlener Pfeffer
1 Lorbeerblatt, in Stücke gebrochen
80 g scharf gewürzte schwarze Oliven, entsteint
1 kg Aal, die Haut abgezogen und in große Stücke geschnitten
180 ml trockener Weißwein
60 g Semmelbrösel

Den Backofen auf 180 °C (Gasherd Stufe 2–3) vorheizen.

In einem schweren Topf bei mittlerer Temperatur 2 Eßlöffel Öl erhitzen. Den Porree dazugeben und kurz sautieren. Knoblauch und Petersilie unterrühren, mit Salz und Pfeffer würzen und dann Lorbeerblatt und Oliven unterheben. Die Porreemischung in einer flachen ofenfesten Form verteilen. Die Aalstücke darauflegen und den Wein angießen. Mit den Semmelbröseln bestreuen und die verbliebenen 2 Eßlöffel Öl darüberträufeln. Zugedeckt für etwa 1 Stunde in den Backofen schieben, bis der Aal gar ist.

Auf einer vorgewärmten Platte anrichten oder direkt aus der Form servieren.

Für 4 Personen

PROVENCE

THON EN CHARTREUSE
Thunfisch mit Gemüse und Weißwein

Viele, die zum erstenmal von diesem Gericht hören, nehmen an, daß es mit dem berühmten Kräuterlikör des Klosters Grande Chartreuse zubereitet wird. »En chartreuse« ist jedoch die Bezeichnung für mit kleingeschnittenem Gemüse gegarten Fisch, Fleisch oder Geflügel.

Etwa 3 EL frisch gepreßter Zitronensaft
750 g Thunfischfilet (5–7,5 cm dick)
6 Sardellenfilets in Öl, abgetropft
3 EL Olivenöl
2 Zwiebeln, gehackt
4–6 Möhren, geschält und in kleine Stücke geschnitten
2 Knoblauchzehen, zerdrückt
8 Salatherzen (etwa von Kopfsalat oder Römischem Salat), in 2,5 cm breite Streifen geschnitten
30 g Sauerampferblätter, gehackt (nach Belieben)
Salz und frisch gemahlener Pfeffer
250 ml trockener Weißwein

Einen großen schweren Topf zu drei Vierteln mit Wasser füllen. Den Zitronensaft dazugeben und zum Kochen bringen. Den Thunfisch hinzufügen und 4–5 Minuten blanchieren. Den Fisch abgießen und auf die Arbeitsfläche legen. Die Sardellenfilets in lange dünne Streifen schneiden. Den Thunfisch an verschiedenen Stellen einschneiden und die Sardellenstreifen in die Einschnitte schieben.

In einem schweren Topf bei mittlerer Temperatur das Öl erhitzen. Zwiebeln und Möhren hinzufügen und einige Minuten sautieren. Den Thunfisch dazugeben, den Deckel auflegen und alles bei schwacher Hitze etwa 10 Minuten garen. Knoblauch, Salat und Sauerampfer (falls verwendet) hinzufügen. Nach Geschmack mit Salz und Pfeffer würzen. Den Deckel wieder auflegen und den Fisch weitere 10 Minuten bei schwacher Hitze garen. Der Salat gibt etwas Flüssigkeit ab, dennoch von Zeit zu Zeit nachsehen, ob genügend Flüssigkeit vorhanden ist, damit das Gemüse nicht ansetzt.

Wenn die Flüssigkeit verkocht ist, den Wein angießen. Den Deckel auflegen und den Fisch noch etwa 15 Minuten bei niedriger Temperatur köcheln lassen, bis er gar ist; zwischendurch mit der Garflüssigkeit beschöpfen.

Den Thunfisch mit einem großen Bratenwender vorsichtig aus dem Topf nehmen und auf eine vorgewärmte Platte legen. Das Gemüse um den Fisch verteilen und sofort servieren.

Für 4 Personen

PROVENCE

GIGOT DE MER
Fisch mit Ratatouille

Bei diesem provenzalischen Rezept wird ein fleischreicher Fisch, etwa Seeteufel oder Kabeljau, wie eine Lammkeule mit Knoblauch gespickt und auf einem Gemüsebett im Backofen gegart. Am besten verwendet man einen ganzen Fisch, ersatzweise kann man jedoch auch Fischsteaks nehmen. Die Ratatouille kann auch als Gemüsegericht warm oder mit Raumtemperatur serviert werden. Sie hält sich im Kühlschrank bis zu 3 Tage.

FÜR DIE RATATOUILLE:
2 Auberginen, geschält
Salz
90–120 ml Olivenöl
2 Zwiebeln, gehackt
2 oder 3 Knoblauchzehen, zerdrückt
3 rote oder grüne Paprikaschoten, Samen und Rippen entfernt, in Streifen oder Würfel geschnitten
3 Zucchini, in Würfel oder 0,5 cm dicke Scheiben geschnitten
3 oder 4 Tomaten, enthäutet, entkernt und in Würfel geschnitten
Salz und frisch gemahlener Pfeffer
4 EL gehacktes Basilikum

Von oben rechts im Uhrzeigersinn: *Fisch mit Ratatouille, Gedämpfte Miesmuscheln, Thunfisch mit Gemüse und Weißwein, Aal mit Porree, Oliven und Weißwein*

1 ganzer fleischreicher Fisch (etwa 2,5 kg), gesäubert, oder 1,5 kg dicke Fischsteaks oder -filets
3 Knoblauchzehen, in Stifte geschnitten
Salz und frisch gemahlener Pfeffer
Einige Lorbeerblätter und Thymianzweige (bei Verwendung von Fischsteaks oder -filets)
250 ml trockener Weißwein
2–3 EL gehacktes Basilikum oder gehackte glatte Petersilie

Für die Ratatouille die Auberginen entweder in 2,5 cm große Würfel oder in 1 cm dicke Scheiben schneiden und die Scheiben anschließend halbieren oder in Viertel schneiden. Mit Salz bestreuen und in einem Durchschlag etwa 30 Minuten abtropfen lassen, um den Auberginen einen Teil der Bitterstoffe zu entziehen. Das Salz abspülen und die Auberginen mit Küchenkrepp trockentupfen.

In einer großen Pfanne bei mittelhoher Temperatur 3–4 Eßlöffel Öl erhitzen. Die Auberginenstücke hinzufügen und unter häufigem Durchheben 5–8 Minuten sautieren, bis sie weich sind. In eine Schüssel geben und beiseite stellen. 2 Eßlöffel Öl in die Pfanne geben, die Zwiebeln hinzufügen und 10–15 Minuten sautieren, bis sie weich und leicht gebräunt sind. Den Knoblauch dazugeben und 1–2 Minuten mitsautieren. Zwiebeln und Knoblauch mit einem Schaumlöffel in die Schüssel zu den Auberginen geben. Das Öl in der Pfanne auf 2 Eßlöffel ergänzen und bei mittlerer Temperatur erhitzen. Paprika und Zucchini hinzufügen und etwa 10 Minuten sautieren, bis das Gemüse weich ist.

Auberginen und Zwiebeln zurück in die Pfanne geben. Die Tomaten hinzufügen und bei sehr schwacher Hitze etwa 15 Minuten garen, bis das gesamte Gemüse sehr weich ist; zwischendurch gelegentlich umrühren. Mit Salz und Pfeffer abschmecken und das Basilikum unterrühren.

In der Zwischenzeit den Backofen auf 200 °C (Gasherd Stufe 3–4) vorheizen.

Bei Verwendung eines ganzen Fisches den Fisch auf beiden Seiten mehrmals etwa 1,5 cm tief einschneiden und mit den Knoblauchstiften spicken. Den Fisch in eine eingeölte ofenfeste Form legen. Mit Salz und Pfeffer bestreuen. Den Wein angießen und die Form für etwa 15 Minuten in den Backofen schieben. Dann den Fisch vorsichtig aus der Form heben. Den größten Teil der Ratatouille in der Form verteilen. Den Fisch auf das Gemüsebett legen und das Gemüse am Rand ein wenig anhäufen. Die restliche Ratatouille auf dem Fisch verteilen und die Form noch für etwa 15 Minuten in den Ofen schieben, bis der Fisch gar ist; zur Garprobe mit einem Messer hineinstechen. Den gegarten Fisch vorsichtig aus der Form heben. Die Haut abziehen und wegwerfen, den Fisch in Portionsstücke schneiden. Den Kopf und die Gräten wegwerfen. Auf jedem Teller etwas Ratatouille verteilen und 1 oder 2 Stücke Fisch darauflegen. Mit Basilikum oder Petersilie bestreuen. Sofort servieren.

Bei Verwendung von Fischfilets oder -steaks den Fisch an mehreren Stellen etwa 1,5 cm tief einschneiden und mit den Knoblauchstiften spicken. Mit Salz und Pfeffer würzen, in eine eingeölte ofenfeste Form legen, Lorbeerblätter und Thymianzweige dazwischenstecken und den Wein angießen. 10 Minuten im Backofen garen. Den Fisch vorsichtig mit einem Bratenwender herausheben und auf einen großen Teller legen. Den größten Teil der Ratatouille in der Form verteilen, den Fisch zurück in die Form geben und die verbliebene Ratatouille darauf verteilen. Noch für etwa 10 Minuten in den Ofen schieben, bis der Fisch gar ist. Auf vorgewärmten Portionstellern anrichten und mit Basilikum oder Petersilie bestreuen. Sofort servieren.

Für 6–8 Personen

Gegrillter Fisch mit Kreuzkümmel

LIBANON

Samak al Kamoun
Gegrillter Fisch mit Kreuzkümmel

Kreuzkümmel ist nicht nur im Libanon, sondern auch in Syrien, Ägypten und Nordafrika ein beliebtes Gewürz für gegrillten Fisch. Der Fisch wird entweder in einer Mischung aus Kreuzkümmel und anderen Gewürzen mariniert und gegrillt oder im Backofen mit Zwiebeln gegart, die mit Kreuzkümmel gewürzt sind. Dieses Rezept läßt sich auch mit Fischfilet zubereiten. Man nimmt dann sechs Fischfilets mit 180 g Gewicht und reibt sie mit der Marinade ein. Die Grillzeit verkürzt sich auf etwa 4 Minuten pro Seite, die Garzeit im Ofen auf 8–10 Minuten.

1 ganzer Fisch wie Seebarsch oder Roter Schnapper (1,75–2 kg), gesäubert
Salz
6 EL frisch gepreßter Zitronensaft
3 EL Kreuzkümmelsamen, geröstet und gemahlen
2 EL Paprikapulver
2 TL zerdrückter Knoblauch
Frisch gemahlener Pfeffer

2 EL gehackte glatte Petersilie oder gehacktes Koriandergrün (nach Belieben)

125 ml Olivenöl

Den Küchengrill vorheizen oder einen Holzkohlengrill anheizen oder den Backofen auf 230 °C (Gasherd Stufe 5) vorheizen. Den Fisch innen und außen mit Salz einreiben, dann abspülen. Auf jeder Seite drei- oder viermal schräg einschneiden. Beiseite stellen.

In einer Schüssel Zitronensaft, Kreuzkümmel, Paprika, Knoblauch, Salz, Pfeffer und – falls verwendet – Petersilie oder Koriandergrün verrühren. Das Olivenöl unterschlagen und den Fisch auf beiden Seiten damit bestreichen. Den Fisch entweder in Alufolie wickeln und 25–30 Minuten im Backofen garen oder auf den Grillrost legen und etwa 10 Minuten auf jeder Seite grillen, bis er gar ist; zur Garprobe mit einem Messer hineinstechen.

Auf einer vorgewärmten Platte anrichten und sofort servieren.

Für 6 Personen

PROVENCE

Bourride
Fischsuppe mit Aïoli

Ein guter Fischfond und eine aromatische »aïoli«, die bekannte Knoblauchmayonnaise aus der Provence, sind die Grundlage dieser nahrhaften, köstlichen Fischsuppe. Den Fisch serviert man häufig als zweiten Gang mit Kartoffeln, die Suppe als ersten Gang mit »croûtons«, doch kann man selbstverständlich auch beides zusammen reichen.

FÜR DEN FISCHFOND:

1 kg Fischgräten mit Köpfen und Schwänzen, Kiemen entfernt
1,5 l Wasser
375 ml trockener Weißwein
1 Zwiebel, grobgehackt
1 Stange Bleichsellerie, gehackt
1 Streifen Zitronenschale
2 Petersilienzweige
1 Thymianzweig
3 Pfefferkörner
1 Koriandersame
1 Lorbeerblatt
½ TL Fenchelsamen (nach Belieben)
1 Streifen Orangenschale (nach Belieben)

FÜR DIE AÏOLI:

1 EL feingehackter Knoblauch
Grobes Salz sowie Salz nach Geschmack
2 Eigelb
3–4 EL frisch gepreßter Zitronensaft
375–500 ml mildes Olivenöl oder Erdnußöl und Olivenöl zu gleichen Teilen

FÜR DIE SUPPE:

Aïoli
Durchgesiebter Fischfond
1,25 kg festes weißfleischiges Fischfilet, etwa 2,5 cm dick, in 5–7,5 cm lange Stücke geschnitten
2 Eigelb
Salz

Frisch gemahlener Pfeffer
Frisch gepreßter Zitronensaft
12 Scheiben Weißbrot, geröstet oder in Olivenöl gebraten, in mundgerechte Stücke geschnitten

Für den Fischfond alle Zutaten in einen Suppentopf geben und zum Kochen bringen. Auf schwache Hitze reduzieren und alles etwa 30 Minuten im offenen Topf köcheln lassen; zwischendurch von Zeit zu Zeit abschäumen.

Den Fond durch ein mit Küchenleinen ausgelegtes Sieb gießen; es sollen 1–1,25 l sein.

Den Fischfond abkühlen lassen, dann abdecken und bis zur Verwendung in den Kühlschrank stellen.

Für die *aïoli* in einem Mörser den Knoblauch mit Salz zu einer Paste zerreiben. Dann 2 Eigelb und die Hälfte des Zitronensafts im Mixer verrühren. Bei laufendem Gerät das Öl in einem sehr dünnen Strahl hinzufügen, bis die Mischung emulgiert und eine dicke Mayonnaise entstanden ist. Den Knoblauch, den verbliebenen Zitronensaft und Salz nach Geschmack dazugeben. Falls die Knoblauchmayonnaise zu dick ist, zum Verdünnen einige Tropfen kaltes Wasser unterrühren. Die Hälfte der *aïoli* (insgesamt sollen es etwa 375 ml sein) in eine Schüssel füllen und bis zum Servieren beiseite stellen. Die restliche Knoblauchmayonnaise in einen 1,5-l-Topf geben und beiseite stellen.

Zur Zubereitung der Suppe in einem großen Topf den Fischfond zum Kochen bringen. Den Fisch dazugeben und etwa 8 Minuten ohne Deckel köcheln lassen, bis er gar, aber noch fest ist. Den Fisch mit einem Schaumlöffel auf eine Platte heben, etwas heißen Fond darüberschöpfen, mit Alufolie abdecken und warm halten.

Mit einem Schneebesen 2 Eigelb unter die *aïoli* im Topf rühren. Dann nach und nach etwa 250 ml heißen Fischfond unterschlagen. Wenn die *aïoli* warm geworden ist, den restlichen Fischfond dazugeben. Bei sehr niedriger Temperatur etwa 3 Minuten unter ständigem Rühren erhitzen, bis die Flüssigkeit eindickt. Die Suppe nicht zum Kochen kommen lassen! Mit Salz, Pfeffer und Zitronensaft abschmecken.

Zum Servieren jeweils zwei geröstete oder gebratene Brotscheiben in sechs Suppenteller legen. Fisch und Suppe gleichmäßig darauf verteilen.

Die zurückgestellte *aïoli* getrennt dazu reichen.

Für 6 Personen

PROVENCE

Coquilles St.-Jacques à la Provençale
Jakobsmuscheln mit Knoblauch, Weißwein und Kräutern

Jakobsmuscheln sind überaus sättigend, so daß dieses Rezept leicht für 4 bis 6 Personen reicht. Man kann die Muscheln »à la minute« sautieren oder garen und kurz vor dem Servieren in einer ofenfesten Form überbacken. Reis eignet sich gut als Beilage.

750 g Jakobsmuscheln
125 g Mehl
Salz
Frisch gemahlener Pfeffer
4 EL Butter sowie 2 weitere EL Butter, wenn die Muscheln überbacken werden
2 EL feingehackte Schalotten
2 Knoblauchzehen, zerdrückt
2 EL Olivenöl
125 ml trockener Weißwein
3 EL gehackte glatte Petersilie
1 TL feingehackter Thymian
250 g Tomaten, enthäutet, entkernt und in Würfel geschnitten (nach Belieben)
60 g Semmelbrösel (wenn die Muscheln überbacken werden)

Den harten Muskel von dem Muschelfleisch abschneiden. Große Jakobsmuscheln waagerecht halbieren.

Das Mehl auf einen großen Teller geben und nach Geschmack mit Salz und Pfeffer würzen. Die Jakobsmuscheln im gewürzten Mehl wenden, überschüssiges Mehl abschütteln und die Muscheln auf ein Gitter legen.

In einer großen schweren Pfanne bei mittlerer Temperatur 2 Eßlöffel Butter zerlassen. Schalotten und Knoblauch dazugeben und 2–3 Minuten sautieren, bis sie weich sind. Aus der Pfanne nehmen und beiseite stellen. In der gleichen Pfanne bei hoher Temperatur weitere 2 Eßlöffel Butter zusammen mit 2 Eßlöffeln Öl erhitzen. Die Jakobsmuscheln partienweise hinzufügen und rasch sautieren, bis sie auf beiden Seiten leicht gebräunt sind. Die Muscheln aus der Pfanne nehmen und warm halten.

Den Bratensatz in der Pfanne mit dem Wein ablöschen und bei starker Hitze unter Rühren mit dem Kochlöffel lösen. Schalotten und Knoblauch zurück in die Pfanne geben.

Petersilie, Thymian und – falls verwendet – Tomaten hinzufügen und alles etwa 8 Minuten bei mittlerer Temperatur köcheln lassen, bis die Sauce eindickt. Die Muscheln mit der Sauce beschöpfen und sofort servieren.

Sollen die Muscheln überbacken werden, ofenfeste Portionsförmchen oder eine große ofenfeste Form mit Butter einfetten. Die Jakobsmuscheln hineingeben und die Sauce darüberschöpfen. Zugedeckt bis zu 6 Stunden in den Kühlschrank stellen. Kurz vor dem Servieren den Küchengrill vorheizen.

Dann 2 Eßlöffel Butter in Flöckchen schneiden und auf die Muscheln setzen. Die Semmelbrösel darüberstreuen. Etwa 5 Minuten im Grill überbacken, bis die Muscheln heiß sind und die Sauce brodelnd kocht. Sofort servieren.

Für 4–6 Personen

Von oben nach unten: *Fischsuppe mit Aïoli, Jakobsmuscheln mit Knoblauch, Weißwein und Kräutern*

TÜRKEI

TÜRKEI

Gegen Mitte des elften Jahrhunderts stieß eine Armee bis zur anatolischen Mittelmeerküste vor und nahm die Stadt Antalya im Namen ihres Herrschers Süleiman des Seldschuken ein. Die Eroberung von Antalya, heute für blühende Orangenhaine und als Zentrum der aufstrebenden türkischen Touristikindustrie bekannt, wird üblicherweise nicht zu den Wendepunkten in der türkischen Geschichte gezählt und hat sicherlich nicht den gleichen Stellenwert wie die Schlacht von Mantzikert im Jahr 1071, die das Schicksal der byzantinischen Herrschaft in weiten Teilen Anatoliens besiegelte, oder die Eroberung Konstantinopels im Jahr 1453, die den Aufstieg der Osmanen als Machthaber konsolidierte. Die Erwähnung dieses Ereignisses mag jedoch daran erinnern, daß die Türken seit mehr als neun Jahrhunderten ein Mittelmeervolk sind und seither maßgeblich das Geschick der Region sowohl in kultureller wie auch in militärischer und politischer Hinsicht mitbestimmt haben.

Diese herausragende Stellung der Türken schlug sich auch in der Kochkunst nieder; als letzte der großen kulinarischen Traditionen, die sich am Mittelmeer herausbildeten, zählt die türkische Küche gleichzeitig auch zu den gehaltvollsten und einflußreichsten. Die Türken sollten noch weiter nach Westen vordringen – um genau zu sein, bis vor die Tore Wiens. Ihren Vorstoß zur Mittelmeerküste kann man aber dennoch als den Höhepunkt einer Völkerwanderung betrachten, die an der chinesischen Grenze in der Weite Zentralasiens begonnen

Seite 146/147: *Die Errichtung der »Blauen Moschee« (Sultan-Ahmet-Moschee) in Istanbul war umstritten, da viele es für anmaßend und gottlos hielten, mit den sechs Minaretten der Moschee von Mekka zu konkurrieren.*
Links: *Obwohl nur ein Drittel der Türkei landwirtschaftlich genutzt wird, bietet die Landwirtschaft mehr als die Hälfte der Arbeitsplätze des Landes.*

Kupfergeschirr, heute nicht mehr von Hand gehämmert, wird in Souvenirläden verkauft, die eine wichtige Rolle im Wirtschaftsleben Istanbuls spielen.

hatte. Und auch dieser Umstand hat sich in der Kochkunst niedergeschlagen, denn es gibt Elemente in der türkischen Küche, die sich an den verschiedensten Stationen dieser langen Reise durch Asien entwickelt haben oder übernommen wurden.

Die früheste Periode der türkischen Geschichte hat nur wenige kulinarische Spuren hinterlassen. *Mantı,* eine Art Ravioli, die noch heute gegessen werden, haben die Uiguren, der erste nachweislich seßhafte türkische Volksstamm, zweifellos von ihren chinesischen Nachbarn übernommen, denn das Wort leitet sich aus dem Chinesischen ab, und das Gericht erinnert stark an *wan-tan* (chinesische Teigtaschen). Die kulinarische Lust am Füllen von Nudeln, aber auch an Innereien und Gemüsen, ist in der türkischen Küche allerdings derart verbreitet, daß es sich dabei um ein ursprüngliches Element der Tradition handeln muß und nicht um etwas, das passiv von den Chinesen übernommen wurde.

Die türkische Küche ist die einzige mediterrane Kochkultur, die deutlich erkennbare ostasiatische Vorläufer aufweist. Durch die zunehmende Eingliederung in die islamische Welt, die im zehnten Jahrhundert einsetzte, wurde die Türkei allerdings verhältnismäßig früh dem kulturellen Einflußbereich Ostasiens und damit auch dessen Küche entzogen. Ihre Einführung in die klassische Kultur des Islams verdanken die Türken den Persern. Persische Historiker nationalistischer Ausrichtung führen daher auch stets an, daß die nachfolgenden türkischen Völker, von denen die persischsprechenden Länder beherrscht wurden, als jene weiter nach Westen vordrangen, fraglos den höher entwickelten kulturellen Vorbildern folgten, die sie vorfanden. Diese Bewertung bedarf jedoch einer Modifizierung, insbesondere auf kulinarischem Gebiet.

Eines der frühesten schriftlichen Zeugnisse der türkisch-islamischen Kultur, ein türkisch-arabisches Wörterbuch aus dem elften Jahrhundert, zeigt deutlich, daß die türkische Küche auch vor dem Kontakt mit den Persern nicht einer Tabula rasa glich. Es führt beispielsweise zahlreiche Begriffe auf, die sich auf Brot und seine Zubereitung beziehen und von denen viele noch heute in abgewandelter Form in der türkischen Sprache zu finden sind; diese Begriffe verweisen auf die Existenz einer reichen, originär türkischen Backtradition, die später praktisch von selbst mit der mediterranen Brotkultur verschmolz. Die gleiche Quelle zeigt auch, daß die frühen Türken Milcherzeugnisse liebten, darunter Joghurt und dessen Nebenprodukte sowie verschiedene Arten von Käse. Joghurt ist im Vorderen Orient seit der Antike bekannt, doch haben die Türken zweifellos eine wesentliche Rolle bei seiner Verbreitung gespielt – sowohl im Mittelmeerraum wie auch in anderen Ländern.

Kaiser Franz I., der an einer Darmerkrankung litt, wurde durch eine Joghurt-Diät kuriert, die ihm ein Höfling verordnete, der einige Zeit in der Türkei verbracht hatte; diese Begebenheit ist der erste Beleg für den Verzehr von Joghurt im Europa der frühen Neuzeit. Und das Wort »Joghurt«, das von allen europäischen Sprachen übernommen wurde, ist türkischen Ursprungs. Ferner finden wir in unserem Wörterbuch spezielle Gerichte erwähnt, wie etwa *tutmaç* und *börek.* Ersteres, eine Art Eintopf aus Linsen und Nudeln, ist heute praktisch unbekannt, obwohl es jahrhundertelang überaus beliebt war und in einigen Regionen Anatoliens noch im 19. Jahrhundert gegessen wurde. Was *börek* anbelangt, so läßt sich nicht mit Bestimmtheit sagen, ob sie mit den einflußreichen und bekannten Speisen identisch waren, die wir heute unter dieser Bezeichnung kennen; der Kompilator des Wörterbuches war schließlich ein Lexikograph und kein Koch.

Die persische Küche war in der Tat hoch entwickelt, und sie hatte bereits, zwei Jahrhunderte bevor die Türken dem Machtbereich des Islam angehörten, einen prägenden Einfluß bei der Entstehung der arabischen Küche ausgeübt. Die Türken wußten die persische Kost durchaus zu schätzen. Sie liebten die gleichen Eintopfgerichte mit Fleisch und Früchten, die die Araber in Marokko und Spanien einführten, und von dieser Art von Gerichten haben einige bis heute in der Türkei überlebt, wenn auch nur als archaische und regionale Spezialitäten. Gemüseeintöpfe namens *yakhni* wurden ebenfalls von der persischen in die türkische Küche übernommen.

Aber die Perser scheinen mindestens ebensoviel von den Türken übernommen zu haben. *Kebab,* der Sammelbegriff für alle Arten von gegrilltem Fleisch, ist persisch, aber unser Wörterbuch aus dem elften Jahrhundert beweist, daß die Türken seit frühester Zeit mit der Kunst des Grillens vertraut waren. Überdies war – und ist – die Auswahl an *kebab*-Gerichten, die die Türken kreierten, weitaus größer als die der Perser. Ähnliches gilt auch für *pilav,* gegarten Reis oder ein Gericht, das auf gegartem Reis basiert. Die Bezeichnung selbst ist die türkisierte Version des persischen Wortes *pulau,* und Reis wurde, wenn auch nur in kleinen Mengen, in Persien verwendet, bevor die Türken kamen, denen Reis in ihrer ursprünglichen Heimat unbekannt war; und von Persien aus fand Reis durch die Araber im gesamten Mittelmeerraum Verbreitung. Aber die Entstehung der Pilaw-Gerichte in all ihrer Vielfalt verlief parallel zum Aufstieg der Türken in der islamischen Welt, und selbst in Persien wurden viele Reisgerichte unter türkischen Namen bekannt. Pilaw hielt man überall für typisch türkisch.

Und so hatte es durchaus seinen Grund, daß Norman Douglas einmal die eher rhetorische Frage stellte: »Gibt es etwas Besseres als einen authentischen türkischen Pilaw?«

Eine Reihe rein türkischer Gerichte erfreute sich bei den Persern ebenfalls großer Beliebtheit. *Tutmaç* wurde von einem persischen Dichter des 13. Jahrhunderts als »der Kalif der kulinarischen Welt« gepriesen, und *bugra*, vermutlich der Vorläufer einiger heutiger *börek*-Arten, nahm in Persien die gleiche herausragende Stellung ein wie später Pilaw. Die weite Verbreitung von Gerichten, die mit Mehl, Teig bzw. Nudeln zubereitet werden, läßt sich vermutlich ebenfalls auf den Einfluß der Türken zurückführen.

Vor diesem Hintergrund scheint es angebracht zu sein, von einer gemeinsamen türkisch-persischen Küche zu sprechen, bei deren Entstehung keine der beiden Parteien eine dominante Rolle einnahm. Es war diese gemischte Küche, die die Türken mit nach Anatolien brachten; die Seldschuken, die einen Großteil Anatoliens einnahmen und beherrschten, waren schließlich aus einer Dynastie hervorgegangen, deren Herrschaft über weite Teile des Vorderen Orients in Persien ihren Anfang genommen hatte. Die seldschukische Küche läßt sich anhand der Speisenfolge für ein königliches Bankett beurteilen, das 1237 in Konya stattfand: eine Auswahl von Kebabs, darunter gebratene Ente und Huhn am Spieß; mit Pfeffer gewürzter Pilaw; eine Reihe von gebratenen und geschmorten Gemüsegerichten und als Nachspeise *zerde*, ein mit Safran aromatisierter Reisauflauf aus Persien. Einzelheiten über die Kost im seldschukischen Anatolien findet man überraschenderweise auch in den Werken des persischen Dichters und Mystikers Dschalaluddîn Rûmi. Rûmi, dessen Schriften häufig bis zur Unkenntlichkeit sentimental verbrämt sind, zeigte ein lebhaftes Interesse an kulinarischen Dingen, und er schildert liebevoll und plastisch ein ganzes Spektrum an Speisen, das von Gemüsen, Hülsenfrüchten, Obst und Broten bis hin zu Pasteten, Milchprodukten und sauer eingelegten Speisen reicht.

Die Umgestaltung Anatoliens in ein türkisches Stammland war kein kurzer, klar umrissener, interner Vorgang. Zahlreiche Griechen wurden nach und nach islamisiert und in die türkische Gesellschaft integriert. Viele andere, die ihren christlichen Glauben beibehielten, wurden enge Nachbarn der Türken, eine Situation, die in Westanatolien bis zum Austausch der Bevölkerung andauerte, der 1923 zwischen der Türkei und Griechenland vorgenommen wurde. Für den Austausch kulinarischer Einflüsse gab es zu jener Zeit viele Kanäle und Gelegenheiten.

Im Kapitel über Griechenland haben wir bereits gesehen, daß die Türken in dieser Beziehung die einflußreichere Partei waren. Griechische Beiträge kann man jedoch in mindestens drei Bereichen deutlich erkennen. Ein halbes Dutzend Lehnwörter, die sich auf die Zubereitung von Broten beziehen – von denen heute allerdings keines mehr eine wesentliche Rolle spielt –, lassen auf einen griechischen Einfluß bei den Backwaren schließen; die allmähliche Verdrängung der langen flachen Fladenbrote, die noch heute in Persien und Zentralasien beliebt sind, durch runde Brotlaibe geht vermutlich ebenfalls auf griechische Vorbilder zurück. Als zweites wäre die große Zahl von Fisch- und Meerestierbezeichnungen griechischen Ursprungs anzuführen, was trotz der Tatsache, daß sich die Türken rasch zu tüchtigen Seeleuten entwickelten

Ölüdeniz ist ein beliebter Badestrand an der türkischen Türkisküste.

»Türken« wurden einst die turkmenischen und mongolischen Volksstämme genannt. Im 13. Jahrhundert, als die Anfänge des türkischen Staates entstanden, wurden sie von Osman geeint und nannten sich nach ihm »Osmanen«.

und schon bald über eine der schlagkräftigsten Flotten im Mittelmeer verfügten, darauf hindeutet, daß es die Griechen waren, die ihnen die eßbaren Schätze des Mittelmeeres schmackhaft machten. Als drittes ist festzustellen, daß die Verwendung von Olivenöl, seit der Antike ein Merkmal der griechischen Küche, für die Türken offensichtlich eine Novität darstellte, auch wenn einige türkische Verwendungsarten von Olivenöl, etwa für kalte Gemüsegerichte, keine griechischen Vorbilder zu haben scheinen.

Für die endgültige Ausprägung der türkischen Küche waren diese speziellen Beiträge jedoch weniger bedeutsam als die allgemeine Verfügbarkeit neuer Zutaten aus dem gesamten Osmanischen Reich und die wichtigen Impulse, die die Küche durch die Entwicklung einer imperialistischen Kultur erhielt. Die osmanische Hauptstadt, Konstantinopel (das heutige Istanbul), spielte in beiden Beziehungen eine entscheidende Rolle. Vom 15. bis 19. Jahrhundert hätte man mit Fug und Recht behaupten können, daß alle Wege – und auch viele Schiffsrouten – nach Istanbul führten; die geographische und die politische Lage machten die Stadt zu einem riesigen Warenlager für die vielfältigen Produkte des Osmanischen Reichs, das sich von Walachia im Norden bis zum Jemen im Süden erstreckte, sowie für viele Erzeugnisse, die aus fremden Ländern importiert wurden. Ein europäischer Bewunderer der Stadt beschrieb dies mit den Worten: »Es scheint, als existierten die Dardanellen und der Bosporus eigens zu dem Zweck, Schätze aus allen Teilen der Welt nach Istanbul zu schaffen.«

Der Misir Çarsisi, ein Gewürzmarkt, der Mitte des 17. Jahrhunderts entstand, vermittelt einen Eindruck vom alten Glanz der Istanbuler Märkte; er ist noch heute vom Wohlgeruch der Gewürze, Kräuter, Fleischwaren und Käse erfüllt, die in den dunklen Gewölben feilgeboten werden. Verschwunden sind dagegen die Traditionen, die einst zum Nahrungshandel im osmanischen Istanbul gehörten. Bäcker und Metzger, Pastetenbäcker, Käse- und Joghurthändler – alle waren in Gilden organisiert, die ihre besonderen Bräuche und Einführungsriten hatten und unter der symbolischen Schutzherrschaft eines der Propheten oder eines Gefährten des Propheten Mohammed standen. Mit ihren Festwagen, die von Ochsen gezogen wurden und auf denen sie ihre Waren präsentierten, nahmen sie an den städtischen Festumzügen teil, die dem Ruhm der osmanischen Zivilisation in ebenso beeindruckender Weise Tribut zollten wie jede Militärparade.

Die Rolle der Paläste bei der Entstehung einer hochentwickelten Kochkultur ist im Falle der Osmanen besonders gut dokumentiert. Als perfekte Bürokraten fertigten sie sogar Berichte über bestimmte Mahlzeiten der Sultane an, zu denen auch der von Sultan Mohammed II. im Jahr der Eroberung Konstantinopels (1453) zählt. Und es gibt auch Aufzeichnungen über die riesigen Mengen an Nahrungsmitteln, mit denen man die königlichen Küchen belieferte. So wurden 1661 unter anderem 36 000 Scheffel Reis konsumiert, und 1723 verbrauchte der Hof 60 000 Hammel, zusammen mit einer Fülle anderer Fleischarten. Die Verarbeitung all dieser Nahrungsmittel oblag einem Küchenstab, der Tausende von Arbeitskräften umfaßte und streng nach Funktion und Dienstalter organisiert war. Diese komplizierte Hierarchie diente nicht allein der Verköstigung des Sultans und seiner Familie. Der Topkapi-Palast, Wohnsitz der Sultane, war gleichzeitig das Regierungszentrum, eine Stadt im Miniaturformat, wo bis zu zehntausend Menschen arbeiteten und täglich verköstigt werden mußten. Darüber hinaus wurden verschiedene weltliche und religiöse Würdenträger, die außerhalb der Palastmauern lebten, als Zeichen der Gunst regelmäßig vom Hof mit Speisen beliefert. Somit gab es also wenigstens zwei Kanäle, auf denen die Palastküche mit der Außenwelt kommunizierte. Auch wenn nur wenige Menschen in der Lage waren, die Palastküche zu kopieren, zeigen doch viele autobiographische Schriften, daß bis zum Ende des Osmanischen Reichs zumindest die Wohlha-

Das eindrucksvolle Johanniter-Kastell St. Peter in Bodrum wurde 1402 von Kreuzrittern erbaut, die aus Rhodos kamen, um hier eine Festung zu errichten.

Trotz des geschäftigen Lebens in den türkischen Großstädten gibt es malerische ländliche Gegenden, in denen viele alte Traditionen überlebt haben.

benden, die in ihren Villen am Bosporus residierten, im wesentlichen die gleichen Speisen aßen wie die Palastbewohner.

Trotz all der verschiedenen Völker und Religionen, die die *Pax Ottomanica* zusammenhielt, waren osmanische Kultur und Gesellschaft weitgehend islamisch geprägt; es liegt daher nahe, daß die Eßgewohnheiten mit den religiösen Traditionen des Islam verwoben waren. Die Beziehung zwischen Ernährung und Religion kam paradoxerweise im Fastenmonat Ramadan besonders deutlich zum Ausdruck. Sowohl die Mahlzeit vor Sonnenaufgang, mit der jeder Fastentag begann *(sahur),* wie auch die Mahlzeit nach Sonnenuntergang, die ihn beendete *(iftar),* waren gehaltvoll und reichhaltig und gewannen durch die dazwischenliegenden Stunden des Fastens an Bedeutung. Zur Vorbereitung auf den Ramadan gehörte zweifellos die innere Einkehr und das Bereuen der Sünden des abgelaufenen Jahres, aber fast ebenso wichtig war es, die Vorratskammer aufzufüllen. Das zweite bedeutende Fest des Islam, das Opferfest, beendet die jährliche Pilgerfahrt nach Mekka. Wie anderenorts schlachten die türkischen Muslime ein Tier (gewöhnlich ein Schaf), und das Fleisch wird in festgelegten Portionen an Verwandte, Nachbarn und Arme verteilt. Zu diesem Anlaß werden auch besondere Nachspeisen zubereitet und gegessen.

Eine besondere Stellung in der traditionellen türkischen Form des Islam nehmen die *tarikats* ein, die gewöhnlich als mystische Orden bezeichnet werden, aber in Wirklichkeit erheblich weitreichendere Funktionen hatten, als eine solche Beschreibung denken läßt. Die Zubereitung von Speisen beinhaltete rituelle Aspekte in einigen dieser Orden, speziell jedoch beim Mewlewije-Orden, der von Dschalaluddîn Rûmi in Konya gegründet wurde und dessen Mitglieder gemeinhin als »tanzende Derwische« bekannt sind, und beim Bektaschi-Orden. In beiden Orden, aber auch in weiten Teilen der türkischen Gesellschaft, wird am zehnten Tag des Muharram (des ersten Monats im islamischen Kalender) eine spezielle kalte süße Suppe gegessen, die *asure* heißt.

Die Osmanen hatten eine Kultur und eine Zivilisation sowie eine Großmacht geschaffen, und es war unvermeidlich, daß mit dem Ende des Osmanischen Reiches nach dem Ersten Weltkrieg vieles zusammenbrach oder verschwand. Dies wird auf dem kulinarischen Sektor ebenso deutlich wie auf anderen Gebieten. Weitreichende kulturelle und gesellschaftliche Veränderungen haben auch den Kontext der Kochkultur verändert, und die Auswahl an Gerichten, die im allgemeinen gekocht werden, ist kleiner geworden. Dennoch gehört die türkische Küche noch immer zu den herausragenden Traditionen des Mittelmeerraums; die Palette an Aromen und Speisen, die sie bietet – Suppen, Hülsenfrüchte, Kebabs, Fisch, Pilaws, Gemüsegerichte, Pasteten, Milchdesserts, sauer eingelegte Speisen –, ist vermutlich einzigartig. Die kulinarischen Anleihen der Nachbarländer sind noch heute offensichtlich, auch wenn dies häufig ignoriert oder abgestritten wird. Vor allem aber sind die Zubereitung von Speisen und die Mahlzeiten im Kreise der Familie und mit Freunden ein wichtiger Ausdruck und eine Stütze des sozialen Zusammenhalts geblieben. Und allein schon dieser Aspekt berechtigt zu der Aussage, daß die Kochkultur eines der wesentlichen Elemente darstellt, die die moderne Türkei mit ihrer reichen und komplexen Vergangenheit verbinden.

Fleisch, Geflügel und Wild

In früherer Zeit wurden Fleisch und Geflügel im Mittelmeerraum nur zu besonderen Anlässen gegessen.

Fleisch, Geflügel und Wild

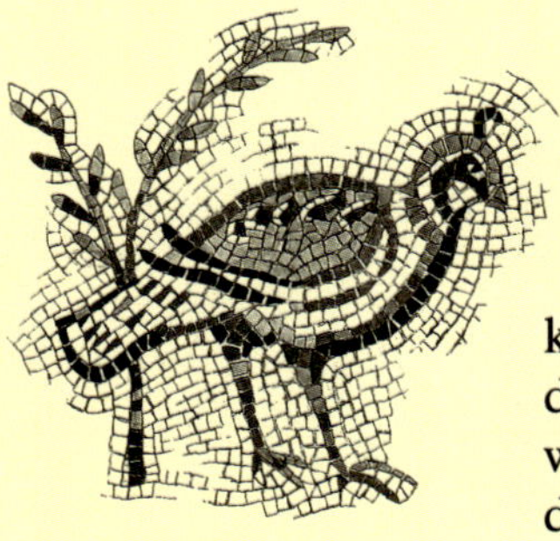

Auch wenn die meisten Leser, die ein Hauptgericht suchen, zuerst dieses Kapitel durchblättern werden, wurden diese Rezepte in den Mittelmeerländern ursprünglich nur zu Festen und anderen feierlichen Anlässen zubereitet. Die Alltagskost bestand im Mittelmeerraum traditionell aus Getreide, Teigwaren, Gemüse und Obst. Fisch gab es etwas seltener. Geflügel, Fleisch und Wild schätzte man sehr, doch kam es eben nur an Festtagen auf den Tisch oder wenn Wild den Weg des Jägers kreuzte. Das Ergebnis war eine erheblich gesündere Ernährungsweise als unsere heutigen Eßgewohnheiten. Dies hat sich selbstverständlich geändert. Vorbei sind die Zeiten, als Fleisch nur zu Festlichkeiten gegessen wurde; heute ist es ein Symbol von Wohlstand und sozialem Prestige.

Seite 154/155 (von links nach rechts): *Huhn mit Tomaten, Oliven und Weißwein* (Rezept S. 160); *Bohnentopf aus Toulouse* (Rezept S. 178)

Es gibt unzählige Möglichkeiten, Fleisch haltbar zu machen – und jede zeichnet sich durch regionale Eigenheiten aus.

Früher, als Fleisch rar und etwas Besonderes war, war das Schlachten eines Tieres ein bedeutendes kulinarisches Ereignis. Kleine Tiere – ein marokkanisches Lamm oder ein sardisches Ferkel – wurden mitunter im Ganzen über dem offenen Feuer am Spieß gebraten. Alle Teile des Tieres fanden eine Verwendung. Aus dem Kopffleisch und dem Blut wurde eine Art Wurst hergestellt; Hirn, Leber und Nieren wurden als *kebabs* auf dem Grill gegart oder kurz sautiert oder in Würfel geschnitten, mariniert, in Wurstdärme gefüllt und nach Art der traditionellen griechischen Osterwürste, *kokkoretsi* (Rezept S. 170), gegrillt. Hachsen, Backen, Schwanz und Hals enthielten alle kleine Leckerbissen, die aufwendig zubereitet werden mußten, aber die Mühe lohnten. (Sogar das Fett wurde zu Talg verarbeitet, und die Häute nahm man als Decken und dergleichen.) Dank dieser bäuerlichen Sparsamkeit und Erfindungsgabe verfügen alle Regionalküchen des Mittelmeerraums über eine Vielzahl von Fleisch-, Geflügel- und Wildrezepten.

Das beliebteste Fleisch der Mittelmeerküche ist Lamm, gefolgt von Schwein, sofern es sich nicht um muslimische Länder handelt, in denen der Verzehr von Schweinefleisch verboten ist. An nächster Stelle steht Kalb und schließlich Rind, das in Frankreich beliebter ist als in den übrigen Ländern. Wenn die Kälber mit Milch und in Freilandhaltung aufgezogen werden, ist das Fleisch zarter und feiner im Geschmack als das

Die mediterranen Zubereitungsmethoden für Geflügel, wie das Braten am Spieß, erfordern nur wenige andere Zutaten.

anderer Kälber. Viele der Rezepte für kleine gebratene Kalbskoteletts oder zarte Hachsen sind in diesem Buch nicht enthalten, da die entsprechenden Fleischstücke außerhalb der Mittelmeerregion kaum zu bekommen sind.

Lämmer und Schweine werden häufig im Alter von sechs Wochen bis sechs Monaten geschlachtet, so daß das Fleisch mild, rosarot und sehr zart ist. Früher wurden die Tiere nach dem Schlachten sofort zerlegt und gegart. Die Teile, die sich in Form von Wurst oder Schinken konservieren ließen, wurden verarbeitet und eingelagert. Die Schweine fraßen Eicheln, und die Lämmer grasten auf Salzmarschen, so daß das Fleisch nach der freien Natur schmeckte. Zarte Stücke wurden kurz über dem offenen Feuer gegrillt oder sautiert. Weniger zarte Stücke schmorte man, damit sie zart wurden; zum Schmoren fügte man dem Fleisch Wein, Kräuter, Garflüssigkeiten und Fruchtsäfte hinzu, wie etwa bei marokkanischer Lamm-*tagine* mit Quitten (Rezept S. 163) oder sizilianischem Lammfleisch mit Paprikaschoten. Lammfleisch bester Qualität wurde für *kibbi* verwendet, das berühmte Fleischgericht der Levante, und die Fleischabschnitte wurden feingehackt und für Fleischklößchen wie libanesische *kefta* (Rezept S. 182) oder für Würste wie tunesische *merguez* (Rezept S. 182) genommen.

Eine Frau, die Gänse auf ihrem Kopf transportiert, ruft das zeitlose Bild eines ganz normalen ägyptischen Markttages hervor.

Wild – Rebhuhn, Kaninchen, Wachtel – wurde oftmals festlich angerichtet. Viele traditionelle Rezepte, die noch heute zubereitet werden, sind Jahrhunderte alt. Süß-saures Kaninchen, Wachtel mit Granatapfel nach sizilianischer Art oder in Aubergine nach türkischer Art und katalanisches Rebhuhn mit Kohl und Wurst gehören zu den besonders festlichen alten Gerichten.

Die meisten der hier aufgeführten Hühnerrezepte sind einfach und nicht zeitaufwendig. Köche und Hausfrauen der Mittelmeerregion sind der Meinung, daß ihr aromatisches Geflügel kaum verfeinert werden muß. Ganz gleich, ob man es nur mit Kräutern und Zitrone im Ofen brät, es kurz in eine einfache Marinade legt und dann grillt, es mit Tomaten und Oliven *à la niçoise* sautiert oder nach marokkanischer Art in einer süßen Tomatensauce (Rezept S. 174) schmort, der Geschmack des Huhns kommt immer wundervoll zur Geltung.

Man serviert diese Fleisch- und Geflügelgerichte am besten mit Brot, Teigwaren und Gemüse, um so den wahren Geschmack und den Geist der Mittelmeerküche einzufangen.

TÜRKEI

Patlicanli Bildircin
Wachteln in Auberginen

Dieses türkische Gericht ißt man auch gern auf den Inseln der östlichen Ägäis und auf Zypern, wo es den Zusatz »nach Art der Klephten« trägt – eine Bezeichnung, die auf die gleichnamigen Freischärler zurückgeht, die nach der Eroberung Griechenlands durch die Türkei in den Berggebieten gegen die Fremdherrschaft kämpften und ihre Mahlzeiten häufig in Erdöfen zubereiten mußten, um ihre Verstecke nicht durch offene Feuer zu verraten. Hier werden Wachteln in ganzen Auberginen »versteckt« und im Backofen gegart. Die Verwendung von geriebenem Käse und Weißwein wurde von der griechischen Version übernommen. In Griechenland nimmt man überdies Frühlingszwiebeln anstelle der gelben Küchenzwiebel.

4 Auberginen (je etwa 250 g)
Salz
Etwa 125 ml Olivenöl
4 Wachteln, vorzugsweise entbeint
1 Zwiebel, gehackt
2 Knoblauchzehen, zerdrückt
250 g Tomaten, enthäutet, entkernt und gehackt
Salz und frisch gemahlener Pfeffer
1 Messerspitze gemahlener Piment oder gemahlene Nelken
125 ml kochendes Wasser oder trockener Weißwein
100 g geriebener *kefalotiri* (siehe Glossar) oder Parmesan (nach Belieben)

Die Auberginen so in Längsrichtung schälen, daß ein Streifenmuster entsteht. Die Früchte der Länge nach halbieren. Die Hälften behutsam aushöhlen und dabei so viel Fleisch wie möglich herauslösen. Das Fruchtfleisch für ein anderes Gericht zurückstellen. Die Auberginenhüllen mit Salz bestreuen und 30 Minuten stehenlassen. Dann die Auberginen abspülen, abtropfen lassen und vorsichtig mit Küchenkrepp trockentupfen.

In einem großen schweren Topf bei mittlerer Temperatur das Öl erhitzen. Die Auberginenhüllen hinzufügen und 3–5 Minuten braten, bis sie auf allen Seiten leicht gebräunt sind. Mit einem Schaumlöffel zum Abtropfen auf Küchenkrepp legen.

Den Backofen auf 190 °C (Gasherd Stufe 3) vorheizen.

Die Wachteln in den Topf geben und bei starker Hitze etwa 8 Minuten anbraten, bis sie rundum gebräunt sind. Das Geflügel auf eine Platte legen. Die Zwiebeln in den Topf geben und 8–10 Minuten bei starker Hitze sautieren, bis sie goldbraun sind. Dann Tomaten, Salz und Pfeffer nach Geschmack sowie Piment oder Nelken hinzufügen. Die Sauce 3 Minuten köcheln lassen.

Den größten Teil der Tomatensauce in eine ofenfeste Form schöpfen und vier der ausgehöhlten Auberginenhälften nebeneinander darauflegen. Nach Belieben jede Hälfte mit etwas geriebenem Käse bestreuen. In jede Auberginenhälfte eine Wachtel legen. Die restliche Tomatensauce und den geriebenen Käse darübergeben und das Ganze mit der dazugehörigen zweiten Auberginenhälfte abdecken. Kochendes Wasser oder Weißwein dazugießen und die Form abdecken. Für etwa 40 Minuten in den Backofen schieben, bis die Auberginen und die Wachteln gar sind.

Auf einer vorgewärmten Platte anrichten oder direkt aus der Form servieren.

Für 4 Personen

GRIECHENLAND

Kotopolo Riganato
Gebratenes Huhn mit Oregano und Zitrone

Dieses schmackhafte Brathähnchen läßt sich statt mit Oregano auch mit Rosmarin zubereiten. Zusammen mit dem Huhn können als Beilage Kartoffeln im Ofen gegart werden. Dazu 1 kg neue Kartoffeln in Viertel schneiden und mit etwa einem Dutzend Knoblauchzehen in die Fettpfanne geben. Dann 250 ml Wasser oder Hühnerfond angießen. Das fertige Huhn aus dem Ofen nehmen und die Kartoffeln einige Minuten bei 230 °C (Gasherd Stufe 5) bräunen.

1 große Poularde (1,5–2 kg)
Salz und grobgemahlener Pfeffer
1 unbehandelte Zitrone, in Viertel geschnitten
6 Knoblauchzehen, zerdrückt
30 g getrockneter Oregano
125 ml Olivenöl
4 EL Zitronensaft (oder nach Geschmack)

Den Backofen auf 190 °C (Gasherd Stufe 3) vorheizen.

Die Poularde trockentupfen und innen und außen mit Salz und Pfeffer würzen. Die Zitronenviertel, etwas Knoblauch und ein wenig Oregano in die Bauchhöhle geben.

In einem kleinen Topf bei mittlerer Temperatur das Öl erhitzen. Verbliebenen Knoblauch und restlichen Oregano hinzufügen und leicht erhitzen. Den Zitronensaft hinzufügen und mit Salz und Pfeffer würzen. Die Würzmarinade von der Kochstelle nehmen.

Die Poularde mit der Brustseite nach oben auf den Rost der Fettpfanne legen. Mit einem Teil der Würzmarinade bestreichen und in den Backofen schieben. Das Huhn etwa 1½ Stunden braten, bis es goldbraun und gar ist und klarer Saft austritt, wenn man am Schenkelgelenk hineinsticht; während des Garens immer wieder mit Würzmarinade begießen.

Das gebratene Huhn auf einer vorgewärmten Platte anrichten und einige Minuten ruhen lassen. Dann tranchieren und servieren.

Für 4 Personen

Linke Seite, von oben links im Uhrzeigersinn: *Gebratenes Huhn mit Oregano und Zitrone; Gebratenes Huhn mit Reisfüllung; Wachteln in Auberginen*

LIBANON

Djaj al Timman
Gebratenes Huhn mit Reisfüllung

Im Vorderen Orient und in Nordafrika werden Brathähnchen zumeist mit Pilaws gefüllt, die mit Gewürzen, getrockneten Früchten und Nüssen verfeinert sind. Bei diesem Rezept kann man den Reis auch durch etwa 200 g »couscous« und die Mandeln durch geröstete Pinienkerne oder Haselnüsse ersetzen.

60 g Butter sowie 6 EL Butter, zerlassen
1 Zwiebel, feingehackt
100 g weißer Langkornreis
30 g Mandelstifte, geröstet
3 EL Rosinen, in heißem Wasser eingeweicht und abgetropft
½ TL gemahlener Piment
250 ml Wasser
Salz und frisch gemahlener Pfeffer

1 Poularde (1,5–2 kg)
Honig oder gemahlener Zimt oder Piment (nach Belieben)

In einem Topf bei mittlerer Temperatur 60 g Butter zerlassen. Die Zwiebeln hinzufügen und 8–10 Minuten sautieren, bis sie weich und glasig sind. Reis und Mandelstifte dazugeben und etwa 3 Minuten sautieren. Rosinen, Piment und Wasser hinzufügen und zum Kochen bringen. Den Deckel auflegen, auf schwache Hitze reduzieren und den Reis etwa 15 Minuten garen, bis er die Flüssigkeit aufgenommen hat. Mit Salz und Pfeffer würzen. Auf Raumtemperatur abkühlen lassen.

Den Backofen auf 190 °C (Gasherd Stufe 3) vorheizen.

Die Poularde trockentupfen und innen und außen mit Salz und Pfeffer würzen. Die Reismischung in die Bauchhöhle füllen. Die Bauchhöhle mit Küchengarn oder Holzspießchen verschließen. Das Huhn mit der Brustseite nach oben auf den Rost der Fettpfanne legen. In einer kleinen Schüssel zerlassene Butter, Salz, Pfeffer und – falls verwendet – etwas Honig, Zimt oder Piment verrühren.

Das Huhn etwa 1½ Stunden im Backofen braten, bis es goldbraun ist und klarer Saft austritt, wenn man am Schenkelgelenk hineinsticht; während des Garens von Zeit zu Zeit mit der gewürzten Butter begießen.

Auf einer vorgewärmten Platte anrichten und einige Minuten ruhen lassen. Die Füllung herausnehmen, das Huhn tranchieren und servieren.

Für 4 Personen

ANDALUSIEN

Cordonizes en Hoja de Parra
Wachteln in Weinblättern

Diese Wachteln, die sehr einfach in der Zubereitung sind, können im Backofen gegart, auf dem Herd geschmort oder über Holzkohle gegrillt werden. Wer möchte, kann die Wachteln anstelle von Thymian und Zitronenschale mit einer frischen Feige füllen. Traditionell werden die Wachteln mit in Schweineschmalz gebratenem Weißbrot gereicht.

8 Wachteln, vorzugsweise entbeint
Salz und frisch gemahlener Pfeffer
8 Zweige frischer Thymian
8 Streifen Zitronenschale
16 eingelegte Weinblätter, abgespült und die Blattstiele entfernt
8 lange Scheiben *pancetta* (siehe Glossar) oder Frühstücksspeck
125 ml Hühnerfond (siehe Glossar), wenn die Wachteln im Ofen gegart oder geschmort werden
125 ml trockener Weißwein oder Sherry, wenn die Wachteln im Ofen gegart oder geschmort werden
Olivenöl, wenn die Wachteln gegrillt werden

Die Wachteln mit Küchenkrepp trockentupfen und innen und außen mit Salz und Pfeffer würzen. Dann jeweils mit einem Zweig Thymian und einem Streifen Zitronenschale füllen. Jede Wachtel in zwei Weinblätter und anschließend in *pancetta* oder Frühstücksspeck wickeln. (Bei einigen Rezepten werden die Wachteln erst in Speck und dann in Weinblätter gewickelt.) Mit Küchengarn umwickeln oder mit Holzspießchen feststecken.

Um die Wachteln im Ofen zu garen, den Backofen auf 200 °C (Gasherd Stufe 3–4) vorheizen. Die Wachteln in eine ofenfeste Form legen und den Hühnerfond angießen. Für etwa 10 Minuten in den Backofen schieben, bis die Wachteln gar sind; zur Garprobe mit einem Messer hineinstechen. Die Wachteln auf eine Platte legen und Küchengarn oder Holzspießchen entfernen.

Um die Wachteln zu schmoren, die Vögel in einen großen schweren Topf legen und den Hühnerfond angießen. Den Deckel auflegen und die Wachteln bei mittlerer Temperatur 15–20 Minuten schmoren, bis sie gar sind. Das Geflügel auf eine vorgewärmte Platte legen. Küchengarn oder Holzspießchen entfernen.

Den Wein in die Form oder den Schmortopf gießen und bei starker Hitze etwas einkochen. Die Wachteln damit begießen und sofort servieren.

Zum Grillen der Wachteln einen Holzkohlengrill anheizen. Die Wachteln mit Olivenöl bestreichen, auf den Grillrost legen und auf jeder Seite 5–6 Minuten grillen. Auf einer vorgewärmten Platte anrichten und servieren.

Für 4 Personen

SIZILIEN

Coniglio all'Agrodolce
Kaninchenragout in süß-saurer Sauce

In Wein oder Weinessig geschmortes Kaninchen ißt man gern in Kalabrien und Sizilien. Bei der Version »alla cacciatora« (nach Art der Jägerin) fügt man dem Ragout gehackte entsteinte grüne Oliven, angebratene Bleichselleriestreifen und mitunter auch Salbei hinzu. Bei diesem sizilianischen Rezept werden Pinienkerne und Rosinen verwendet. Um die süß-saure Geschmacksnote zu unterstreichen, wird die Sauce mit etwas Essig und Zucker abgeschmeckt. Bei einigen Rezepten werden die Kaninchenteile vor dem Braten in Mehl gewendet; bei anderen kommen pürierte Tomaten in die Sauce.

2 Kaninchen (je 1,25–1,5 kg), in Portionsstücke zerlegt
1 große Zwiebel, in Streifen geschnitten
2 Stangen Bleichsellerie, gehackt
2 Möhren, in kleine Stücke geschnitten
2 Lorbeerblätter
5 EL Olivenöl
250 ml Rotweinessig sowie Rotweinessig zum Abschmecken der Sauce
Etwa 250 ml trockener Rotwein
Salz und frisch gemahlener Pfeffer
60 g Schweineschmalz oder 125 g *pancetta* (siehe Glossar), in Würfel geschnitten
2 Zwiebeln, in Streifen geschnitten
2–3 Sardellenfilets in Öl, abgetropft und feingehackt
3 oder 4 Blätter frischer Salbei (nach Belieben)
12 grüne Oliven, entsteint
3 EL Kapern, abgespült
75 g Pinienkerne
100 g Rosinen, in heißem Wasser eingeweicht und abgetropft
Zucker

Die Kaninchenstücke mit Küchenkrepp trockentupfen und in ein säurebeständiges Gefäß legen. Zwiebeln, Bleichsellerie, Möhren, Lorbeerblätter, 2 Eßlöffel Öl, 250 ml Rotweinessig und so viel Wasser hinzufügen, daß die Kaninchenteile mit Flüssigkeit bedeckt sind. Zugedeckt über Nacht in den Kühlschrank stellen. Mindestens 2 Stunden vor dem Garen aus dem Kühlschrank nehmen und auf Raumtemperatur kommen lassen.

Die Kaninchenteile aus der Marinade nehmen, trockentupfen und mit Salz und Pfeffer würzen. Die Marinade durch ein Sieb geben und zurückstellen. In einem schweren Topf bei hoher Temperatur das restliche Öl erhitzen. Die Kaninchenstücke partienweise etwa 10 Minuten anbraten, bis sie rundum goldbraun sind. Auf eine Platte legen.

Im selben Topf bei mittlerer Temperatur das Schweineschmalz erhitzen oder die *pancetta* auslassen. Die Zwiebeln dazugeben und etwa 10 Minuten sautieren, bis sie weich und glasig sind. Sardellen und – falls verwendet – Salbei hinzufügen und einige Minuten mitgaren.

Die Kaninchenteile zurück in den Topf geben und so viel Marinade hinzufügen, daß sie fast bedeckt sind. Etwa 30 Minuten köcheln lassen, bis das Kaninchenfleisch gar ist. Oliven, Kapern, Pinienkerne und Rosinen hinzufügen und einige Minuten mitköcheln lassen. Wenn die Sauce zu dünnflüssig ist, die Kaninchenteile auf eine Platte legen und warm halten. Die Sauce bei starker Hitze reduzieren, bis sie eindickt. Mit Salz und Pfeffer würzen und mit Zucker süß-sauer abschmecken. Eventuell muß noch mit etwas Essig nachgewürzt werden.

Auf einer vorgewärmten Platte anrichten und sofort servieren.

Für 6–8 Personen

PROVENCE

Poulet à la Niçoise
Huhn mit Tomaten, Oliven und Weißwein

Ein einfaches Schmorgericht, für das man Huhn oder Kaninchen nehmen kann. Es läßt sich im voraus zubereiten und kann aufgewärmt werden. In Griechenland gibt es ein ähnliches Gericht, das »koto kapama« heißt, jedoch ohne Pökelfleisch und Oliven zubereitet wird und bei dem man die Tomatensauce mit Zimt und Nelken würzt. Für »pollo alla cacciatora« fügt man dem Ragout 30 Minuten vor Ende der Garzeit rote oder grüne Paprikastreifen zu. Mit Kartoffelpüree, »gnocchi« oder Reis servieren.

1 Poularde (1,5–2 kg), in Portionsstücke zerlegt
1 Zitrone, halbiert
Salz und frisch gemahlener Pfeffer
5–8 EL Olivenöl
100 g mageres Pökelfleisch oder *pancetta* (siehe Glossar), in kleine Würfel geschnitten
4 Zwiebeln, in Achtel geschnitten
2–4 Knoblauchzehen, zerdrückt
2 TL gehackter Thymian
1 TL gehackter Salbei
125 ml trockener Weißwein
6 große reife Tomaten, enthäutet, entkernt und gehackt
75 g scharf gewürzte schwarze Oliven, entsteint
2 EL gehackte glatte Petersilie oder gehacktes Basilikum (oder je 1 EL von beidem)

Die Hühnerteile mit den Schnittflächen der Zitrone abreiben. Mit Salz und Pfeffer würzen. In einem großen schweren Topf bei hoher

Von oben links im Uhrzeigersinn: *Wachteln in Weinblättern; Kaninchenragout in süß-saurer Sauce; Wachteln mit Granatapfel*

Temperatur 5 Eßlöffel Öl erhitzen. Die Geflügelstücke mit dem Pökelfleisch oder der *pancetta* dazugeben und etwa 10 Minuten anbraten, bis beide Seiten goldbraun sind. Mit einem Schaumlöffel auf eine Platte legen und beiseite stellen.

Die Zwiebeln in den Topf geben und bei mittlerer Hitze etwa 15 Minuten sautieren, bis sie gut gebräunt sind. Wenn nötig, etwas zusätzliches Öl hinzufügen, damit die Zwiebeln nicht ansetzen. Dann Knoblauch, Thymian, Salbei, Wein und Tomaten dazugeben und alles zum Kochen bringen.

Die Temperatur herunterschalten und die Sauce 10 Minuten ohne Deckel köcheln lassen. Die Hühnerteile und das Pökelfleisch oder die *pancetta* zurück in den Topf geben. Den Deckel auflegen und alles etwa 30 Minuten bei schwacher Hitze garen, bis das Hühnerfleisch weich ist.

Etwa 5 Minuten vor Ende der Garzeit den Deckel abnehmen, die Oliven hinzufügen und die Sauce köcheln lassen, damit sie eindickt. Abschmecken.

Auf einer vorgewärmten Platte anrichten. Mit Petersilie und/oder Basilikum bestreuen und sofort servieren.

Für 4 Personen — *Abbildung S. 154/155*

SIZILIEN

Quaglie alla Melagrana
Wachteln mit Granatapfel

Bei diesem sehr alten sizilianischen Rezept zeigt sich der arabische Einfluß in der Verwendung von Granatapfel, dessen säuerliches Aroma durch die Süße des Orangensafts und das herbe Aroma der Orangenschale ausgeglichen wird. (In Griechenland würde man dieses Gericht als »byzantinisch« bezeichnen, was sich auf die Küche von Konstantinopel bezieht.) Gehackte Minze und Marsala sorgen für eine weitere Geschmackskomponente und geben dem Gericht ein vielschichtiges Aroma. Statt in Olivenöl können die Wachteln auch in Butter oder einer Mischung aus Butter und Öl angebraten werden. Eine katalanische Version dieses Gerichts wird ohne Minze, Orangensaft und Orangenschale zubereitet. Dem Hühnerfond fügt man jedoch Zwiebel und Tomate hinzu, und die Granatapfelkerne kommen in die Sauce und werden nicht in die Bauchhöhle der Wachteln gefüllt. Man reicht zu den Wachteln Safranreis mit Mandeln.

400 g Granatapfelkerne (siehe Glossar)
125 ml Granatapfelsaft (siehe Glossar)
125 ml frisch gepreßter Orangensaft sowie Orangensaft zum Abschmecken der Sauce
125 ml Marsala sowie Marsala zum Abschmecken der Sauce
4 EL gehackte Minze
2 EL abgeriebene Orangenschale
12 Wachteln, vorzugsweise entbeint
Salz und frisch gemahlener Pfeffer
12 Scheiben *pancetta* (siehe Glossar)
4 EL Olivenöl
250 ml Hühnerfond (siehe Glossar)
2 Orangen, filetiert

In einer kleinen Schüssel Granatapfelkerne, Granatapfelsaft, 125 ml Orangensaft, 125 ml Marsala, Minze und abgeriebene Orangenschale vermischen. Die Wachteln damit begießen und zum Marinieren 2–3 Stunden bei Raumtemperatur stehenlassen. Das Geflügel aus der Marinade nehmen. Marinierflüssigkeit und Granatapfelkerne getrennt zurückstellen.

Den Backofen auf 200 °C (Gasherd Stufe 3–4) vorheizen.

Einige Granatapfelkerne zum Garnieren zurückstellen, den Rest in die Wachten füllen. Die Wachteln mit Salz und Pfeffer würzen und jede mit einer Scheibe *pancetta* umwickeln. In einem großen schweren Topf bei hoher Temperatur das Öl erhitzen. Die Wachteln hinzufügen und etwa 8 Minuten auf allen Seiten kräftig anbraten. Mit einem Schaumlöffel herausheben und nebeneinander in eine große ofenfeste Form legen. Zum Ablöschen den Hühnerfond und die zurückgestellte Marinade in den Topf geben. Den Bratensatz bei starker Hitze unter Rühren lösen und die Flüssigkeit auf die Hälfte einkochen. Die Wachteln damit begießen und für etwa 10 Minuten in den Backofen schieben, bis sie gar sind; zur Garprobe mit einem Messer hineinstechen.

Die Wachteln auf einer vorgewärmten Platte oder auf Portionstellern anrichten und warm halten. Die Sauce kosten und mit Orangensaft und/oder Marsala abschmecken. Zum Schluß die Orangenfilets hinzufügen und bei mittlerer Temperatur in der Sauce heiß werden lassen.

Die Orangensegmente mit einem Schaumlöffel wieder herausheben. Die Sauce über die Wachteln schöpfen. Die Vögel mit den Orangenfilets und den zurückgestellten Granatapfelkernen garnieren. Sofort servieren.

Für 6 Personen

MAROKKO

MROUZIA
Lammfleisch-Tagine mit Honig, Mandeln und Rosinen

Da diese »tagine« recht süß ist, können die Portionen verhältnismäßig klein sein. Gewöhnlich serviert man sie zusammen mit zwei leichteren »tagine«-Gerichten, wie Huhn mit Zitrone und Oliven (Rezept S. 177) und Linsen mit Kürbis (Rezept S. 205), als Teil einer Mahlzeit. Lammschulter oder Lammnacken eignet sich zum Schmoren am besten. Für eine algerische Version ersetzt man die Rosinen durch 400–500 g entsteinte Trockenpflaumen und nimmt Zucker statt Honig, oder man mischt Rindfleisch unter die Pflaumen und den Zucker und fügt Zitronenschale hinzu. Wird das Gericht anstelle von Lammfleisch mit Kaninchen zubereitet, heißt es »arnab mrouzia«.

1,5 kg Lammschulter oder Lammnacken, Haut und Sehnen entfernt und in 6 cm große Würfel geschnitten
1 TL gemahlener Ingwer
1 TL frisch gemahlener schwarzer Pfeffer
1 EL *ras el hanout* (siehe Glossar)
Einige Safranfäden
Wasser
125 g Butter
2 Zwiebeln, feingehackt
2 Knoblauchzehen, zerdrückt
2 Stücke Zimtstange von etwa 5 cm Länge
300–400 g Rosinen
250 g abgezogene Mandeln
280 g dunkler Honig
1–2 TL gemahlener Zimt

Das Lammfleisch in ein säurebeständiges Gefäß geben. In einer kleinen Schüssel Ingwer, Pfeffer, *ras el hanout,* Safran und 125 ml Wasser verrühren. Die Hälfte der Gewürzmischung an das Fleisch geben und das Fleisch gründlich darin wenden. Fleisch und restliche Gewürzmischung abgedeckt über Nacht in den Kühlschrank stellen.

Das Fleisch in einen schweren Schmortopf geben. Butter, Zwiebeln, Knoblauch, Zimtstangen und so viel Wasser hinzufügen, daß das Fleisch gerade bedeckt ist. Zum Kochen bringen und abschäumen. Auf schwache Hitze reduzieren und den Deckel auflegen. Das Fleisch etwa $1\frac{1}{2}$ Stunden köcheln lassen, bis es weich ist; dabei von Zeit zu Zeit umrühren und nötigenfalls etwas Wasser angießen.

Während das Lammfleisch schmort, die Rosinen in einer kleinen Schüssel mit heißem Wasser bedecken, die restliche Gewürzmischung unterrühren und 1 Stunde stehenlassen.

Die Rosinen mit der Flüssigkeit, Mandeln, Honig und gemahlenen Zimt an das Fleisch geben. Alles noch 30 Minuten mit aufgelegtem Deckel köcheln lassen, bis das Lammfleisch sehr weich ist und fast auseinanderfällt. (Die Sauce im offenen Topf einkochen, falls sie zu dünnflüssig ist.) Das Fleisch mit der Sauce in einer vorgewärmten Schüssel anrichten und sofort servieren.

Für 6–8 Personen

MAROKKO

MOUKH M'CHARMEL
Kalbshirn in Tomatensauce

Hirn muß sehr frisch sein und noch am Tag des Einkaufs zubereitet werden. Dieses Gericht kann heiß oder mit Raumtemperatur serviert werden. Man kann es nach Belieben mit Oliven und in Streifen geschnittener eingelegter Zitronenschale garnieren.

3 Kalbshirne (je etwa 200–250 g)
Saft von 1 Zitrone sowie weitere 1–2 EL Zitronensaft
3 EL Olivenöl
5 Knoblauchzehen, zerdrückt
500 g Tomaten, enthäutet, entkernt und gehackt
1 EL Paprikapulver
$\frac{1}{4}$ TL Cayennepfeffer
$\frac{1}{2}$ TL gemahlener Kreuzkümmel
Salz
1 kleines Bund Koriandergrün, gehackt

Linke Seite, von oben im Uhrzeigersinn: *Lammfleisch-Tagine mit Honig, Mandeln und Rosinen; Lammfleisch-Tagine mit Quitten; Kalbshirn in Tomatensauce*

Die Kalbshirne in eine Schüssel legen, mit Wasser bedecken und den Saft von 1 Zitrone hinzufügen. Etwa 1 Stunde wässern, dann abgießen. Die dünnen Häutchen entfernen und das Hirn gründlich unter fließendem kaltem Wasser abspülen. Jedes Hirn in vier gleich große Stücke schneiden.

In einem großen schweren Topf bei mittlerer Temperatur das Öl erhitzen. Den Knoblauch dazugeben und einige Minuten sautieren, ohne daß er bräunt. Tomaten, Paprikapulver, Cayennepfeffer, Kreuzkümmel und etwas Salz hinzufügen. Die Zutaten gründlich durchrühren und zum Kochen bringen. Dann auf schwache Hitze reduzieren, das Kalbshirn dazugeben und 15 Minuten leise köcheln lassen; zwischendurch einige Male in der Sauce wenden. Dann 1–2 Eßlöffel Zitronensaft und das Koriandergrün dazugeben. Das Hirn noch etwa 5 Minuten köcheln lassen, bis es fest ist.

Heiß oder mit Raumtemperatur servieren.

Für 6 Personen

MAROKKO

TAGINE BIL SFARDJEL
Lammfleisch-Tagine mit Quitten

Quitten bekommt man nur selten zu kaufen, aber diese »tagine«, die in der Türkei »ayva yahnisi« heißt, ist so köstlich, daß man sie ersatzweise mit Äpfeln oder Birnen probieren sollte. Man kann die Früchte auch mit der Zimtstange und dem Honig in Wasser garen, an das fertiggegarte Fleisch geben und alles noch 20 Minuten köcheln lassen, damit sich die Aromen verbinden. Eine andere Möglichkeit ist es, anstelle von Quitten entsteinte Datteln zu verwenden und die »tagine« zum Anrichten mit abgezogenen gerösteten Mandeln und Sesam zu bestreuen. Oder man ersetzt die Quitten durch 250–350 g gewürfelte Aprikosen und 125 g Rosinen. Und statt Lammschulter kann man auch 6 Hinterhachsen vom Lamm nehmen. Bei einigen Versionen des Rezepts wird das Fleisch zunächst angebraten und dann mit Zwiebeln, Gewürzen und Wasser gegart. In der Türkei fügt man der Garflüssigkeit 250 ml Granatapfelsaft (siehe Glossar) hinzu. In Griechenland nimmt man Schweinefleisch statt Lammfleisch, und das Gericht, das »chirino me kidonia« heißt, ist nicht so süß.

1,5 kg Lammschulter, in 5 cm große Stücke geschnitten
2 Zwiebeln, feingehackt
2 EL gehackte glatte Petersilie
3–4 EL Butter
1 TL gemahlener Ingwer
1 Stange Zimt
Einige Safranfäden
750 g Quitten, in Viertel geschnitten, Kerngehäuse entfernt
3–4 EL Honig
1 TL gemahlener Zimt

Lammfleisch, Zwiebeln, Petersilie, Butter, Ingwer, Zimtstange und Safran in einen schweren Bräter geben und so viel Wasser hinzufügen, daß das Fleisch gerade bedeckt ist. Zum Kochen bringen und abschäumen. Auf schwache Hitze herunterschalten, den Deckel auflegen und das Fleisch etwa 1 Stunde köcheln lassen, bis es weich ist.

Das Lammfleisch mit einem Schaumlöffel in eine Schüssel geben und beiseite stellen. Quitten, Honig und gemahlenen Zimt zu der Garflüssigkeit in den Bräter geben. Etwas Wasser angießen, damit die Quitten halb bedeckt sind, und die Zutaten gründlich durchrühren. Den Deckel auflegen und die Quitten bei niedriger Temperatur köcheln lassen, bis sie weich sind. (Manche Quittensorten brauchen über 1 Stunde, bis sie weich sind; die Früchte haben eine rötliche Farbe, wenn sie fertig sind.)

Das Fleisch zurück in den Topf geben. Den Deckel auflegen und die *tagine* 15–20 Minuten köcheln lassen, damit sich die Aromen verbinden. Abschmecken und dann sofort servieren.

Für 6 Personen

KATALONIEN

PINCHO MORUNO
Schweinefleischspieße

Diese pikanten Fleischspieße gibt es in allen spanischen »tapa«-Lokalen. Der Rezeptname macht die maurische Herkunft des Gerichts deutlich. Im Gegensatz zu Spanien nimmt man jedoch in arabischen Ländern, wo bekanntlich kein Schweinefleisch gegessen wird, Lammfleisch für solche »kebabs«. Wenn die Schweinefleischspieße als Vorspeise serviert werden sollen, schneidet man das Fleisch in 2,5 cm große Würfel; die angegebene Menge reicht für 8 Personen. Mit der Marinade kann man auch ein entbeintes Schweinskarree einreiben und es im Backofen oder im Grill garen.

1 kg Schweinefleisch, in 4 cm große Würfel geschnitten
125 ml Olivenöl
1 EL Paprikapulver
2 EL gemahlener Kreuzkümmel
1 TL gehackter Thymian
2 TL Cayennepfeffer
1 TL getrockneter Oregano
2 TL zerdrückter Knoblauch

Das Fleisch in ein säurebeständiges Gefäß geben.

In einer kleinen Pfanne bei niedriger Temperatur das Öl und die übrigen Zutaten erhitzen. Abkühlen lassen. Das Fleisch gleichmäßig mit der Gewürzmischung überziehen und zugedeckt über Nacht in den Kühlschrank stellen.

Das Fleisch auf Raumtemperatur kommen lassen. Einen Holzkohlengrill anheizen oder den Küchengrill vorheizen.

Das Fleisch auf Spieße stecken. Auf den Grillrost legen und grillen, bis der gewünschte Gargrad erreicht ist. Soll das Fleisch innen noch leicht rosa sein, die Spieße auf beiden Seiten jeweils etwa 4 Minuten grillen.

Auf einer vorgewärmten Platte anrichten und servieren.

Für 6 Personen

KATALONIEN

HABAS A LA CATALANA
Bohneneintopf mit spanischer Wurst und Minze

Wenn frische dicke Bohnen erhältlich sind, kann man sie anstelle der getrockneten Bohnen für diesen deftigen Eintopf verwenden; die Garzeit der Bohnen verkürzt sich dann auf etwa 10 Minuten. Pikante Würste geben dem Eintopf einen herzhaften Geschmack, der durch das feine Aroma gehackter Minze eine besondere Note bekommt. Die Sarden, die einst unter spanischer Herrschaft standen, bereiten ein ähnliches Gericht zu, das »favata« heißt, fügen jedoch Kohl und Fenchelgrün hinzu und reichen den Eintopf mit gebratenem Brot und geriebenem Käse. Auch wenn die Kombination merkwürdig erscheinen mag – die Würste können durch gegarte Venusmuscheln ersetzt werden. Man dämpft die Muscheln mit gehackten Zwiebeln, Tomaten, Knoblauch und Wein und gibt die Garflüssigkeit beim Aufwärmen zu den Bohnen. Eine Prise zerstoßene getrocknete Chilischoten und etwas abgeriebene Zitronenschale verleihen dem Eintopf eine besondere Geschmacksnote. Das Pökelfleisch ist in diesem Fall nicht unbedingt erforderlich.

450 g getrocknete weiße oder dicke Bohnen
2 Zwiebeln, gehackt
2 Knoblauchzehen
1 Lorbeerblatt
Salz und frisch gemahlener Pfeffer
500 g *chorizo* oder *butifarra* (siehe Glossar)
Olivenöl
125 g Pökelfleisch oder Frühstücksspeck,
in feine Würfel geschnitten
3 Knoblauchzehen, zerdrückt
1 TL Paprikapulver (nach Belieben)
2 oder 3 Tomaten, enthäutet, entkernt und gehackt
125 ml Wasser oder Rinderfond (siehe Glossar)
125 ml trockener Weißwein
2–3 EL gehackte Minze

Die Bohnen über Nacht einweichen. Am nächsten Tag abgießen und in einen großen Topf geben. Die Hälfte der gehackten Zwiebeln, die Knoblauchzehen und das Lorbeerblatt hinzufügen. Mit Wasser bedecken und zum Kochen bringen. Den Deckel halb auflegen, auf schwache Hitze reduzieren und die Bohnen etwa 1 Stunde köcheln lassen, bis sie weich sind. Abgießen und das Lorbeerblatt wegwerfen. Die Bohnen nach Geschmack mit Salz und Pfeffer würzen und beiseite stellen.

Von oben nach unten: *Bohneneintopf mit spanischer Wurst und Minze; Schweinefleischspieße*

Während die Bohnen kochen, die Würste in eine Pfanne legen und mehrmals mit einer Gabel einstechen. Etwas Wasser hinzufügen, den Deckel auflegen und die Würste 8–10 Minuten dämpfen, bis sie gar sind.

Die Würste von der Kochstelle nehmen und etwas abkühlen lassen. Die abgekühlten Würste in Stücke schneiden. (Kleine Würste kann man ganz belassen.)

In einem großen Topf bei mittlerer Temperatur etwas Öl erhitzen. Pökelfleisch- oder Speckwürfel dazugeben und 5–8 Minuten braten, bis sie knusprig sind. Mit einem Schaumlöffel in eine Schüssel geben und beiseite stellen.

Die restlichen Zwiebeln in den Topf geben und etwa 10 Minuten bei mittlerer Hitze im ausgelassenen Fett sautieren, bis sie weich und glasig sind. Zerdrückten Knoblauch, Paprikapulver (falls verwendet) und Tomaten hinzufügen und alles 3 Minuten unter Rühren garen. Wasser oder Rinderfond, Wein, Wurst, Speckwürfel und Minze dazugeben und 10 Minuten im offenen Topf köcheln lassen. Die gegarten Bohnen hinzufügen und alles noch 10 Minuten bei niedriger Temperatur köcheln lassen, damit die Bohnen heiß werden und sich die Aromen verbinden. Kosten und nötigenfalls nachwürzen.

Den Bohneneintopf in einer vorgewärmten Schüssel anrichten und heiß servieren.

Für 4–6 Personen

ÄGYPTEN

BAMIA
Schmorfleisch mit Okraschoten

Okraschoten sollen beim Kochen nicht glitschig werden. Die Griechen haben die beste Methode, um dies zu erreichen: Die Okraschoten am Stielansatz mit einem scharfen Messer stutzen und 30 Minuten in Rotweinessig legen; pro 500 g rechnet man 125 ml Essig. Dieses Gericht ist im gesamten Vorderen Orient beliebt; es kann mit Lamm- oder Rindfleisch zubereitet werden. Als Beilage reicht man Reis (Rezept S. 200).

100 g Butter oder 6 EL Olivenöl
1 kg Lamm- oder Rindfleisch zum Schmoren, in 2,5 cm große Würfel geschnitten
2 Zwiebeln, feingehackt
2 Knoblauchzehen, zerdrückt
1 TL gemahlener Kreuzkümmel
1 TL gemahlener Koriander
250 g Tomaten, enthäutet, entkernt und gehackt
3 EL Tomatenmark
Etwa 250 ml Lamm- oder Rinderfond (siehe Glossar) oder Wasser
2 EL gehackte Minze (nach Belieben)

Salz und frisch gemahlener Pfeffer
500–750 g Okraschoten
Saft von 1 Zitrone

Den Backofen auf 165 °C (Gasherd Stufe 2) vorheizen.

In einer großen Pfanne bei mittelhoher Temperatur 4 Eßlöffel Butter oder Öl erhitzen. Partienweise das Fleisch hinzufügen und jeweils etwa 10 Minuten anbraten, bis es rundum gebräunt ist. Mit einem Schaumlöffel in eine ofenfeste Form oder einen Schmortopf heben.

Die Zwiebeln in die Pfanne geben und bei mittlerer Temperatur 8–10 Minuten sautieren, bis sie weich und glasig sind. Knoblauch, Kreuzkümmel, Koriander, Tomaten, Tomatenmark, 250 ml Fond und – falls verwendet – Minze hinzufügen. Die Sauce gründlich durchrühren und über das Fleisch geben. Das Fleisch mit Salz und Pfeffer würzen.

Das Feisch zugedeckt etwa 1½ Stunden im Backofen schmoren, bis die Flüssigkeit fast vollständig verkocht ist. Abschmecken.

Während das Fleisch schmort, die Okraschoten wie oben beschrieben vorbereiten. In einem schweren Topf bei mittlerer Temperatur die verbliebenen 2 Eßlöffel Butter oder Öl erhitzen. Die Okraschoten hinzufügen und 3 Minuten sautieren; das Gemüse dabei behutsam durchheben.

Das Fleisch aus dem Ofen nehmen. Die Okraschoten wie die Speichen eines Rades darauflegen und den Zitronensaft darüberträufeln. Das Ganze zugedeckt noch 35 Minuten im Ofen garen. Wenn nötig, etwas Fond oder Wasser hinzufügen.

Kochend heiß servieren.

Für 4 Personen

MAROKKO

COUSCOUS À SEPT LEGUMES
Couscous mit Lammfleisch und sieben Gemüsen

Dieses typische »couscous«-Gericht kann auch mit dem gewürfelten Fleisch von Lammhachsen zubereitet werden.

250 g Kichererbsen
500 g Lammschulter oder Lammnacken ohne Knochen, in 5 cm große Stücke geschnitten
2 große Zwiebeln, gehackt
Salz
Frisch gemahlener Pfeffer
2 TL gemahlener Ingwer
Einige Safranfäden, zerrieben
100 g Butter
Wasser oder Lammfond
500 g Möhren, geschält und in 5 cm lange Stücke geschnitten
500 g weiße Rüben, geschält und in Viertel geschnitten
1 Stück Kürbis (etwa 500 g), geschält und in 5 cm große Stücke geschnitten
500 g Zucchini, in 5 cm lange Stücke geschnitten
3 Tomaten, enthäutet, entkernt und gehackt
200 g Rosinen
Couscous, mit Wasser oder einem Teil Lammfond zubereitet und mit Ingwer und etwas Olivenöl oder Butter vermischt (Rezept S. 204)
1–2 EL *harissa* (siehe Glossar)

Die Kichererbsen in einer Schüssel mit reichlich Wasser bedecken. Über Nacht in den Kühlschrank stellen. Abgießen und gut abtropfen lassen.

Die Kichererbsen in einen Topf geben, 5 cm hoch mit Wasser bedecken und zum Kochen bringen. Dann die Temperatur auf schwache Hitze reduzieren, den Deckel auflegen und die Kichererbsen 1 Stunde oder länger köcheln lassen, bis sie weich sind. Abgießen und abkühlen lassen.

In einem großen schweren Topf die Butter zerlassen, dann Lammfleisch, Zwiebeln, Salz, Pfeffer, Ingwer und Safran hinzufügen. Die Zutaten in der Butter wenden, dann 2,5–5 cm hoch mit Wasser oder Lammfond bedecken und zum Kochen bringen. Auf niedrige Temperatur herunterschalten, den Deckel auflegen und das Fleisch 1 Stunde köcheln lassen.

Dann die gegarten Kichererbsen und alle Gemüse – mit Ausnahme der Zucchini – hinzufügen. Den Deckel wieder auflegen und die Zutaten weitere 20–30 Minuten köcheln lassen. Zum Schluß die Zucchini und die Rosinen dazugeben und alles noch etwa 20 Minuten garen, bis Gemüse und Fleisch weich sind.

Den *couscous* auf eine vorgewärmte Platte häufen. Fleisch und Gemüse mit einem Schaumlöffel aus dem Topf nehmen und rund um den *couscous* verteilen.

Man kann auch in die Mitte eine Mulde drücken und Gemüse und Fleisch hineinschöpfen. Zum Schluß die Sauce abschmecken und ein wenig davon über das Fleisch und das Gemüse schöpfen. In einer kleinen Schüssel *harissa* mit 250 ml der Sauce verrühren und getrennt reichen.

Für 6 Personen

MITTELMEERRAUM

Lammfleischspieße

Jeder mag Fleischspieße, die über einem Holzfeuer oder auf dem Holzkohlengrill gegart werden. Mitunter wird das Fleisch zusammen mit Zwiebeln, Paprikastücken, Champignons oder Kirschtomaten auf Spieße gesteckt. Im Idealfall sind alle Zutaten zur gleichen Zeit gar, das Gemüse ist saftig und das Fleisch schön durchgebraten. Paprikaschoten und Zwiebeln fallen beim Grillen nicht auseinander oder von den Spießen. Kleine Tomaten dagegen können platzen oder in die Glut fallen, wenn sie zu lange auf dem Grill liegen. Am besten steckt man sie daher auf einen separaten Spieß und bestreicht sie mit etwas Marinade.

Hier sind griechische, türkische und tunesische Marinaden für Lammfleisch-»kebabs« aufgeführt. Eine marokkanische Version findet sich im Rezept für »mechoui« (S. 172). Nicht vergessen, das Fleisch vor dem Grillen auf Raumtemperatur kommen zu lassen.

1 entbeinte Lammkeule (1,5–2 kg), Haut und Sehnen entfernt und in 4 cm große Würfel geschnitten

GRIECHISCHE MARINADE:

125 ml Olivenöl
4 EL trockener Weißwein
Saft von 2 Zitronen
1 EL getrockneter Oregano
4 oder 5 Knoblauchzehen, zerdrückt
3 Lorbeerblätter, in Stücke gebrochen (nach Belieben)
Frisch gemahlener Pfeffer

Von links im Uhrzeigersinn: *Schmorfleisch mit Okraschoten; Lammfleischspieße; Couscous mit Lammfleisch und sieben Gemüsen*

TÜRKISCHE MARINADE I:

125 ml Olivenöl
1 Zwiebel, gerieben
1 EL zerdrückter Knoblauch
1 TL gemahlener Zimt
2 TL gemahlener Kreuzkümmel
1 EL getrockneter Thymian
1 Messerspitze Cayennepfeffer
Salz und frisch gemahlener Pfeffer
2 EL gehackte Minze oder glatte Petersilie oder je 1 EL von beidem (nach Belieben)

TÜRKISCHE MARINADE II:

250 g Joghurt
1 Zwiebel, gerieben
Salz und frisch gemahlener Pfeffer
2 Knoblauchzehen, zerdrückt
1 Messerspitze gemahlener Piment
1 Messerspitze gemahlener Zimt

TUNESISCHE MARINADE:

4 EL Olivenöl
4 EL frisch gepreßter Zitronensaft
1 EL *harissa* (siehe Glossar), mit 125 ml Wasser verrührt
2 TL Kümmel, geröstet und gemahlen
1 TL gemahlener Koriander
Salz
Frisch gemahlener Pfeffer

Das Fleisch in ein säurebeständiges Gefäß geben. In einer kleinen Schüssel die Zutaten für die gewählte Marinade gründlich verrühren.

Das Lammfleisch mit der Marinade beschöpfen und darin wenden, damit es gleichmäßig davon überzogen wird. Zugedeckt für 24 Stunden in den Kühlschrank stellen.

Das marinierte Fleisch aus dem Kühlschrank nehmen und auf Raumtemperatur kommen lassen. Einen Holzkohlengrill anheizen oder den Küchengrill vorheizen.

Das Fleisch auf Spieße stecken und auf den Grillrost legen. Die Fleischspieße grillen, bis der gewünschte Gargrad erreicht ist; soll das Fleisch innen noch rosa sein, brauchen die Spieße auf jeder Seite etwa 4 Minuten.

Die Fleischspieße auf einer vorgewärmten Servierplatte anrichten und heiß servieren.

Für 6–8 Personen

Von links im Uhrzeigersinn: *Gefüllter Rinderbraten; Lammragout mit Pilzen und Paprikaschoten; Kalbsrouladen nach Art von Messina*

SIZILIEN

FARSUMAGRU
Gefüllter Rinderbraten

Im sizilianischen Dialekt heißen kleine Kalbfleischrouladen, die auf Spieße gesteckt und gegrillt werden, »farsumagru« (falsche Fastenspeise). Bei diesem Rezept handelt es sich allerdings um einen großen Rollbraten. Das Fleisch wird mit Mortadella und/oder luftgetrocknetem Schinken, gewürztem Rinderhackfleisch, Käsestreifen und hartgekochten Eiern gefüllt, aufgerollt und mit Küchengarn gebunden. Dann brät man den Rollbraten an und schmort ihn in Rotwein und Tomatensauce. Die Sauce, die beim Schmoren entsteht, schmeckt auch köstlich zu Pasta. Das Rezept läßt sich ebenso mit Kalbfleisch zubereiten.

1,25 kg Hüftsteak am Stück
250 g gehacktes Rindfleisch
2 Scheiben Weißbrot, in Wasser eingeweicht und ausgedrückt
1 Ei
3 EL gehackte glatte Petersilie

Salz
Frisch gemahlener Pfeffer
4 Scheiben italienische *mortadella* oder luftgetrockneter Schinken (oder beides zu gleichen Teilen)
4 hartgekochte Eier
125 g *caciocavallo* oder *provolone* (siehe Glossar), in lange Streifen geschnitten
Olivenöl
450 g Zwiebeln, in Würfel geschnitten
1 l Tomatensauce (siehe Glossar)
500 ml trockener Rotwein

Das Steakfleisch waagerecht einschneiden und wie ein Buch auseinanderklappen. Zwischen zwei Stücke Klarsichtfolie legen und auf gut 1 cm Dicke klopfen.

In einer Schüssel gehacktes Rindfleisch, Weißbrot, Ei, Petersilie und etwas Salz und Pfeffer vermengen.

Das geklopfte Rindfleisch mit der *mortadella* und/oder dem Schinken belegen, so daß das Fleisch möglichst vollständig abgedeckt ist. Die Hackfleischmischung gleichmäßig darauf verteilen. Die hartgekochten Eier hintereinander in die Mitte legen und die Käsestreifen links und rechts verteilen. Das Rindfleisch von der Längsseite aus zusammenrollen und drei- oder viermal mit Küchengarn binden.

In einem großen schweren Bräter bei mittelhoher Temperatur etwas Öl erhitzen. Den Rollbraten etwa 10 Minuten anbraten, bis er rundum gebräunt ist. Aus dem Bräter nehmen und beiseite stellen.

Wenn nötig, weiteres Öl in den Bräter geben und bei mittlerer Temperatur erhitzen. Die Zwiebeln hineingeben und 8–10 Minuten sautieren, bis sie weich und glasig sind. Tomatensauce und Wein hinzufügen und alles zum Kochen bringen. Das Fleisch zurück in den Bräter legen und auf schwache Hitze herunterschalten. Anschließend den Deckel auflegen und den Rollbraten etwa 2 Stunden schmoren, bis er weich ist.

Den fertigen Rollbraten auf eine vorgewärmte Platte legen und das Küchengarn entfernen. Das Fleisch in gut 1 cm dicke Scheiben schneiden. Die Sauce in eine Schüssel füllen und zusammen mit dem Rollbraten servieren.

Für 6 Personen

SIZILIEN

Agnello al Forno alla Madonita
Lammragout mit Pilzen und Paprikaschoten

Die Kombination von Pilzen, Paprikaschoten und Lammfleisch ist für Sizilien ungewöhnlich. Das Gericht erinnert eher an die spanische Küche, hat aber eine typisch mediterrane Note. Ein ähnliches Gericht aus Spanien, »cordero al chilindrón«, wird ohne Pilze zubereitet, doch kommen getrocknete Tomaten zu den Paprikaschoten. Bei dem sizilianischen Rezept kann das Lammfleisch durch Ziegenkitz ersetzt werden. Diese Version stammt aus der Madonie-Region; in Palermo fügt man der Marinade noch 250 ml trockenen Rotwein hinzu.

1,5 kg Lammschulter, Haut und Sehnen entfernt, in 5 cm große Würfel geschnitten
3 Zwiebeln, in breite Streifen geschnitten
4 Knoblauchzehen, zerdrückt, sowie 2 Knoblauchzehen, feingehackt
2 EL frischer Rosmarin
4 EL frisch gepreßter Zitronensaft sowie Zitronensaft zum Abschmecken
125 ml Olivenöl sowie Olivenöl zum Sautieren
125 ml trockener Weißwein
3 rote oder gelbe Paprikaschoten, Samen und Rippen entfernt, längs in breite Streifen geschnitten
500 g frische große Egerlinge (braune Zuchtchampignons) oder Steinpilze, harte Stiele entfernt, in Viertel geschnitten
Salz
Frisch gemahlener Pfeffer

Das Lammfleisch in ein säurebeständiges Gefäß geben. Zwiebeln, zerdrückten Knoblauch, Rosmarin, 4 EL Zitronensaft und 125 ml Öl hinzufügen. Das Fleisch zugedeckt einige Stunden bei Raumtemperatur oder über Nacht im Kühlschrank marinieren.

Den Backofen auf 200 °C (Gasherd Stufe 3–4) vorheizen.

Das Lammfleisch abgießen; Zwiebeln, Knoblauch und Rosmarin aufbewahren. Das marinierte Fleisch in eine ofenfeste Form geben. In einem großen schweren Topf bei mittlerer Temperatur einige Eßlöffel Öl erhitzen. Die Zwiebeln aus der Marinade hinzufügen und kurz sautieren; dann auf dem Lammfleisch verteilen. Rosmarin und zerdrückten Knoblauch an das Lammfleisch geben und den Weißwein angießen. Die Form abdecken und für 30 Minuten in den Backofen schieben.

In der Zwischenzeit im selben Topf 2 Eßlöffel Öl bei mittlerer Temperatur erhitzen. Die Paprikastreifen hinzufügen und 5–8 Minuten sautieren, bis sie weich sind. Mit einem Schaumlöffel in eine Schüssel geben und beiseite stellen. Einige Eßlöffel zusätzliches Öl in den Topf geben. Die Pilze und die beiden feingehackten Knoblauchzehen hinzufügen und etwa 5 Minuten sautieren, bis sie weich sind.

Das Lammfleisch nach 30 Minuten aus dem Ofen nehmen. Die Temperatur auf 165 °C (Gasherd Stufe 1–2) herunterschalten. Paprikastreifen und Pilze zu dem Lammfleisch geben und alles noch etwa 1 Stunde im Backofen garen, bis das Fleisch weich ist. Mit Salz, Pfeffer und Zitronensaft abschmecken. In einer Servierschüssel anrichten und auftragen.

Für 6 Personen

SIZILIEN

Involtini di Vitello alla Messinese
Kalbsrouladen nach Art von Messina

Messina wird auch das Tor nach Sizilien genannt, da die Hafenstadt nur drei Kilometer vom italienischen Festland entfernt ist und die Fähren hier anlegen. Die Stadt wurde von den Griechen gegründet; deren Einfluß auf die sizilianische Kochkultur spiegelt sich bei diesem Rezept in der Verwendung von Pinienkernen und Korinthen wider. Die gefüllten Kalbsrouladen werden abwechselnd mit Zwiebelstücken und Lorbeerblättern auf Spieße gesteckt. »Cazzilli« (Rezept S. 57) oder Kartoffelpüree eignen sich gut als Beilage.

750 g Kalbsfilet, in 18 Scheiben von gut 1 cm Dicke geschnitten
4 EL Olivenöl sowie Olivenöl zum Bestreichen der Rouladen
1 Zwiebel, gehackt
100 g frische Weißbrotkrumen
60 g geriebener *caciocavallo* (siehe Glossar)
80 g Pinienkerne, geröstet
100 g Korinthen oder Rosinen, in heißem Wasser eingeweicht und abgetropft
Salz und frisch gemahlener Pfeffer
2 rote Zwiebeln, in große Stücke geschnitten
Lorbeerblätter

Das in Scheiben geschnittene Kalbsfilet zwischen Klarsichtfolie legen und auf 0,5 cm Dicke klopfen. Beiseite legen.

In einer schweren Pfanne bei mittlerer Temperatur 4 Eßlöffel Öl erhitzen. Die gehackte Zwiebel hinzufügen und 8–10 Minuten sautieren, bis sie weich und glasig ist. Die Weißbrotkrumen dazugeben und einige Minuten mitsautieren. Von der Kochstelle nehmen. Käse, Pinienkerne, Korinthen oder Rosinen sowie Salz und Pfeffer nach Geschmack hinzufügen und alles gründlich vermischen. Die Füllung abkühlen lassen.

Einen Holzkohlengrill anheizen oder den Küchengrill vorheizen.

Auf jeder Fleischscheibe einen gehäuften Löffel Füllung verteilen und das Fleisch aufrollen. Abwechselnd mit Zwiebeln und Lorbeerblättern auf Spieße stecken. Dünn mit Öl bestreichen und mit Salz und Pfeffer würzen.

Die Spieße auf den Grillrost legen und auf beiden Seiten jeweils 3–4 Minuten grillen, bis das Fleisch gebräunt ist.

Auf einer vorgewärmten Platte anrichten und servieren.

Für 6 Personen

GRIECHENLAND

KOKKORETSI
Gegrillte Lamminnereien

Diese Würste mit Lamminnereien gehören zum traditionellen griechischen Osteressen. Die in Würfel geschnittenen Innereien werden in einer Marinade aus Kräutern, Gewürzen, Knoblauch und Zitronensaft gebeizt, dann in Lammdärme gefüllt und über dem offenen Feuer gegrillt. Auf Sardinien gibt es ein ähnliches Gericht, das »cordula« heißt.

Leber, Herz, Nieren und Bries von 1 Lamm
2–3 EL Rotweinessig
125 ml Olivenöl
4 EL frisch gepreßter Zitronensaft
1 EL getrockneter Oregano
1 TL getrockneter Thymian
3 Knoblauchzehen, zerdrückt
Salz und frisch gemahlener Pfeffer
250 g Wurstdarm, vorzugsweise vom Lamm

Fett, Sehnen, Adern und Bindegewebe entfernen und die Innereien in gut 1 cm große Würfel schneiden. Alle übrigen Zutaten – mit Ausnahme des Wurstdarms – in einer Schüssel verrühren. Die gewürfelten Lamminnereien hinzufügen und gründlich in der Marinade wenden. Zugedeckt für 1 Stunde in den Kühlschrank stellen.

Den Wurstdarm einige Minuten mit kaltem Wasser durchspülen. Die Innereien mit einem Schaumlöffel aus der Marinade nehmen; die Marinade aufbewahren. Um die Innereien in den Wurstdarm zu füllen, einen Fleischwolf mit aufgesetztem Füllrohr, einen Spritzbeutel mit großer Lochtülle oder einen Trichter mit etwa 2,5 cm großer Öffnung benutzen. Würste abbinden und nach Belieben spiralförmig zusammenrollen.

Einen Holzkohlengrill anheizen oder den Küchengrill vorheizen. Die Würste etwa 10 Minuten grillen, bis sie knusprig und gar sind; zwischendurch mit Marinade bestreichen und einmal wenden.

In Stücke schneiden, auf einer Platte anrichten und heiß servieren.

Für 4 Personen

SIZILIEN

CAPRETTO E CARCIOFI ALL'UOVO E LIMONE
Ziegenfleischragout mit Artischocken, Ei und Zitrone

Saucen mit Eigelb und Zitronensaft, die der griechischen »avgolemono« ähneln und vermutlich sephardischen Ursprungs sind, findet man in allen Gegenden Italiens. Dieses Rezept stammt aus Sizilien, ist aber fast identisch mit »agnello brodettato« und »capretto alla giudia«, den Passah-Rezepten aus Lazio und der Toskana. In Rezepten, die nicht jüdischen Ursprungs sind, wird anstelle von Olivenöl oftmals Schweineschmalz oder ausgelassenes Schinkenfett verwendet. Die Artischocken können separat gekocht und 10 Minuten vor Ende der Garzeit hinzugefügt werden. Das Ragout läßt sich mit Erbsen, dicken Bohnen und Spargel verfeinern und anstelle von Ziegenfleisch auch mit Lamm, Huhn oder Kaninchen zubereiten. In Griechenland nimmt man Dill statt Majoran und fügt mitunter Gemüsefenchel oder geviertelte Salatherzen hinzu.

Etwa 125 ml Olivenöl
1,75 kg Ziegenkitz- oder Lammfleisch, in 5 cm große Stücke geschnitten
1 große Zwiebel, gehackt
4 EL gehackte glatte Petersilie
Salz und frisch gemahlener Pfeffer
2 EL Mehl (nach Belieben)
250 ml trockener Weißwein
6 kleine Artischocken
150 g gegarte Erbsen oder dicke Bohnen (nach Belieben)
Saft von 3 großen Zitronen
3 Eigelb
1 EL gehackter Majoran oder gehackte Minze

In einem großen schweren Topf bei mittlerer Temperatur das Öl erhitzen. Ziegen- oder Lammfleisch, Zwiebeln und 3 Eßlöffel Petersilie dazugeben und sautieren, bis die Fleischwürfel gebräunt sind. Mit Salz und Pfeffer würzen. Falls verwendet, das Mehl einrühren und den Wein angießen. Unter Rühren zum Kochen bringen und etwa 5 Minuten bei starker Hitze garen. Dann den Deckel auflegen, die Temperatur herunterschalten und alles etwa 40 Minuten köcheln lassen.

In der Zwischenzeit die harten Hüllblätter der Artischocken abbrechen und wegwerfen. Die Stiele und Blattspitzen wegschneiden. Die Artischocken der Länge nach in Viertel schneiden und das Heu entfernen. Die vorbereiteten Artischocken in eine große Schüssel mit Wasser legen, das mit dem Saft von 1 Zitrone gesäuert ist.

Die Artischocken abgießen, trockentupfen und an das Fleisch geben. Den Deckel wieder auflegen und alles noch etwa 25 Minuten köcheln lassen, bis das Fleisch und die Artischocken weich sind. Die gegarten Erbsen oder dicken Bohnen dazugeben und im Ragout heiß werden lassen. Abschmecken.

In einer Schüssel Eigelb und restlichen Zitronensaft mit der verbliebenen Petersilie und Majoran oder Minze schaumig schlagen. Das Ragout von der Kochstelle nehmen und die Ei-Zitronen-Mischung unterrühren. Den Deckel wieder auflegen und alles noch einige Minuten erhitzen, damit die Sauce eindickt.

In einer vorgewärmten Schüssel anrichten und sofort servieren.

Für 6 Personen

GRIECHENLAND

MOUSSAKA
Auberginen-Lammfleisch-Auflauf

Dieser klassische Auflauf, der sowohl in Griechenland wie auch in der Türkei zu finden ist, vereint zwei der beliebtesten Zutaten der Mittelmeerküche: Lammfleisch und Auberginen. Viele Rezepte für »moussaka« verwenden eine dickere weiße Sauce, die mehr Mehl enthält. Hier dient die Ricotta als Bindemittel, so daß die Sauce leichter sein kann. Die Zutaten für die Fleischsauce können statt in Butter auch in Olivenöl sautiert werden. Einige türkische Versionen enthalten Kartoffelscheiben, die wie die Auberginen angebraten werden. Die »moussaka« kann am Vortag zubereitet und bis zum Garen in den Kühlschrank gestellt werden.

Etwa 1 kg Auberginen
Salz und frisch gemahlener Pfeffer
Olivenöl

FÜR DIE FLEISCHSAUCE:
60 g Butter
2 Zwiebeln, gehackt
4 Knoblauchzehen, zerdrückt
2 TL gemahlener Zimt
1–2 TL getrockneter Oregano
500 g gehacktes Lammfleisch
250 ml Tomatenpüree oder 2–3 große Tomaten, enthäutet, entkernt und in Würfel geschnitten
2 EL Tomatenmark
125 ml trockener Rotwein
4 EL gehackte glatte Petersilie
Salz und frisch gemahlener Pfeffer

FÜR DIE WEISSE SAUCE:
500 ml Milch
60 g Butter
4 EL Mehl
1/2 TL frisch geriebene Muskatnuß
Salz und frisch gemahlener Pfeffer
4 Eier, leicht verquirlt
250 g Ricotta

Von links im Uhrzeigersinn: *Ziegenfleischragout mit Artischocken, Ei und Zitrone; Auberginen-Lammfleisch-Auflauf; Gegrillte Lamminnereien*

50 g geriebener *kasseri* (siehe Glossar) oder Parmesan und
50 g Semmelbrösel, vermischt

Die Auberginen ganz oder streifenweise schälen. Dann in 1 cm dicke Scheiben schneiden, mit Salz bestreuen und 1–2 Stunden in einem Durchschlag stehenlassen. Die Auberginen mit Küchenkrepp trockentupfen und dabei überschüssige Flüssigkeit herausdrücken.

Einen großen schweren Topf etwa 1 cm hoch mit Öl füllen und das Öl bei mittlerer Temperatur erhitzen. Die Auberginen partienweise braten, bis sie auf beiden Seiten leicht gebräunt sind. Mit einem Schaumlöffel zum Abtropfen auf Küchenkrepp legen. Oder die Auberginenscheiben mit Öl bestreichen, mit Pfeffer bestreuen und 10–15 Minuten bei 200 °C (Gasherd Stufe 3–4) im Backofen bräunen.

Für die Fleischsauce in einem großen schweren Topf bei mittlerer Hitze die Butter zerlassen. Zwiebeln und Knoblauch dazugeben und etwa 10 Minuten sautieren, bis sie weich und glasig sind. Das Hackfleisch hinzufügen und etwa 10 Minuten sautieren, bis es seine rote Farbe verliert. Zimt, Oregano, pürierte oder gewürfelte Tomaten, Tomatenmark und Wein dazugeben und alles etwa 15 Minuten köcheln lassen, bis die Flüssigkeit weitgehend verkocht ist. Zum Schluß die Petersilie hinzufügen und nach Geschmack mit Salz und Pfeffer würzen.

Für die weiße Sauce in einem kleinen Topf die Milch erhitzen. In einem großen Topf bei mittlerer Temperatur die Butter zerlassen. Das Mehl hinzufügen und 2–3 Minuten kräftig rühren. Nach und nach die heiße Milch angießen und rühren, bis die Sauce eindickt und zum Kochen kommt. Von der Kochstelle nehmen und mit Muskat, Salz und Pfeffer würzen. Eier und Ricotta unter die Sauce schlagen. Beiseite stellen.

Den Backofen auf 190 °C (Gasherd Stufe 3) vorheizen. Geriebenen Käse und Semmelbrösel in einer Schüssel vermischen.

Eine große Auflaufform mit 4 l Fassungsvermögen dünn mit Öl einfetten. Ein wenig der Semmelbrösel-Käse-Mischung hineinstreuen. Ein Drittel der Auberginenscheiben in der Form verteilen und die Hälfte der Fleischsauce darüberschöpfen. Mit der restlichen Käsemischung bestreuen und die Hälfte der verbliebenen Auberginen einschichten. Die übrige Fleischsauce und dann die restlichen Auberginenscheiben daraufgeben. Das Ganze mit der weißen Sauce beschöpfen.

Den Auflauf für 45–60 Minuten in den Ofen schieben, bis die Oberfläche gebräunt, die weiße Sauce aber noch etwas flüssig ist. Bräunt der Auflauf zu rasch, mit Alufolie abdecken.

Aus dem Ofen nehmen und 15 Minuten stehenlassen. Dann in Stücke schneiden und servieren.

Für 8 Personen

Von links nach rechts: *Lammbraten; Lammfleischspieße mit Joghurt- und Tomatensauce*

TÜRKEI

Yoğurtlu Kebab
Lammfleischspieße mit Joghurt- und Tomatensauce

Dies ist eines der herrlichsten »kebab«-Gerichte, das man sich vorstellen kann. Das Fleisch wird mariniert und gegrillt, anschließend von den Spießen genommen und auf warmem Fladenbrot angerichtet, das zuvor in große Stücke gebrochen wurde. Dann schöpft man über das Fleisch und das Brot zwei Saucen – eine pikante Tomatensauce und eine Joghurt-Knoblauch-Sauce. Und als wäre dies alles noch nicht genug, träufelt man außerdem zerlassene Butter darüber, die mit Cayennepfeffer und Paprikapulver gewürzt ist, und garniert das Ganze mit scharfen grünen Chillies. Die in der Türkei verwendeten langen grünen Chilischoten bekommt man bei türkischen Gemüsehändlern. Man kann die Chillies auch weglassen – das Gericht bleibt dennoch unwiderstehlich.

1 kg Lammkeule, Haut und Sehnen entfernt, in 2,5 cm große Würfel geschnitten
125 ml sowie 2 EL Olivenöl
40 g Zwiebeln, gerieben
2 Knoblauchzehen, zerdrückt, sowie 2 TL feingehackter Knoblauch
2 EL frisch gepreßter Zitronensaft
1 EL gehackter Thymian
4 oder 5 Tomaten
1 Prise zerstoßene getrocknete rote Chilischoten
1 Spritzer Rotweinessig
Salz
100 g Butter
400 g Joghurt
Frisch gemahlener Pfeffer
4 große Fladenbrote (Rezept S. 82)
Paprikapulver und Cayennepfeffer zum Würzen der Butter
2 frische Chilischoten, geröstet, Haut und Samen entfernt, in Würfel oder lange Streifen geschnitten (nach Belieben; siehe Glossar)

Das Lammfleisch in ein säurebeständiges Gefäß geben. In einer kleinen Schüssel 125 ml Öl, geriebene Zwiebel, die zwei zerdrückten Knoblauchzehen, Zitronensaft und Thymian verrühren. Das Fleisch mit der Marinade beschöpfen und gründlich darin wenden. Zugedeckt für mehrere Stunden – am besten über Nacht – in den Kühlschrank stellen.

Eine Backplatte oder eine gußeiserne Pfanne bei mittlerer Temperatur erhitzen. Die Tomaten etwa 4 Minuten rösten, bis die Haut rundum Blasen wirft. Etwas abkühlen lassen, dann die Haut abziehen. Die Tomaten hacken und in einen Topf geben. 2 Eßlöffel Öl und eine Prise zerstoßene Chilischoten hinzufügen. Etwa 5 Minuten bei mittlerer Hitze garen. Essig und etwas Salz dazugeben. Die Tomatensauce beiseite stellen und warm halten.

In einem kleinen schweren Topf bei mittlerer Temperatur 2 Eßlöffel Butter zerlassen. Den feingehackten Knoblauch dazugeben und 1–2 Minuten sautieren. Von der Kochstelle nehmen und abkühlen lassen. Dann in einer Schüssel mit dem Joghurt verrühren. Mit Salz abschmecken und zugedeckt in den Kühlschrank stellen. Vor dem Servieren wieder auf Raumtemperatur kommen lassen.

Das marinierte Lammfleisch auf Raumtemperatur kommen lassen. Den Küchengrill vorheizen oder einen Holzkohlengrill anheizen.

Das Lammfleisch aus der Marinade nehmen und auf Spieße stecken. Mit Salz und Pfeffer würzen. Die Spieße grillen, bis der gewünschte Gargrad erreicht ist; soll das Fleisch im Kern noch rosa sein, beträgt die Grillzeit etwa 4 Minuten auf jeder Seite.

In der Zwischenzeit die Fladenbrote zum Aufwärmen in Alufolie wickeln und bei 180 °C (Gasherd Stufe 2–3) für 7 Minuten in den Backofen oder einige Minuten auf den Grill legen. Das warme Brot in Stücke brechen und auf vier Portionsteller legen. Die restliche Butter zerlassen und nach Geschmack mit Paprikapulver und Cayennepfeffer würzen.

Die Tomatensauce wieder erhitzen. Zuerst etwas Tomaten-, dann Joghurtsauce auf das Brot geben und das Lammfleisch darauf anrichten. Die restliche Tomaten- und Joghurtsauce darüberschöpfen. Mit der gewürzten zerlassenen Butter beträufeln und nach Belieben mit gehackten Chillies garnieren. Sofort servieren.

Für 4–6 Personen

MAROKKO

Mechoui
Lammbraten

Strenggenommen handelt es sich bei »mechoui« um ein ganzes Lamm, das am Spieß über dem offenen Feuer gebraten wird. Doch wer benötigt hierzulande schon ein Rezept für ein ganzes Lamm? Die »mechoui«-Marinade ist allerdings so köstlich, daß es keinen Grund gibt, sie nicht auch für eine Lammkeule, Lammkoteletts oder sogar Spieße zu verwenden, die »qodban« heißen. (Sollen die »qodban« wirklich authentisch sein, in Würfel geschnittenes Lammfett zwischen die Fleischstücke stecken.)

Marokkaner mögen Lammfleisch am liebsten durchgebraten. Wer einen anderen Gargrad bevorzugt, kann zur Kontrolle ein Fleischthermometer benutzen: Bei 52 °C ist das Fleisch innen noch blutig, bei 57 °C rosa und bei 63 °C durchgebraten. Für die Marinade kann man Butter oder Öl nehmen. Wird das Lammfleisch im Backofen gegart, von Zeit zu Zeit etwas Bratensaft darüberschöpfen. Wird es gegrillt, nach Möglichkeit etwas Marinade zum Bestreichen zurückstellen oder ein wenig zusätzliche Marinade zubereiten. Auch in Würfel geschnittene Leber oder Bries kann in dieser Marinade eingelegt, anschließend auf Spieße gesteckt und gegrillt werden.

1 Lammkeule (etwa 2,5 kg), entbeint, waagerecht eingeschnitten und auseinandergeklappt oder 12 Lammkoteletts oder 1,25 kg Lammkeule ohne Knochen, Haut und Sehnen entfernt und in 4 cm große Würfel geschnitten

FÜR DIE MARINADE:

250 g Butter (mit Raumtemperatur) oder 250 ml Olivenöl
1 große Zwiebel, gerieben

4 Knoblauchzehen, zerdrückt
1 TL Salz
2 TL gemahlener Kreuzkümmel
1 TL Paprikapulver
½ TL Cayennepfeffer
½ TL gemahlener Zimt
½ TL gemahlener Ingwer
1 TL frisch gemahlener Pfeffer
4 EL Zitronensaft
4 EL gehackte glatte Petersilie
4 EL gehacktes Koriandergrün

Zerlassene Butter oder Olivenöl, mit etwas Marinade verrührt

Fett und Sehnen von der Lammkeule entfernen und das Fleisch in ein säurebeständiges Gefäß geben. In einer Schüssel alle Zutaten für die Marinade verrühren. Das Fleisch gleichmäßig damit einreiben. Bei einer entbeinten Lammkeule, die im Ofen gebraten werden soll, die Innenseite mit der Hälfte der Marinade bestreichen, das Fleisch aufrollen, mehrmals mit Küchengarn binden und dann mit der restlichen Marinade einreiben. Das Fleisch zugedeckt über Nacht in den Kühlschrank stellen.

Das marinierte Fleisch auf Raumtemperatur kommen lassen. Einen Holzkohlengrill anheizen oder den Küchengrill vorheizen. Soll das Fleisch im Ofen gegart werden, den Backofen auf 180 °C (Gasherd Stufe 2–3) vorheizen.

Das Fleisch aus der Marinade nehmen. Eine entbeinte Lammkeule auf jeder Seite 10–15 Minuten grillen, wenn das Fleisch innen noch rosa sein soll; ein wenig Butter oder Öl mit etwas Marinade verrühren und das Fleisch zwischendurch damit bestreichen.

Um eine aufgerollte entbeinte Lammkeule im Ofen zu garen, das Fleisch in die Fettpfanne legen und 15 Minuten bei 230 °C (Gasherd Stufe 5), dann bei 175 °C (Gasherd Stufe 2) braten, bis der gewünschte Gargrad erreicht ist (siehe Einleitung); von Zeit zu Zeit mit dem Bratensaft beschöpfen.

Lammkoteletts je nach Dicke etwa 4–6 Minuten auf jeder Seite grillen, wenn das Fleisch innen noch rosa sein soll.

Für Kebabs das in Würfel geschnittene Lammfleisch auf Spieße stecken und etwa 4 Minuten auf jeder Seite grillen, wenn es im Kern noch rosa sein soll.

Auf einer vorgewärmten Platte anrichten. Das Fleisch, wenn nötig, in Scheiben schneiden und servieren.

Für 6 Personen

MITTELMEERRAUM

Gegrilltes Geflügel

Gegrilltes Geflügel ist auf jeder Tafel willkommen. Die folgenden Marinaden sind überaus schmackhaft, ganz gleich, ob man sie für Stubenküken, kleines Wildgeflügel, halbe Hähnchen, Hühnerteile oder in Würfel geschnittenes und an Spießen gegartes Hühnerfleisch verwendet. Die ägyptische Marinade eignet sich besonders gut für Täubchen, die man am Rücken aufschneidet und dann auseinanderklappt und flachdrückt. Das Geflügel über Nacht im Kühlschrank marinieren und vor dem Garen wieder auf Raumtemperatur kommen lassen. Das gegrillte Geflügel mit Fladenbrot (Rezept S. 82) und Zitronenachteln servieren. Nach Belieben kann man auch blanchiertes Gemüse wie Paprikaschoten und Zwiebelstücke auf Spieße stecken und zusammen mit dem Geflügel garen.

1 kg Hühnerbrustfilets oder entbeinte Hühnerschenkel und Hühnerbrustfilets oder 6 kleine halbe Hähnchen oder anderes Geflügel (je etwa 500 g; siehe oben)

LIBANESISCHE MARINADE:

4–6 Knoblauchzehen, zerdrückt
125 ml frisch gepreßter Zitronensaft
2 TL gehackter Thymian
1 TL Paprikapulver
¼–½ TL Cayennepfeffer (nach Belieben)
Salz
Frisch gemahlener Pfeffer
125 ml Olivenöl

TÜRKISCHE MARINADE:

250 g Joghurt
1 EL Paprikapulver
1 TL gemahlener Zimt oder 1 EL gemahlener Kreuzkümmel
¼ TL Cayennepfeffer (oder nach Geschmack)
4 Knoblauchzehen, zerdrückt
Saft von 1 Zitrone
6 EL Olivenöl
Frisch gemahlener Pfeffer
1 Zwiebel, gerieben

MAROKKANISCHE MARINADE

1 EL Paprikapulver
2 TL gemahlener Kreuzkümmel
½ TL Cayennepfeffer
1 TL gemahlener Ingwer
125 ml zerlassene Butter oder Olivenöl
Saft von 1 großen Zitrone
Salz und frisch gemahlener Pfeffer

ÄGYPTISCHE MARINADE:

125 ml Olivenöl
2 EL gemahlener Kreuzkümmel
1 EL gemahlener Koriander
1 Zwiebel, gerieben
3 Knoblauchzehen, zerdrückt
1 TL Cayennepfeffer

Salz und frisch gemahlener Pfeffer

Entbeintes Hühnerfleisch in 2,5 cm große Würfel schneiden und in ein flaches säurebeständiges Gefäß geben. Ganzes Geflügel am Rücken aufschneiden, auseinanderklappen und flachdrücken; halbe Brathähnchen ganz belassen. Die Zutaten für die gewünschte Marinade in einer Schüssel verrühren und über das Geflügel geben. Zugedeckt für 6 Stunden oder über Nacht in den Kühlschrank stellen.

Das Fleisch auf Raumtemperatur kommen lassen. In der Zwischenzeit einen Holzkohlengrill anheizen oder den Küchengrill vorheizen.

Das Geflügel aus der Marinade nehmen, die Marinade aufbewahren. Gewürfeltes Hühnerfleisch auf Spieße stecken. Das Geflügel grillen, bis es gar ist; zwischendurch mit Marinade bestreichen. Die Garzeit ist von der Größe der Geflügelstücke abhängig; darauf achten, daß das Fleisch nicht trocken wird.

Für 4–6 Personen

Gegrilltes Geflügel

TÜRKEI

Tavşan Kebabi
Gegrilltes Kaninchen

Kaninchen wird im Mittelmeerraum häufig zerlegt und geschmort oder sautiert. Es kann jedoch auch am Stück bleiben und langsam an einem Drehspieß über dem offenen Feuer gebraten werden. Da hierzulande die wenigsten einen solchen Drehspieß besitzen, wird man sich für einen Holzkohlengrill oder den Küchengrill entscheiden müssen. In beiden Fällen ist es am besten, das Kaninchen zu halbieren, damit sich die Garzeit verkürzt. Für sechs Personen sollte man zwei Kaninchen rechnen. Hier ist ein Rezept für gegrilltes Kaninchen, das in der Türkei am Drehspieß zubereitet wird.

2 Kaninchen (je etwa 1 kg), Leber aufbewahrt
6 Knoblauchzehen, in Stifte geschnitten, sowie 3 Knoblauchzehen, zerdrückt
12 Nelken
250 ml Olivenöl
3 EL gehackte Minze
3 EL gehackter Estragon
2 EL gehackte glatte Petersilie
Salz und frisch gemahlener Pfeffer
3 EL Butter
250 ml trockener Rotwein
Saft und abgeriebene Schale von 1 unbehandelten Zitrone
1 TL gemahlener Piment

Die Kaninchen mit Küchenkrepp trockentupfen. Das Fleisch mehrmals flach einschneiden und die Knoblauchstifte mit den Nelken in die Einschnitte stecken. Die Kaninchen in ein säurebeständiges Gefäß legen. In einer Schüssel Öl, Minze, Estragon, Petersilie und etwas Salz und Pfeffer verrühren. Die Kaninchen damit einreiben und zugedeckt über Nacht in den Kühlschrank stellen.

Einen Holzkohlengrill anheizen oder den Küchengrill vorheizen. Die Kaninchen aus der Marinade nehmen, die Marinade aufbewahren. Ist ein Drehspieß vorhanden, die Kaninchen daran befestigen und den Spieß so aufstellen, daß er etwa 60 cm über dem Feuer steht. Die Kaninchen etwa 1 Stunde braten, bis das Fleisch weich ist, wenn man mit einem Messer hineinsticht. Zum Grillen im Küchengrill die Kaninchen der Länge nach aufschneiden und flachdrücken. Auf den eingeölten Grillrost legen und etwa 8 Minuten auf jeder Seite garen, bis das Fleisch weich ist. Die Kaninchen in beiden Fällen von Zeit zu Zeit mit der zurückgestellen Marinade beschöpfen.

Während die Kaninchen garen, die Leber in kleine Stücke schneiden. In einem kleinen schweren Topf bei mittlerer Hitze die Butter zerlassen. Leberstücke und zerdrückten Knoblauch dazugeben und etwa 4 Minuten sautieren. Wein, Zitronensaft, Zitronenschale und Piment hinzufügen und alles noch 1–2 Minuten köcheln lassen, bis die Leberstücke gar, aber noch rosa sind.

Die Kaninchen auf einer vorgewärmten Platte anrichten. Mit der Sauce beschöpfen und servieren.

Für 6 Personen

MAROKKO

Djej Matisha Mesla
Huhn mit süßer Tomatensauce

Bei diesem überaus köstlichen Gericht zerkochen die Tomaten zu einem leicht karamelisierten dicken Püree, und ihre fruchtige Süße wird noch durch Honig und Zimt verstärkt. Zwei bekannte Köchinnen und Autorinnen, Latifa Bennani Smires und Paula Wolfert, garen das Hühnerfleisch zusammen mit den Tomaten, nehmen die Geflügelstücke dann heraus, reduzieren die Sauce bei starker Hitze und lassen das Fleisch wieder in der Sauce heiß werden. Eine andere anerkannte Autorität, Fattouma Benkirane, gart das Hühnerfleisch und die Tomaten getrennt und gibt das eingedickte süße Tomatenpüree dann (beinahe wie eine Würzsauce) über das Hühnerfleisch. Das beste Aroma bekommt das Geflügel, wenn man es in der Sauce aufwärmt – ganz gleich, ob Sauce und Fleisch nun getrennt oder zusammen gegart werden. Die Sesamsamen, die man vor dem Servieren über das Gericht streut, können nach Belieben mit 170 g gerösteten Mandeln vermischt werden. Es ist nicht unbedingt erforderlich, das Fleisch zu marinieren. Man kann die Zutaten für die Marinade auch einfach mit den Zwiebeln und dem Wasser verrühren und dann wie angegeben weiterverfahren.

1 TL frisch gemahlener Pfeffer
Einige Safranfäden, zerrieben
½ TL gemahlener Ingwer
2 Knoblauchzehen, zerdrückt
4 EL Olivenöl
2 Poularden (je etwa 1,5 kg), jeweils in 4 Portionsstücke zerlegt
2 Zwiebeln, gerieben
500 ml Wasser
2,5–3 kg reife Tomaten, enthäutet, entkernt und in Würfel geschnitten
1 EL gemahlener Zimt
Salz
6 EL dunkler Honig
30 g Sesamsamen, geröstet

In einer kleinen Schüssel Pfeffer, Safran, Ingwer, Knoblauch und Öl verrühren. Die Hühnerteile gleichmäßig mit der Marinade einreiben und in ein säurebeständiges Gefäß geben. Zugedeckt über Nacht in den Kühlschrank stellen.

In einem großen breiten Topf die Hühnerteile mit der Marinade, den Zwiebeln und dem Wasser zum Kochen bringen. Die Temperatur herunterschalten und das Geflügel 20 Minuten köcheln lassen. Tomaten, ½ Eßlöffel Zimt und etwas Salz dazugeben. Alles etwa 30 Minuten köcheln lassen, bis das Geflügel weich ist; die Stücke zwischendurch immer wieder in der Sauce wenden. Die Hühnerteile herausnehmen und beiseite stellen.

Die Sauce bei starker Hitze einkochen; dabei häufig umrühren, damit sie nicht anbrennt. Wenn die Sauce eingedickt ist und sich das Öl an der Oberfläche absetzt, den Honig und den verbliebenen ½ Eßlöffel Zimt hinzufügen und einige Minuten miterhitzen. Die Hühnerteile zurück in die Sauce legen und heiß werden lassen.

In einer vorgewärmten Schüssel anrichten. Mit Sesam bestreuen und sofort servieren.

Für 6–8 Personen

TÜRKEI

Kadinbudu Köfte
Frauenschenkel-Köfte

Jedes Land hat sein eigenes Schönheitsideal, und in diesem Fall sind es keine dünnen Mannequins, denn nach Meinung der Türken sehen diese Köfte wie Frauenschenkel (»kadınbudu«) aus. Über Schönheit läßt sich bekanntlich streiten, nicht aber darüber, daß diese Köfte einfach köstlich schmecken.

2 EL Butter
1 große Zwiebel, feingehackt
80 g weißer Langkornreis
250 ml Wasser
Salz
750 g Lammfleisch, zweimal durch den Fleischwolf gedreht
3 Eier
Frisch gemahlener Pfeffer
1 TL gemahlener Zimt sowie 1 TL Zimt zum Garnieren (nach Belieben)
1 TL gemahlener Kreuzkümmel
50 g frischer *kasseri* (siehe Glossar)
1 EL gehackter Dill (nach Belieben)
150 g Mehl
Pflanzenöl zum Braten

In einem Topf bei mittlerer Hitze die Butter zerlassen. Die Zwiebeln dazugeben und 10–15 Minuten sautieren, bis sie weich sind. Reis, Wasser und etwas Salz hinzufügen und zum Kochen bringen. Den Deckel auflegen, auf niedrige Temperatur herunterschalten und den

Von links im Uhrzeigersinn: *Gegrilltes Kaninchen; Huhn mit süßer Tomatensauce; Frauenschenkel-Köfte*

Reis 15–20 Minuten garen, bis er das Wasser aufgenommen hat und weich ist. Von der Kochstelle nehmen und abkühlen lassen. In einer großen Pfanne die Hälfte des Lammfleisches etwa 10 Minuten ohne Zugabe von Fett sautieren, bis der ausgetretene Saft verkocht ist. Von der Kochstelle nehmen und abkühlen lassen.

In einer Schüssel den abgekühlten Reis, das sautierte und das rohe Lammfleisch, 1 Ei, Pfeffer, 1 Teelöffel Zimt, Kreuzkümmel, 1 Teelöffel Salz, Käse und – falls verwendet – Dill vermengen. Die Masse gründlich durchkneten. Die Hände mit kaltem Wasser anfeuchten und aus der Hackfleischmasse 18 große oder 24 kleinere flache ovale Köfte formen. Die Köfte bis zum Braten auf ein mit Pergamentpapier ausgelegtes Backblech legen.

Zum Braten der Köfte das Mehl auf einem Teller verteilen. In einer kleinen Schüssel die verbliebenen 2 Eier leicht verquirlen. Eine große Pfanne etwa 0,5 cm hoch mit Öl füllen und das Öl bei mittelhoher Temperatur erhitzen. Wenn das Öl heiß ist, die Köfte in dem Mehl wenden und durch das Ei ziehen. Partienweise 3–5 Minuten auf jeder Seite braten, bis sie goldbraun sind. Mit einem Schaumöffel herausnehmen und auf Küchenkrepp abtropfen lassen, während die übrigen Köfte gebraten werden.

Auf einer Platte anrichten und nach Belieben mit 1 Teelöffel Zimt bestreuen. Warm oder mit Raumtemperatur servieren.

Für 4 Personen

MAROKKO

DJEJ M'CHERMEL
Huhn mit Zitrone und Oliven

In der marokkanischen Küche gibt es drei klassische Rezepte für Huhn mit eingelegter Zitrone und Oliven. Bei »m'chermel« enthält die Sauce Zwiebeln und reife grünbraune Oliven. »Djej bil zaitun« wird mit vielen zerdrückten grünen Oliven zubereitet. »Djej mqali« enthält rotbraune Oliven, und die Sauce wird mit Hühnerklein und Leber angedickt. Im allgemeinen läßt man das Hühnerfleisch mit Zwiebeln und Gewürzen in Wasser köcheln, bis es weich ist. Nach Belieben kann es zuvor in Butter oder Öl angebraten werden, damit es etwas Farbe bekommt. Man kann die Gewürze und den Knoblauch auch mit etwas Öl verrühren, das Geflügel damit einreiben und über Nacht marinieren. Sind die Oliven zu bitter, weicht man sie 1 Stunde in kaltem Wasser ein oder bedeckt sie in einem Topf mit Wasser, bringt sie zum Kochen und gießt sie dann ab. Dieses Rezept enthält Elemente aller drei klassischen Rezepte Für eine Version, die mehr dem traditionellen »djej bil zaitun« entspricht, die 150 g grünen Oliven durch 300 g zerdrückte entsteinte grüne Oliven ersetzen. Für »djej mqali« anstelle der grünen Oliven 80 g Kalamata- oder Gaeta-Oliven nehmen. Mit »couscous« (Rezept S. 204) oder Reis (Rezept S. 200) servieren.

1 Poularde (1,5–1,75 kg), in 8 Portionsstücke zerlegt, sowie Leber und Hühnerklein
4 EL Olivenöl
250 g Zwiebeln, feingehackt
2 Knoblauchzehen, zerdrückt
2 TL Paprikapulver
1 TL gemahlener Ingwer
½ TL gemahlener Kreuzkümmel
¼ TL gemahlene Kurkuma oder einige Safranfäden, zerrieben
4 EL gehacktes Koriandergrün
Salz
Frisch gemahlener Pfeffer
4 EL gehackte glatte Petersilie
250–375 ml Wasser
Schale von 1 eingelegten Zitrone, in lange schmale Streifen geschnitten (siehe Glossar)
150 g grüne Oliven, entsteint
Saft von 1–2 Zitronen

Das Öl in einen großen Topf geben und bei schwacher Hitze warm werden lassen. Hühnerteile, Leber, Hühnerklein, Zwiebeln, Knoblauch, Paprikapulver, Ingwer, Kreuzkümmel, Kurkuma oder Safran, Petersilie, Salz und Pfeffer hinzufügen. Die Zutaten einige Minuten in dem Öl wenden, dann mit Wasser bedecken und zum Kochen bringen. Die Temperatur herunterschalten und das Geflügel 30–40 Minuten im offenen Topf köcheln lassen, bis es fast gar ist; zwischendurch von Zeit zu Zeit in der Sauce wenden.

Leber und Hühnerklein herausnehmen, gründlich zerdrücken und zurück in den Topf geben. Eingelegte Zitronenschale, Oliven und Zitronensaft hinzufügen und alles noch etwa 15 Minuten garen, bis das Geflügel sehr weich ist. Abschmecken und nach Belieben noch etwas Zitronensaft dazugeben. Auf einer Platte anrichten. Ist die Sauce zu dünnflüssig, nur das Fleisch auf die Platte legen und die Sauce bei starker Hitze reduzieren. Sauce über das Geflügel schöpfen, Oliven und Zitronenschale darüberstreuen und sofort servieren.

Für 4 Personen

PROVENCE

GIGOT D'AGNEAU À L'AIL
Lammkeule mit Knoblauch

Dieses klassische Lammgericht aus der Provence kann man mit weißen Bohnen oder Bratkartoffeln servieren. »Fenouil braisé« (Rezept S. 211) oder »tomates provençale« (Rezept S. 210) eignen sich ebenfalls gut als Beilage. Bei einem ähnlichen provenzalischen Rezept wird das Lammfleisch etwa 3 Stunden in Wein und Fond geschmort, bis es sehr weich ist. Dann fügt man der Sauce in Brühe oder Wasser gekochte und pürierte Knoblauchzehen hinzu. In Sizilien wird Hammelkeule traditionell auf Steinplatten in einem holzbefeuerten Ofen gegart und heißt »cosciotto di castrato sulle tegole«. Um eine ähnliche Version dieses sizilianischen Gerichts zuzubereiten, die Lammkeule mehrmals tief mit dem Messer einstechen und Knoblauchstifte, in schwarzem Pfeffer gewendete »pancetta«-Streifen und Rosmarin in die Einschnitte stecken. Die Lammkeule wie angegeben im Backofen garen und zwischendurch mit einer Mischung aus zwei Teilen Olivenöl, einem Teil frisch gepreßtem Zitronensaft und etwas Salz und Pfeffer bestreichen. Für das griechische Gericht »arni me yaourti« die Lammkeule mit Knoblauch und Rosmarin würzen und wie angegeben im Backofen garen. Etwa 400 g Joghurt mit etwas Salz, Pfeffer und 1 Teelöffel gemahlenem Zimt verrühren und das Fleisch 15 Minuten vor Ende der Garzeit damit bestreichen.

1 Lammkeule (etwa 2,5 kg)
6 Knoblauchzehen, in Stifte geschnitten, sowie 24 ganze Knoblauchzehen
6 Sardellenfilets in Olivenöl, abgetropft und in Streifen geschnitten
3 EL Olivenöl
Salz und frisch gemahlener Pfeffer
1 EL gehackter Rosmarin
2 TL gehackter Thymian
125 ml trockener Weißwein
125 ml Lammfond (siehe Glossar) oder Wasser sowie Lammfond oder Wasser zum Verdünnen der Sauce

Den Backofen auf 180 °C (Gasherd Stufe 2–3) vorheizen.

Die Lammkeule rundum mit flachen Einschnitten versehen und in jeden Einschnitt einen Knoblauchstift und ein Stück Sardelle stecken. Die Lammkeule mit Öl bestreichen, mit Salz und Pfeffer würzen und mit Rosmarin und Thymian bestreuen. Die Lammkeule in einen Bräter legen und etwa 1 Stunde und 20 Minuten im Backofen garen, bis das Fleisch im Kern noch rosa ist und ein an der dicksten Stelle hineingestochenes Fleischthermometer 52 °C anzeigt. (Das Fleisch gart noch nach, wenn es vor dem Aufschneiden ruht.)

Während die Lammkeule gebraten wird, in einem Topf die ganzen Knoblauchzehen mit jeweils 125 ml Wein und Lammfond zum Kochen bringen. Dann auf mittelschwacher Hitze reduzieren und den Knoblauch 15–20 Minuten im offenen Topf köcheln lassen, bis er sehr weich ist. Knoblauch und Garflüssigkeit im Mixer glattpürieren oder den Knoblauch in der Flüssigkeit mit einer Gabel zerdrücken.

Die Lammkeule auf einer Platte anrichten. Den pürierten Knoblauch zu dem Bratensaft in den Bräter geben und auf dem Herd erhitzen. Die Sauce, wenn nötig, mit zusätzlichem Fond oder Wasser verdünnen. Abschmecken. Das Lammfleisch in Scheiben schneiden und die Knoblauchsauce dazu reichen.

Für 6 Personen

Lammkeule mit Knoblauch

Linke Seite: *Huhn mit Zitrone und Oliven*

ALBANIEN

Arnavut Ciğeri
Lammleber mit roten Paprikaschoten

Obwohl man dieses pikante Lebergericht, das mit Zwiebelringen angerichtet wird, gewöhnlich als Vorspeise serviert, eignet es sich auch gut als Hauptgericht.

2 Zwiebeln, in dünne Ringe geschnitten
1 EL Salz
2 EL gehackte glatte Petersilie
1 TL Sumach (siehe Glossar)
500 g Lammleber, Haut, Adern und Sehnen entfernt, in gut 1 cm große Würfel geschnitten
6 EL Mehl
125 ml Olivenöl
Salz
2 TL zerstoßene getrocknete Chilischoten
2 rote Paprikaschoten, Samen und Rippen entfernt, in feine Streifen geschnitten (nach Belieben)

Die Zwiebelringe in einem Durchschlag mit Salz bestreuen und 20 Minuten stehenlassen. Unter kaltem fließendem Wasser abspülen. Überschüssiges Wasser herausdrücken und die Zwiebeln trockentupfen. Mit der Petersilie in eine Schüssel geben und durchheben. Den Sumach darüberstreuen.

Das Mehl in eine Schüssel geben und die Leber darin wenden. In ein großes Sieb geben und überschüssiges Mehl abschütteln.

In einer großen Pfanne bei hoher Temperatur das Öl erhitzen. Die Leber hinzufügen und einige Minuten braten, bis sie goldbraun ist; zwischendurch immer wieder durchheben. Mit Salz und zerstoßenem Chili würzen.

Auf einer Platte anrichten und mit den Zwiebeln umlegen. Nach Belieben mit Paprikastreifen garnieren.

Für 4 Personen

TÜRKEI

Kilis Kuşlari
Lammrouladen mit Walnußfüllung

Diese Spezialität aus der südöstlichen Türkei stammt ursprünglich aus Syrien. Die Lammrouladen werden mit einer Mischung aus Walnüssen und Hackfleisch gefüllt und in einer milden Tomatensauce im Ofen geschmort. Man kann die Rouladen anbraten, doch ist dies nicht unbedingt erforderlich. Für »içli köfte« (Schwiegermutter-Köfte) nimmt man die gleiche Füllung, doch wird sie – ähnlich wie bei »kibbeh« (Rezept S. 182) – in eine Mischung aus Lammfleisch und Bulgur gehüllt. Die Lammrouladen mit einem einfachen Pilaw (Rezept S. 200) servieren.

8 Scheiben Lammkeule von gut 1 cm Dicke

FÜR DIE FÜLLUNG:

2 EL Butter
1 Zwiebel, feingehackt
500 g gehacktes Lammfleisch
2 Tomaten, enthäutet, entkernt und gehackt
50 g Walnüsse, geröstet und gehackt
2 EL gehackte glatte Petersilie
1 TL Salz
½ TL gemahlener Piment
½ TL gemahlener Zimt
½ TL gemahlener Kreuzkümmel
1 Messerspitze Cayennepfeffer

FÜR DIE SAUCE:

125 ml Tomatenpüree
250 ml Wasser oder Lamm- oder Hühnerfond (siehe Glossar)
2 Knoblauchzehen, zerdrückt
3 Lorbeerblätter

Das Lammfleisch zwischen Klarsichtfolie legen und auf 0,5 cm Dicke klopfen. Bis zur Verwendung in den Kühlschrank legen.

Den Backofen auf 180 °C (Gasherd Stufe 2–3) vorheizen. Um die Füllung zuzubereiten, in einem kleinen Topf bei mittlerer Temperatur die Butter zerlassen. Die Zwiebeln dazugeben und 8–10 Minuten sautieren, bis sie weich und glasig sind. Gehacktes Lammfleisch hinzufügen und etwa 8 Minuten unter häufigem Rühren sautieren, bis es seine rote Farbe verliert. Tomaten, Walnüsse, Petersilie, Salz, Piment, Zimt, Kreuzkümmel und Cayennepfeffer dazugeben und alles noch 3 Minuten unter Rühren garen, damit sich die Aromen verbinden. Von der Kochstelle nehmen und abkühlen lassen.

Auf den Lammfleischscheiben jeweils 2–3 Eßlöffel der abgekühlten Füllmasse verteilen und das Fleisch aufrollen. Die Rouladen mit Holzspießchen zusammenstecken oder mit Küchengarn binden. Die gefüllten Lammfleischrouladen dicht nebeneinander in eine ofenfeste Form legen.

Für die Sauce alle Zutaten in einen Topf geben. Unter Rühren zum Köcheln bringen und dann über die Rouladen geben. Die Rouladen etwa 1 Stunde im Ofen garen, bis sie weich sind; zwischendurch gelegentlich mit der Sauce beschöpfen.

Rouladen und Sauce auf einer vorgewärmten Platte anrichten und sofort servieren.

Für 4 Personen

PROVENCE

Cassoulet de Toulouse
Bohnentopf aus Toulouse

Für diese Spezialität aus dem Languedoc werden weiße Bohnen sehr langsam mit Wurst, Lammfleisch, Schweinefleisch und Ente gegart und dann mit frischen Weißbrotkrumen bestreut. Nach Belieben kann man außerdem Enten- oder Gänse-»confit« (in Feinkostgeschäften erhältlich) hinzufügen. Die Ente kann auch in Stücke zerlegt, mit dem Lamm- und Schweinefleisch angebraten und dann mit den übrigen Zutaten gegart werden. Eine weitere Möglichkeit besteht darin, die Zutaten lagenweise in den Topf zu schichten – als erstes die Hälfte der Bohnen, dann das Fleisch und die restlichen Bohnen und als letztes die Weißbrotkrumen. Da das Gericht recht gehaltvoll ist, sollte man anschließend lediglich einen grünen Salat reichen. Der Bohnentopf läßt sich im voraus zubereiten und wird dann zum Servieren im Ofen aufgewärmt.

FÜR DIE BOHNEN:

1 kg getrocknete weiße Bohnen
250 g Pökelfleisch oder Frühstücksspeck, 2 Minuten blanchiert und in Würfel geschnitten
2 Zwiebeln, jede mit 2 Nelken gespickt
4 Knoblauchzehen, zerdrückt
3 Thymianzweige
3 Lorbeerblätter
200 g frische Eiertomaten, enthäutet und gehackt, oder Eiertomaten aus der Dose, gehackt
Salz
Frisch gemahlener Pfeffer
Gemahlene Nelken (nach Belieben)

FÜR DAS FLEISCHRAGOUT:

1 Ente (etwa 2,5 kg)
Salz und frisch gemahlener Pfeffer
Schweineschmalz, ausgelassenes Fett von Frühstücksspeck oder Enten- oder Gänseschmalz
750 g mageres Schweinefleisch, in 2,5 cm große Würfel geschnitten
750 g mageres Lammfleisch, in 2,5 cm große Würfel geschnitten
4 Zwiebeln, gehackt
4 Knoblauchzehen, feingehackt
500 ml trockener Weißwein
400 g frische Eiertomaten, enthäutet und gehackt, oder italienische Tomaten aus der Dose, gehackt
Etwa 500 ml Geflügel- oder Lammfond (siehe Glossar)
2 Thymianzweige
2 Petersilienzweige
1 Lorbeerblatt
500 g Knoblauchwurst

Von oben nach unten: *Lammleber mit roten Paprikaschoten; Lammrouladen mit Walnußfüllung*

500 g geräucherte Schweinswurst
125 g frische Weißbrotkrumen
Zerlassene Butter (nach Belieben)

Die Bohnen in einer Schüssel mit Wasser bedecken und über Nacht einweichen. Dann abgießen und gründlich abtropfen lassen.

Die Bohnen in einem Topf 5 cm hoch mit Wasser bedecken. Pökelfleisch oder Speck, gespickte Zwiebeln, Knoblauchzehen, Thymian, Lorbeerblätter und Tomaten dazugeben und alles zum Kochen bringen. Salz nach Geschmack hinzufügen, auf schwache Hitze reduzieren und den Deckel auflegen. Die Bohnen 1–1½ Stunden köcheln lassen, bis sie gar sind, aber noch nicht auseinanderfallen. Die Nelken entfernen und wegwerfen. Mit Pfeffer und nach Belieben gemahlenen Nelken abschmecken.

Für das Fleischragout den Backofen auf 230 °C (Gasherd Stufe 5) vorheizen. Die Ente mit Küchenkrepp trockentupfen und dann rundum mit einer Gabel einstechen. Mit Salz und Pfeffer würzen. Die Ente mit der Brustseite nach oben auf den Rost der Fettpfanne legen und etwa 1 Stunde im Backofen garen, bis sie weich ist. Zwischendurch das Fett, das sich in der Fettpfanne sammelt, abschöpfen und aufbewahren. Die gebratene Ente aus dem Ofen nehmen und zum Abkühlen beiseite stellen.

In einer großen schweren Pfanne bei hoher Temperatur etwas Schweineschmalz oder Bratfett erhitzen. Schweinefleisch und Lammfleisch dazugeben und etwa 5 Minuten anbraten, bis es rundum gebräunt ist.

Das angebratene Fleisch in einen hohen Schmortopf oder einen ofenfesten Keramiktopf füllen. Zwiebeln und Knoblauch in die Pfanne geben und 8–10 Minuten sautieren, bis sie weich und glasig sind. Zusammen mit Wein, Tomaten und 500 ml Fond zu dem Fleisch geben. Thymian- und Petersilienzweige sowie das Lorbeerblatt mit Küchengarn zu einem *bouquet garni* binden und mit in den Topf legen. Den Deckel auflegen und alles bei niedriger Temperatur etwa 1 Stunde köcheln lassen, bis das Fleisch weich ist. Das Ragout abschmecken.

Den Backofen auf 180 °C (Gasherd Stufe 2–3) vorheizen. Die abgekühlte Ente in 8 oder 10 Stücke zerlegen. Die Würste in große Stücke schneiden. Ente, Wurst und gegarte Bohnen an das Fleischragout geben. Ist nicht genügend Flüssigkeit vorhanden, etwas Fond hinzufügen. Die Weißbrotkrumen darüberstreuen und mit etwas flüssigem Entenfett oder zerlassener Butter beträufeln. Für etwa 45 Minuten in den Backofen schieben, bis die Oberfläche knusprig und goldbraun ist. Heiß servieren.

Für 8–10 Personen *Abbildung S. 154/155*

Von unten links im Uhrzeigersinn: *Hühnerfrikassee mit Mandeln und Eigelb; Rebhuhn mit Kohlrouladen; Ente mit Feigen; Huhn und Hummer*

KATALONIEN

PATO CON HIGOS
Ente mit Feigen

Ente und Feigen sind eine klassische Kombination. Nimmt man frische Feigen, die Früchte nicht einweichen, sondern in etwas Butter und Zimt sautieren und am Ende der Garzeit hinzufügen. Bei einigen Versionen dieses Rezepts werden Tomaten verwendet. Sie sorgen für einen leicht säuerlichen Geschmack und binden die Sauce. Die Feigen können auch durch geschälte, entkernte Birnen ersetzt werden, die man halbiert oder in Viertel schneidet und pochiert, bis sie weich und glasig sind.

500 g getrocknete Feigen
500 ml süßer Sherry
2 Scheiben Zitrone
1 Stange Zimt
2 Nelken
Einige Pfefferkörner (nach Belieben)
2 Enten (je etwa 2 kg)
Salz und frisch gemahlener Pfeffer
Gemahlener Zimt
2 EL Olivenöl oder Schweineschmalz
2 Zwiebeln, gehackt
6–8 Knoblauchzehen, zerdrückt
400 g Tomaten, enthäutet und in Würfel geschnitten (nach Belieben)
250 ml Hühnerfond (siehe Glossar)

Feigen, 250 ml Sherry, Zitronenscheiben, Zimtstange, Nelken und – falls verwendet – Pfefferkörner in einen Topf geben. So viel Wasser dazugießen, daß die Feigen bedeckt sind. Die Früchte 10–15 Minuten köcheln lassen, bis sie weich sind. Von der Kochstelle nehmen und beiseite stellen.

Den Backofen auf 200–230 °C (Gasherd Stufe 3–5) vorheizen.

Die Enten rundum mit einer Gabel einstechen, dann mit Salz, Pfeffer und Zimt bestreuen. In einem großen breiten Topf bei hoher Temperatur das Öl oder Schweineschmalz erhitzen. Die Enten dazugeben und etwa 10 Minuten anbraten, bis sie rundum gebräunt sind. Die Enten herausnehmen und mit der Brustseite nach oben auf den Rost der Fettpfanne legen. Das Fett aus dem Topf aufbewahren.

Die Enten etwa 1 Stunde im Backofen garen, bis sie weich sind; zur Garprobe mit einem Messer hineinstechen. Auf eine vorgewärmte Platte legen und einige Minuten ruhen lassen.

In der Zwischenzeit in einem schweren Topf bei mittlerer Temperatur 3 Eßlöffel Entenfett erhitzen. Die Zwiebeln hinzufügen und 8–10 Minuten sautieren, bis sie weich und glasig sind. Knoblauch dazugeben und 3 Minuten mitsautieren. Restlichen Sherry, Tomaten (falls verwendet) und Hühnerfond dazugeben. Die Feigen abgießen, dazu die Garflüssigkeit durch ein Sieb geben und auffangen. Die Gewürze und die Zitronenscheiben wegwerfen. Die durchgesiebte Flüssigkeit zu den Zwiebeln in den Topf geben und alles etwa 10 Minuten bei starker Hitze kochen lassen, bis die Sauce eindickt. Die Feigen hinzufügen und heiß werden lassen. Die Sauce abschmecken.

Die Enten tranchieren und auf der Platte anrichten. Die Feigen mit einem Schaumlöffel aus der Sauce nehmen. Das Entenfleisch mit der Sauce beschöpfen, mit den Feigen umlegen und sofort servieren.

Für 4 Personen

KATALONIEN

PERDIZ CON COL
Rebhuhn mit Kohlrouladen

Dieses deftige, zugleich aber raffinierte Gericht aus gebratenen Rebhühnern (oder anderem Wildgeflügel oder Stubenküken) und Kohlrouladen wird mit Bratkartoffeln oder Kartoffelpüree gereicht. Bei einer anderen Version schneidet man die Würste in Würfel, entbeint die Rebhühner und füllt die Kohlblätter mit dem Rebhuhnfleisch und der Wurst. Die Sauce wird in diesem Fall mit einer klassischen »picada« angedickt. Bei einer weiteren Variante bereitet man die Füllung mit gehacktem Schweinefleisch, aber ohne Kohl zu und schmort die Kohlrouladen in der Sauce, bevor die Rebhühner 15 Minuten vor Ende der Garzeit hinzugefügt werden.

Schweineschmalz oder Olivenöl
4 Rebhühner (je etwa 500 g)
Salz und frisch gemahlener Pfeffer
500 g *chorizo* (siehe Glossar) oder andere pikante Schweinswurst
4 Scheiben Frühstücksspeck, in kleine Stücke geschnitten
1 Zwiebel, gehackt
6 Knoblauchzehen, zerdrückt
2 Möhren, geschält und in Scheiben geschnitten
500 g reife Tomaten, enthäutet, entkernt und in Würfel geschnitten
1 TL gehackter Thymian
1 TL gehackter Majoran
Abgeriebene Schale von 1 unbehandelten Orange
125 ml trockener Rotwein
4 EL Weinbrand
1 Kopf Wirsing oder Weißkohl
1/2 TL frisch geriebene Muskatnuß (oder nach Geschmack)
250 g gehacktes Schweinefleisch (nach Belieben)
3 Scheiben Weißbrot, in Milch eingeweicht und ausgedrückt
1 Messerspitze gemahlener Zimt oder gemahlene Nelken
Mehl
1 Ei

Den Backofen auf 190 °C (Gasherd Stufe 3) vorheizen. In einem großen Bräter bei mittelhoher Temperatur etwas Schweineschmalz oder Olivenöl erhitzen, so daß der Topfboden von Fett überzogen ist. Die Rebhühner hinzufügen, mit Salz und Pfeffer bestreuen und 8–10 Minuten anbraten, bis sie rundum goldbraun sind. Wurst und Speck dazugeben und einige Minuten sautieren, bis sie gebräunt sind. Zwiebeln, Knoblauch, Möhren, Tomaten, Thymian, Majoran und Orangenschale hinzufügen. Die Hitze reduzieren und alles 10 Minuten sautieren. Die Rebhühner mit Rotwein und Weinbrand begießen. Den Bräter in den Backofen stellen und das Geflügel etwa 45 Minuten garen, bis es weich ist. In der Zwischenzeit einen großen Topf zu drei Vierteln mit Wasser füllen. Das Wasser zum Kochen bringen. Etwas Salz und den Kohlkopf dazugeben und etwa 10 Minuten vorgaren. In einem Durchschlag abtropfen lassen und dann die Blätter ablösen. Acht große unbeschädigte Blätter zurücklegen. Harte Blattrippen entfernen und den restlichen Kohl hacken.

Die acht Kohlblätter auf die Arbeitsfläche legen und die harten Enden der Blattrippen wegschneiden. Mit Salz, Pfeffer und etwas Muskat bestreuen. In einer Schüssel Hackfleisch (falls verwendet), eingeweichtes Brot, Zimt oder Nelken und einen Teil des gehackten Kohls vermengen. Jeweils etwa ein Achtel der Füllmasse am unteren Ende der Blätter absetzen. Die Blätter aufrollen und dabei die Seiten nach innen falten, so daß kleine Rouladen entstehen.

Das Mehl in eine flache Schüssel geben. In einer zweiten Schüssel das Ei verquirlen. Einen schweren Topf 0,5 cm hoch mit Öl füllen und das Öl bei mittelhoher Temperatur erhitzen. Die Kohlrouladen zuerst im Mehl und dann im verquirlten Ei wenden. Vorsichtig in das heiße Öl legen. Insgesamt etwa 8 Minuten braten, bis sie rundum goldbraun und knusprig sind. Mit einem Schaumlöffel zum Abtropfen auf Küchenkrepp legen.

Wenn die Rebhühner und die Wurst gar sind, das Geflügel in eine ofenfeste Form mit Deckel legen. Die Wurst in Stücke schneiden. Die Kohlrouladen zwischen die Rebhühner und dann die Wurststücke zwischen die Rebhühner und die Kohlrouladen legen. Die Sauce aus dem Bräter abschmecken und über das Geflügel schöpfen. Den Deckel auflegen und alles etwa 15 Minuten im Backofen garen; die Rebhühner zwischendurch einmal mit der Sauce beschöpfen. Direkt aus der Form servieren.

Für 4–6 Personen

KATALONIEN

MAR Y MUNTANYA
Huhn und Hummer

Dieses delikate Gericht der klassischen katalonischen Küche ist unter den beiden Bezeichnungen »mar y muntanya« (»Meer und Gebirge«) und »mar y tierra« (»Meer und Erde«) bekannt. Es besteht aus Huhn (oder Kaninchen) und Hummer (oder großen Garnelen) in einer fruchtigen Tomatensauce, die mit Wein verfeinert und mit einer »picada« aus Mandeln, Haselnüssen, Knoblauch, gebratenem Brot und Bitterschokolade gebunden wird. Die »picada« kann auch mit gehackter sautierter Hühnerleber angereichert werden.

1 Poularde (etwa 1,5 kg), in 8 Portionsstücke zerlegt
Salz und frisch gemahlener Pfeffer
Gemahlener Zimt
2 Hummer (je etwa 500 g), mit dem Kopf voraus in sprudelnd kochendem Wasser getötet, in Stücke geschnitten, oder 24 große Garnelen in der Schale
Olivenöl
Schweineschmalz
2 Zwiebeln, gehackt
2 Thymianzweige
2 Majoranzweige
2 Petersilienzweige
1 Lorbeerblatt
1 Streifen Orangenschale
4 Tomaten, enthäutet, entkernt und gehackt
125 ml trockener Weißwein
4 EL Weinbrand oder Anisette
3 große Knoblauchzehen, zerdrückt
1 Scheibe Weißbrot, auf beiden Seiten in Olivenöl goldbraun gebraten, in Stücke gebrochen
3 EL Mandeln
50 g Haselnüsse
30 g Bitterschokolade, gerieben
In Olivenöl gebratene Weißbrotscheiben (zum Servieren)

Die Hühnerteile trockentupfen und mit Salz, Pfeffer und etwas Zimt würzen. In einem großen schweren Topf bei mittelhoher Temperatur etwas Öl und Schweineschmalz erhitzen, so daß der Topfboden von Fett überzogen ist. Die Hühnerstücke dazugeben und etwa 10 Minuten anbraten, bis sie rundum gebräunt sind. Auf eine Platte legen und beiseite stellen.

Im gleichen Fett die Hummerstücke oder Garnelen einige Minuten sautieren. Auf eine zweite Platte legen und beiseite stellen.

Wenn nötig, weiteres Fett in den Topf geben und die Zwiebeln bei mittlerer Hitze 8–10 Minuten sautieren, bis sie weich und glasig sind. Thymian, Majoran, Petersilie, Lorbeerblatt und Orangenschale mit Küchengarn zu einem *bouquet garni* binden. Zusammen mit den Tomaten in den Topf geben und alles 5 Minuten köcheln lassen. Die Hühnerteile zurück in den Topf legen und so viel Wasser dazugießen, daß das Geflügel halb bedeckt ist. Ohne Deckel 10 Minuten köcheln lassen. Wein und Weinbrand oder Anisette hinzufügen und das Geflügel noch etwa 10 Minuten köcheln lassen, bis es fast gar ist. Hummerstücke oder Garnelen dazugeben und alles köcheln lassen, bis das Hühnerfleisch und die Meeresfrüchte gar sind.

In der Zwischenzeit in einem Mörser oder im Mixer Knoblauch, gebratenes Brot, Mandeln, Haselnüsse und geriebene Schokolade zu einer Paste verarbeiten. Die *picada* mit in den Topf geben, wenn das Hühnerfleisch und die Meeresfrüchte gar sind, und alles noch 5 Minuten köcheln lassen.

Das *bouquet garni* herausnehmen und wegwerfen. Die Sauce abschmecken. Geflügel, Meeresfrüchte und Sauce in einer vorgewärmten Servierschüssel anrichten. Gebratenes Weißbrot dazu reichen.

Für 4 Personen

KATALONIEN

POLLO EN PEPITORIA
Hühnerfrikassee mit Mandeln und Eigelb

»Pepita« ist das spanische Wort für Samen. Im Originalrezept für dieses Gericht werden Pinienkerne anstelle von Mandeln verwendet, die Sauce wird mit zerdrücktem hartgekochtem Eigelb gebunden. Am besten schmeckt das Gericht, wenn es mit einem aromatischen Suppenhuhn zubereitet wird.

4 EL Olivenöl
100 g Mandeln, blanchiert und enthäutet
3 Knoblauchzehen, gehackt
1 Scheibe Weißbrot, die Rinde entfernt
1 Suppenhuhn oder 1 Poularde (1,5–2 kg), in Portionsstücke zerlegt
Salz und frisch gemahlener Pfeffer
Einige Safranfäden, zerrieben
200 ml heißer Hühnerfond (siehe Glossar)
125 ml trockener Sherry
1 Lorbeerblatt
1 TL gehackter Thymian
Frisch geriebene Muskatnuß
2 hartgekochte Eigelb, zerdrückt (nach Belieben)
3 EL feingehackte glatte Petersilie

In einem schweren Topf bei mittlerer Temperatur das Öl erhitzen. Die Mandeln hinzufügen und 4–5 Minuten sautieren, bis sie leicht gebräunt sind. Mit einem Schaumlöffel in den Mixer oder einen Mörser geben.

Die Knoblauchzehen zu dem Öl in den Topf geben und 1–2 Minuten sautieren, bis sie leicht gebräunt sind. Zu den Mandeln in den Mixer geben. Dann das Brot auf jeder Seite etwa 1–2 Minuten braten, bis es goldbraun ist, und ebenfalls in den Mixer geben.

Die Hühnerteile mit Salz und Pfeffer würzen. In den Topf geben und bei mittelhoher Temperatur etwa 10 Minuten anbraten, bis das Geflügel rundum gebräunt ist. Aus dem Topf nehmen und auf eine Platte legen.

In einer kleinen Schüssel den Safran in 2 Eßlöffeln heißem Hühnerfond einweichen. Den restlichen Fond und den Sherry zum Ablöschen in denTopf geben und bei starker Hitze unter Rühren den Bratensatz lösen. Die Hühnerteile zurück in den Topf legen. Lorbeerblatt und Thymian hinzufügen. Den Deckel auflegen und alles 10 Minuten köcheln lassen.

Den Safran mit der Brühe und das zerdrückte Eigelb zu den Mandeln in den Mixer geben und alles zu einer glatten Paste verarbeiten. Die Mandelpaste an das Hühnerfleisch geben und alles noch einige Minuten erhitzen. Mit Salz, Pfeffer und Muskat abschmecken.

In einer vorgewärmten Schüssel anrichten. Mit Petersilie bestreuen und sofort servieren.

Für 4 Personen

LIBANON

KEFTA
Hackfleischküchlein mit Kreuzkümmel und Zimt

Aus dieser vielseitigen libanesischen Hackfleischmasse kann man Küchlein formen, die gegrillt oder in einer schweren Bratpfanne gebraten werden. Eine andere Möglichkeit ist es, Hackfleischküchlein auf Spieße zu stecken und zu grillen. Oder man formt daraus ovale Klöße, die jeweils mit etwa 1½ Eßlöffeln Pinienkernen oder einem hartgekochten Ei gefüllt sind. Die gefüllten Klöße werden in Butter oder Olivenöl gebräunt, in eine ofenfeste Form gelegt, mit Tomatensauce überzogen und 30 Minuten bei 180 °C (Gasherd Stufe 2–3) im Backofen gegart. Ungefüllte »kefta« in warmem Fladenbrot (Rezept S. 82) mit »tahin«-Sauce (siehe »felafel«, Rezept S. 50) und gewürfelten Tomaten und Gurken anrichten.

1 kg gehacktes Rind- oder Lammfleisch
150 g Zwiebeln, gerieben
2 EL feingehackte glatte Petersilie oder Minze
Salz
Frisch gemahlener Pfeffer
2 TL gemahlener Kreuzkümmel (nach Belieben)
1 TL gemahlener Zimt (nach Belieben)
1 TL gemahlener Piment (nach Belieben)

Olivenöl (falls die Fleischküchlein gebraten werden)

Alle Zutaten in eine Schüssel geben und gründlich mit den Händen vermengen. Zugedeckt für 1 Stunde kalt stellen. (Durch das Kühlen hält die Hackfleischmasse besser zusammen.)

Eine schwere Bratpfanne dünn mit Olivenöl bestreichen und erhitzen oder einen Holzkohlengrill anheizen. Aus der Hackfleischmasse 6–8 runde oder ovale Küchlein formen. Die Fleischküchlein in die Bratpfanne oder auf den Grillrost legen und garen, bis der gewünschte Gargrad erreicht ist; zwischendurch einmal wenden. Sofort servieren.

Für 6 Personen

TUNESIEN

MERGUEZ
Pikante Lammwurst

Diese pikanten Würste sind überall in Nordafrika beliebt. Am einfachsten lassen sich die Würste herstellen, wenn man einen Fleischwolf mit Füllrohr benutzt. Steht ein solches Gerät nicht zur Verfügung, kann man die Hackfleischmasse auch zu Küchlein formen und braten. Dazu Fladenbrot (Rezept S. 82) und nach Belieben gegrillte Zwiebeln reichen.

1 kg mageres Lamm- oder Rindfleisch
180 g Rinder- oder Lammfett
5 EL Olivenöl
4–6 Knoblauchzehen, zerdrückt
1 TL gemahlener Zimt
½ TL Cayennepfeffer
2 TL *harissa* (siehe Glossar)
2 TL gemahlener Koriander
Salz
Frisch gemahlener schwarzer Pfeffer
250 g Wurstdarm, vorzugsweise vom Lamm

Alle Zutaten – mit Ausnahme des Wurstdarms – in eine Schüssel geben und gründlich mit den Händen vermengen. Zugedeckt kalt stellen, bis die Masse gut durchgekühlt ist.

Den Wurstdarm einige Minuten mit kaltem Wasser durchspülen. Um die Hackfleischmasse in den Wurstdarm zu füllen, einen Fleischwolf mit aufgesetztem Füllrohr, einen Spritzbeutel mit großer Lochtülle oder einen Trichter mit etwa 2,5 cm großer Öffnung benützen. Im Abstand von 15 cm Würste abbinden. Die Würste einige Stunden im Kühlschrank durchziehen lassen. Oder 20 cm lange Würste abbinden, diese spiralförmig zusammenrollen und in den Kühlschrank legen.

Zum Garen der Würste einen Holzkohlengrill anheizen. Aufgerollte Würste auf Holzspieße stecken, die zuvor in Wasser eingeweicht wurden.

Die Würste etwa 8 Minuten grillen, bis sie rundum gebräunt und schön kroß sind.

Auf einer vorgewärmten Platte anrichten und servieren.

Für 6 Personen

LIBANON

KIBBEH
Hackfleisch mit Zwiebel und Bulgur

»Kibbeh« ist das Nationalgericht der Libanesen, aber auch in Syrien wird es gern gegessen. Es wird roh oder gegart gegessen, schichtweise im Ofen gebraten oder gefüllt. Früher wurde das Fleisch von Hand in einem Mörser zerkleinert, doch dank unserer modernen Küchengeräte wie Fleischwolf und Küchenmaschine ist die Zubereitung von »kibbeh« heute erheblich einfacher. Das Mengenverhältnis von Fleisch zu Getreide ist von Familie zu Familie unterschiedlich. Fleisch für »kibbeh« muß mager sein und zweimal durch den Fleischwolf gedreht werden. Der Bulgur muß feingeschrotet sein. »Kibbeh nayya« ist die rohe Hackfleischmischung; man kann sie – ähnlich wie Tartar – mit Fladenbrot (Rezept S. 82) und gehackter Petersilie, gehackten Frühlingszwiebeln oder Römischem Salat reichen, oder man bereitet »kibbeh bissaniyyeh« daraus zu – im Ofen gebratenes »kibbeh« mit Pinienkernen. Rohes »kibbeh« kann auch zu Klößchen geformt, gegrillt und dann mit Fladenbrot und Joghurt serviert werden.

FÜR KIBBEH NAYYA:

200 g feingeschroteter Bulgur
500 g mageres Lamm- oder Rindfleisch
1 Zwiebel, im Mixer püriert (etwa 125 g)
4 EL kaltes Wasser oder Eiswasser
Salz
Frisch gemahlener Pfeffer
½ TL gemahlener Piment (nach Belieben)
½ TL gemahlener Zimt (nach Belieben)
1 EL gemahlener Kreuzkümmel (nach Belieben)
Zerlassene Butter oder Olivenöl

Den Bulgur in einer Schüssel mit Wasser bedecken und 10 Minuten einweichen. In ein Sieb geben und möglichst viel Wasser herausdrücken. Den Bulgur auf einem Backblech oder einer flachen Platte verteilen und für einige Stunden in den Kühlschrank stellen, damit er noch nachquillt.

Das Fleisch von Fett und Sehnen befreien und in kleine Würfel schneiden. Für etwa 1 Stunde kalt stellen; es muß gut durchgekühlt sein. Anschließend zweimal durch die feine Scheibe des Fleischwolfs drehen. Die Fleischwürfel können auch mit dem Schlagmesser in der Küchenmaschine feingehackt werden. Das Hackfleisch in eine Schüssel geben.

Hackfleisch, pürierte Zwiebel, Bulgur, Salz, Pfeffer und – falls verwendet – Piment, Zimt und Kreuzkümmel in drei gleiche Portionen teilen. Jede Portion gründlich mit dem Schlagmesser der Küchenmaschine vermengen; wenn nötig, etwas Eiswasser dazugeben. Zugedeckt kalt stellen.

Zum Servieren das durchgekühlte *»kibbeh«* auf eine Platte geben. Mit einer Gabel glattstreichen und ein Muster hineinziehen. Mit zerlassener Butter oder Öl beträufeln und servieren.

FÜR KIBBEH BISSANIYYEH:

60 g sowie 100 g Butter
250 g gehacktes Lammfleisch
½ TL gemahlener Zimt
Salz
Frisch gemahlener Pfeffer
50 g Pinienkerne
kibbeh nayya (vorhergehendes Rezept)
Joghurt (nach Belieben)

Von oben nach unten: *Hackfleisch mit Zwiebel und Bulgur; Hackfleisch mit Zwiebeln und Petersilie; Pikante Lammwurst*

Den Backofen auf 180 °C (Gasherd Stufe 2–3) vorheizen.

In einer schweren Pfanne bei mittlerer Temperatur 2 Eßlöffel Butter zerlassen. Das Lammfleisch dazugeben und mit einer Gabel zerteilen. Mit Zimt, Salz und Pfeffer würzen und etwa 5 Minuten unter Rühren sautieren, bis es gar ist. In der Zwischenzeit die verbliebenen 2 Eßlöffel Butter in einer zweiten Pfanne erhitzen und die Pinienkerne 3–5 Minuten sautieren, bis sie goldbraun sind. Die Pinienkerne gründlich unter das Lammfleisch mischen. Einige Minuten abkühlen lassen.

Eine 23 cm große ofenfeste Form mit Butter einfetten. Die Hälfte des *kibbeh nayya* hineingeben und flachdrücken. Die abgekühlte Lammfleischmischung auf dem rohen *kibbeh* verteilen. Das restliche rohe *kibbeh nayya* daraufgeben und glattstreichen. Mit einem scharfen Messer ein Sternenmuster in die Oberfläche ritzen. Die restlichen 100 g Butter zerlassen und über das Hackfleisch in der Form träufeln. Etwa 25 Minuten im Backofen braten, bis das Lammfleisch gar ist.

In der Zwischenzeit den Küchengrill vorheizen. Das fertige *kibbeh* für einige Minuten unter den Grill stellen, bis die Oberfläche leicht gebräunt ist.

In Stücke schneiden und heiß servieren. Nach Belieben Joghurt dazu reichen.

FÜR KIBBEH-KLÖSSCHEN:

Kibbeh nayya (vorhergehendes Rezept)
Kibbeh bissaniyyeh (vorhergehendes Rezept)
Pflanzenöl zum Fritieren
Joghurt oder *tahin*-Sauce (siehe *felafel*, Rezept S. 50)

Das *kibbeh nayya* zubereiten und kalt stellen. Für das *kibbeh bissaniyyeh* das Lammfleisch – wie links beschrieben – sautieren, mit den Pinienkernen vermischen und abkühlen lassen.

Die Hände mit kaltem Wasser anfeuchten. Das *kibbeh nayya* in 12–14 Portionen teilen. Jede Portion zu einem länglichen Klößchen von etwa 5 cm Länge formen. Mit dem nassen Zeigefinger in die Mitte des Klößchens ein tiefes Loch drücken. Etwa 1 EL *kibbeh bissaniyyeh* hineingeben und die rohe Hackfleischmasse zusammendrücken, um die Füllung vollständig einzuschließen. Zwischen den nassen Händen wieder zu einem länglichen Klößchen rollen. Bis zum Garen auf einem mit Pergamentpapier ausgelegten Backblech in den Kühlschrank stellen.

Einen hohen schweren Topf 5–7,5 cm hoch mit Öl füllen und das Öl auf 190 °C erhitzen. Die gefüllten Hackfleischklößchen partienweise etwa 5 Minuten fritieren, bis sie gleichmäßig gebräunt sind; zwischendurch einmal wenden. Mit einem Schaumlöffel auf Küchenkrepp legen und abtropfen lassen, während die übrigen Fleischklößchen fritiert werden. Alternativ den Backofen auf 180 °C (Gasherd Stufe 2–3) vorheizen. Ein Backblech mit Öl einfetten. Die Fleischklößchen darauflegen und etwa 25 Minuten im Backofen braten.

Die gegarten Fleischklößchen heiß oder mit Raumtemperatur servieren. Joghurt oder *tahin*-Sauce dazu reichen.

Jeweils für 4 Personen

Vorderer Orient

VORDERER ORIENT

Syrien, Libanon, Israel, Ägypten

Die Künstlichkeit vieler Grenzen im Vorderen Orient der Gegenwart zeigt sich neben anderen Dingen auch in der Küche. Das heute zwischen Syrien, dem Libanon und Israel (einschließlich der besetzten Gebiete) aufgeteilte Gebiet war einstmals unter der Bezeichnung »Bilad al-Sham« – die Länder (Groß-)Syriens – bekannt und bildete eine kulturelle Einheit mit gemeinsamen kulinarischen Traditionen, die nur geringfügige regionale Unterschiede aufwiesen. Überdies überschnitten sich diese Traditionen mit der Kochkultur des Irak, Ägyptens und der arabischen Halbinsel und sind daher mehr oder weniger identisch mit der Küche des gesamten ostarabischen Raums. Diese war in ihrer Blütezeit, die ungefähr vom achten bis zum 14. Jahrhundert dauerte, eine der brillantesten und einflußreichsten Küchen der Mittelmeerregion.

Bevor die Araber im siebten Jahrhundert durch die Lehre Mohammeds geeint wurden, waren ihre Mahlzeiten bescheiden und einfach und bestanden im wesentlichen aus Datteln, Brot und Schaffleisch, zu festlichen Anlässen ergänzt durch die Milch und das Fleisch von Kamelen; selbst heute noch stellt dies in der gesamten arabischen Welt die grundlegende Kost der Beduinen dar. Im vorislamischen Arabien lebten keineswegs ausschließlich Nomaden, und die Städte Westarabiens, in denen der Islam seinen Anfang nahm, waren wichtige internationale Handelszentren. Die Gewürze aus Asien, die auf dem Weg ins östliche Mittelmeer durch ihre Hände gingen, interessierten die Bewohner dieser Städte allerdings

Seite 184/185: *Die Pyramiden von Giseh, die ungefähr zwischen 2550 und 2400 v. Chr. erbaut wurden, sind als einziges der Sieben Weltwunder erhalten geblieben.*
Links: *Farbenprächtige ägyptische Zeltbahnen, oftmals von Hand appliziert, finden bei Festlichkeiten, Begräbnissen und Unterhaltungsveranstaltungen Verwendung.*

nur als Handelsware und nicht als Mittel zur Verfeinerung ihrer eigenen Mahlzeiten. Diese Kargheit der Kost wurde durch den asketischen Geist des frühen Islam bestärkt. Obwohl über den Propheten Mohammed berichtet wird, daß er Lieblingsspeisen hatte, wie etwa eine Mischung aus Datteln, Butter und Milch, aß er zu seinen Mahlzeiten niemals mehrere Arten von Nahrungsmitteln und empfahl seinen Anhängern, ihren Magen nicht mehr als zu zwei Dritteln zu füllen. Die gastronomische Zukunft des Islam war in gewisser Weise jedoch durch die Verse des Koran garantiert, die von den Früchten der Erde als einem Gottesgeschenk sprachen, die Ausübung der Landwirtschaft unterstützten und die Gläubigen anwiesen, *al-tayyibat* (reine und bekömmliche Speisen) zu sich zu nehmen.

Die Länder im Norden der arabischen Halbinsel, die die Muslime schon bald nach dem Tod des Propheten mit erstaunlicher Geschwindigkeit eroberten, werden oftmals als der »Fruchtbare Halbmond« bezeichnet, ein sichelförmiges Gebiet, das sich von Syrien über den Libanon, Israel und Jordanien erstreckt und in dem die klimatischen Verhältnisse für die Landwirtschaft weitaus günstiger sind als in den ausgedörrten Wüsten Arabiens. In diesem Gebiet, so wird behauptet, nahmen viele Dinge ihren Ursprung, und die Landwirtschaft ist eines davon. Eine solche Aussage zu belegen ist schwierig, wenn nicht unmöglich, aber in jedem Fall kann man davon ausgehen, daß die alten Kulturvölker des Vorderen Orients – Assyrer, Babylonier, Phönizier und all die anderen – ihre eigenen kulinarischen Traditionen entwickelten, auch wenn wir heute nur wenig darüber wissen.

Die Dattelpalme wuchs in einigen Regionen des Mittelmeerraums bereits vor über 50 000 Jahren.

Vor der muslimischen Eroberung stand Syrien unter byzantinischer und der Irak unter persischer Herrschaft, obwohl sich die Grenzen der einzelnen Imperien häufig verschoben. Das erste Zentrum des Kalifats außerhalb der arabischen Halbinsel war Damaskus, und es ist anzunehmen, daß die omaijadischen Kalifen, die sich dort niederließen, nicht nur unter den Einfluß des byzantinischen Verwaltungswesens, sondern auch den der byzantinischen Küche gerieten. Der persische Einfluß war für die Entstehung der klassischen arabischen Küche jedoch unermeßlich größer. Zum Teil läßt sich dies auf die zeitliche Abfolge zurückführen. Die Verlegung des Herrschaftssitzes unter den Abbasiden nach Bagdad, nahe den alten persischen Machtzentren, kam zu einer Zeit, als die frühe territoriale Expansion abgeschlossen war und die Voraussetzungen gegeben waren für die Verfeinerung einer Zivilisation, die sowohl in intellektueller wie auch in materieller Hinsicht beeindruckte. Nahrungsmittel aus dem gesamten Vorderen Orient und aus fernen Ländern wie Frankreich, Rußland und China überschwemmten die Märkte von Bagdad und verlangten geradezu nach einer raffinierten und ausgeklügelten Küche. Weitaus wichtiger war jedoch der Umstand, daß die abbasidischen Kalifen von Bagdad die bescheidene Lebensweise des frühen Islam, der die Omaijaden noch in gewissem Maße gefolgt waren, aufgaben und – unterstützt von einer dienstfertigen Schar persischer Köche – begannen, nach Herzenslust den Tafelfreuden zu frönen.

Die Bedeutung des persischen Einflusses läßt sich durch einen Blick auf den Inhalt eines gastronomischen Handbuches abschätzen, das im 13. Jahrhundert in Bagdad geschrieben wurde. Viele der darin aufgeführten Gerichte, insbesondere die komplizierteren wie *bazmaward* (geschmortes Fleisch mit einer Fülle von Kräutern, Nüssen und Rosenwasser), tragen persische Namen. Die Vorliebe, Nüsse, Früchte und Gemüse mit Fleisch zu kombinieren, so daß sich daraus häufig eine Melange aus süß-sauren Geschmacksrichtungen ergibt, ist nachweislich ebenfalls persischen Ursprungs.

Ganz allgemein läßt sich sagen, daß die klassische arabische Küche auf der Basis persischer Genialität und Komplexität einen neuen Stil entwickelte. Ein Merkmal dieser Kochkultur war der reichliche, aber wohldurchdachte Gebrauch von Gewürzen, von denen einige nun erstmals auch im Vorderen Orient angebaut und andere über ein weitgespanntes Netz von Handelsrouten in größeren Mengen als je zuvor importiert wurden. Für Kräuter, Samen und sogar Blüten, die gesammelt und mit wissenschaftlicher Genauigkeit analysiert wurden, fand man ebenfalls ausgezeichnete Verwendungszwecke. Reis war im Vorderen Orient bereits vor dem Aufstieg des Islam bekannt gewesen, doch wurde er von den Arabern (die ihn auch, wie wir bereits gesehen haben, über Spanien und Sizilien in Europa einführten) weiträumiger angebaut als zuvor; diese größere Verfügbarkeit von Reis ermöglichte seine volle Einbeziehung in die Küche – ein Prozeß, der von den Türken abgeschlossen wurde. Die Techniken der Nahrungszubereitung wurden raffinierter und ausgefeilter. Das Konservieren von Speisen durch Salz und Essig oder Zitronensaft und Honig, das Kandieren von Früchten und zahlreiche Methoden des Bratens, Backens und Grillens beherrschten die Araber meisterhaft.

Diese klassische Küche des arabischen Ostens in all ihrer Fülle lag selbstverständlich außerhalb der Möglichkeiten der »kleinen Leute«, deren Kost vorwiegend aus Linsen und Bohnen bestand. Doch selbst diese bescheidenen Speisen wurden

Die Klagemauer, der einzige Überrest des Jerusalemer Tempelbezirks, ist für die Juden ein geheiligter Ort.

mit etwas Gemüse und einer Handvoll Gewürzen und Kräutern verfeinert. Glanz und Prunk der abbasidischen Kalifen fanden im 13. Jahrhundert ein jähes Ende durch die Mongolen. Die Invasoren sorgten auch dafür, daß die ausgeklügelten Bewässerungssysteme im Irak zerstört wurden, ein Schlag, von dem sich die Landwirtschaft – und damit auch die Küche – niemals vollständig erholt hat.

Wie bereits erwähnt, waren die osmanischen Türken die Erben der klassischen islamischen Kultur, und dazu gehörten auch die kulinarischen Traditionen. In gewissem Sinne bestand die arabische Küche damit in einem anderen Umfeld und einer anderen Form weiter. Aber das Gepräge der osmanischen Küche war neu und andersartig und spiegelte die riesige Ausdehnung des Reiches wider, einschließlich der Produkte, zu denen man nun Zugang hatte. Überdies genoß sie das Prestige großer politischer und militärischer Erfolge und wurde schon bald im gesamten arabischen Osten zur bevorzugten Küche der Wohlhabenden. Besonders stark ausgeprägt war die Assimilation der osmanischen Küche in Syrien, das dem türkischen Kernland von allen arabischen Provinzen geographisch wie auch kulturell am nächsten lag. Dies bedeutet allerdings nicht, daß die türkische Küche sämtliche Spuren der Regionalküchen auslöschte. *Kibbi* in seinen zahlreichen Versionen, das sich in Syrien und im Libanon noch heute großer Beliebtheit erfreut, ist in der Türkei ein Exotikum, und die verschiedenen religiösen Minderheiten, die im Libanon leben, haben stets ihre typisch mediterranen Spezialitäten bewahrt. Im großen und ganzen war die Küche Syriens wie auch des Libanon bis in jüngste Zeit jedoch eine Variante der türkischen Kochkultur. Die wichtigsten gastronomischen Zentren der Region waren Damaskus, das durch seine Lage inmitten der riesigen grünen Gartenlandschaft »Al Ghuta« seit jeher reichlich mit frischen Produkten versorgt war; Aleppo, bekannt für seine Pasteten; und Beirut, das mit seiner kosmopolitischen Bevölkerung und deren Vorliebe für Genüsse unterschiedlichster Art die besten Restaurants im Vorderen Orient beherbergte, bevor es durch die Kriegswirren fast vollständig zerstört wurde. Mit Ausnahme einiger Hauptnahrungsmittel wie *hummus, felafel* und einer Handvoll Gerichte aus der türkischen Küche ist kaum etwas von dem einstmals glanzvollen kulinarischen Erbe geblieben.

Feluken sind ein gewohnter Anblick auf dem Nil, dem längsten Fluß der Welt und der Hauptverkehrsader zwischen Südägypten und dem Mittelmeer.

Die verschiedenen Traditionen der sephardischen Juden aus Spanien und Portugal, der aschkenasischen Juden aus Osteuropa und anderer Einwanderer aus so unterschiedlichen Ländern wie dem Jemen und den Vereinigten Staaten sind bislang noch nicht zu einer charakteristischen israelischen Küche zusammengewachsen, die mehr als nur die Summe ihrer Ein-

Die Dächer der Jerusalemer Altstadt werden von der goldenen Kuppel des Felsendoms überragt, der im siebten Jahrhundert erbaut wurde.

zelteile wäre. Darin spiegelt sich nicht nur das verhältnismäßig kurze Bestehen des Staates Israel wider, sondern auch die andauernde ethnische Segmentation der israelischen Gesellschaft. Auch wenn einige Kochbuchautoren *felafel,* eine Art vegetarischer Hamburger aus Kichererbsen, als »das Nationalgericht der Israelis« darstellen, sollte man es vielleicht eher als eine Spezialität der ostarabischen Welt betrachten, die sich besonders bei den Palästinensern großer Beliebtheit erfreut.

Ägypten und seine Küche als mediterran zu bezeichnen mag Uneingeweihten durchaus richtig erscheinen, denn immerhin besitzt das Land eine ausgedehnte Mittelmeerküste, an der Alexandria liegt, die zweitgrößte Stadt Ägyptens. Doch in den vierziger Jahren unseres Jahrhunderts kam in Ägypten ein Streit darüber auf, ob es primär ein Mittelmeerland sei, das ausgeprägte Gemeinsamkeiten mit Ländern wie Frankreich oder Italien aufweist, oder ein arabisches und muslimisches Land, angesiedelt zwischen Nordafrika und dem arabischen Osten (ganz zu schweigen von seiner afrikanischen Identität). Wie die meisten solcher Dispute war auch dieser im Grunde überflüssig, denn Ägypten war und ist all dies zugleich, wenn auch in unterschiedlichem Maße: mediterran und arabisch, nach Norden ausgerichtet und nach Osten. Diese verschiedenartigen Orientierungen haben sich zwangsläufig in der Küche niedergeschlagen, die nicht so sehr aus lokalen Versionen einer Nationalküche als vielmehr aus völlig eigenständigen Stilen und Traditionen besteht. Auch die wirtschaftlichen Verhältnisse spielen eine große Rolle, wobei die Reichen eine ausgeprägte Aufnahmebereitschaft für ausländische Kochkulturen zeigen und die Armen auf die uralten Hauptnahrungsmittel der einheimischen Kost angewiesen bleiben. Die vielseitige und wahrhaft mediterrane Küche Alexandrias in der Zeit vor 1952, als dort Griechen, Italiener, Armenier und Juden in großer Zahl lebten, war den Scharen von Kleinbauern, die die schmalen fruchtbaren Streifen am Nil bewirtschafteten, völlig unbekannt. Das polyglotte Alexandria ist heute nur noch Erinnerung, aber es gibt gegenwärtig eine ähnliche soziale und kulinarische Spaltung zwischen den modisch gekleideten Studenten der amerikanischen Universität in Kairo, die zwischen ihren Vorlesungen regelmäßig Fast-Food-Lokale aufsuchen, und der breiten Masse der Kairoer Bevölkerung, die sich kaum ihr tägliches Brot leisten kann.

Über die Küche im alten Ägypten sind wir recht gut informiert. Wie ihre griechischen Ebenbilder scheinen sich auch die ägyptischen Gottheiten für kulinarische Dinge interessiert zu haben; Isis brachte den Menschen angeblich die Verwendung und den Anbau der Olive bei. Die Geflügelhaltung war weit verbreitet, wobei sich vor allem Enten und Gänse großer Beliebtheit erfreuten; letztere wurden häufig zwangsernährt, also gestopft, damit sie fetter und schmackhafter wurden – eine Art antiker Generalprobe für die Zubereitung von *pâté de foie* und *foie gras.* Fisch war ebenfalls geschätzt, obwohl man Schal- und Krustentiere mied, möglicherweise eine Folge des Einflusses der Israeliten während ihres ägyptischen Exils. Die alten Ägypter haben vermutlich als erste gesäuertes Brot gebacken, und es steht fest, daß Brot in Ägypten sehr früh zu einem Grundnahrungsmittel wurde. Es gab viele Arten von Brot, wobei gelegentlich Datteln unter den Teig gemischt wurden, und die Laibe konnten kunstvolle Tierformen haben – ein häuslicher Ausdruck der altägyptischen Begabung für plastische Darstellungen aus dem Tierreich. Es wurden nur verhältnismäßig wenige Gemüsearten angebaut – Okraschoten, Porree und Zwiebeln –, aber sie waren so geschätzt, daß jeder wohlhabende Haushalt einen Gemüsegarten besaß. Pilze waren dem Pharao vorbehalten, da man ihnen magische Kräfte zuschrieb. Aus Indien und weiter östlich gelegenen Ländern importierte Gewürze waren eine Kostbarkeit und wie in der gesamten antiken und klassischen Mittelmeerwelt den privilegierten Ständen vorbehalten.

Der Einzug des Islam im 7. Jahrhundert bedeutete einen klaren Bruch mit der pharaonischen Vergangenheit (wie auch mit ihrer koptischen Fortsetzung, die wir mit kulinarisch berechtigtem Schweigen übergehen). Es ist daher bemerkenswert, daß einige der Gerichte, die noch heute weit verbreitet sind, ihren Ursprung im alten Ägypten haben. Hierzu gehört vor allem *ful mudammas* (Rezept S. 214), das allgegenwärtige Gericht aus langsam gegarten dicken Bohnen, das jahrhundertelang das unentbehrliche Hauptnahrungsmittel der breiten Bevölkerung war. Das Wort *mudammas*, das ausschließlich zur Bezeichnung dieses Gerichts benutzt wird, bedeutet offensichtlich »in Asche vergraben«, da der Topf mit den Bohnen zum Garen traditionell über Nacht in die Glut eines Ofens oder Badehauses gestellt wurde, auch wenn man heute andere Zubereitungsmethoden wählt. Bohnen sind nicht nur seit Jahrtausenden ein Bestandteil der ägyptischen Küche, sondern auch der ägyptischen Geisteswelt: Die alten Ägypter nannten das Reich, in dem die Toten auf ihre Auferstehung warteten, ein »Bohnenfeld«. (Bekräftigt eine gemeinsame Vorliebe für Bohnen die Theorien all jener, die einen Blick auf die Pyramiden von Giseh und Teotihuacán werfen und behaupten, Mexiko und Ägypten hätten in früher Zeit miteinander in Kontakt gestanden?)

Ein ähnlich ehrwürdiges Alter haben *melokhia* (Rezept S. 111), eine Art Bauernsuppe, die mit den glutinösen Blättern der gleichnamigen Pflanze und mitunter Kaninchen zubereitet wird – ein Fleisch, das Muslime im allgemeinen nicht besonders schätzen –, und *batarekh*, der gesalzene und getrocknete Rogen von Meeräschen.

Außer diesen pharaonischen Relikten hat Ägypten offenbar keine bemerkenswerten Beiträge zur klassischen arabischen Küche geleistet, was in Anbetracht des ausgezeichneten Rufs, den ägyptische Köche einstmals in der gesamten ostarabischen Welt genossen, einigermaßen unverständlich ist. Bis zur Ankunft der Osmanen im 16. Jahrhundert scheinen die Herrscher und die Reichen weitgehend die gleichen Speisen gegessen zu haben wie ihre syrischen und irakischen Ebenbilder; anschließend war es die raffinierte Küche der Osmanen, an der sie Gefallen fanden.

Der englische Orientalist E. W. Lane, der vor allem für sein umfangreiches englisch-arabisches Lexikon bekannt ist und im frühen 19. Jahrhundert ein aufmerksamer Beobachter des ägyptischen Alltags war, schrieb, eine typische Kairoer Mahlzeit bestehe aus *yakhni*, einem Fleischeintopf mit Okraschoten oder anderen Gemüsen, gefüllten Wein-, Salat- oder Kohlblättern, gefülltem Kürbis oder anderem Gemüse, Kebab und Pilaw. All dies ist eindeutig türkisch und suggeriert überdies einen größeren Wohlstand, als man ihn heute vorfindet. Aber auch zu Lanes Zeiten gab es genügend Menschen, die sich solche reichhaltigen Mahlzeiten nicht leisten konnten und sich mit einem einfachen Mahl aus Brot mit *dukkah*, einer Mischung aus Salz, Pfeffer, Minze oder Kreuzkümmelsamen und anderen Gewürzen, begnügen mußten.

Wie Syrien und der Libanon ist auch das heutige Ägypten vielfältigen Spannungen und Veränderungen auf sozialer, ökonomischer, kultureller und politischer Ebene ausgesetzt, so daß sich die künftige Entwicklung der Kochkultur ebensowenig vorhersagen läßt wie die im übrigen Vorderen Orient.

Das Kamel, das im sechsten Jahrhundert v. Chr. durch die Perser nach Ägypten gelangte, war ein wichtiges Bindeglied auf der Handelsroute durch die Sahara und zum Mittelmeer.

Gemüse, Nudeln und Getreide

Nudeln findet man in unterschiedlichen Formen in den meisten Mittelmeerländern.

GEMÜSE, NUDELN UND GETREIDE

Die traditionellen Landesküchen der Mittelmeerregion basieren auf pflanzlicher Kost. Sie enthalten vorwiegend Gemüse, Hülsenfrüchte, Nudeln und Getreide. Fisch und Meeresfrüchte, Geflügel und Fleisch werden in kleinen Portionen und nicht jeden Tag gegessen. Diese gesunde Ernährungsweise wird jedoch immer stärker untergraben. Menschen, die ihre Dörfer verlassen und in die Stadt ziehen, wollen – als Zeichen ihres persönlichen Erfolgs – möglichst oft große Fleischportionen essen. Die Griechen sprechen in diesem Zusammenhang beschönigend von der »Kost des Nordens«. Wenn bekannte Fast-Food-Ketten ehemalige Cafés, Tavernen und Trattorias übernehmen und die Menschen nicht mehr zwei Stunden gemütlich am Mittagstisch sitzen, sondern statt dessen 20 Minuten dichtgedrängt an einer Theke stehen, dann ist nicht nur der Verlust eines ruhigeren Lebensstils zu beklagen, sondern auch der Verfall einer gesunden Ernährung und das allmähliche Verschwinden traditioneller Gerichte. Ein Schatz an erstklassigen Rezepten droht auf diese Weise durch Pommes frites, Hamburger und Milchshakes ersetzt zu werden.

Den »Fortschritt« können wir nicht aufhalten, aber wir können uns darauf besinnen, daß gesunde mediterrane Gerichte die Grundlage einer ausgewogenen und abwechslungsreichen Ernährung sein können. 1992 diskutierten Wissenschaftler, Ärzte und Ernährungsfachleute auf einer Konferenz an der Harvard-Universität die gesundheitlichen Vorzüge der traditionellen Kost des Mittelmeerraums, einer Region, in der Herzerkrankungen und Krebs verhältnismäßig selten auftreten. Ihre Schlußfolgerung war, daß eine gesunde Ernährung auf Rezepten basieren sollte, wie sie in diesem Kapitel enthalten sind, ergänzt durch Obst, kleine Mengen an Molkereiprodukten wie Joghurt und Käse, etwas Olivenöl und gelegentliche kleine Portionen Fisch und tierisches Eiweiß.

In Mittelmeerländern wird Gemüse nicht nur als Beilage zu Fleisch oder Fisch betrachtet, sondern es ist häufig das Kernstück einer Mahlzeit. Eine Auswahl an Gemüse-*dolmas,* ein Gemüseauflauf mit Tomaten und Käse, mit Olivenöl und Kräutern gedünstetes Gemüse, ein Pilaw mit Auberginen oder ein Pasta-Gericht mit Gemüse, all dies ergibt eine köstliche Mahlzeit.

Das Angebot mediterraner Gemüse ist groß. An der Spitze steht die Aubergine, die häufig mit drei weiteren besonders beliebten Mittelmeergemüsen zubereitet wird: Paprikaschoten, Zucchini und Tomaten. (Obwohl Paprikaschoten und Tomaten aus der Neuen Welt nach Europa kamen, sind sie seit zwei Jahrhunderten ein fester Bestandteil der Mittelmeerküche.) Darüber hinaus gibt es viele Rezepte für Artischocken, Kürbisgewächse, rote Bete, Brokkoli, Blumenkohl, Möhren, weiße Rüben, Kartoffeln, Zwiebeln, Porree, Knoblauch, Salatgurken, Pilze, Fenchel, Okraschoten, grüne Bohnen, dicke Bohnen, Spargel, Erbsen und Blattgemüse wie Spinat, Mangold, Löwenzahn, Radicchio und krause Endivie. Während der jeweiligen Saison werden die einzelnen Gemüse täglich gegessen und zumeist als eigenständiger Gang serviert. Die Ernte der ersten jungen Erbsen oder des ersten Wildspargels ist ein Anlaß zum Feiern. Ein großer Teller mit gegrillten Wildpilzen, die mit Knoblauch und Olivenöl angemacht werden, Tomaten mit Reisfüllung oder *imam bayildi*

Seite 192/193: *Duftender Reis, gefolgt von Fisch mit Aïoli* (rechts; Rezept S. 215); *Paella aus Valencia* (links; Rezept S. 208)

Gemüse wird nicht nur als Beilage zu Fleisch betrachtet, sondern ist oftmals die Hauptzutat mediterraner Gerichte.

(mit Knoblauch und Tomate gefüllte Auberginen) sind eine herrliche Mahlzeit.

Nudelgerichte gibt es nicht nur in Italien, doch haben sie dort ihre höchste Perfektion erreicht. Bandnudeln namens *laganum* waren Bestandteil der frühen römischen Küche, und in etruskischen Gräbern hat man Gerätschaften zur Nudelherstellung gefunden. *Vermicelli* tauchen in einem arabischen Text aus dem zwölften Jahrhundert auf, wo sie *itriya* heißen, was sich im sizilianischen Dialekt zu *tria* verkürzt hat. Nudeln,

Die allgegenwärtige Tomate, ursprünglich ein Geschenk der Neuen Welt, ist seit mehr als zwei Jahrhunderten ein fester Bestandteil der Mittelmeerküche.

die im alten Persien serviert wurden, hießen *lakhsha*, woraus sich die arabischen *rishta* entwickelten; im Jiddischen nennt man sie noch heute *lakshen*. Ravioli findet man in Sardinien als *culingiones* und in der Türkei unter der Bezeichnung *manti* (Rezept S. 198), nach dem chinesischen *mantou*. Pasta ist ein wesentliches Merkmal der süditalienischen Küche, und die Zahl der Saucen und Zusammenstellungen ist endlos. Es werden immer wieder neue Kochbücher mit Pasta-Gerichten erscheinen, da das Repertoire an Rezepten so groß ist und frische oder getrocknete Nudeln überaus vielseitig sind.

Couscous, kleine Teigwaren aus Hartweizengrieß, ist das beliebteste nordafrikanische Getreidegericht. *Couscous* stammt aus vorislamischer und vorarabischer Zeit und hat in Marokko, Tunesien und Algerien die gleiche Bedeutung wie Pasta in Italien. Über Sizilien hat *couscous* auch seinen Weg in die italienische Küche gefunden. Auf Sardinien gibt es ähnliche Teigwaren, die *fregula* heißen.

Als Grundlage für Pilaw, Paella und Risotto spielt Langkorn- oder Rundkornreis in vielen Landesküchen des Mittelmeerraums eine bedeutende Rolle. Rundkornreis, der etwas klebrig ist und eine Art Stärke absondert, die Saucen bindet, wird für spanische Reisgerichte verwendet und ist eine Spezialität aus Valencia. Recht ähnlich ist italienischer Arborio-Reis, den man für Risotto und die frittierten sizilianischen Reisbällchen namens *arancini* (Rezept S. 46) nimmt. Langkornreis ist ein Grundnahrungsmittel in Griechenland, der Türkei und den meisten Ländern des Vorderen Orients; die beste Sorte ist Basmati-Reis. In diesen Kulturen wird Reis für Hauptgerichte, Pilaws und Füllungen für Weinblätter, Kohlblätter, Tomaten, Paprikaschoten, Auberginen, Artischocken und Zucchini sowie für Geflügel und Fisch verwendet.

Bulgur – geschroteter Hartweizen – ist ein weiteres Grundnahrungsmittel arabischer Länder. Er hat ein nussiges Aroma und wird heiß als Pilaw oder kalt serviert, wie in dem bekannten Salat *tabbouleh* (Rezept S. 44). In Verbindung mit Fleisch, Fisch und Gemüse, wie bei *kibbi* (Rezept S. 182), ist Bulgur das Hauptgetreide Syriens und des Libanon.

Von oben links im Uhrzeigersinn: *Nudeln in scharfer Tomatensauce; Ravioli mit Mangold-Käse-Füllung; Nudeln mit Stengelkohl*

KALABRIEN

PENNE ALL'ARRABBIATA
Nudeln in scharfer Tomatensauce

»Arrabbiato« heißt zornig – eine einfache, aber treffende Bezeichnung für Nudeln in einer scharfen, würzigen Tomatensauce mit Chilischoten. Die Sauce läßt sich im voraus zubereiten und wird dann aufgewärmt, bevor man sie unter die Nudeln hebt. Als Pasta eignen sich neben »penne« auch Spaghetti oder »rigatoni«. Diese Tomatensauce kann auch zu Fleisch gereicht werden.

4 EL Olivenöl oder je 2 EL Olivenöl und Schweineschmalz
2 oder 3 Knoblauchzehen, zerdrückt
2 Zwiebeln, in Streifen geschnitten
2 kleine getrocknete Chilischoten, in Stücke geschnitten
6 große Tomaten, enthäutet, entkernt und gehackt
Salz und frisch gemahlener Pfeffer
500 g *penne* oder andere italienische Nudeln
Geriebener Pecorino

In einem großen schweren Topf bei mittlerer Temperatur das Öl oder Öl und Schweineschmalz erhitzen. Knoblauch, Zwiebeln und Chillies hinzufügen und 8–10 Minuten sautieren, bis die Zwiebeln weich und glasig sind. Die Tomaten dazugeben und etwa 8 Minuten unter gelegentlichem Rühren garen, bis sie zu einer dicken Sauce zerkocht sind.

Die Sauce mit Salz und Pfeffer abschmecken und warm halten, bis die Nudeln gekocht sind.

Einen großen Topf zu drei Vierteln mit Wasser füllen und das Wasser zum Kochen bringen. Die Nudeln hinzufügen und etwa 10 Minuten kochen, bis sie *al dente* sind. (Die genaue Garzeit der Verpackung entnehmen.) Die Nudeln abgießen.

Die Nudeln auf eine vorgewärmte Platte geben. Mit der Sauce beschöpfen und gründlich durchheben. Den Käse darüberstreuen und sofort servieren.

Für 4 Personen

SARDINIEN

CULINGIONES
Ravioli mit Mangold-Käse-Füllung

Diese Käse-Ravioli aus Sardinien werden mit einer Prise Safran aromatisiert und mit Mangold verfeinert. Pecorino gibt es als weichen, leicht säuerlichen Frischkäse und als gereiften Hartkäse zum Reiben.

750 g Mangold ohne Blattstiele
Salz
650 g ungereifter Pecorino oder Ricotta (siehe Glossar)
2 Eier
Einige Safranfäden, zerrieben und in 2 EL heißem Wasser eingeweicht
3–4 EL Mehl (nach Belieben)
Salz und frisch gemahlener Pfeffer
Nudelteig für *manti* (Rezept S. 198)
Tomatensauce (siehe Glossar), erhitzt
Geriebener Pecorino

Einen großen Topf zu drei Vierteln mit Wasser füllen und das Wasser zum Kochen bringen. Den Mangold und etwas Salz hinzufügen und das Blattgemüse etwa 5 Minuten garen, bis es weich ist. Abgießen und gut abtropfen lassen. Dann ausdrücken und feinhacken. Den gehackten Mangold in eine Schüssel geben und vollständig abkühlen lassen.

Den abgekühlten Mangold mit der Ricotta oder dem frischen Pecorino, den Eiern und dem Safran mit dem Einweichwasser vermengen und die Füllung nach Belieben mit Mehl binden. Mit Salz und Pfeffer abschmecken. Die Füllung zum Abtropfen in ein Sieb geben und über einer Schüssel für einige Stunden oder über Nacht in den Kühlschrank stellen.

Den Nudelteig herstellen wie auf Seite 198 beschrieben und 1 Stunde ruhen lassen.

Den Teig zu langen, etwa 10 cm breiten Streifen ausrollen. Die Füllung in regelmäßigen Abständen daraufsetzen und, wie bei den *manti* beschrieben, 5 cm große, quadratische Ravioli herstellen. Einen großen Topf (oder zwei kleine Töpfe) zu drei Vierteln mit Wasser füllen. Das Wasser zum Kochen bringen, etwas Salz dazugeben und die Ravioli 8–10 Minuten garen, bis sie weich sind. Gut abtropfen lassen.

Die Ravioli auf einer vorgewärmten Platte anrichten, die heiße Sauce darüberschöpfen und mit geriebenem Käse bestreuen. Sofort servieren.

Für 6 Personen

APULIEN

ORECCHIETTE CON BROCCOLI DI RAPE
Nudeln mit Stengelkohl

»Orecchiette« (Öhrchen) sind kleine runde, ohr- oder hutförmige Nudeln, in denen sich die Sauce sammelt. Der Sauce kann man gegarte weiße Bohnen oder Kichererbsen hinzufügen. Stengelkohl wird in Süditalien häufig gegessen. Bei uns ist er nur in gutsortierten Gemüseläden erhältlich. Die Stengel mit ihren kleinen Blüten sehen fast wie Brokkoli aus und haben einen etwas bitteren Geschmack.

750 g Stengelkohl oder anderes Gemüse mit bitterem Aroma oder eine Mischung aus Brokkoli, Blumenkohl und Gemüse mit Bitteraroma
Salz
500 g *orecchiette*
Olivenöl
1 EL feingehackte Sardellenfilets (oder nach Geschmack)
3 Knoblauchzehen, zerdrückt
Frisch gemahlener Pfeffer oder zerstoßene getrocknete rote Chilischoten
Geriebener Pecorino

Das Gemüse waschen und harte Stengel wegschneiden. Den Stengelkohl oder anderes Gemüse mit Bitteraroma in 5 cm lange Stücke schneiden, Brokkoli und Blumenkohl in Röschen teilen. Einen großen Topf zu drei Vierteln mit Wasser füllen und das Wasser zum Kochen bringen. Das vorbereitete Gemüse und etwas Salz dazugeben und je nach Gemüseart 5–10 Minuten garen, bis es weich ist. Mit einem Schaumlöffel in eine Schüssel heben und beiseite stellen.

Das Wasser wieder zum Kochen bringen und die *orecchiette* hinzufügen.

Während die Nudeln kochen, in einer großen Pfanne bei mittlerer Temperatur das Öl erhitzen. Sardellenfilets und Knoblauch dazugeben und warm werden lassen. Das gegarte Gemüse hinzufügen und erhitzen. Nach Geschmack mit schwarzem Pfeffer oder Chili würzen.

Wenn die Nudeln *al dente* sind (die Garzeit beträgt etwa 10 Minuten; genaue Angaben finden sich auf der Verpackung), das Wasser abgießen und die Nudeln in eine vorgewärmte Servierschüssel geben. Das Gemüse mit dem Öl hinzufügen und alles behutsam durchheben. Mit Käse bestreuen und sofort servieren.

Für 6–8 Personen

KALABRIEN

MELANZANE ALLA PARMIGIANA
Auberginengratin

»Alla parmigiana« heißen Gerichte, die mit Parmesan überbacken werden. Trotzdem wird bei diesem Rezept Pecorino verwendet. Die Auberginen werden gebraten, mit Tomatensauce und mitunter auch Mozzarella oder »caciocavallo« oder aber Zwiebeln oder hartgekochten Eiern in eine Auflaufform geschichtet und mit Semmelbröseln und geriebenem Pecorino bestreut. Diese Version stammt aus Kalabrien. In Griechenland gibt es ein ähnliches Gericht mit »feta« und Tomatensauce.

Etwa 1,25 kg Auberginen
Salz
Olivenöl
1 Zwiebel, in feine Streifen geschnitten
2 Knoblauchzehen, zerdrückt (nach Belieben)
450 g Tomaten, enthäutet, entkernt und in Würfel geschnitten
Frisch gemahlener Pfeffer
500 g Mozzarella, in 3 mm dicke Scheiben geschnitten
2 oder 3 hartgekochte Eier, in Scheiben geschnitten
60 g frisch geriebener Pecorino
60 g Semmelbrösel

Die Auberginen schälen und quer in gut 1 cm dicke Scheiben schneiden. Mit Salz bestreuen und 30 Minuten in einem Durchschlag abtropfen lassen. Abspülen und mit Küchenkrepp trockentupfen.

Den Backofen auf 200 °C (Gasherd Stufe 3–4) vorheizen.

Eine große Pfanne 0,5 cm hoch mit Öl füllen und das Öl bei mittlerer Temperatur erhitzen. Die Auberginenscheiben partienweise hinzufügen und etwa 5 Minuten sautieren, bis sie leicht gebräunt sind; zwischendurch einmal wenden. Mit einem Schaumlöffel zum Abtropfen auf Küchenkrepp legen. Nach Bedarf weiteres Öl in die Pfanne geben, jedoch nicht zu viel, da sich die Auberginen sonst mit Fett vollsaugen.

Zwiebeln und – falls verwendet – Knoblauch in die Pfanne geben und bei mittlerer Temperatur etwa 5 Minuten sautieren. Die Tomaten hinzufügen und etwa 10 Minuten unter Rühren garen, bis sie zerkocht sind. Mit Salz und Pfeffer abschmecken.

Etwa ein Drittel der Tomatensauce in einer großen ofenfesten Form verteilen. Schichtenweise die Hälfte der Auberginen, die Mozzarella, die Hälfte der verbliebenen Tomatensauce, die Hälfte der Eischeiben und die restlichen Auberginen einfüllen. Die verbliebenen Eischeiben darauflegen und mit der restlichen Sauce beschöpfen. In einer kleinen Schüssel Pecorino und Semmelbrösel vermengen und den Auflauf damit bestreuen.

Den Auberginenauflauf für etwa 20 Minuten in den Backofen schieben, bis er goldbraun ist. Aus dem Ofen nehmen und 15 Minuten ruhen lassen. Zum Servieren in Stücke schneiden.

Für 8 Personen *Abbildung S. 203*

GRIECHENLAND

PILAFI ME MELITZANES
Auberginen-Pilaw

Dieser Pilaw eignet sich ausgezeichnet als Beilage zu Geflügel- und Fleischgerichten.

Etwa 750 g Auberginen
6 EL Butter oder 6 EL Olivenöl
1 Zwiebel, gehackt
3 große Tomaten, enthäutet, entkernt und in Würfel geschnitten
60 g *vermicelli*, in 2,5 cm lange Stücke gebrochen
Salz
Frisch gemahlener Pfeffer
1/2 TL gemahlener Zimt (nach Belieben)
300 g weißer Langkornreis, gewaschen und abgetropft
750 ml heiße Hühner- oder Gemüsebrühe (siehe Glossar)
60 g Korinthen, in heißem Wasser eingeweicht und abgetropft (nach Belieben)
Gehackte Minze oder glatte Petersilie (nach Belieben)

Die Auberginen schälen, in 2 cm große Würfel schneiden und in einen Durchschlag geben. Mit Salz bestreuen und etwa 20 Minuten abtropfen lassen, um den Auberginen einen Teil ihrer Bitterstoffe zu entziehen. Mit Küchenkrepp trockentupfen.

In einer großen Pfanne bei hoher Temperatur 4 Eßlöffel Butter zerlassen oder 4 Eßlöffel Öl erhitzen. Die Auberginen dazugeben und etwa 10 Minuten unter häufigem Rühren sautieren, bis sie gebräunt sind. Von der Kochstelle nehmen und warm halten.

In einem großen Topf bei mittlerer Temperatur die verbliebenen 2 Eßlöffel Butter oder Öl erhitzen. Die Zwiebeln hinzufügen und 5–7 Minuten sautieren, bis sie weich sind. Tomaten, *vermicelli,* Salz und Pfeffer nach Geschmack und – falls verwendet – Zimt dazugeben und alles etwa 4 Minuten unter häufigem Rühren garen.

Den Reis hinzufügen und etwa 3 Minuten unter häufigem Rühren sautieren, bis er mit Fett überzogen und glasig ist. Dann die heiße Brühe angießen und alles zum Kochen bringen. Auf schwache Hitze reduzieren, den Deckel auflegen und den Reis etwa 20 Minuten köcheln lassen. Er sollte das gesamte Wasser aufgenommen haben und weich sein.

Die Auberginen und – falls verwendet – Minze oder Petersilie und Korinthen unter den Reis heben. Den Herd ausschalten und den Pilaw 10 Minuten ruhen lassen. Dann abschmecken und mit einer Gabel auflockern. Auf einer vorgewärmten Platte anrichten und servieren.

Für 6–8 Personen

TÜRKEI

BULGUR PILAV
Bulgur-Pilaw

Bulgur – vorgekochter, gedarrter und geschroteter Hartweizen – gehört in der Türkei und im Vorderen Orient zu den Grundnahrungsmitteln. Es gibt ihn in verschiedenen Ausmahlungsgraden – von sehr fein geschroteten Körnern für »tabbouleh« (Rezept S. 44) und »kibbeh« (Rezept S. 182) bis zu grobkörnigem Bulgur. Mittelfeiner Bulgur wird in den meisten Geschäften angeboten. Für Pilaw kann man jedoch auch grobgeschroteten Bulgur nehmen, wenn kein anderer erhältlich ist. Die meisten Bulgur-Rezepte verwenden zu viel Flüssigkeit, so daß der Pilaw oftmals suppig wird. Damit er noch etwas Biß hat und schön locker wird, nimmt man am besten 400 ml Flüssigkeit auf 200 g Bulgur. Ist der Pilaw dann immer noch zu feucht, gibt man ihn in eine ofenfeste Form und läßt ihn 10–15 Minuten bei 180 °C (Gasherd Stufe 2–3) im Backofen trocknen. Ist er zu trocken, fügt man etwas mehr Flüssigkeit hinzu.

600 ml Wasser oder Hühnerfond (siehe Glossar)
Salz
60 g Butter
1 Zwiebel, gehackt
300 g Bulgur

In einem Topf das Wasser oder den Hühnerfond mit etwas Salz zum Kochen bringen. Auf schwache Hitze reduzieren und die Flüssigkeit warm halten.

In einem großen schweren Topf bei mittlerer Temperatur die Butter zerlassen. Die Zwiebeln dazugeben und etwa 10 Minuten sautieren, bis sie weich und glasig sind. Den Bulgur hinzufügen und einige Minuten unter Rühren sautieren.

Das heiße Wasser oder den Hühnerfond angießen und einmal umrühren. Auf schwache Hitze reduzieren, den Deckel auflegen und den Bulgur 10 Minuten garen. Den Herd ausschalten und den Bulgur noch etwa 15 Minuten quellen lassen, bis er die gesamte Flüssigkeit aufgenommen hat.

In eine vorgewärmte Schüssel füllen und sofort servieren.

Für 6 Personen

TÜRKEI

MANTI
Türkische Ravioli mit Joghurtsauce

Ähnliche Teigtaschen wie »mantı« gibt es auch auf Zypern, im Iran und in Afghanistan. Häufig werden solche Ravioli mit Lammfleisch oder Käse gefüllt, und die Sauce besteht zumeist aus Joghurt, Knoblauch und Minze oder aus Joghurt und Tomatensauce. Bei einigen Rezepten werden die »mantı« bei niedriger Temperatur etwa 25 Minuten im Backofen gebräunt, dann mit dem heißen Fond beschöpft und noch etwa 25 Minuten zugedeckt im Ofen gegart, bis sie den Fond aufgenommen haben und weich sind. Zum Servieren werden sie mit der Joghurtsauce angerichtet und mit Minze und Cayennepfeffer bestreut. In Zypern beschöpft man die Ravioli nur mit zerlassener Butter und bereitet die Füllung mit Minze zu. Bei dem hier aufgeführten Rezept kann das Lammfleisch auch durch Rindfleisch ersetzt werden.

FÜR DEN NUDELTEIG:

500 g Mehl
Salz
3 Eier
3–4 EL kaltes Wasser

FÜR DIE FÜLLUNG:

400 g feingehacktes mageres Lammfleisch
125 g Zwiebeln, feingehackt
4 EL feingehackte glatte Petersilie
Salz
Frisch gemahlener Pfeffer

FÜR DIE SAUCE:

750 g Joghurt, 3 Stunden in einem mit Küchenleinen ausgelegten Sieb abgetropft
6 Knoblauchzehen, zerdrückt
Salz und frisch gemahlener Pfeffer

2–2 1/2 l Lammfond, mit etwas Wasser verdünnt, oder Wasser

ZUM ANRICHTEN:

60 g Butter
Einige Salbeiblätter
1 EL zerriebene getrocknete Minze
1 Prise Cayennepfeffer

Für den Nudelteig Mehl und etwas Salz in eine Schüssel sieben. In die Mitte eine Mulde drücken und die Eier und 2 Eßlöffel Wasser hineingeben. Nach und nach das Mehl unter die flüssigen Zutaten arbeiten, bis ein fester Teig entsteht. Ist der Teig zu trocken, noch etwas Wasser hinzufügen. Den Nudelteig auf der leicht bemehlten Arbeitsfläche 10 Minuten durchkneten, bis er glatt ist. Mit einem Tuch abdecken und 1 Stunde ruhen lassen.

Um den Nudelteig in der Küchenmaschine herzustellen, das Mehl mit dem Salz in die Rührschüssel sieben. Bei laufendem Gerät die Eier und das Wasser dazugeben, so daß ein fester Teig entsteht.

Von oben nach unten: *Auberginen-Pilaw; Bulgur-Pilaw; Türkische Ravioli mit Joghurtsauce*

Den Nudelteig auf der bemehlten Arbeitsfläche einige Minuten durchkneten, bis er glatt ist. Dann abdecken und etwa 1 Stunde ruhen lassen.

Für die Füllung in einer Schüssel gehacktes Lammfleisch, Zwiebeln, Petersilie, Salz und Pfeffer nach Geschmack gründlich mit den Händen oder in der Küchenmaschine vermengen.

Den Nudelteig in vier gleich große Portionen teilen. Jede Portion mit der Nudelmaschine mehrmals ausrollen und die Walzen dabei immer enger stellen, bis die dünnste Teigstärke erreicht ist. Steht keine Nudelmaschine zur Verfügung, den Teig auf der bemehlten Arbeitsfläche so dünn wie möglich ausrollen.

Den Teig in 2,5 cm große Quadrate schneiden oder mit einem runden Förmchen etwa 2,5 cm große Kreise ausstechen. Jeweils einen knappen Teelöffel Füllung daraufsetzen, die Teigränder dünn mit Wasser bestreichen und den Teig zu Halbmonden oder Dreiecken zusammenlegen.

Für quadratische Ravioli den Nudelteig zu langen, 5 cm breiten Streifen ausrollen. Dann auf einer Hälfte in regelmäßigen Abständen jeweils etwas Füllung daraufsetzen. Die Ränder anfeuchten, die andere Teighälfte über die Füllung schlagen und die Ränder fest zusammendrücken. Mit einem Teigrädchen quadratische Ravioli schneiden. Aus der Teigmenge ergeben sich 60–80 kleine Ravioli von 2,5 × 2,5 cm Größe.

Kurz bevor die Ravioli gegart werden, die Sauce zubereiten. Dazu in einer Schüssel Joghurt und Knoblauch verrühren. Mit Salz und Pfeffer abschmecken.

Die Joghurtsauce kann auch im voraus zubereitet werden. In diesem Fall muß man sie vor dem Servieren wieder auf Raumtemperatur kommen lassen.

Zum Garen der Nudeltaschen den Fond und/oder das Wasser in zwei Töpfen zum Kochen bringen. Die Ravioli dazugeben und 10–15 Minuten ohne Deckel köcheln lassen, bis sie gar sind.

Während die Ravioli kochen, in einer kleinen Pfanne die Butter zerlassen. Minze, Salbei und Cayennepfeffer dazugeben und 1 Minute erhitzen.

Die fertigen Ravioli mit einem Schaumlöffel aus dem Fond nehmen und je nach Anzahl der Personen auf 6–8 vorgewärmter Portionstellern anrichten.

Die Joghurt-Knoblauch-Sauce darüberschöpfen und mit der Buttermischung beträufeln. Sofort servieren.

Für 6–8 Personen

Körniger Safranreis

MITTELMEERRAUM

Reis und Reis-Pilaw

In Syrien, im Libanon, in Ägypten, in Griechenland und in der Türkei gehört Reis zu den Grundnahrungsmitteln. Man verwendet Langkornreis und gart ihn nach einer der folgenden zwei Grundmethoden: Das Wasser zum Kochen bringen, den Reis hinzufügen und nach dem Garen etwas Butter unterziehen. Oder das Wasser mit Butter und Salz zum Kochen bringen und dann den Reis dazugeben. In beiden Fällen beträgt das Verhältnis von Wasser zu Reis 2:1; und pro 250 ml Wasser nimmt man 1 Eßlöffel Butter. Mitunter wird der Reis vor dem Kochen auch in Butter oder Öl sautiert – eine Methode, die der Zubereitung von Pilaw ähnelt. Sobald der Reis das Wasser aufgenommen hat, sollte er nicht mehr durchgerührt werden. Vor dem Servieren läßt man ihn noch etwa 10 Minuten mit aufgelegtem Deckel ruhen. Wichtig ist vor allem, daß die Reiskörner nicht zusammenkleben. Man erreicht dies mit jedem Langkornreis, doch hat Basmati-Reis ein besonders feines Aroma und bleibt am längsten körnig. Basmati-Reis muß vor dem Garen gewaschen werden, mitunter weicht man ihn auch ein. In manchen Rezepten wird der Reis in Brühe statt in Wasser gegart.

Reis wird auch in Italien gern gegessen, allerdings in Form von Risotto, der eher der norditalienischen als der südlichen Mittelmeerküche zuzurechnen ist. Italienischer Rundkornreis unterscheidet sich kaum von dem Reis, der in Spanien für Paella und Pilaw genommen wird. Er bleibt nicht körnig und wird eher etwas klebrig und suppig.

Im folgenden sind drei Garmethoden für Reis aufgeführt. Soll der Reis mit Safran aromatisiert werden, zerreibt man ½ Teelöffel Safranfäden, weicht sie in 4 Eßlöffeln Wein oder heißem Wasser ein und gibt das Ganze zusammen mit dem Reis in das kochende Wasser. Wird der Reis vor dem Garen sautiert, den Safran nicht einweichen, sondern zerreiben und zusammen mit dem Reis sautieren.

1 l Wasser
Salz
450 g weißer Langkornreis, gewaschen und abgetropft
4 EL zerlassene Butter oder Olivenöl

METHODE I: In einem Topf das Wasser zum Kochen bringen. Salz und Reis dazugeben und das Wasser wieder zum Kochen bringen. Den Reis 1–2 Minuten kochen lassen, dann auf schwache Hitze reduzieren. Den Deckel auflegen und den Reis etwa 20 Minuten garen, bis er das Wasser aufgenommen hat und weich ist und sich an der Oberfläche kleine Löcher zeigen. Den Herd ausschalten und den Reis zugedeckt 10 Minuten ruhen lassen. Dann die zerlassene Butter oder das Öl darüberträufeln und den Reis noch einige Minuten stehenlassen, damit er das Fett aufnimmt. In einer vorgewärmten Schüssel anrichten und servieren.

METHODE II: Den Reis wie oben beschrieben zubereiten, die Butter oder das Öl jedoch mit dem Salz in das Wasser geben.

METHODE III: In einem schweren Topf bei mittlerer Temperatur die Butter zerlassen oder das Öl erhitzen. Den Reis dazugeben und etwa 3 Minuten unter häufigem Rühren sautieren, bis er von Fett überzogen und glasig ist. Wasser und Salz hinzufügen und alles zum Kochen bringen. Den Reis 1 Minute kochen lassen, dann auf schwache Hitze reduzieren. Den Deckel auflegen und den Reis wie oben beschrieben garen.

Für 8 Personen

TÜRKEI

Hünkar Beğendi
Des Sultans Entzücken

Die Heimat der Aubergine sind die tropischen Regionen Indiens, Chinas und Afrikas. Angebaut wird sie heute auch rund ums Mittelmeer. Obwohl ihr Nährwertgehalt eher bescheiden ist, werden ihr doch erstaunliche Wirkungen zugeschrieben. Sie soll lindernd wirken bei rheumatischen und Ischiasleiden, und auch den Cholesterinspiegel soll sie senken. Für Diabetiker wird die Frucht besonders empfohlen. Sei sie nun besonders heilend oder auch nicht – der Geschmack der Aubergine ist einzigartig. Mit seinem feinen, dennoch aber kräftigen Aroma reicht man dieses Auberginenpüree als Beilage zu geschmortem Lammfleisch oder Fleischklößchen in Tomatensauce; oftmals werden die Gerichte auch auf einem Bett aus Auberginenpüree angerichtet. Die Auberginen können – statt im Küchengrill oder Backofen – auch über einem Holzkohlenfeuer gegart werden.

1,25–1,5 kg Auberginen
Frisch gepreßter Zitronensaft (nach Belieben)
3 EL Butter
3 EL Mehl
375 ml Milch oder Sahne, aufgekocht
60 g frisch geriebener Parmesan
Salz und frisch gemahlener Pfeffer
Gehackte glatte Petersilie

Den Küchengrill vorheizen oder den Backofen auf 230 °C (Gasherd Stufe 5) vorheizen. Die Auberginen auf ein Backblech legen und 30–40 Minuten grillen oder im Backofen garen, bis sie weich sind; zwischendurch von Zeit zu Zeit umdrehen. Herausnehmen und etwas abkühlen lassen.

Dann die Schale von den Auberginen abziehen und wegwerfen. Das Fruchtfleisch in eine Schüssel geben und mit einer Gabel zerdrücken oder in der Küchenmaschine glattpürieren. Das Püree einige Minuten in einem Sieb abtropfen lassen. Damit sich das Auberginenpüree während dieser Zeit nicht verfärbt, kann man etwas Zitronensaft darüberträufeln.

In einem großen Topf bei mittlerer Temperatur die Butter zerlassen. Das Mehl hinzufügen und 2–3 Minuten unter ständigem Rühren anschwitzen.

Dann nach und nach die heiße Milch oder Sahne unterschlagen. Die Sauce etwa 3–5 Minuten unter ständigem Rühren erhitzen, bis sie eindickt.

Das Auberginenpüree dazugeben und rühren, bis es heiß geworden ist. Den Käse unterrühren und mit Salz und Pfeffer abschmecken.

In einer vorgewärmten Schüssel anrichten, mit Petersilie bestreuen und servieren.

Für 6 Personen

GRIECHENLAND

ANGINARES À LA POLITA
Artischocken nach Art der Stadt

Die hier gemeinte Stadt ist Konstantinopel. Wegen des uralten Konflikts zwischen Griechen und Türken bleibt diese kosmopolitische Stadt hier jedoch ungenannt. In Griechenland schneidet man die Blätter der Artischocken gewöhnlich weg und ißt nur die zarten Herzen. Bei diesem Rezept werden die Artischocken mit neuen Kartoffeln, Möhren, Zwiebeln und Dill vermischt. Manche Rezepte verwenden ganze Perlzwiebeln anstelle von gehackten Zwiebeln; Frühlingszwiebeln sind jedoch in jedem Fall enthalten. Mitunter fügt man auch frische dicke Bohnen hinzu, so daß ein köstliches Gemüse-Potpourri entsteht. Man nimmt dazu 1 kg frische dicke Bohnen in der Schale, blanchiert die enthülsten Bohnen kurz in kochendem Wasser, gießt sie ab, entfernt die Häutchen und gibt sie zu den anderen Gemüsen. Diese Zusammenstellung von Frühlingsgemüsen ist auch in der Provence und in Italien beliebt, wo man das Gemüse häufig unter Pasta oder Risotto mischt.

2 oder 3 Zitronen sowie etwa 4 EL Zitronensaft
6 große oder 12 kleine Artischocken
1 große Zwiebel, gehackt
6 Frühlingszwiebeln, gehackt
6 mittelgroße oder 12 kleine neue Kartoffeln, ungeschält, große Kartoffeln halbiert
6 große oder 12 kleine Möhren, geschält, große Möhren halbiert
125 ml Olivenöl
4 TL Maisstärke oder Mehl
Salz
Frisch gemahlener Pfeffer
2 EL gehackter Dill

Eine große Schüssel mit Wasser bereitstellen und den Saft von 1 Zitrone sowie die ausgepreßten Zitronenhälften hineingeben. Um die Artischocken vorzubereiten, jeweils den Stengel auf 2,5 cm einkürzen. Die oberen 2,5 cm der Blätter (wenn nötig, auch mehr) bis zur Höhe des Artischockenherzes wegschneiden. Die harten äußeren Blätter an der Basis abbrechen. Den Stengel schälen und die verbliebenen Blattspitzen bis zum Herz wegschneiden. Mit einem scharfrandigen Löffel das Heu herausschaben. Die Artischocken beim Vorbereiten mit einer halbierten Zitrone einreiben und anschließend in das gesäuerte Wasser legen. Große Artischocken längs halbieren oder Viertel schneiden.

In einem großen schweren Topf bei mittlerer Temperatur das Öl erhitzen. Die Zwiebeln hinzufügen und 8 Minuten sautieren. Dann die Frühlingszwiebeln dazugeben und 3 Minuten mitsautieren.

Die Artischocken abgießen und zusammen mit den Kartoffeln und den Möhren in den Topf geben. Das Gemüse knapp mit Wasser bedecken, den Deckel auflegen und alles etwa 25 Minuten köcheln lassen, bis Kartoffeln und Gemüse weich sind. Mit einem Schaumlöffel auf eine vorgewärmte Servierplatte legen und mit Alufolie abdecken.

In einer Tasse Maisstärke oder Mehl mit 4 Eßlöffeln Zitronensaft verrühren. Die Garflüssigkeit im Topf damit binden und einige Minuten unter Rühren köcheln lassen, bis sie eindickt. Mit Salz, Pfeffer und Zitronensaft abschmecken.

Das Gemüse mit der Sauce überziehen und mit Dill bestreuen. Heiß oder lauwarm servieren.

Für 6 Personen

Von links nach rechts: *Des Sultans Entzücken; Artischocken nach Art der Stadt*

GRIECHENLAND

DOMATES YEMISTES ME RIZI
Tomaten mit Reisfüllung

Gemüse-»dolmas«, für die Gemüse mit einer aromatischen Reis- oder Reis-Fleisch-Mischung gefüllt werden, sind ein wesentlicher Bestandteil der mediterranen Küche. Die Füllung für Weinblätter (Rezept S. 61) kann man in ausgehöhltes gegartes Gemüse geben und es mit Joghurt oder mit Zitronensaft und Olivenöl anrichten. Gefüllte Tomaten sind der Inbegriff griechischer Gemüse-»dolmas«; im Sommer gehören sie zu jeder Mahlzeit. Um gefüllte Paprikaschoten, »piperies yemistes«, zuzubereiten, das Oberteil als Deckel abschneiden. Samen und Rippen entfernen und die Schoten vor dem Füllen 4–5 Minuten blanchieren. Für gefüllte kleine Auberginen (»melitzanes yemistes«) die Früchte längs halbieren und etwas Fruchtfleisch herauslösen. Das Fruchtfleisch hacken und mit den Zwiebeln und dem Reis für die Füllung sautieren. Die ausgehöhlten Auberginen vor dem Füllen 5 Minuten in Olivenöl sautieren, damit sie weich werden. Für gefüllte Zucchini (»kolokithakia yemistes«) die Früchte längs halbieren und etwas Fruchtfleisch herauslösen. Das Fruchtfleisch hacken und mit den Zwiebeln für die Füllung sautieren. Die ausgehöhlten Zucchini vor dem Füllen 3 Minuten blanchieren.

Türkische Hausfrauen nehmen für die Füllung 2 große Zwiebeln, gehackten Dill statt Petersilie und ½ Teelöffel gemahlenen Piment. Statt die Oberteile als Deckel daraufzulegen, kann man gefülltes Gemüse auch mit Semmelbröseln bestreuen, dadurch bekommt es eine goldbraune Kruste. Wer verschiedene Gemüsearten füllen möchte, sollte Gemüse von ungefähr gleicher Größe wählen. Dieses Rezept ergibt genügend Füllung für etwa 2 kg Gemüse.

12 reife Tomaten
Salz
Zucker
125 ml Olivenöl
1 große Zwiebel, gehackt
2 Knoblauchzehen (nach Belieben)
350 g weißer Langkornreis
100 g Korinthen oder Rosinen
375 ml sowie 5 EL heißes Wasser
4 EL gehackte glatte Petersilie
3 EL gehackte Minze
Frisch gemahlener Pfeffer
50 g Pinienkerne, geröstet (nach Belieben)

Tomaten mit Reisfüllung

Von den Tomaten einen Deckel abschneiden. Die Tomaten mit einem Löffel aushöhlen. Fruchtfleisch und Oberteile aufbewahren. Die Tomaten innen mit Salz und etwas Zucker bestreuen und beiseite stellen.

Das Fruchtfleisch in der Küchenmaschine oder im Mixer pürieren und ebenfalls beiseite stellen.

In einem schweren Topf bei mittlerer Temperatur die Hälfte des Öls erhitzen. Die Zwiebeln hinzufügen und 8–10 Minuten sautieren, bis sie weich und glasig sind. Knoblauch, Reis, Korinthen oder Rosinen, 375 ml heißes Wasser, püriertes Fruchtfleisch, Petersilie und Minze dazugeben und alles zum Kochen bringen. Auf schwache Hitze reduzieren und die Zutaten 10–12 Minuten im offenen Topf köcheln lassen, bis der Reis die Flüssigkeit aufgenommen hat. Die Füllung abschmecken und etwas abkühlen lassen.

Den Backofen auf 180 °C (Gasherd Stufe 2–3) vorheizen. Die Tomaten mit der Reismischung füllen; nicht zu viel Füllung hineingeben, denn der Reis quillt noch auf. Die gefüllten Tomaten dicht nebeneinander in eine ofenfeste Form stellen und die Oberteile darauflegen. Dann 5 Eßlöffel heißes Wasser in die Form gießen. Die Tomaten mit dem restlichen Öl beträufeln. Etwa 30 Minuten im Backofen garen, bis die Tomaten weich sind; zwischendurch gelegentlich mit der Garflüssigkeit beschöpfen.

Auf einer Platte anrichten und heiß oder mit Raumtemperatur servieren.

Für 6 Personen

SIZILIEN

PEPERONATA
Paprikagemüse mit Mandeln und Rosinen

»Peperonata« ist ein typisches süditalienisches Gericht. Gewöhnlich wird es mit roten und gelben Paprikaschoten zubereitet, doch kann man auch grüne nehmen, wenn andere nicht erhältlich sind. Einige Versionen dieses Gerichts enthalten Tomaten, andere nicht. Bei manchen Rezepten fügt man am Ende der Garzeit einen Spritzer Essig hinzu, bei anderen Zucker und Essig, so daß das Gemüse süß-sauer (»agrodolce«) schmeckt. Mandeln und Rosinen können ebenfalls hinzugefügt werden. Man serviert das Gemüse warm oder mit Raumtemperatur. Es schmeckt auch gut zu Pasta.

3 rote Paprikaschoten
3 gelbe oder grüne Paprikaschoten
125 ml Olivenöl
1 oder 2 Zwiebeln, in 0,5 cm breite Streifen geschnitten
2 Knoblauchzehen, zerdrückt
3 reife Tomaten, enthäutet, entkernt und in Würfel geschnitten
1 frische Chilischote, feingehackt (nach Belieben)
4 EL Rotweinessig (nach Belieben)
2 EL Zucker (nach Belieben)
30 g Mandelblättchen, geröstet (nach Belieben)
50 g Rosinen, in heißem Wasser eingeweicht und abgetropft (nach Belieben)
Salz und frisch gemahlener Pfeffer

Die Paprikaschoten der Länge nach halbieren. Samen und dicke Rippen entfernen und die Paprika dann längs in gut 1 cm breite Streifen schneiden. In einem schweren Topf bei mittlerer Temperatur das Öl erhitzen. Die Zwiebeln dazugeben und 5–8 Minuten sautieren, bis sie weich werden. Paprika und Knoblauch hinzufügen und bei schwacher Hitze etwa 20 Minuten garen, bis die Paprikastreifen weich sind.

Die Tomaten und nach Belieben die weiteren Zutaten dazugeben. Mit Salz und Pfeffer würzen und alles noch einige Minuten köcheln lassen, damit sich die Aromen verbinden.

In einer Schüssel anrichten und warm oder mit Raumtemperatur servieren.

Für 6 Personen

Von oben links im Uhrzeigersinn: *Auberginenauflauf* (Rezept S. 197); *Paprikagemüse mit Mandeln und Rosinen; Auberginen mit Kapern-Oliven-Paste*

APULIEN

MELANZANE ALLA TARANTINA
Auberginen mit Kapern-Oliven-Paste

Für dieses Rezept kann man große oder kleine Auberginen nehmen; zu beachten ist lediglich die unterschiedliche Garzeit. Damit die Auberginen gleichmäßig garen, wird das Fruchtfleisch in regelmäßigen Abständen eingeschnitten – eine Methode, die im gesamten Mittelmeerraum üblich ist. Dieses Rezept stammt aus Apulien, doch könnte man es leicht für ein provenzalisches oder griechisches Gericht halten. Und wenn man den Einfluß der griechischen Küche auf diese Region Italiens bedenkt, könnte es sich tatsächlich um ein griechisches Rezept handeln. Wer möchte, kann der Olivenpaste 3 Knoblauchzehen hinzufügen, die zuvor zerdrückt und 1 Minute in Öl sautiert werden. Die Auberginen können auch im Küchengrill statt im Backofen gegart werden.

3 große Auberginen oder 12 lange schlanke (asiatische) Auberginen
80 g scharf gewürzte schwarze Oliven, entsteint und gehackt
50 g Kapern, abgespült und gehackt
4 EL gehacktes frisches Basilikum
4 EL gehackte frische Minze
60 g geriebener Pecorino
Salz
Frisch gemahlener Pfeffer
Olivenöl

Die Auberginen der Länge nach halbieren und die Schnittflächen mit Salz bestreuen. In einem Durchschlag etwa 30 Minuten abtropfen lassen.

Den Backofen auf 190 °C (Gasherd Stufe 3) vorheizen.

Die Auberginen abspülen und mit Küchenkrepp trockentupfen. Die Schnittflächen der Auberginen mit einem scharfen Messer in regelmäßigen Abständen 0,5 cm tief einritzen, so daß ein Rautenmuster entsteht; darauf achten, daß die Schale nicht verletzt wird. In einer Schüssel Oliven, Kapern, Basilikum, Minze, Pecorino und etwas Salz und Pfeffer verrühren. Die Paste in die eingeschnittenen Auberginen reiben.

Die Auberginen mit der Schnittfläche nach oben in eine ofenfeste Form legen und mit Olivenöl beträufeln. Große Auberginen etwa 30 Minuten, kleine Früchte 10–15 Minuten im Backofen garen, bis sie weich sind.

Auf einer Platte anrichten und heiß oder lauwarm servieren.

Für 6 Personen

Von oben im Uhrzeigersinn: *Couscous; Kichererbsen in scharfer Sauce; Kartoffeln in scharf gewürztem Olivenöl; Eintopf von Linsen, Kürbis und Blattgemüse*

MAROKKO

Couscous

Bei der nordafrikanischen Nationalspeise »couscous« handelt es sich um gedämpften grobkörnigen Hartweizengrieß. Die traditionelle Zubereitungsmethode in einer »couscousière« ist sehr zeitaufwendig. Der Grieß wird zunächst auf einem Backblech verteilt und mit warmem gesalzenem Wasser besprengt. Dann dämpft man ihn 20–30 Minuten über heißem Wasser oder einem Gemüse- oder Fleischeintopf. Die leicht aufgequollenen Körner werden wieder auf dem Backblech verteilt und mit den Fingerspitzen sorgfältig aufgelockert, um alle Klümpchen zu beseitigen. Anschließend wird der »couscous« erneut mit warmem Wasser befeuchtet, 12–15 Minuten gedämpft, mit einer Gabel aufgelockert, gedämpft, aufgelockert und so weiter, bis der »couscous« vollständig aufgequollen und schön locker ist. Wer keine »couscousière« besitzt, hängt zum Dämpfen des »couscous« einfach ein Sieb in einen hohen Topf.

Seit es Instant-»couscous« gibt, hat sich die Zubereitung erheblich vereinfacht. Die »couscous«-Kügelchen werden nur noch mit heißem Wasser übergossen und dann läßt man sie einige Zeit zugedeckt quellen. Anschließend werden sie mit einer Gabel aufgelockert und bis zum Servieren über heißem Wasser warm gehalten. Wichtig ist, daß der »couscous« vollständig aufquillt, da er sonst Magenbeschwerden verursachen kann.

400 g mittelfeiner *(moyen)* Instant-*couscous*
750 ml Wasser oder Fond nach Geschmack (siehe Glossar)
1 TL Salz
2 EL Butter oder Olivenöl (nach Belieben)
1 Messerspitze gemahlener Zimt, Ingwer, Kreuzkümmel oder frisch gemahlener Pfeffer (nach Belieben)

Den *couscous* in eine feuerfeste Form von etwas mehr als 1,5 l Fassungsvermögen geben. In einem Topf das Wasser oder den Fond mit Salz, Butter oder Öl und Gewürzen zum Kochen bringen.

Die heiße Flüssigkeit vorsichtig über den *couscous* geben und einmal umrühren. Die Form mit Alufolie abdecken und etwa 10 Minuten stehenlassen.

Den *couscous* mit einer Gabel auflockern. Wieder abdecken und bis zum Servieren über heißem Wasser oder im ausgeschalteten Ofen warm halten.

In einer vorgewärmten Schüssel auftragen.

Für 6 Personen

ALGERIEN

Hmissa bil Dersa
Kichererbsen in scharfer Sauce

»Dersa« ist eine pikante algerische Sauce, die mit »harissa«, der scharfen nordafrikanischen Würzpaste (siehe Glossar), oder Cayennepfeffer, Knoblauch und Tomaten zubereitet wird. Die Gewürze können variieren: Kreuzkümmel und Paprika sind unerläßlich, Zimt, Koriander und Kümmel kann man dagegen nach eigenem Belieben hinzufügen. Nach dem gleichen Rezept lassen sich auch Linsen, weiße Bohnen und Blumenkohl zubereiten.

500 g getrocknete Kichererbsen
125 ml Olivenöl
2 Knoblauchzehen, zerdrückt
1 TL Cayennepfeffer
½ TL frisch gemahlener Pfeffer
1 TL Paprikapulver
1 TL gemahlener Kreuzkümmel
2–3 EL Tomatenpüree
1–1,25 l Wasser
1½–2 TL Salz
Gehacktes Basilikum, Koriandergrün oder gehackter Thymian (nach Belieben)

Die Kichererbsen in einer Schüssel mit reichlich Wasser bedecken und über Nacht zum Einweichen in den Kühlschrank stellen. Abgießen und beiseite stellen.

In einem großen Topf bei mittlerer Temperatur das Öl erhitzen. Knoblauch, Cayennepfeffer, schwarzen Pfeffer, Paprika und Kreuzkümmel dazugeben und einige Sekunden sautieren. Tomatenpüree und Wasser hinzufügen und zum Kochen bringen. Die Kichererbsen dazugeben. Auf schwache Hitze reduzieren, den Deckel auflegen und die Kichererbsen 45–60 Minuten köcheln lassen, bis sie weich sind. Das Salz hinzufügen und die Kichererbsen noch 15–20 Minuten ohne Deckel köcheln lassen, bis die Flüssigkeit weitgehend verkocht ist. In einer Servierschüssel anrichten und nach Belieben mit Basilikum, Thymian oder Koriandergrün bestreuen.

Für 6 Personen

MAROKKO

ADS BE QAR WA KHLII
Eintopf von Linsen, Kürbis und Blattgemüse

Eine »tagine« ist ein nordafrikanisches Keramik-Kochgeschirr, in dem Eintopfgerichte zubereitet werden. Dieser Eintopf läßt sich mit Gartenkürbis, Butternußkürbis oder Eichelkürbis zubereiten. Die Linsen können durch getrocknete weiße Bohnen ersetzt werden, die jedoch über Nacht in Wasser eingeweicht werden müssen. Als Fleischeinlage fügt man dem Gericht mitunter 125 g »khlii« (getrocknetes gewürztes Rindfleisch) hinzu. Es kommt – in einem Stück – zusammen mit den Zwiebeln in den Topf und wird in breite Streifen geschnitten, bevor man das Blattgemüse hinzufügt. »Khlii« ist nur in Geschäften erhältlich, die nordafrikanische Lebensmittel führen. »Smen« ist die marokkanische Bezeichnung für geklärte Butter (siehe Glossar). Als Hauptgericht serviert man die »tagine« mit »couscous« (Rezept vorhergehende Seite).

2 EL *smen* (siehe Glossar), Butter oder Olivenöl
2 Zwiebeln, in Würfel geschnitten
2 frische Chilischoten, in feine Streifen geschnitten
1 EL Paprikapulver
½ TL Cayennepfeffer
1 TL gemahlener Kreuzkümmel
250 g getrocknete Linsen
4 Tomaten enthäutet, entkernt und gehackt
4 EL Tomatenpüree
Etwa 1 kg Kürbis (Garten-, Butternuß- oder Eichelkürbis), geschält und in 2,5 cm große Würfel geschnitten
500 g Blattgemüse wie Mangold, Löwenzahn oder Grünkohl, 3–5 Minuten blanchiert, gut abgetropft und grobgehackt (nach Belieben)

In einem Topf bei mittlerer Temperatur *smen*, Butter oder Öl erhitzen. Zwiebeln und Chillies dazugeben und etwa 10 Minuten garen, bis die Zwiebeln weich werden. Paprikapulver, Cayennepfeffer und Kreuzkümmel hinzufügen und alles noch einige Minuten sautieren, bis die Zwiebeln weich sind.

Linsen, gehackte Tomaten, Tomatenpüree und so viel Wasser dazugeben, daß die Zutaten gerade bedeckt sind. Etwa 20 Minuten köcheln lassen. Die Kürbisstücke hinzufügen und etwa 20 Minuten köcheln lassen, bis sie weich sind. Das Blattgemüse, falls verwendet, 5 Minuten vor Ende der Garzeit dazugeben.

In einer vorgewärmten Schüssel anrichten und sofort servieren.

Für 6 Personen

MAROKKO

BATATA BIL ZAIT
Kartoffeln in scharf gewürztem Olivenöl

Diese Kartoffeln ähneln sizilianischen »patate al diavolicchio«, was »höllisch scharfe Kartoffeln« bedeutet. In Italien verwendet man Chili-Öl, in Nordafrika wird Öl mit »harissa« gewürzt. In Algerien nimmt man zumeist Minze statt Petersilie, und in Tunesien fügt man Kümmel statt Kreuzkümmel hinzu. Die Kartoffeln können auch vorgekocht, dann im gewürzten Öl sautiert und zum Servieren mit Petersilie oder Minze bestreut werden.

5 EL Olivenöl
3 Knoblauchzehen, in dünne Scheiben geschnitten
2 EL Tomatenpüree
½–1 TL *harissa* (siehe Glossar)
1 TL gemahlener Kreuzkümmel (nach Belieben)
Salz
500 ml Wasser
1 kg Kartoffeln, geschält und in gut 1 cm dicke Scheiben geschnitten
4 EL gehackte glatte Petersilie oder Minze

In einem großen schweren Topf bei mittlerer Temperatur das Öl erhitzen. Knoblauch, Tomatenpüree, *harissa*, Kreuzkümmel (falls verwendet) sowie Salz (nach Geschmack) hinzufügen und die Zutaten gründlich verrühren. Das Wasser und die in Scheiben geschnittenen Kartoffeln dazugeben, alles gut vermischen und zum Kochen bringen. Dann auf schwache Hitze reduzieren und die Kartoffeln 10–15 Minuten köcheln lassen, bis sie fast gar sind. Petersilie oder Minze hinzufügen und die Kartoffeln noch 5 Minuten garen, bis sie weich sind

In einer Servierschüssel anrichten. Heiß oder mit Raumtemperatur auftragen.

Für 6 Personen

APULIEN

ZUCCA ALLA RICOTTA FORTE
Kürbis mit würziger Ricotta

Dieses Gericht, eine Spezialität aus Brindisi, kann auch mit Gartenkürbis zubereitet werden. Wenn Ricotta »secca«, eine gesalzene feste Ricotta, nicht erhältlich ist, nimmt man einen scharfen oder salzigen Käse wie Pecorino oder »ragusano«.

5 EL Olivenöl
2–3 Sardellenfilets in Olivenöl, abgetropft und feingehackt
1 oder 2 Knoblauchzehen, zerdrückt
1 große Stange Bleichsellerie, gehackt
1 Zwiebel, gehackt
1 Butternußkürbis (etwa 750 g), geschält, Samen entfernt und in Würfel geschnitten
2–3 EL Kapern, abgespült und gehackt
50 g scharf gewürzte schwarze Oliven, entsteint
2–3 EL frisch geriebene Ricotta *secca* (siehe Glossar) oder Pecorino
Salz und frisch gemahlener Pfeffer
Geröstetes Weißbrot

In einem großen schweren Topf bei mittlerer Temperatur 2½ Eßlöffel Öl erhitzen. Sardellen, Knoblauch, Bleichsellerie und Zwiebeln dazugeben und etwa 5 Minuten sautieren, bis das Gemüse weich wird. In eine Schüssel geben und beiseite stellen.

Im gleichen Topf die verbliebenen 2½ Eßlöffel Öl bei mittlerer Temperatur erhitzen. Die Kürbisstücke hinzufügen und einige Minuten anbraten, bis sie rundum leicht gebräunt sind. Die Zwiebelmischung zurück in den Topf geben. Kapern und Oliven hinzufügen und alles gründlich verrühren. Den Deckel auflegen und den Kürbis etwa 15 Minuten garen, bis er weich ist. Dann den Käse dazugeben, nach Geschmack mit Salz und Pfeffer würzen und alles durchheben.

In einer vorgewärmten Schüssel anrichten und mit geröstetem Weißbrot servieren.

Für 4 Personen

Abbildung S. 4

SARDINIEN

CULINGIONES DE PATATE
Kartoffel-Ravioli

Diese mit Kartoffeln gefüllten Ravioli schmecken köstlich und sind keineswegs so schwer, wie man vielleicht vermutet.

4 große mehligkochende Kartoffeln (insgesamt etwa 1 kg), gewaschen
Nudelteig für *mantı* (Rezept S. 198)
2 EL ausgelassenes Rinderfett, ausgelassenes Fett von *pancetta* (siehe Glossar) oder Olivenöl
2 Zwiebeln, gehackt
1 Knoblauchzehe, zerdrückt
250 g Ricotta
125 g frisch geriebener Pecorino sowie weiterer geriebener Pecorino zum Servieren
3 EL gehackte Minze
Salz
Frisch gemahlener Pfeffer
Zerlassene Butter oder heiße Tomatensauce (siehe Glossar)

Den Backofen auf 200 °C (Gasherd Stufe 3–4) vorheizen. Die Kartoffeln direkt auf den Ofenrost legen und etwa 1 Stunde im Backofen garen, bis sie sehr weich sind.

In der Zwischenzeit den Nudelteig wie auf Seite 198 beschrieben zubereiten und 1 Stunde ruhen lassen.

Die Kartoffeln aus dem Ofen nehmen und etwas abkühlen lassen. Dann halbieren, das Fleisch mit einem Löffel herausschaben und durch eine Kartoffelpresse drücken oder mit einer Gabel zerdrücken.

In einer Pfanne bei mittlerer Temperatur das Fett oder Öl erhitzen. Zwiebeln und Knoblauch dazugeben und 8–10 Minuten sautieren, bis sie weich und glasig sind. Zu den Kartoffeln geben und abkühlen lassen. Dann Ricotta, Pecorino und Minze hinzufügen, die Zutaten gründlich vermengen und die Füllung mit Salz und Pfeffer abschmecken.

Den Nudelteig zu langen, etwa 10 cm breiten Streifen ausrollen, wie *mantı* füllen und in 5 cm große quadratische Ravioli schneiden. Oder Teigscheiben von 7,5 cm Durchmesser ausstechen und jeweils einen Löffel Füllung daraufgeben. Die Ränder mit Wasser bestreichen, über der Füllung zusammenführen und fest zusammendrücken. Einen großen Topf (oder zwei kleine Töpfe) zu drei Vierteln mit Wasser füllen, etwas Salz hinzufügen und das Wasser zum Kochen bringen.

Die Ravioli 8–10 Minuten garen, bis sie weich sind. Anschließend gut abtropfen lassen.

Die Ravioli auf eine vorgewärmte Platte legen, mit Butter oder Tomatensauce und Käse anrichten und servieren.

Für 6 Personen

Kartoffel-Ravioli

ZYPERN

AFELIA
Gemüse mit Koriander

In Zypern heißen Fleisch- und Gemüsegerichte »afelia«, wenn sie mit zerstoßenen Koriandersamen gewürzt werden. Nach diesem Rezept lassen sich auch Artischocken zubereiten. Sie werden wie für »anginares à la polita« (Rezept S. 201) vorbereitet und müssen 15–20 Minuten garen.

500 g kleine frische Champignons oder 1 kg kleine neue Kartoffeln
4 EL Olivenöl
125 ml trockener Rotwein
Salz und frisch gemahlener Pfeffer
2–3 TL zerstoßene Koriandersamen

Champignons mit trockenem Küchenkrepp säubern. Kartoffeln waschen und trockenreiben. Kleine Kartoffeln mit einem Fleischklopfer aufbrechen, größere Kartoffeln halbieren.

In einem schweren Topf bei mittelhoher Temperatur das Öl erhitzen. Champignons oder Kartoffeln hinzufügen und unter Rühren braten, bis sie leicht gebräunt sind – Champignons 8–10 Minuten, Kartoffeln 10–12 Minuten. Auf schwache Hitze reduzieren, den Wein angießen und nach Geschmack mit Salz und Pfeffer würzen. Den Deckel auflegen. Pilze 8–10 Minuten, Kartoffeln 20–25 Minuten köcheln lassen, bis sie weich sind.

Den Deckel abnehmen und den zerstoßenen Koriander hinzufügen. Die Zutaten noch 3–4 Minuten erhitzen, damit die Aromen verschmelzen.

In einer vorgewärmten Schüssel anrichten und servieren.

Für 6 Personen

TÜRKEI

KABAK MÜCVERİ
Zucchini-Küchlein

Gemüseküchlein sind im Vorderen Orient überaus beliebt. Man ißt sie heiß oder mit Raumtemperatur als Beilage oder »meze«.

500 g Zucchini
Salz
50 g Frühlingszwiebeln, gehackt
1 kleine Zwiebel, gerieben
2 EL gehackter Dill
4 EL gehackte glatte Petersilie
60 g frisch geriebener *kasseri* (siehe Glossar) oder zerkrümelter *feta* (siehe Glossar)
4 Eier, leicht verquirlt
150 g Mehl
Frisch gemahlener Pfeffer
Olivenöl zum Braten

Die Zucchini grob raspeln und in einen Durchschlag geben. Mit Salz bestreuen und 30 Minuten abtropfen lassen. Dann ausdrücken und mit Küchenkrepp trockentupfen.

Die Zucchini in einer Schüssel mit Zwiebeln, Frühlingszwiebeln, Dill, Petersilie, Käse, Eiern und Mehl vermengen. Mit etwas Salz und Pfeffer würzen.

Eine große Pfanne 0,5 cm hoch mit Öl füllen und das Öl bei mittelhoher Temperatur erhitzen. Die Zucchini-Mischung eßlöffelweise in das heiße Öl geben. Die Küchlein 2 Minuten braten, dann wenden und etwa 3 Minuten auf der anderen Seite bräunen. Mit einem Schaumlöffel auf Küchenkrepp legen und abtropfen lassen, während die übrigen Küchlein gebraten werden.

Auf einer Platte anrichten und servieren.

Für 4 Personen

Von oben nach unten: *Der Imam fiel in Ohnmacht; Zucchini-Küchlein; Gemüse mit Koriander*

TÜRKEI

İMAM BAYILDI
Der Imam fiel in Ohnmacht

Der Rezeptname läßt offen, ob der Imam aus Verzückung über das köstliche Gericht ohnmächtig wurde oder wegen der großen Menge an Öl, die bei der Zubereitung verwendet wird. Nevin Halıcı, eine Expertin der türkischen Küche, sagt jedoch, kein Türke würde jemals vor Schreck in Ohnmacht fallen, wenn er Auberginen in viel Olivenöl sieht, so daß dem Imam wohl vor Begeisterung die Sinne schwanden. Von allen türkischen Auberginengerichten sind diese gefüllten Auberginen am bekanntesten. Für dieses Rezept kann man auch 8–12 schlanke asiatische Auberginen nehmen; ihre Garzeit beträgt nur etwa 15 Minuten. Das Gericht läßt sich einige Tage im voraus zubereiten.

4 Auberginen (je etwa 250 g), vorzugsweise lange schlanke Früchte
Salz
Etwa 120 ml Olivenöl sowie Olivenöl zum Beträufeln
200 g Zwiebeln, in sehr feine Streifen geschnitten
12 Knoblauchzehen, in Stifte geschnitten oder zerdrückt
3 oder 4 Tomaten, enthäutet und gehackt
1 Prise Zucker
2 EL gehackte glatte Petersilie
250 ml heißes Wasser

Die Auberginen der Länge nach so schälen, daß ein Streifenmuster entsteht. Die Früchte längs halbieren und die Schnittflächen mit Salz bestreuen. Etwa 30 Minuten stehenlassen. Dann mit Wasser abspülen und die Flüssigkeit herausdrücken. In einer großen Pfanne bei mittlerer Temperatur 4 Eßlöffel Öl erhitzen. Die Auberginen etwa 5 Minuten darin braten, bis sie weich sind; zwischendurch immer wieder wenden und bei Bedarf weiteres Öl hinzufügen. Die Auberginenhälften nebeneinander in eine große ofenfeste Form legen.

Den Backofen auf 180 °C (Gasherd Stufe 2–3) vorheizen.

Für die Füllung die verbliebenen 4 Eßlöffel Öl bei niedriger Temperatur in der Pfanne erhitzen. Zwiebeln und Knoblauch dazugeben und 12–15 Minuten sautieren, bis sie sehr weich, aber nicht gebräunt sind. Die Tomaten hinzufügen und 5 Minuten garen. Zucker und Petersilie dazugeben und alles noch 5 Minuten köcheln lassen. Von der Kochstelle nehmen und abschmecken.

Die Schnittfläche jeder Auberginenhälfte einschneiden, ohne die Schale zu verletzen. Die Einschnitte auseinanderdrücken und die Zwiebel-Tomaten-Mischung hineingeben. Großzügig mit Olivenöl beträufeln. Das heiße Wasser angießen, die Form mit Alufolie abdecken und die Auberginen 30–50 Minuten im Backofen garen, bis sie sehr weich sind. Nach der Hälfte der Garzeit nachsehen, ob noch genügend Flüssigkeit in der Form ist; nötigenfalls etwas Wasser angießen. Wenn die Auberginen fertig sind, sollten nur noch einige Eßlöffel Flüssigkeit in der Form sein.

Die gefüllten Auberginen auf einer Platte anrichten. Mit Raumtemperatur servieren oder zugedeckt für 1–2 Tage in den Kühlschrank stellen; zum Servieren auf Raumtemperatur kommen lassen.

Für 4 Personen als Hauptgericht oder für 8 Personen als Beilage

Von links nach rechts: *Gefüllte Champignons; Mangold mit Rosinen und Pinienkernen; Salat von gerösteten Auberginen, Paprikaschoten und Zwiebeln*

ANDALUSIEN

Paella Valenciana
Paella aus Valencia

Die Bezeichnung Paella leitet sich von einer hohen Pfanne mit zwei Griffen ab, die »paellera« heißt. In Valencia wird Paella traditionell mit Rundkornreis, Kaninchen oder Huhn, Tomaten, Bohnen und häufig auch Schnecken zubereitet. In Spanien verwendet man nur selten Rosmarin und Schnecken zusammen in einem Rezept, da sich Schnecken dort von wildem Rosmarin ernähren und sein Aroma annehmen. Schnecken aus der Dose mangelt es an diesem zusätzlichen Aroma, so daß hier Rosmarin hinzugefügt wird. Neuere Versionen enthalten Meeresfrüchte und mitunter auch Wurst, Schinken oder Fleischklößchen. Wer diese Paella mit Garnelen zubereiten möchte, läßt die Schnecken weg, sautiert 500 g Garnelen in der Tomaten-Zwiebel-Sauce, nimmt sie aus der Pfanne und fügt sie der Paella 5 Minuten vor Ende der Garzeit wieder hinzu. Anstelle der Schnecken kann man auch 36 Miesmuscheln und/oder Venusmuscheln nehmen; die gesäuberten Muscheln werden – unmittelbar nachdem man den Reis eingerührt hat – mit dem scharnierartigen Schloß nach unten in den Reis gesteckt, so daß sie sich öffnen können. »Chorizo« oder Fleischklößchen werden nach den Hühner- und Kaninchenteilen angebraten, aus der Pfanne genommen und kommen dann zusammen mit Huhn und Kaninchen in die Paella.

Gewöhnlich wird eine Paella im Freien über dem offenen Feuer gegart, doch gelingt sie auch ausgezeichnet auf dem Küchenherd. Für eine große »paellera« benötigt man vermutlich zwei Kochstellen. Der Reis wird nicht gedämpft, sondern ohne Deckel gegart. Man nimmt die Paella von der Kochstelle, wenn der Reis noch nicht ganz weich ist, und läßt sie einige Minuten ruhen, damit der Reis die restliche Flüssigkeit aufnimmt und nachgart. Wenn man alle Zutaten in der beschriebenen Reihenfolge in die Pfanne gegeben hat, kann die Paella auch bei 180 °C (Gasherd Stufe 2–3) für etwa 20 Minuten in den Backofen geschoben werden. Das Rezept erfordert zwar etwas Zeit und Arbeit, doch das Ergebnis ist köstlich.

250 g getrocknete dicke Bohnen, über Nacht eingeweicht
5 EL Olivenöl
750 g Hühnerteile
500–750 g Kaninchenteile
Salz und frisch gemahlener Pfeffer
1 große Zwiebel, gehackt
1 Knoblauchzehe, zerdrückt (nach Belieben)
3 oder 4 Tomaten, enthäutet, entkernt und gehackt
1–1,25 l heißer Hühnerfond (siehe Glossar) oder mit Wasser verdünnter Fond
24 Schnecken aus der Dose, abgetropft
1/2 TL Safranfäden, zerrieben
2 Rosmarinzweige, gehackt
450 g weißer Rundkornreis

250 g grüne Bohnen, geputzt, in 7,5 cm lange Stücke geschnitten, 5 Minuten blanchiert und abgetropft

Die dicken Bohnen abgießen, in einen Topf geben und 5 cm hoch mit Wasser bedecken. Zum Kochen bringen. Auf schwache Hitze reduzieren, den Deckel auflegen und die Bohnen 45–60 Minuten köcheln lassen, bis sie weich sind. Abgießen und beiseite stellen.

In einer *paellera* oder einer sehr großen hohen Pfanne bei mittelhoher Temperatur das Öl erhitzen. Die Hühner- und Kaninchenteile mit Salz und Pfeffer würzen. Die Hühnerteile etwa 10 Minuten auf beiden Seiten anbraten. Mit einem Schaumlöffel herausnehmen und beiseite stellen. Die Kaninchenteile in die Pfanne geben und ebenfalls anbraten. Beiseite stellen.

Zwiebeln, Knoblauch (falls verwendet) und Tomaten in die Pfanne geben und etwa 10 Minuten sautieren. Hühner- und Kaninchenteile zurück in die Pfanne geben, den heißen Fond hinzufügen und alles 10 Minuten köcheln lassen.

Schnecken, dicke Bohnen, Safran, Rosmarin und Reis hinzufügen und gründlich durchrühren. Die Paella bei mittlerer Hitze etwa 20 Minuten, ohne umzurühren, in der offenen Pfanne garen, bis der Reis die Flüssigkeit aufgenommen hat, aber noch nicht ganz weich ist. Etwa 5 Minuten vor Ende der Garzeit die grünen Bohnen dazugeben. Aufpassen, daß der Reis nicht anbrennt, und die Temperatur herunterschalten, wenn die Flüssigkeit zu stark kocht. Die Paella von der Kochstelle nehmen und zugedeckt 5–10 Minuten stehenlassen, bis der Reis weich ist. Direkt aus der Pfanne servieren.

Für 8 Personen *Abbildung S. 192/193*

KATALONIEN

Champiñones Rellenos
Gefüllte Champignons

Gefüllte Champignons, die im Backofen zubereitet werden, haben eine relativ lange Garzeit und garen häufig nicht gleichmäßig. Am besten ist es daher, die Champignonköpfe vor dem Füllen kurz in Olivenöl oder Butter zu sautieren, damit sie bräunen und ein wenig weich werden; sie können dann ohne zusätzliche Flüssigkeit im Backofen fertiggegart werden. In Spanien, Frankreich und Italien fügt man den gehackten Champignonstielen für die Füllung Schinken oder Wurst sowie Zwiebeln und Knoblauch hinzu. Die gefüllten Pilze werden dann mit Semmelbröseln oder einer Mischung aus geriebenem Käse und Semmelbröseln bestreut. In diesem Rezept läßt sich der Schinken durch 125 g gebratene »chorizo« (siehe Glossar) ersetzen. Die Champignons können problemlos einige Stunden im voraus zubereitet und kurz vor dem Servieren im Backofen gegart werden.

12 große frische Champignons
3 EL Olivenöl
3 EL Butter sowie zerlassene Butter zum Beträufeln
6 EL feingehackte Zwiebeln
2 Knoblauchzehen, zerdrückt
50 g luftgetrockneter Schinken, feingehackt
2 EL gehackte glatte Petersilie, gehackter Thymian oder Majoran
30 g Semmelbrösel
Salz
Frisch gemahlener Pfeffer
Frisch geriebener Parmesan (nach Belieben)

Den Backofen auf 200 °C (Gasherd Stufe 3–4) vorheizen.

Die Champignons mit einem feuchten Tuch oder einer weichen Bürste säubern. Die Stiele vorsichtig abtrennen und einen Teil feinhacken; es werden 8–10 Eßlöffel gehackte Champignonstiele für die Füllung benötigt.

In einer großen Pfanne bei hoher Temperatur das Olivenöl erhitzen. Die Champignonköpfe dazugeben und rasch anbraten. Die Pilze herausnehmen und auf ein Backblech oder in eine ofenfeste Form legen.

In einem kleinen schweren Topf bei mittlerer Temperatur 3 Eßlöffel Butter zerlassen. Die Zwiebeln hinzufügen und etwa 5 Minuten sautieren, bis sie weich sind. Knoblauch und gehackte Pilzstiele dazugeben und etwa 3 Minuten sautieren, bis die Stiele zusammengefallen sind. Den Schinken hinzufügen und 2–3 Minuten mitgaren. Petersilie und Semmelbrösel dazugeben und nach Geschmack mit Salz und Pfeffer würzen. (Der Schinken ist bereits recht salzig, deshalb nicht zu stark salzen.) Die Füllung auf den Champignonköpfen verteilen und nach Belieben frisch geriebenen Parmesan darüberstreuen.

Die Pilze für etwa 15 Minuten in den Backofen schieben, bis sie weich sind, wenn man mit einem Messer hineinsticht; während des Garens nach Belieben mit etwas zerlassener Butter beträufeln.

Auf einer Platte anrichten und heiß oder lauwarm servieren.

Für 4–6 Personen

KATALONIEN

Escalivada
Salat von gerösteten Auberginen, Paprikaschoten und Zwiebeln

In vielen spanischen Restaurants werden Gemüse im Ofen geröstet, da dies einfacher und schneller geht als auf dem Grill. Andererseits bekommt das Gemüse aber nur auf dem Grill das rauchige Aroma, das für »escalivada« typisch ist (»escalivar« ist das katalanische Verb für »über Kohle grillen«). Wer nicht jedesmal einen Holzkohlengrill anheizen will, wenn er Appetit auf dieses Gericht hat, kann das Gemüse auch im Küchengrill, auf einer gußeisernen Backplatte auf dem Herd oder direkt über der Flamme eines Gasherds rösten. Die Knoblauchzehen können ebenfalls geröstet werden; dadurch erhalten sie ein wunderbares Aroma. Anschließend zerdrückt man sie und gibt sie zusammen mit dem Olivenöl an das Gemüse.

4 kleine Auberginen oder 8–10 lange schlanke (asiatische) Auberginen
3 oder 4 rote Paprikaschoten
2 mittelgroße rote Zwiebeln, ungeschält
Natives Olivenöl extra
2–4 Knoblauchzehen, zerdrückt
Salz und frisch gemahlener Pfeffer

Einen Holzkohlengrill anheizen.

Die Auberginen und Paprikaschoten auf den Grillrost legen und unter häufigem Wenden grillen, bis sie weich sind und die Schale rundum verkohlt ist; die Grillzeit hängt von der Größe der Gemüse und der Intensität des Feuers ab.

Die heißen Paprikaschoten in einen Frischhaltebeutel oder ein Kunststoffgefäß mit Deckel legen und 15 Minuten stehenlassen. Dann die Schale abziehen und Samen und Rippen entfernen. Das Fruchtfleisch in gut 1 cm breite Streifen schneiden.

Die Auberginen in einem Durchschlag ein wenig abkühlen lassen. Dann die Schale abziehen und wegwerfen. Das Fruchtfleisch etwa 15 Minuten in einem Durchschlag abtropfen lassen, damit es einen Teil seiner Bitterstoffe verliert. Dann in breite Streifen oder große Würfel schneiden.

Die Zwiebeln können zwar auch auf dem Grill geröstet werden, doch ist es am einfachsten, sie bei 200 °C (Gasherd Stufe 3–4) im Backofen zu garen. Die Zwiebeln mit Öl einreiben, in eine kleine ofenfeste Form legen und für etwa 45 Minuten in den Ofen schieben, bis sie weich sind. Die Zwiebeln aus dem Ofen nehmen. Sobald sie etwas abgekühlt sind, schälen und in gut 1 cm breite Streifen schneiden.

Die gegarten Gemüse in einer Servierschüssel vermischen und etwas Olivenöl, zerdrückten Knoblauch, Salz und Pfeffer unterheben. Mit Raumtemperatur servieren.

Für 4 Personen

KATALONIEN

Acelgas con Pasas y Piñones
Mangold mit Rosinen und Pinienkernen

Dieses Gericht ist nicht nur in Spanien beliebt, sondern auch in Italien, Griechenland und der Türkei. Der arabische Einfluß zeigt sich in der Verwendung von Rosinen und Pinienkernen. Die Pinienkerne können etwa 8 Minuten bei 180 °C (Gasherd Stufe 2–3) im Backofen geröstet oder in Olivenöl, das man anschließend zum Sautieren der Zwiebeln nimmt, hellbraun gebraten werden.

1 kg Mangold oder Spinat
3 EL Olivenöl
1 kleine Zwiebel, feingehackt
1 Knoblauchzehe, zerdrückt
60 g Rosinen, in heißem Wasser eingeweicht und abgetropft
40 g Pinienkerne, geröstet
Salz und frisch gemahlener Pfeffer

Das Blattgemüse grobhacken, wenn die Blätter sehr groß sind. Mehrmals in frischem Wasser waschen und abtropfen lassen.

In einem breiten schweren Topf bei mittlerer Temperatur das Öl erhitzen. Die Zwiebeln dazugeben und 15–20 Minuten sautieren, bis sie goldbraun und süß sind. Den Knoblauch hinzufügen und 1–2 Minuten mitgaren.

Einen Teil des Blattgemüses dazugeben und rühren, bis es zusammenfällt. Nach und nach das restliche Blattgemüse hinzufügen. Der Topf braucht nicht abgedeckt zu werden; das Wasser, das noch an den Blättern hängt, reicht als Garflüssigkeit aus. Wenn das gesamte Gemüse zusammengefallen ist, Rosinen und Pinienkerne dazugeben und nach Geschmack mit Salz und Pfeffer würzen.

In einer Schüssel anrichten und heiß oder lauwarm servieren.

Für 4–6 Personen

Von oben nach unten: *Nudeln mit Auberginen und Tomaten; Spaghetti mit Fenchel und Sardinen*

SIZILIEN

Pasta con Sarde
Spaghetti mit Fenchel und Sardinen

Dieses Rezept ist eines der bekanntesten und interessantesten Pastagerichte aus Sizilien. Der arabische Einfluß zeigt sich in der Verwendung von Safran, Rosinen und Pinienkernen für die ansonsten eher schlichte Fischsauce. Ist kein Wildfenchel erhältlich, kann man statt dessen ohne weiteres kultivierten Gemüsefenchel, einschließlich Stengel und Grün, nehmen.

750 g Wildfenchel
5 EL Olivenöl
2 Zwiebeln, feingehackt
60 g Rosinen oder Korinthen, in heißem Wasser eingeweicht und abgetropft
60 g Pinienkerne, geröstet
6 Sardellenfilets in Öl, abgetropft und grobgehackt
1/2 TL Safranfäden, zerrieben und in 2 EL heißem Wasser eingeweicht
500 g frische Sardinen, entgrätet und in große Stücke geschnitten
500 g Spaghetti oder andere italienische Nudeln
125 g Semmelbrösel, geröstet (nach Belieben)

Den Fenchel putzen und alle vertrockneten oder verfärbten Blätter entfernen und wegwerfen. Die Knollen der Länge nach halbieren oder in Viertel schneiden. Einen großen Topf zu drei Vierteln mit Wasser füllen, etwas Salz hinzufügen und das Wasser zum Kochen bringen. Den Fenchel dazugeben und 8–10 Minuten garen, bis er weich ist. Mit einem Schaumlöffel auf ein Brett legen. Den Fenchel hacken und beiseite stellen. Das Wasser aufbewahren.

In einer großen Pfanne bei niedriger Temperatur 2 Eßlöffel Öl erhitzen. Die Zwiebeln hinzufügen und 10–15 Minuten sautieren, bis sie leicht gebräunt sind. Rosinen oder Korinthen, Pinienkerne, Sardellenfilets und den Safran mit dem Einweichwasser dazugeben. Alles 5 Minuten bei schwacher Hitze köcheln lassen. In eine Schüssel geben und warm halten.

In einem großen schweren Topf bei mittlerer Temperatur die restlichen 3 Eßlöffel Öl erhitzen. Die Sardinenstücke dazugeben und auf jeder Seite 3–4 Minuten anbraten. Mit einem Schaumlöffel in eine Schüssel heben und warm halten. Den gehackten Fenchel in den Topf geben und im Bratfett der Sardinen bei niedriger Temperatur erhitzen. Die Sardinen und die Zwiebelmischung mit in den Topf geben und warm halten.

In der Zwischenzeit die Garflüssigkeit des Fenchels wieder zum Kochen bringen. Die Nudeln hinzufügen und etwa 7 Minuten kochen, bis sie *al dente* sind. (Die genaue Garzeit der Verpackung entnehmen.) Die Nudeln abgießen.

Auf eine Platte geben, die Sardinensauce darüberschöpfen und alles gründlich durchheben. Nach Belieben mit Semmelbröseln bestreuen. Sofort oder mit Raumtemperatur servieren.

Für 4–6 Personen

SIZILIEN

Pasta alla Norma
Nudeln mit Auberginen und Tomaten

Dieses Pastagericht stammt aus Catania, dem Geburtsort von Vincenzo Bellini, und ist nach einer seiner bekanntesten Opern benannt, »Norma«. Wenn keine Freilandtomaten erhältlich sind, kann man sie durch italienische Eiertomaten aus der Dose ersetzen.

2 große Auberginen oder 8 lange schlanke (asiatische) Auberginen (insgesamt etwa 750 g)
Salz
Olivenöl
1 kg Tomaten, enthäutet, entkernt und grobgehackt
2 Knoblauchzehen, zerdrückt
12 große Basilikumblätter, gehackt
Frisch gemahlener Pfeffer
500 g kurze Makkaroni oder Spaghetti
Pecorino, gerieben

Die Auberginen so der Länge nach schälen, daß ein Streifenmuster entsteht. Große Früchte längs halbieren und dann quer in dünne Scheiben schneiden. Lange dünne Auberginen nur quer in Scheiben schneiden. Die Auberginenscheiben mit Salz bestreuen und 20–30 Minuten in einem Durchschlag abtropfen lassen, damit sie einen Teil ihrer Bitterstoffe verlieren. Anschließend mit Küchenkrepp trockentupfen.

Eine große Pfanne 0,5 cm hoch mit Öl füllen und das Öl bei hoher Temperatur erhitzen. Die Auberginen partienweise einige Minuten im heißen Öl braten, bis sie goldbraun und weich sind. Mit einem Schaumlöffel in eine Schüssel geben.

In einem großen schweren Topf bei mittlerer Temperatur 2 Eßlöffel Öl erhitzen. Tomaten und Knoblauch hinzufügen und unter gelegentlichem Rühren 10–15 Minuten garen, bis die Tomaten zerkocht sind. Die gebratenen Auberginenscheiben und das Basilikum dazugeben und heiß werden lassen. Nach Geschmack mit Salz und Pfeffer würzen. In der Zwischenzeit einen großen Topf zu drei Vierteln mit Wasser füllen und das Wasser zum Kochen bringen. Die Nudeln hinzufügen und 7–10 Minuten kochen, bis sie *al dente* sind. (Die auf der Verpackung angegebene Garzeit beachten.) Die Nudeln abgießen.

Die Pasta auf eine vorgewärmte Platte geben. Die Sauce darüberschöpfen und gründlich unterheben. Mit Käse bestreuen und sofort servieren.

Für 4–6 Personen

PROVENCE

Tomates Provençales
Gratinierte Tomaten

Eigentlich ist dieses Rezept so einfach, daß es keinen Grund zu geben scheint, es aufzuschreiben. Häufig leidet der Geschmack, weil die Tomaten kein Aroma haben und zu wäßrig sind. Man sollte daher unbedingt Freilandtomaten nehmen und darauf achten, daß keine überschüssige Flüssigkeit vorhanden ist, damit der Belag eine schöne Kruste bekommt.

6 große feste, aber reife Tomaten
Salz
4 EL Olivenöl sowie Olivenöl zum Einfetten der Form
Salz und frisch gemahlener Pfeffer
60 g Semmelbrösel
3 Knoblauchzehen, zerdrückt
2 EL gehackte glatte Petersilie

Den Backofen auf 190–200 °C (Gasherd Stufe 3–4) vorheizen.

Eine ofenfeste Form dünn mit Öl einfetten. Die Tomaten quer halbieren. Mit Salz bestreuen, mit den Schnittflächen nach unten in einen Durchschlag legen und etwa 10 Minuten abtropfen lassen. Sorgfältig mit Küchenkrepp trockentupfen.

In einer großen Pfanne bei mittelhoher Temperatur 2 Eßlöffel Öl erhitzen. Jeweils 4–6 Tomatenhälften mit der Schnittfläche nach unten hineinlegen und etwa 5 Minuten braten, bis sie goldbraun sind.

Die Tomaten mit der Schnittfläche nach oben in die vorbereitete Form legen. Mit Salz und Pfeffer bestreuen. In einer kleinen Schüssel Semmelbrösel, Knoblauch und einen Teil der Petersilie vermischen und auf den Tomaten verteilen. Die Tomaten mit den verbliebenen 2 Eßlöffeln Öl beträufeln und für 10–15 Minuten in den Backofen schieben, bis die Brösel goldbraun sind.

Auf einer Platte anrichten und mit der restlichen Petersilie bestreuen. Warm oder mit Raumtemperatur servieren.

Für 6 Personen

PROVENCE

Fenouil Braisé
Gratiniertes Fenchelgemüse

Fenchel wird in Frankreich und Italien häufig roh mit Salz und Olivenöl gegessen, aber auch gegart schmeckt er ausgezeichnet. Es gibt zwei Möglichkeiten, den Fenchel vorzugaren: Entweder sautiert man ihn in Öl oder Butter und dünstet ihn anschließend in etwas Hühnerfond, oder man kocht ihn in gesalzenem Wasser. Der Fenchel wird dann so serviert, wie er ist, oder aber mit Butter, geriebenem Parmesan und Semmelbröseln angerichtet. Oder man bestreut ihn in einer ofenfesten Form mit Käse und Semmelbröseln und gratiniert ihn im Küchengrill. Hier sind beide Versionen aufgeführt.

6 große Fenchelknollen, längs halbiert, den harten inneren Kern keilförmig herausgeschnitten
60 g Butter oder 4 EL Olivenöl zum Sautieren sowie Olivenöl zum Beträufeln
250 ml Hühnerfond (siehe Glossar), wenn der Fenchel gedünstet wird
Salz und frisch gemahlener Pfeffer
Frisch geriebene Muskatnuß (nach Belieben)
30 g frisch geriebener Parmesan
30 g Semmelbrösel, geröstet
Einige EL Sahne (nach Belieben)

Den Backofen auf 200 °C (Gasherd Stufe 3–4) vorheizen.

Soll der Fenchel gedünstet werden, die Knollen der Länge nach in breite Streifen schneiden. In einem großen schweren Topf bei mittlerer Temperatur die Butter oder das Öl erhitzen. Den Fenchel dazugeben und 8–10 Minuten goldbraun sautieren. Den Hühnerfond hinzufügen, den Deckel auflegen und den Fenchel 15–20 Minuten dünsten, bis er weich und die Flüssigkeit weitgehend verkocht ist. Nach Geschmack mit Salz, Pfeffer und Muskat würzen. Den Fenchel in einer großen Auflaufform so verteilen, daß die Gemüsestücke nicht übereinander liegen. Käse und Semmelbrösel darüberstreuen und mit etwas Butter oder Öl beträufeln. Das Fenchelgemüse etwa 10 Minuten im Backofen gratinieren oder im Backofen heiß werden lassen und dann im Küchengrill überbacken. Sofort servieren.

Soll der Fenchel gekocht werden, die halbierten Fenchelknollen in kochendes Wasser geben und etwas Salz hinzufügen; etwa 25 Minuten ohne Deckel kochen. In einen Durchschlag geben, abkühlen lassen und Flüssigkeit herausdrücken. Den Fenchel der Länge nach in breite Streifen schneiden; darauf achten, daß die Streifen nicht auseinanderbrechen. Eine ofenfeste Form mit Butter oder Öl einfetten und die Fenchelstreifen darin verteilen. Mit Salz, Pfeffer und nach Belieben Muskat würzen. Butter oder Öl, Sahne (falls verwendet), Parmesan und Semmelbrösel darübergeben und etwa 10 Minuten überbacken. Nach Belieben etwas Sahne hinzufügen.

Für 6 Personen

Gratinierte Tomaten (oben), *Gratiniertes Fenchelgemüse* (unten)

Von oben links im Uhrzeigersinn: *Pilaw mit Korinthen und Nüssen; Hühnchen-Pilaw in Phyllo-Teig; Safran-Pilaw mit Garnelen*

TÜRKEI

YUFKALİ PİLAV
Hühnchen-Pilaw in Phyllo-Teig

Bei manchen Rezeptversionen für »yufkali pilav« wird das Hühnerfleisch mit dem Pilaw nicht in einer hohen, sondern in einer flachen ofenfesten Form gebacken und zum Servieren wie »baklava« (siehe S. 230) in Stücke geschnitten. Anstelle von Huhn kann man auch Lammfleisch nehmen. Dazu 250 g Lammfleisch in gut 1 cm große Würfel schneiden, einige Minuten in 60 g Butter anbraten und dann in 250 ml Fleischfond garschmoren; für den Reis Lammfond statt Hühnerfond verwenden.

FÜR DAS HÜHNERFLEISCH:

1 Poularde (etwa 1,25 kg) oder etwa 1 kg Hühnerteile
1 Zwiebel, halbiert
1 Möhre, halbiert
Salz
6 Pfefferkörner

180 g Butter
100 g Mandeln, blanchiert und enthäutet
1 Zwiebel, gehackt
350 g weißer Langkornreis, gewaschen und abgetropft
½ TL gemahlener Zimt oder Piment
¼ TL gemahlener Kardamom
Salz und frisch gemahlener Pfeffer
8 *phyllo*-Teigblätter (siehe Glossar)

Um das Hühnerfleisch zuzubereiten, das Huhn mit Zwiebel, Möhre, etwas Salz und Pfefferkörnern in einen Topf geben. Mit Wasser bedecken und zum Kochen bringen. Auf schwache Hitze reduzieren, den Deckel auflegen und das Geflügel köcheln lassen, bis es gar ist; ein ganzes Huhn braucht etwa 50 Minuten, Hühnerteile etwa 30 Minuten. Das Geflügel aus der Brühe nehmen und etwas abkühlen lassen. Dann die Haut entfernen, das Fleisch von den Knochen lösen und in mundgerechte Stücke schneiden. Die Brühe durch ein Sieb in einen Topf gießen und zum Köcheln bringen.

In einem großen Topf bei mittlerer Temperatur 60 g Butter zerlassen. Die Mandeln dazugeben und einige Minuten unter Rühren braten, bis sie goldbraun sind. Mit einem Schaumlöffel in eine Schüssel geben.

Die Zwiebeln in den Topf geben und 8–10 Minuten in der Butter sautieren, bis sie weich und glasig sind. Zimt oder Piment, Kardamom sowie Salz und Pfeffer nach Geschmack hinzufügen und einige Minuten mitgaren.

Den Reis dazugeben und etwa 3 Minuten unter Rühren sautieren, bis er von Fett überzogen und glasig ist. Gebratene Mandeln, Hühnerfleisch und 750 ml der heißen Brühe hinzufügen und zum Kochen bringen. Auf schwache Hitze reduzieren, den Deckel auflegen und den Reis etwa 20 Minuten garen, bis er die Flüssigkeit aufgenommen hat und weich ist. Den Herd ausschalten und den Reis stehenlassen, bis er kalt ist.

Den Backofen auf 230–260 °C (Gasherd Stufe 5–6) vorheizen.

In einer kleinen Pfanne die restlichen 125 g Butter zerlassen. Eine hohe ofenfeste Form mit 2 l Fassungsvermögen, wie beispielsweise eine Soufflé-Form, großzügig mit Butter einfetten. Die Form mit den *phyllo*-Teigblättern auslegen und die einzelnen Teigblätter dabei mit Butter bestreichen. Der Teig muß am Rand so weit überhängen, daß sich der Pilaw anschließend damit abdecken läßt. Den abgekühlten Pilaw in der Form verteilen und die *phyllo*-Teigblätter sorgfältig darüberlegen. Die Teigblätter mit der restlichen Butter bestreichen.

Für 15–20 Minuten in den Backofen schieben, bis der Teig goldbraun ist. Den Hühnchen-Pilaw aus dem Ofen nehmen und 2–3 Minuten stehenlassen. Dann auf eine Servierplatte stürzen, aufschneiden und servieren.

Für 4 Personen

TÜRKEI

Ic Pilav
Pilaw mit Korinthen und Nüssen

Dieser Pilaw eignet sich als Beilage zu vielen türkischen Gerichten. Um ihn als Hauptgericht zu servieren, kann man gegartes Hühner- oder Lammfleisch hinzufügen, das mit den Zwiebeln sautiert wird. Der Pilaw muß mit Langkornreis zubereitet werden; am besten geeignet ist Basmati-Reis, der länger körnig und aromatisch bleibt als andere Reissorten.

60 g Butter oder 4 EL Olivenöl
1 Zwiebel, gehackt
¼ TL gemahlener Piment
½ TL gemahlener Zimt oder Koriander
450 g weißer Langkornreis, gewaschen und abgetropft
1 l heißer Hühnerfond (siehe Glossar) oder Wasser, erhitzt
Salz
200 g Korinthen, in heißem Wasser eingeweicht und abgetropft
80 g Pinienkerne, Pistazien oder Mandeln, geröstet
Frisch gemahlener Pfeffer (nach Belieben)
4 EL gehackte glatte Petersilie oder gehackter Dill (nach Belieben)

In einem großen Topf bei mittlerer Temperatur die Butter zerlassen oder das Öl erhitzen. Die Zwiebeln hinzufügen und etwa 7 Minuten sautieren, bis sie glasig sind.

Piment und Zimt oder Koriander dazugeben und 2 Minuten unter Rühren mitgaren. Den Reis dazugeben und bei mittlerer Temperatur etwa 3 Minuten unter Rühren sautieren, bis die Körner mit Fett überzogen und glasig sind. Heißen Hühnerfond oder heißes Wasser und etwas Salz hinzufügen. Zum Kochen bringen. Dann auf schwache Hitze reduzieren, den Deckel auflegen und den Reis etwa 20 Minuten köcheln lassen, bis er die Flüssigkeit aufgenommen hat und gar ist. Den Herd ausschalten und den Reis zugedeckt 10 Minuten ruhen lassen.

Korinthen und Nüsse dazugeben und den Reis mit einer Gabel auflockern. Nach Geschmack mit Salz und Pfeffer würzen. Auf einer vorgewärmten Platte anrichten, nach Belieben mit Petersilie oder Dill bestreuen und servieren.

Für 6 Personen

TÜRKEI

Karidesli Pilav
Safran-Pilaw mit Garnelen

Pilaws können in der türkischen Küche aus Reis, Bulgur oder Weizen hergestellt werden, und es gibt drei verschiedene Zubereitungsmethoden. Nach der einfachen Methode (»salma«) gibt man die Hauptzutat in kochende Brühe und läßt den Pilaw kochen, bis die Brühe absorbiert ist. Anschließend wird Fett hinzugefügt. Bei der Abgießmethode (»süzme«) wird die Hauptzutat in Salzwasser gegart, abgegossen und mit heißem Fett beträufelt. Nach der »kavurma«- oder Bratmethode wird die Hauptzutat zuerst in Fett gebraten und anschließend so lange in Brühe gekocht, bis die Flüssigkeit absorbiert ist (siehe auch S. 200). Wenn man einen Reis-Pilaw herstellt, sollte man stets einen Reis von hoher Qualität verwenden. Am besten weicht man den Reis vorher in warmem Salzwasser ein, um überflüssige Stärke zu entfernen.

Pilaws mit Meeresfrüchten sind sowohl in Griechenland wie auch in der Türkei beliebt. Anstelle von Garnelen kann man dieses Rezept auch gut mit Jakobsmuscheln, Kalmar oder gegarten Kraken zubereiten. In der Türkei nimmt man besonders gerne Miesmuscheln. Um den Pilaw mit Miesmuscheln zuzubereiten, etwa 40 Miesmuscheln gründlich säubern und entbarten. Die Muscheln in etwas Weißwein oder Wasser dämpfen (alle Muscheln wegwerfen, die sich nicht öffnen). Das Muschelfleisch aus den Schalen lösen. Die Garflüssigkeit durch ein Sieb geben und den Safran darin einweichen. Dann wie unten beschrieben weiterverfahren und das Muschelfleisch in der Butter sautieren.

60 g Butter
500 g Garnelen, aus der Schale gelöst und den Darm entfernt
1 Zwiebel, gehackt
2 Knoblauchzehen, zerdrückt
2 Stangen Bleichsellerie oder 1 kleine Fenchelknolle, geputzt und gehackt (nach Belieben)
3 große Tomaten, enthäutet, entkernt und gehackt
350 g weißer Langkornreis, gewaschen und abgetropft
¼–½ TL Safranfäden, zerrieben und in 4 EL heißem Wasser eingeweicht
Salz
Frisch gemahlener Pfeffer
750 ml Fisch- oder Hühnerfond (siehe Glossar) oder Wasser, erhitzt
4 EL gehackte glatte Petersilie oder gehackter Dill

In einem großen Topf bei mittelhoher Temperatur die Butter zerlassen. Die Garnelen dazugeben und etwa 2 Minuten unter ständigem Rühren sautieren, bis sie rosa sind. Mit einem Schaumlöffel in eine Schüssel geben.

Zwiebeln und Knoblauch in den Topf geben und bei schwacher Hitze etwa 7 Minuten in der Butter sautieren, bis die Zwiebeln weich werden. Bleichsellerie oder Fenchel (falls verwendet) und Tomaten hinzufügen und 3 Minuten mitsautieren. Den Reis dazugeben und gut durchrühren. Safran mit dem Einweichwasser, Salz, Pfeffer und heißen Fond oder Wasser hinzufügen und alles zum Kochen bringen. Dann auf schwache Hitze reduzieren, den Deckel auflegen und den Reis etwa 20 Minuten köcheln lassen, bis er die Flüssigkeit aufgenommen hat und gar ist.

Die Garnelen zu dem Reis geben, einmal umrühren und den Deckel auflegen. Den Herd ausschalten und den Pilaw 10 Minuten zugedeckt ruhen lassen. Mit einer Gabel auflockern und auf einer vorgewärmten Platte anrichten. Mit Petersilie oder Dill bestreuen und servieren.

Für 4 Personen

Von links oben im Uhrzeigersinn: *Fritierter Blumenkohl; Grüne Bohnen mit Tomaten; Braune Bohnen*

ÄGYPTEN

FUL MUDAMMAS
Braune Bohnen

Diese schmackhaften braunen Bohnen sind das Nationalgericht der Ägypter und werden sowohl zum Frühstück wie auch zu anderen Mahlzeiten gegessen. Die Bohnen können auch püriert und als »meze« gereicht werden. Wenn braune Bohnen nicht erhältlich sind, kann man sie durch Wachtelbohnen ersetzen. Eine ideale Beilage ist selbstverständlich Fladenbrot.

450 g kleine getrocknete braune Bohnen, über Nacht eingeweicht
1,25–1,5 l Wasser
3 oder 4 Knoblauchzehen, zerdrückt
1 TL gemahlener Kreuzkümmel (nach Belieben)
Salz
Gehackte glatte Petersilie
Zitronenachtel
Olivenöl
Beid hamine (Rezept S. 50)
Frisch gemahlener Pfeffer
Khubz arabi (Rezept S. 82)

Die eingeweichten Bohnen abgießen.

Anschließend die Bohnen in einen Topf geben, gut mit Wasser bedecken und zum Kochen bringen. Auf schwache Hitze reduzieren, den Deckel auflegen und die Bohnen 2–5 Stunden köcheln lassen, bis sie weich sind; die Garzeit ist vom Alter und von der Größe der Bohnen abhängig.

Wenn die Bohnen gar sind, Knoblauch, Kreuzkümmel (falls verwendet) und Salz nach Geschmack dazugeben.

Die Bohnen in kleine Portionsschalen füllen und mit Fladenbrot servieren. Petersilie, Zitronenachtel, Olivenöl, *beid hamine* und Pfeffer dazu reichen, damit jeder Tischgast die Bohnen nach eigenem Belieben würzen kann.

Für 6 Personen

LIBANON

KARNABEET MAKLEE
Fritierter Blumenkohl

Dieser fritierte Blumenkohl schmeckt einfach köstlich. Man kann die Röschen zum Vorgaren auch etwa 4 Minuten dämpfen, statt sie in kochendem Wasser zu blanchieren. In der Türkei wird der Blumenkohl vor dem Fritieren in Mehl und einer Mischung aus Ei und geriebenem »kasseri« (siehe Glossar) oder Parmesan gewendet. In Sizilien legt man die Röschen in eine ofenfeste Form, bestreut sie mit einer Mischung aus zerdrücktem Knoblauch, gehackter Petersilie, geriebenem »caciocavallo« (siehe Glossar) und Semmelbröseln, träufelt zerlassene Butter darüber und gratiniert den Blumenkohl bei mittlerer Hitze im Backofen, bis die Oberfläche knusprig und goldbraun ist. In Griechenland wird der Blumenkohl gegart, dann mit Tomatensauce und »feta« in eine Auflaufform geschichtet und überbacken.

1 großer Blumenkohl, in Röschen geteilt
Salz
4 Eier
Etwa 5 EL Wasser
125 g Mehl
100 g Zwiebeln oder 50 g Frühlingszwiebeln, feingehackt
2 EL gehackte glatte Petersilie
2 EL gehackte Minze
1/2 TL gemahlener Zimt
1/2 TL gemahlener Piment
Frisch gemahlener Pfeffer
Pflanzenöl zum Fritieren
Zitronenachtel

Den Blumenkohl in kochendes Wasser geben und etwas Salz hinzufügen. Die Röschen etwa 4 Minuten kochen, bis sie gar, aber noch bißfest sind.

Den Blumenkohl abgießen und zum Abschrecken in kaltes Wasser legen. Abtropfen lassen, mit Küchenkrepp trockentupfen und vollständig abkühlen lassen.

In einer Schüssel die Eier, etwa 5 Eßlöffel Wasser und das Mehl verquirlen, bis ein glatter Teig entsteht. Zwiebeln, Petersilie, Minze, Zimt, Piment, etwas Salz und Pfeffer unterrühren. (Der Ausbackteig kann auch im Mixer angerührt werden.)

Einen hohen schweren Topf 8 cm hoch mit Öl füllen. Das Öl auf 190 °C erhitzen; es muß so heiß sein, daß der Ausbackteig innerhalb weniger Augenblicke zu bräunen beginnt, wenn man ein wenig davon hineingibt. Die Blumenkohlröschen einzeln durch den Ausbackteig ziehen und überschüssigen Teig zurück in die Schüssel laufen lassen. Den Blumenkohl partienweise 3–5 Minuten im heißen Öl fritieren, bis er rundum goldbraun ist. Mit einem Schaumlöffel zum Abtropfen auf Küchenkrepp legen, bis die übrigen Röschen fritiert sind.

Auf einer Platte anrichten und mit Zitronenachteln servieren.

Für 4 Personen

LIBANON

Loubia Bzeit
Grüne Bohnen mit Tomaten

Im Vorderen Orient werden grüne Bohnen häufig mit sautierten Zwiebeln und gewürfelten Tomaten oder Tomatensauce zubereitet. Mitunter fügt man Knoblauch oder auch Oregano, Dill oder Minze hinzu. In Griechenland werden die gegarten Bohnen mit zerkrümeltem »feta« bestreut. In der Türkei würzt man die Tomaten mit gemahlenem Piment. Nach dem gleichen Rezept lassen sich auch Okraschoten zubereiten. Dazu die harten Stiele von den Okras abschneiden und die Schoten gründlich mit Küchenkrepp trockenreiben. Dann etwa 1 Stunde köcheln lassen und am Ende der Garzeit einen Spritzer Zitronensaft dazugeben. In Griechenland werden die geputzten Okraschoten vor dem Garen 30 Minuten in 250 ml Rotweinessig gelegt und dann abgegossen und abgespült

500 g grüne Bohnen, geputzt
3 EL Olivenöl
125 g Zwiebeln, gehackt
1 oder 2 Knoblauchzehen, zerdrückt (nach Belieben)
750 g Tomaten, gehackt
1 Prise Zucker
125 ml Tomatenpüree (nach Belieben)
Salz und frisch gemahlener Pfeffer
Gehackte frische Kräuter (glatte Petersilie, Minze, Dill oder Oregano; nach Belieben)

Die grünen Bohnen sollten nach Möglichkeit jung und klein sein. Sind nur große erhältlich, die Fäden abziehen und die Bohnen in 5 cm lange Stücke schneiden. Beiseite stellen. In einem großen schweren Topf bei mittlerer Temperatur das Öl erhitzen. Die Zwiebeln hinzufügen und 12–15 Minuten sautieren. Falls verwendet, den Knoblauch dazugeben und 1–2 Minuten mitgaren. Die grünen Bohnen hinzufügen und ebenfalls einige Minuten sautieren. Dann die gehackten Tomaten und – falls verwendet – das Tomatenpüree dazugeben und zum Köcheln bringen. Den Deckel auflegen und das Gemüse bei schwacher Hitze 45–60 Minuten garen, bis die Tomaten zu einer dickflüssigen Sauce verkocht sind. Mit Salz und Pfeffer und mit einem der Küchenkräuter abschmecken. In einer Servierschüssel anrichten und heiß, lauwarm oder mit Raumtemperatur servieren.

Für 4 Personen

VALENCIA

Arroz a Banda
Duftender Reis, gefolgt von Fisch mit Aïoli

Valencia ist ein wichtiges Reisanbaugebiet und die Heimat der spanischen Reisküche. Angebaut wird Rundkornreis, der dem italienischen Arborio ähnelt. Dies ist ein ungewöhnliches Reisgericht, denn man serviert es in zwei Gängen. Der Fisch wird in Fischfond gegart und für den zweiten Gang warm gestellt. In dem durchgesiebten und reduzierten Fischfond kocht man dann den in Öl gebräunten Reis und serviert ihn »a banda« (getrennt) mit einer kräftigen Knoblauchsauce. Ein ähnliches Gericht, »fideus a banda«, bereitet man mit Fadennudeln zu, die angebraten und langsam in Fischfond gegart werden.

FÜR DEN FISCHFOND:

1 kg Fischköpfe, Gräten, kleine grätenreiche Fische und Karkassen von Krustentieren (falls erhältlich)
2 EL Olivenöl
1 große Zwiebel, grobgehackt
2 Knoblauchzehen (nach Belieben)
1 oder 2 getrocknete Chilischoten (nach Belieben)
1 Stange Porree, gehackt
2 Möhren, gehackt
2 Lorbeerblätter
1 Scheibe Zitrone
12 Pfefferkörner
Einige Zweige Thymian, Petersilie und Majoran
1,5–2 l Wasser
Salz

FÜR DEN FISCHGANG:

1 kg Fischfilet von Heilbutt, Seeteufel, Kabeljau oder anderem weißfleischigem Fisch oder 750 g Fischfilet und 500 g Garnelen, aus der Schale gelöst und den Darm entfernt

FÜR DEN REIS:

6 EL Olivenöl
4 Knoblauchzehen, zerdrückt
2 Tomaten, enthäutet, entkernt und gehackt oder 2 EL Tomatenmark
2 TL Paprikapulver
450 g Rundkornreis, gewaschen und abgetropft
Einige Safranfäden, zerrieben
Salz und frisch gemahlener Pfeffer

Aïoli (Rezept S. 144)

Für den Fond die Fischkarkassen gründlich abspülen. In einem Suppentopf bei mittlerer Temperatur das Öl erhitzen. Zwiebeln und – falls verwendet – Knoblauch und Chillies dazugeben und einige Minuten sautieren. Die Fischkarkassen hinzufügen und 1–2 Minuten unter häufigem Rühren sautieren. Die übrigen Zutaten – außer dem Salz – dazugeben und alles mit Wasser bedecken.

Zum Kochen bringen und den Schaum abschöpfen, der sich an der Oberfläche absetzt. Die Hitze reduzieren und alles 25 Minuten köcheln lassen; zwischendurch immer wieder abschäumen. Den Fond durch ein Sieb geben und reduzieren, um das Aroma zu verstärken. In dem Fond werden der Fisch und der Reis gegart; man benötigt etwas mehr als 1 Liter. Den Fond mit Salz abschmecken.

Um den Fisch zuzubereiten, den Fischfond in einem breiten flachen Topf zum Köcheln bringen. Den Fisch dazugeben und pochieren, bis er gar ist, aber noch nicht auseinanderfällt; die Garzeit ist von der Dicke der Fischfilets abhängig. Den Fisch mit einem Schaumlöffel in eine Schüssel heben und etwas Fischfond darüberschöpfen, damit er feucht bleibt. Beiseite stellen. Die Garnelen, falls verwendet, einige Minuten getrennt im Fischfond garziehen lassen, bis sie rosa sind, und mit dem Fisch beiseite stellen.

In einer Paella-Pfanne oder einem breiten flachen Topf bei mittlerer Temperatur das Öl erhitzen. Den Knoblauch dazugeben. Sobald er etwas Farbe angenommen hat, Tomaten oder Tomatenmark hinzufügen und etwa 5 Minuten unter Rühren garen. Dann das Paprikapulver dazugeben und alles noch 2 Minuten erhitzen. Den Reis hinzufügen und etwa 3 Minuten unter häufigem Rühren garen, bis er leicht gebräunt ist. Den Safran unterrühren und nach Geschmack mit Salz und Pfeffer würzen.

Dann 1 l Fischfond angießen und alles bei hoher Temperatur 5 Minuten erhitzen. Auf schwache Hitze reduzieren und den Reis etwa 15 Minuten ohne Deckel köcheln lassen, bis er die Flüssigkeit aufgenommen hat und weich ist. Oder den Reis 5 Minuten bei starker Hitze im offenen Topf kochen lassen und dann bei 180 °C (Gasherd Stufe 2–3) für 15 Minuten in den Backofen stellen. Den Herd ausschalten (oder den Topf aus dem Ofen nehmen) und den Reis zugedeckt 10 Minuten ruhen lassen. Dann abschmecken

Den Reis auf einer vorgewärmten Platte anrichten und mit dem *aïoli* servieren. Den pochierten Fisch als zweiten Gang reichen.

Für 6 Personen *Abbildung S. 192/193*

NORDAFRIKA

NORDAFRIKA

Marokko, Algerien, Tunesien

Wir beenden unsere Mittelmeer-Rundreise auf dem Weg, den auch die muslimischen Heere im siebten Jahrhundert nahmen, und folgen von Ägypten aus der nordafrikanischen Küste bis zur Straße von Gibraltar, an deren spanischem Ufer unsere Reise begonnen hat. Die drei modernen Staaten, die wir dabei durchqueren, Tunesien, Algerien und Marokko, bilden eine geographische Einheit, bestehend aus einer relativ schmalen Küstenebene, die durch das Atlasgebirge und das Aurès-Massiv von den riesigen Wüstengebieten im Hinterland getrennt ist. Die westlichen und östlichen Randgebiete – Nordmarokko und Nordtunesien – liegen sozusagen in Rufweite des europäischen Kontinents. Und so diente Nordafrika sowohl als Ausgangsbasis für die arabischen Eroberungszüge in Spanien und Sizilien wie auch als Zufluchtsort für die Andalusier, die der Reconquista entflohen. Daß der Verkehr zwischen der nordafrikanischen und der nördlichen Mittelmeerküste heute unvermindert andauert, haben wir bereits an anderer Stelle in Zusammenhang mit Marseille festgestellt.

Nordafrika besitzt innerhalb der arabischen Welt eine eigenständige Identität und wird auch der Maghreb (*al-Maghrib,* der Westen) genannt – im Gegensatz zur Levante (*al-Mashrig,* der Osten), welche die historischen Gebiete Syrien, Irak und die arabische Halbinsel umfaßt. Die arabischen Dialekte, die in Nordafrika gesprochen werden, sind für die Bewohner der ostarabischen Länder kaum verständlich, und der besondere Charakter der Region wird zusätzlich durch die

Seite 216/217: *Obwohl fünf Prozent des Staatsgebietes von Algerien in der Sahara liegen, gibt es auch fruchtbare Oasen, in denen die schmackhaftesten Datteln der Welt wachsen.*
Links: *Durch die Römer gelangte die Töpferkunst im tunesischen Nabeul bereits vor 2000 Jahren zur Perfektion.*

Berber unterstrichen, die seit unermeßlich langer Zeit in dieser Gegend leben. Aus all diesen Gründen besitzt Nordafrika seine eigene reichhaltige und unverwechselbare Küche, die sich nicht nur in großen Teilen stark von der Küche des arabischen Ostens unterscheidet, sondern auch weitaus besser erhalten geblieben ist. (Dies trifft übrigens auch auf die traditionelle Kultur im allgemeinen zu; kein Land in Ostarabien – vielleicht mit Ausnahme des Jemen – kann sich einer so vollständig erhaltenen mittelalterlichen Stadt wie Fes rühmen.)

Von Odysseus' Besuch auf Djerba, einer Insel vor der tunesischen Küste, und den dort lebenden Lotosessern (die in jedem Fall gemahlene Jujuben gegessen haben dürften) einmal abgesehen, taucht Nordafrika in den gastronomischen Überlieferungen der antiken Mittelmeerwelt eher selten auf. Wesentliche Elemente der mediterranen Kost finden sich aber dennoch bereits in früher Zeit; die Karthager pflanzten Obstbäume, Ölbäume und Getreide im fünften Jahrhundert v. Chr. Sie waren aber vor allem Kaufleute, und so blieb es den Römern überlassen, in Nordafrika eine Landwirtschaft in großem Stil aufzubauen. Ebenso wie Spanien und Sizilien betrachteten sie die gesamte Region als Kornkammer für ihre Hauptstadt Rom, legten aus diesem Grund Kanäle und Staudämme an, die heute noch in Resten erhalten sind, und verwandelten die fruchtbaren Landstriche Numidiens – nach heutigen geographischen Begriffen Ost-Algerien – in Latifundien: riesige, von Sklaven bewirtschaftete Landgüter, auf denen ausschließlich Weizen angebaut wurde. Es ist zu bezweifeln, daß sich die Eßgewohnheiten der Berber durch den Einfluß der Römer in irgendeiner Weise veränderten; die Ähnlichkeit zwischen *couscous* und Polenta, dem etruskischen Relikt der römischen Küche, ist kaum markant und vermutlich eher zufällig.

Die römische Herrschaft wurde im frühen fünften Jahrhundert durch die Vandalen beendet, die nach ihrer Vertreibung aus Spanien nichts Eiligeres zu tun hatten, als die Weizenfelder Numidiens an sich zu bringen. Wie man dies von einem Volk erwartet, dessen Wesen in dem Wort »Vandalismus« unsterblich geworden ist, gingen von den Vandalen während ihrer ein Jahrhundert dauernden Herrschaft in Nordafrika keinerlei kulinarische oder sonstige Impulse aus. Ein gewisses Maß an Wohlstand erlangte die Region erst wieder unter den Byzantinern, die die Bewässerungssysteme reparierten

In Sousse, einer tunesischen Hafenstadt, die sich seit kurzem zu einem Touristenort entwickelt, kann man alle möglichen Arten von Teppichen erstehen.

und die Latifundien reorganisierten, in der Absicht, die römischen Traditionen im gesamten Mittelmeerraum wieder aufleben zu lassen. Im Gegensatz zu den Römern waren die Byzantiner allerdings der Auffassung, den Berbern ihre Gesetze und Sitten aufzwingen zu müssen, was fortwährende Aufstände zur Folge hatte, die im Verbund mit den selbstzerstörerischen Fehden innerhalb der byzantinischen Gesellschaft zur erneuten Vernichtung der nordafrikanischen Landwirtschaft führten.

Nach der arabisch-muslimischen Eroberung Nordafrikas im siebten Jahrhundert entwickelte sich die Region zu einem typischen und kulturell bedeutsamen Teil der islamischen Welt, der nicht nur in enger Beziehung zum arabischen Osten stand, sondern auch zu Spanien (bis zum Ende des 15. Jahrhunderts) und den muslimischen Ländern Westafrikas. All dies schlug sich in der Kochkultur nieder, ein Umstand, der unter anderem auf das einheitliche Staatssystem zurückzuführen war, das die Dynastie der Almoraviden im zwölften Jahrhundert in Spanien, Marokko, Westalgerien und Teilen des Senegal schuf. Wie in Spanien, Sizilien und im Fruchtbaren Halbmond blühte unter islamischer Herrschaft auch in Nordafrika die Landwirtschaft auf. Die römischen Bewässerungsanlagen wurden erneut instand gesetzt, und sowohl in Tunesien wie auch in Marokko legte man nach persischem Vorbild unterirdische Kanäle an, damit das Wasser nicht verdunstete. Im elften Jahrhundert wurden viele dieser Anlagen beschädigt, doch sind sie bis zum heutigen Tag in Gebrauch geblieben. Die Fertigkeiten der Araber hinsichtlich der Wasserversorgung trugen in zweifacher Hinsicht zu einer guten Küche in Nordafrika bei. Zum einen vergrößerte sich auf diese Weise die Anbaufläche für neue Feldfrüchte aus dem Osten: alle Arten von Zitrusfrüchten, eine größere Vielfalt von Gemüsen, Reis und Zucker. Zum anderen wurde – wie das große Wasserreservoir vor den Toren der heute verwaisten Stadt Qayruwan beweist – die Gründung großer Städte ermöglicht, wo sich durch das reiche Warenangebot auf den Märkten und die einflußreichen Höfe fast automatisch regionaltypische Kochstile entwickelten. Es ist kein Zufall, daß Fes, Marrakesch, Meknes und Rabat, von Reiseführern als die vier Königsstädte bezeichnet, noch heute die wichtigsten Zentren der traditionellen marokkanischen Küche sind.

Die beiden Hauptelemente der nordafrikanischen Kochkultur sind die arabische Küche und die der Berber. Die meisten ihrer bekanntesten Gerichte lassen sich entweder der einen oder der anderen Richtung zuordnen, doch kann man verallgemeinernd sagen, daß die Küche der Berber die ursprüngliche Kochkultur verkörpert und der Einfluß der Araber die Verwendung neuer Zutaten und den Einsatz raffinierterer Zubereitungsmethoden bewirkte. Das Wort *couscous,* das sowohl den zur Zubereitung notwendigen Hartweizengrieß wie auch das fertige Gericht mit dem dazugehörigen Fleischragout bezeichnet, ist ein etymologisches Rätsel, denn es geht weder auf die Sprache der Berber noch auf die der Araber zurück. Die Namen *seksu* in Marokko und *ta'am* in Algerien (letzterer bezeichnenderweise mit der wörtlichen Bedeutung »Nahrung«) sind in beiden Fällen gebräuchlicher, doch geht das eigentliche Gericht zweifellos auf ein einfaches Getreidegericht der Berber zurück, das nur mit Butter verfeinert wurde. Als sich dann, nach dem Eintreffen der Araber, die Landwirtschaft entwickelte, wurden zunächst Kichererbsen, Kürbis und Zucchini hinzugefügt und später auch Gemüse- und Fleischragouts. *Couscous* ist zweifellos das am meisten geschätzte Gericht in Nordafrika, dessen zahllose Versionen sowohl die unterschiedlichen wirtschaftlichen Verhältnisse wie auch regionale Vorlieben widerspiegeln. Der hellste Stern am *couscous*-Himmel ist vermutlich das Rezept aus Fes, das mit Huhn und Lammfleisch, sieben Gemüsen und sieben Gewürzen zubereitet wird und durch süße Rosinen eine besondere Geschmacksnote erhält. Tunesier bevorzugen pikante *couscous*-Gerichte ohne süße Zutaten und ersetzen das Hühner- und Lammfleisch oftmals durch Fisch. Am reichhaltigsten und noch weiter entfernt von den Berber-Ursprüngen sind all jene festlichen Kreationen, die neben dem gedämpften Getreide gefüllte Tauben enthalten. *Couscous* ist überdies das meistgereiste aller nordafrikanischen Gerichte, das bis nach Sizilien, in den Senegal und sogar nach Brasilien gelangte.

Die übliche Tischwürze für *couscous* ist *harissa,* eine scharfe Sauce aus roten Chillies. Da Chilischoten ein Import aus der Neuen Welt sind, zählt *harissa* wohl kaum zu den Dingen, die die Araber mit nach Nordafrika brachten. Die Behauptung, der Name leite sich von Orissa ab, einer Region in Indien, in der Chili angebaut wird, ist wenig stichhaltig, doch herrscht eine frappante Ähnlichkeit zwischen *harissa* und *sambal oelek* aus der malaysisch-indonesischen Küche, auch wenn *sambal oelek* nur aus Chillies und Salz besteht und keine anderen Gewürze enthält, mit denen *harissa* zubereitet wird.

Tagine, das reichhaltige und vielseitige Eintopfgericht aus Nordafrika, gehört im Gegensatz dazu recht eindeutig zur klassischen arabischen Küche, die nachhaltig von den Persern beeinflußt wurde. Die Verbindung von süßen und sauren Aromen und die Kombination unterschiedlichster Früchte und Gemüse mit verschiedenen Fleischsorten waren unverkennbare Merkmale dieser Küche, obwohl man solche Gerichte heute fast nur noch in Nordafrika schätzt. Bemerkenswert ist auch die häufige Verwendung von Tauben für *tagine* und einige andere Gerichte. Mit Ausnahme von Ägypten kommen Tauben heute in der arabischen Welt kaum noch in den Kochtopf und haben lediglich die Aufgabe, friedlich in den Innenhöfen der Moscheen umherzuflattern. Zu den geschmacklich besonders interessanten *tagine*-Gerichten gehören zweifellos Lamm-*tagine* mit Artischocken, Zitronen und Oliven sowie Tauben-*tagine* mit Backpflaumen und Zwiebeln.

Das Juwel in der Krone der nordafrikanischen Küche ist *b'stilla,* eine kunstvoll zubereitete Pastete mit Tauben- oder Hühnerfleisch, für die es in Fes, Rabat, Tetouan, Meknes und Marrakesch unterschiedliche Rezepte gibt. Ihre Ursprünge werden mitunter der andalusischen Küche zugeschrieben, da das Wort irgendwie spanisch klingt und das reiche Spektrum an Aromen die zurückhaltende Opulenz der spanisch-arabischen Kultur widerzuspiegeln scheint. Doch wie Paula Wolfert ausführt, ist *bestila* ein Wort der Berbersprache, das soviel wie »in Butter und Safran gegartes Huhn« bedeutet und damit die eigentliche Grundlage von *b'stilla* beschreibt; wir können deshalb davon ausgehen, daß dieses großartige Gericht das gemeinsame Werk von Berbern und Arabern war. Der arabische Beitrag scheint in diesem Fall die von den Persern übernommene Idee gewesen zu sein, ein mit Gewürzen und Nüssen zubereitetes Fleischragout mit Teig zu umhüllen. Und auch die Herstellungstechnik von *malsouqua* – dünne Teigblätter, die dem *phyllo*-Teig ähneln, der in der Türkei und den Balkanländern für *börek* verwendet wird, die sich aber dennoch in einigen wesentlichen Aspekten davon unterscheiden – und die Verwendung von Zimt und anderen Gewürzen muß man den Arabern zuschreiben.

Trotz seiner stürmischen politischen Geschichte ist Nordafrika nach der arabisch-muslimischen Eroberung weitgehend immun gegen kulinarische Einflüsse von außen gewesen. Erwähnen sollte man in diesem Zusammenhang jedoch, daß die andalusischen Flüchtlinge und Einwanderer, die vom zwölften bis zum 17. Jahrhundert in aufeinanderfolgenden Wellen nach Nordafrika kamen, auch einen Teil ihrer eigenen kulinarischen Traditionen mitbrachten. Einer von ihnen, Ibn Zarin al-Tujibi, stellte ein Buch mit Rezepten zusammen, das ausdrücklich dem Zweck dienen sollte, die andalusischen Traditionen zu bewahren; es ist auch deshalb interessant, weil es Vergleiche zu den kulinarischen Stilen Ostarabiens anstellt.

Ornamentale Mosaike waren eine Kunst aus dem Osten, die in Andalusien perfektioniert wurde und durch die Mauren nach Marokko gelangte.

Die andalusische Küche, die zugunsten von Olivenöl völlig auf die von den Berbern geliebte Butter verzichtet, ist noch heute in Tetouan und einigen Stadtteilen von Fes stark verbreitet.

Nordafrika unterstrich seine eigenständige Identität, indem es sich – anders als der arabische Osten – der völligen Vereinnahmung durch das Osmanische Reich widersetzte. Marokko kam niemals unter osmanische Herrschaft, und in Algerien und Tunesien übten die Osmanen nur nominell die Macht aus. Dennoch gibt es einige Spuren der osmanischen Kochkultur, die in Marokko nur sehr schwach, in Algerien und Tunesien hingegen etwas stärker ausgeprägt sind. Dazu gehören *kefte,* gegrilltes Hackfleisch, die türkischen *köfte;* die *briks* aus Tunesien, die ein wenig an marokkanische *b'stilla* erinnern, aber vom Gehalt und vom Namen her mehr den türkischen *börek* entsprechen; und *shurba,* die gehaltvolle, beißend scharfe Suppe aus Algerien und Tunesien, deren Name die türkische Vorliebe für Suppen widerspiegelt, aber eine schärfere Gewürzmischung enthält als ihre meisten türkischen Gegenstücke.

Als letztes sei noch erwähnt, daß es die englischen Kaufleute von Tanger waren, die die Marokkaner in die Kunst der Teebereitung einführten, auch wenn sich der heute in Marokko getrunkene Tee stark von seinem englischen Vorbild unterscheidet; andere britische Einflüsse auf die Küche Nordafrikas hat es glücklicherweise nicht gegeben. Und auch der kulinarische Einfluß der Franzosen, die Algerien 130 Jahre lang kolonisierten und in Marokko und Tunesien kurzzeitig Protektorate errichteten, scheint minimal gewesen zu sein; nicht einmal die herrschende französischsprechende Elite sah einen Grund, ihre Küche gegen die der Eroberer einzutauschen.

Desserts, Eingemachtes und Getränke

Obwohl zum Dessert zumeist Obst gereicht wird, enthält die Mittelmeerküche gehaltvolle und süße Backwaren.

DESSERTS, EINGEMACHTES UND GETRÄNKE

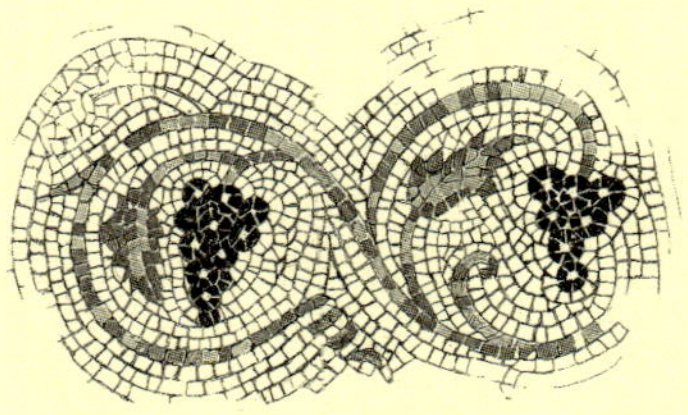

Am Mittelmeer serviert man als Nachspeise zumeist frisches Obst. Süßspeisen und Kuchen werden zu besonderen Anlässen oder nachmittags zum Kaffee oder Tee gereicht. Während der Obsternte kommen frische Früchte mittags und abends auf Tellern oder in großen Schalen auf den Tisch; in den heißen Sommermonaten werden diese in Gefäße mit Eiswasser gestellt. Die Früchte lassen sich zwar auch aus der Hand essen, werden aber häufig geschält und mit Messer und Gabel geschickt in Scheiben geschnitten.

Wenn Obst in großen Mengen vorhanden ist und nicht sofort gegessen werden kann, wird es gebacken, getrocknet, kandiert oder zu Kompott, Marmelade und Konfitüre verarbeitet. Das Angebot an Früchten ist reichhaltig und vielseitig: Pfirsiche, Aprikosen, Pflaumen, Erdbeeren, Himbeeren, Süß- und Sauerkirschen, grüne und violette Feigen, Datteln, alle Arten von Melonen, Loquats, Quitten, Äpfel, Birnen, Granatäpfel, Persimonen, Weintrauben und verschiedene Zitrusfrüchte. Bananen und Avocados werden in Israel angebaut, und selbst Ananas und Mangos kommen auf den Markt.

Während man im Mittelmeerraum viele Konfitüren, wie bei uns, als Brotaufstrich ißt, werden sie in den östlichen Ländern zumeist zu starkem schwarzem Kaffee serviert, oder man ißt sie mit dem Löffel und trinkt anschließend in kleinen Schlucken ein Glas eiskaltes Wasser. Mitunter werden die Konfitüren auch mit angedickter Sahne serviert. Rosenblütenmarmelade (Rezept S. 228) schmeckt besonders gut, wenn man sie auf Vanille-Eiscreme löffelt; sie gibt der Nachspeise eine exotische Note. Kandierte Zitrusschalen werden mit Gebäck zum Nachmittagskaffee gereicht.

Eiscremes, Sorbets und *granita* stellt man selten zu Hause her; sie werden in Cafés und Eisdielen serviert oder an Straßenständen verkauft. Es gibt viele Sorten – Aprikose, Schokolade, Mokka, Vanille, Zitrone, Haselnuß, Erdbeer, Pistazie –, und man ist versucht, möglichst viele zu probieren, gefolgt von einem Glas kaltem Wasser – und einem langen Spaziergang. Im östlichen Mittelmeerraum wird Eiscreme mit *shleb* (gemahlene getrocknete Orchideen) und Mastix zubereitet, wodurch das Eis eine klebrig-zähe Konsistenz bekommt, die für unsere Gaumen recht ungewohnt ist.

Neben Eiscreme sind auch Aufläufe mit getrockneten Früchten, Reis, Brot, Hartweizengrieß und Milch überaus beliebt. Zum Süßen von Desserts und Gebäck wird Honig oder Zucker verwendet. Nüsse tauchen in Hülle und Fülle auf: Walnüsse, Mandeln, Haselnüsse, Pinienkerne und Pistazien. Trockenfrüchte – Aprikosen, Feigen, Datteln – und Nüsse werden zu Kompott gekocht und mit Rosen- oder Orangenblütenwasser aromatisiert oder als Füllung für Plätzchen, *phyllo-* und *konafa*-Teig (Rezept S. 230) und Kuchen genommen. Quark dient als Füllung für Kuchen und Kleingebäck. Da Kaffee und Tee eine zentrale Rolle in der Mittelmeerregion spielen, gibt es eine ganze Palette von Keksen, kleinen Kuchen und Konfekt, die mit diesen Getränken in Zusammenhang stehen. Manche werden gebacken, andere fritiert.

Durch die allgemeine Beliebtheit französischer und italienischer Bäckereien und Restaurants sind viele Süßspeisen und Backwaren aus Südfrankreich und Italien auf der ganzen Welt bekannt geworden. Über die Backwaren des östlichen Mittelmeerraums sind die meisten von uns dagegen nur schlecht in-

Seite 222/223: *Rosenblütenmarmelade* (Rezept S. 228)

formiert, und wenn man sie in Geschäften außerhalb der Region entdeckt, sind sie zumeist schwer, viel zu süß und mit Zuckersirup durchtränkt. Die hier aufgeführten Rezepte beweisen, daß die gleichen Süßspeisen so leicht und zart wie jedes französische Gebäck sein können. Im allgemeinen werden sie mit *konafa-* oder *phyllo-*Teig zubereitet. Ersterer sieht wie dünne Fadennudeln aus und wird manchmal unter der Bezeichnung *kadayifi filo* verkauft. Zur Herstellung wird ein Teig aus Mehl und Wasser durch ein Messingsieb auf heiße Metallplatten gegeben. Wenn der Teig nach wenigen Augenblicken fest geworden ist, schiebt man die dünnen Fäden zur Seite, damit die nächste Partie hergestellt werden kann. *Phyllo-*Teigblätter sind die bekannten dünnen Strudelteigplatten aus Griechenland. *Malsouqua,* ihr marokkanisches und tunesisches Gegenstück, erfordert ebenso wie *phyllo-*Teig großes Können bei der Zubereitung, so daß man die Teigblätter gewöhnlich in Geschäften kauft, die sich auf die Herstellung spezialisiert haben.

Während man in Frankreich, Italien, Spanien und Griechenland Wein zum Essen serviert, trinkt man in muslimischen Ländern Tee, Joghurt-Drinks sowie Sirups und Fruchtsäfte, die mit Eis, Soda oder Wasser gemixt werden und *sherbet* heißen, was sich vom arabischen *shariba* für »trinken« ableitet. In Frankreich, Italien, Spanien und Griechenland trinkt man im Anschluß an Nachspeise und Kaffee einen Likör. Manche Liköre werden nach alten Familienrezepten selbst angesetzt, wie etwa *ratafia,* (Rezept S. 237) aus der Provence. Liköre werden mit Nüssen oder Obst hergestellt, mit Gewürzen, Kräutern und sogar Blütenblättern aromatisiert.

In Italien, Frankreich und dem Vorderen Orient spielt Kaffee eine bedeutende Rolle im Alltagsleben. Die Araber, Türken und Griechen bereiten ihren Kaffee aus sehr fein gemahlenem Kaffeemehl in einem speziellen langstieligen Topf zu und süßen ihn nach Geschmack – für Fremde mitunter zu süß. Kardamomsamen, Rosenwasser oder Orangenblütenwasser können ebenfalls dazugegeben werden. Wenn der Kaffee getrunken ist, werden die Tassen umgedreht und etwa zehn Minuten stehengelassen. Dann stellt man sie wieder richtig herum, und ein Wahrsager »liest« aus dem Kaffeesatz.

Kaffeehäuser kamen im 16. Jahrhundert in den Städten der Mittelmeerregion auf.

Das Ritual des Servierens von Kaffee und Süßspeisen verkörpert das Wesen der mediterranen Gastlichkeit. Heute, wo viele Frauen berufstätig sind, geraten selbstgemachte Backwaren nach und nach in Vergessenheit. Gebäck wird zumeist in Geschäften gekauft, die eine Vielzahl von verlockenden traditionellen Backwaren anbieten. (In Athen habe ich einmal neun verschiedene Sorten *baklava* [Rezept S. 230] zum Kaffee probiert, um die Unterschiede und meine Lieblingssorte herauszufinden.) Zu besonderen Anlässen werden die alten Rezepte auch heute noch zu Hause hergestellt. Einige dieser Rezepte, die ich Büchern und privaten Rezeptsammlungen entnommen habe, sind in diesem Kapitel enthalten.

Ägyptische Jungen klettern auf Palmen, um an die köstlichen Datteln zu gelangen.

Kirschauflauf (links), *Birnen in Rotwein* (rechts)

PROVENCE

Clafoutis aux Cerises
Kirschauflauf

Manche Köche bereiten diese Nachspeise aus Eiern und Milch zu und servieren sie als warmen Pudding. Andere verwenden die Eiercreme als Füllung für einen flachen Kirschkuchen mit Mürbeteig. In den meisten Fällen fügt man der Eiercreme jedoch Mehl hinzu und macht einen köstlichen Kirschauflauf daraus. In Frankreich werden die Kirschen nicht entsteint, doch ist es zweifellos angenehmer, wenn man beim Essen nicht ständig auf Kirschkerne beißt.

500 g entsteinte Süßkirschen
375 ml Milch
4 Eier
80 g Mehl
60 g Zucker
Einige Tropfen Vanille-Essenz
1 EL Kirschwasser
Puderzucker zum Bestäuben

Den Backofen auf 180 °C (Gasherd Stufe 2–3) vorheizen. Eine flache ofenfeste Form von 25 cm Durchmesser mit Butter einfetten.

Die Kirschen mit Küchenkrepp trockentupfen und in der vorbereiteten Form verteilen.

Um den Teig herzustellen, Milch, Eier, Mehl, Zucker, Vanille-Essenz und Kirschwasser in der Küchenmaschine verrühren. Den Teig von den Seiten der Rührschüssel abstreichen und das Gerät erneut einschalten.

Oder die Eier und den Zucker mit dem elektrischen Handrührgerät (mittlere Stufe) verquirlen. Nach und nach Milch, Vanille-Essenz und Kirschwasser hinzufügen und rühren, bis der Teig glatt ist. Haben sich Klümpchen gebildet, den Teig durch ein feinmaschiges Sieb streichen.

Den Teig über die Kirschen geben. Auf mittlerer Schiene 45–60 Minuten im Ofen backen, bis die Oberfläche gebräunt ist und an einem in der Mitte hineingestochenen Messer kein Teig haftenbleibt. Mit Puderzucker bestäuben und warm servieren.

Für 6 Personen

FRANKREICH

Poires au Vin Rouge
Birnen in Rotwein

Mit geringfügigen Abwandlungen findet man dieses Dessert sowohl in Frankreich als auch in Spanien, in Italien und in Griechenland. Üblicherweise wird die Garflüssigkeit nur mit Zimt, Nelken und Orangen- oder Zitronenzesten aromatisiert, doch geben einige schwarze Pfefferkörner oder Lorbeerblätter den Birnen ebenfalls ein wundervolles Aroma. Die Früchte nehmen die Farbe des Rotweins an, und da sich die Farbe verstärkt, je länger sie durchziehen, empfiehlt es sich, die Birnen einige Tage im voraus zuzubereiten.

750 ml trockener Rotwein
250 g Zucker
2 Zimtstangen (je etwa 5 cm lang)
4 Nelken
1 Streifen Orangen- und/oder Zitronenschale (etwa 7,5 cm lang)
1 TL Fenchelsamen oder Anissamen (nach Belieben)
Einige Pfefferkörner (nach Belieben)
2 kleine Lorbeerblätter (nach Belieben)
6 große feste Birnen, geschält, Kerngehäuse von unten herausgestochen, ohne den Stiel zu entfernen

Wein, Zucker, Zimstangen, Nelken, Zitrusschale und – falls verwendet – Fenchel- oder Anissamen, Pfefferkörner oder Lorbeerblätter in einen Topf geben. Zum Kochen bringen; dabei rühren, bis sich der Zucker aufgelöst hat. Die Flüssigkeit 5 Minuten köcheln lassen. Dann die Birnen hinzufügen und etwa 25 Minuten mit aufgelegtem Deckel köcheln lassen, bis sie weich sind.

Die Birnen mit einem Schaumlöffel in eine Servierschüssel heben und zugedeckt in den Kühlschrank stellen. Zitrusschale, Zimtstangen, Nelken, Pfefferkörner und Gewürzsamen aus der Garflüssigkeit entfernen. Wenn nötig, die Garflüssigkeit bei starker Hitze reduzieren, bis sie einen Löffel überzieht. Den Sirup von der Kochstelle nehmen und abkühlen lassen.

Die Birnen mit dem kalten Sirup beschöpfen. Wieder abdecken und vor dem Servieren im Kühlschrank durchziehen lassen.

Für 6 Personen

PROVENCE

TARTE AU CITRON
Zitronenkuchen

Dieser Zitronenkuchen bildet das perfekte Gleichgewicht von süß und sauer, umgeben von Mürbeteig. Den Kuchen nach Belieben mit Schlagsahne oder Beerenobst garnieren.

FÜR DEN TEIG:

200 g Mehl
1 Prise Salz
2 EL Zucker
125 g kalte Butter, in ½ cm große Stücke geschnitten
1 Eigelb
2 TL frisch gepreßter Zitronensaft
1 EL abgeriebene Zitronenschale
Etwa 1 EL Eiswasser

FÜR DIE FÜLLUNG:

4 Eier, getrennt
180 g Zucker
Saft von 2 großen Zitronen (etwa 125 ml)
Abgeriebene Schale von 2 großen unbehandelten Zitronen (etwa 2 EL)
1 TL Maisstärke, in 2 EL Wasser angerührt
1 Prise Salz

Für den Mürbeteig Mehl, Salz und Zucker in der Küchenmaschine vermischen. Die Butter dazugeben und das Gerät in kurzen Intervallen einschalten, bis die Mischung eine bröselige Konsistenz hat. Eigelb, Zitronensaft und -schale sowie 1 Eßlöffel Eiswasser hinzufügen und die Küchenmaschine laufen lassen, bis der Teig gerade zusammenhält. Ist er zu trocken, noch ein wenig Eiswasser dazugeben. Den Teig zu einer Kugel formen, in Klarsichtfolie wickeln und für etwa 1 Stunde in den Kühlschrank stellen. Um den Teig von Hand herzustellen, Mehl, Salz und Zucker in einer Schüssel verrühren. Die Butter hinzufügen und mit zwei Messern in das Mehl hacken, bis feine Streusel entstanden sind. Mit einer Gabel Eigelb, Zitronensaft, Zitronenschale und Eiswasser unterarbeiten. Sobald der Teig zusammenhält, wie oben angegeben einwickeln und kalt stellen.

Den Backofen auf 200 °C (Gasherd Stufe 3–4) vorheizen.

Den Mürbeteig auf der leicht bemehlten Arbeitsfläche ausrollen und eine 23 cm große Obstkuchenform mit herausnehmbarem Boden damit auskleiden. Überstehenden Teig wegschneiden. Den Teig mehrmals mit einer Gabel einstechen, dann zum Blindbacken Alufolie darauflegen und getrocknete Bohnen, Erbsen oder Reis in die Form füllen. Den Mürbeteigboden etwa 10 Minuten vorbacken, dann die Hülsenfrüchte oder den Reis und die Folie entfernen. Die Ofentemperatur auf 180 °C (Gasherd Stufe 2–3) herunterschalten und den Boden noch etwa 10 Minuten backen, bis er fest geworden ist. Aus dem Backofen nehmen und abkühlen lassen.

Für die Füllung das Eigelb und die Hälfte des Zuckers mit dem elektrischen Handrührgerät (hohe Stufe) verquirlen, bis die Masse hell und schaumig ist. Zitronensaft, Zitronenschale und angerührte Maisstärke unterrühren. Die Masse in einen Topf geben und bei sehr niedriger Temperatur etwa 5 Minuten unter häufigem Rühren erwärmen, bis sie eindickt und die Konsistenz von Mayonnaise hat. Von der Kochstelle nehmen und den Topf zum Abkühlen in eine Schüssel mit Eiswasser stellen.

In der Zwischenzeit den Backofen wieder auf 200 °C (Gasherd Stufe 3–4) vorheizen. Das Eiweiß mit einer Prise Salz zu festem Eischnee schlagen; dabei nach und nach den restlichen Zucker hinzufügen. Etwa ein Viertel des Eischnees unter die kalte Eigelbmasse rühren, um sie aufzulockern, dann behutsam den restlichen Eischnee unterheben.

Die Zitronenmasse auf dem Mürbeteigboden verteilen. Etwa 15 Minuten backen, bis der Teig leicht gebräunt und die Füllung fest geworden ist.

Aus dem Backofen nehmen und auf einem Kuchengitter abkühlen lassen. Dann in Stücke schneiden und servieren.

Für 8 Personen

Zitronenkuchen

GRIECHENLAND

SYKA STO FOURNOU
Gebackene Feigen

Obwohl diese Nachspeise einen griechischen Namen hat, findet man sie auch in der Türkei, in Frankreich, in Spanien und in Italien. Es spielt keine Rolle, ob es sich bei den Feigen um eine grüne oder eine dunkelviolette Sorte handelt – die Früchte müssen lediglich reif sein und schwer in der Hand liegen. Man kann die Feigen auch mit Zitronenschale aromatisieren und etwas Zitronensaft hinzufügen, wenn der Orangensaft sehr süß ist. In Spanien nimmt man Anisette anstelle von Weinbrand. Nach Belieben kann man die Mandeln weglassen und die Feigen mit gesüßtem selbstgemachtem Joghurt anrichten (siehe Glossar).

24 kleine oder 12 große reife Feigen
100 g aromatischer Honig
125 ml Orangensaft
4 EL Weinbrand
4–6 kleine Lorbeerblätter
Einige dünne Streifen Orangenschale
80 g Mandeln, geröstet (nach Belieben)

Den Backofen auf 180 °C (Gasherd Stufe 2–3) vorheizen.

Die Feigen mehrmals mit einer Gabel einstechen, damit sie die Garflüssigkeit aufnehmen können. Die Früchte aufrecht in eine ofenfeste Form stellen.

In einer kleinen Schüssel Honig, Orangensaft und Weinbrand verrühren und die Mischung über die Feigen geben. Wenn nötig, noch etwas Wasser dazugeben, damit die Flüssigkeit etwa ½ cm hoch in der Form steht. Die Lorbeerblätter und Orangenzesten zwischen die Feigen stecken.

Die Form abdecken und die Feigen 25–35 Minuten im Backofen garen, bis sie weich sind; zwischendurch von Zeit zu Zeit mit der Garflüssigkeit beschöpfen.

Auf Portionstellern anrichten und mit Mandeln bestreuen. Warm oder mit Raumtemperatur servieren.

Für 6 Personen

GRIECHENLAND

KARITHOPITTA
Walnußkuchen

Traditionell wird dieser Walnußkuchen mit Sirup getränkt und ist recht schwer. Ohne Sirup ist er dagegen sehr leicht und kann mit einem selbstgemachten Kompott, gesüßtem Joghurt (siehe Glossar) oder Schlagsahne serviert werden.

FÜR DEN SIRUP:
180 g Zucker
250 ml Wasser
180 g Honig
4 Nelken
1 EL frisch gepreßter Zitronensaft
1 Streifen Zitronenschale (nach Belieben)

125 g Butter (mit Raumtemperatur)
100 g Zucker
6–8 Eier, getrennt
50 g Mehl
2 TL Backpulver
2 TL gemahlener Zimt
¼ TL gemahlene Nelken
1 Prise Salz
320 g gemahlene Walnüsse
50 g Zwiebackbrösel (nach Belieben)
1 EL abgeriebene Orangenschale (nach Belieben)

Für den Sirup Zucker, Wasser und Honig in einen Topf geben. Bei mittlerer Hitze zum Kochen bringen und dabei rühren, bis sich der Zucker aufgelöst hat. Nelken, Zitronensaft und – falls verwendet – den Streifen Zitronenschale hinzufügen.

Auf niedrige Temperatur herunterschalten und die Flüssigkeit etwa 10 Minuten köcheln lassen, bis sie eindickt. Von der Kochstelle nehmen, Nelken und Zitronenschale entfernen und wegwerfen. Den Sirup vollständig abkühlen lassen.

Den Backofen auf 180 °C (Gasherd Stufe 2–3) vorheizen. Eine 23 × 30 × 7,5 cm große Backform dünn mit Butter einfetten und mit Mehl ausstäuben.

In einer Schüssel die Butter und den Zucker mit dem elektrischen Handrührgerät bei hoher Stufe schaumig schlagen. Die Eigelb nacheinander hinzufügen und gründlich unterrühren.

Das Mehl mit Backpulver, Zimt, gemahlenen Nelken und Salz in eine andere Schüssel sieben und dann unter die Eimasse heben. Nüsse und – falls verwendet – zerkrümelten Zwieback und Orangenschale unterziehen.

In einer dritten Schüssel das Eiweiß steif schlagen. Ein Drittel des Eischnees unter den Teig rühren, um ihn aufzulockern, dann behutsam den Rest unterheben.

Den Teig in die vorbereitete Backform füllen.

Den Kuchen in den Ofen schieben und etwa 40 Minuten backen, bis er eine dunkle goldbraune Farbe hat und federnd nachgibt, wenn man daraufdrückt.

Aus dem Ofen nehmen und sofort den abgekühlten Sirup darüberschöpfen. In der Form abkühlen lassen.

Den Walnußkuchen zum Servieren in 12–16 quadratische oder rautenförmige Stücke schneiden.

Ergibt 12–16 Stücke

TÜRKEI

GÜL REÇELI
Rosenmarmelade

Diese wohlriechende, exotische Marmelade schmeckt ausgezeichnet zu Vanilleeis. Man kann auch ein Rosensorbet herstellen, indem man 100 g Rosenblätter, 150 g Zucker, 1 l Wasser und etwas Zitronensaft aufkocht und dann abkühlen läßt.

250 g pestizidfreie frische Blütenblätter von stark duftenden Rosen
Saft von 2 Zitronen
250 ml Wasser
500 g Zucker
2 EL Rosenwasser

Die Blütenblätter vorsichtig waschen, damit sie nicht zerdrückt werden. In eine Schüssel geben, mit dem Saft von einer Zitrone beträufeln und 10 Minuten stehenlassen. Dann im Mixer oder von Hand feinhacken.

Die gehackten Blütenblätter zusammen mit dem Zitronensaft aus der Schüssel in einen großen säurebeständigen Topf geben. Das Wasser hinzufügen und zum Kochen bringen. Auf schwache Hitze reduzieren und die Blütenblätter köcheln lassen, bis sie weich sind. Je nach Rosensorte dauert dies 10 bis 30 Minuten. Den Zucker und den Saft der zweiten Zitrone dazugeben und alles noch etwa 30 Minuten köcheln lassen, bis die Flüssigkeit geliert und ein Zuckerthermometer 104 °C anzeigt.

Zur Gelierprobe einen Löffel Rosenmarmelade auf eine Untertasse geben und in das Gefriergerät stellen; nach 2 Minuten muß sie fest geworden sein.

Die Marmelade von der Kochstelle nehmen und das Rosenwasser unterrühren. Abkühlen lassen, dann abschäumen.

Die Rosenmarmelade in heiße, sterilisierte Gläser füllen und die Gläser nach Herstelleranweisung verschließen. An einem kühlen, dunklen Platz aufbewahren.

Ergibt 500–750 ml Marmelade *Abbildung S. 222/223*

Rechte Seite: *Walnußkuchen* (links), *Gebratene Feigen* (rechts)

TÜRKEI

Kadayif
Konafa-Gebäck

Der für diese Süßspeise verwendete Teig heißt arabisch »konafa«. Bei uns ist er in türkischen Lebensmittelgeschäften erhältlich. Er sieht wie Fadennudeln aus und wird in 500-g-Päckchen verkauft. Da er sehr rasch austrocknet, sollte man ihn erst unmittelbar vor der Verwendung aus der Verpackung nehmen. Die Füllung kann mit Nüssen, Grieß oder Ricotta zubereitet werden; hier sind alle drei Füllungen aufgeführt. Man kann das Gebäck in einer großen rechteckigen Backform zubereiten oder den »konafa«-Teig in 13 cm lange Stücke schneiden, an einem Ende etwas Füllung daraufgeben und den Teig zusammenrollen. Zum Schluß wird das heiße Gebäck mit kaltem Zuckersirup überzogen.

FÜR DEN SIRUP:

750 g Zucker
500 ml Wasser
1 EL frisch gepreßter Zitronensaft
1 Streifen Orangenschale (nach Belieben)

FÜR DIE MANDELFÜLLUNG:

200 g gemahlene Mandeln
250 g Zucker
1 EL gemahlener Zimt
125 ml frisch gepreßter Orangensaft

FÜR DIE KÄSEFÜLLUNG:

400 g Ricotta
1 EL Rosenwasser oder Orangenblütenwasser
125 g Zucker

FÜR DIE GRIESSFÜLLUNG:

500 ml Milch
3 EL Zucker
50 g feingemahlener Hartweizengrieß
1 EL Rosenwasser

125–250 g Butter, zerlassen
1 Päckchen (500 g) *konafa*-Teig

Für den Sirup Zucker, Wasser, Zitronensaft und Orangenschale (falls verwendet) in einen Topf geben. Bei mittlerer Hitze zum Kochen bringen und rühren, bis sich der Zucker aufgelöst hat. Auf niedrige Temperatur herunterschalten und etwa 10 Minuten köcheln lassen, bis der Sirup eingedickt ist. Von der Kochstelle nehmen. Die Orangenschale wegwerfen. Den Sirup vollständig abkühlen lassen.

Die gewählte Füllung zubereiten. Für die Mandelfüllung in einer Schüssel Mandeln, Zucker, Zimt und Orangensaft gründlich verrühren. Für die Käsefüllung in einer Schüssel Ricotta, Blütenwasser und Zucker gründlich verrühren. Für die Grießfüllung Milch und Zucker in einem kleinen Topf bei mittlerer Temperatur zum Kochen bringen; dabei rühren, bis sich der Zucker aufgelöst hat. Den Grieß in eine kleine Schüssel geben, mit etwas heißer Milch glattrühren und dann unter die Milch in dem Topf rühren. Bei schwacher Hitze etwa 5 Minuten unter Rühren garen, bis die Masse eindickt. Von der Kochstelle nehmen, das Rosenwasser hinzufügen und die Füllung abkühlen lassen.

Den Backofen auf 180 °C (Gasherd Stufe 2–3) vorheizen. Den Boden und die Seiten einer 23 × 30 × 7,5 cm großen Backform mit zerlassener Butter bestreichen. Den Teig aus der Verpackung nehmen und die Stränge auseinanderziehen. Die Hälfte des Teigs in einer Schüssel mit etwa der Hälfte der zerlassenen Butter übergießen und durchheben, um den Teig mit Fett zu überziehen. Dann in die vorbereitete Backform geben und die Nuß-, Käse- oder Grießfüllung darauf verteilen. Den restlichen Teig ebenfalls in zerlassener Butter wenden und die Füllung gleichmäßig damit bedecken. Hochstehende Teigfäden nach unten drücken.

Für 45–60 Minuten in den Backofen schieben, bis die Oberfläche gebräunt ist. Aus dem Ofen nehmen und sofort den kalten Sirup über das Gebäck geben. Abkühlen lassen.

Zum Servieren in 16–20 Quadrate schneiden.

Ergibt 16–20 Gebäckstücke

GRIECHENLAND

Baklava
Walnußgebäck

Dies ist die bekannteste Süßspeise des Vorderen Orient. »Baklava« ist das türkische Wort für Raute, doch findet man das Gebäck sowohl in türkischen wie auch in griechischen und arabischen Geschäften in zahllosen Varianten. Baklava kann nicht nur mit Nüssen gefüllt werden, sondern auch mit Früchten, einer Mischung aus Grieß und Sahne, und in Athen habe ich sogar schon Schokoladen-»baklava« gegessen! Zumeist wird das Gebäck jedoch mit Walnüssen oder einer Mischung aus Walnüssen und Mandeln zubereitet. Bei einigen Rezepten wird der Sirup mit Nelken und Zimt aromatisiert, bei anderen mit Zitronensaft oder Blütenwasser. Obwohl die meisten Leute »baklava« mit schwerem, klebrigem Honigsirup in Verbindung bringen, enthalten die meisten griechischen (und türkischen) Rezepte keinen Honig. Dadurch wird das Gebäck zwar erheblich leichter, ist aber dennoch kein kalorienarmes Dessert. Bei manchen Rezepten schichtet man die Hälfte der Teigblätter in die Form, verteilt die Nüsse darauf und legt die restlichen Teigblätter darüber; bei dem hier aufgeführten Rezept werden nur jeweils sechs bis acht Teigblätter übereinandergelegt. In jedem Fall, so heißt es, müssen es insgesamt 40 Teigschichten sein, die die 40 Fastentage symbolisieren. Aber wer zählt schon so genau?

FÜR DEN SIRUP:

300 g Zucker
125 ml Wasser
1 EL frisch gepreßter Zitronensaft
1 Streifen Zitronenschale (nach Belieben)
1 Zimtstange (etwa 5 cm lang) oder 2 Nelken (nach Belieben)
1 EL Orangenblütenwasser oder Rosenwasser (nach Belieben)

250 g Walnüsse oder Walnüsse und Mandeln zu gleichen Teilen, grobgemahlen
3 EL Zucker
1 TL gemahlener Zimt (nach Belieben)
250 g geklärte Butter (siehe Glossar), zerlassen
28–32 *phyllo*-Teigblätter (siehe Glossar)

Für den Sirup in einem Topf Zucker, Wasser, Zitronensaft und – falls verwendet – Zitronenschale, Zimtstange oder Nelken zum Kochen bringen; dabei rühren, bis sich der Zucker aufgelöst hat. Auf niedrige Temperatur herunterschalten und alles etwa 10 Minuten köcheln lassen, bis der Sirup eindickt. Von der Kochstelle nehmen und gegebenenfalls Zitronenschale, Zimtstange oder Nelken herausnehmen und wegwerfen.

Das Blütenwasser einrühren und den Sirup beiseite stellen, damit er abkühlt und die Aromen verschmelzen.

In einer Schüssel gemahlene Nüsse, Zucker und Zimt (falls verwendet) vermischen.

Den Backofen auf 180 °C (Gasherd Stufe 2–3) vorheizen. Den Boden und die Seiten einer rechteckigen ofenfesten Form von 30 × 37,5 × 7,5 cm Größe (oder in Größe der *phyllo*-Teigblätter) mit Butter bestreichen.

Nacheinander etwa 8 *phyllo*-Teigblätter mit zerlassener Butter bestreichen und übereinander in die Form legen. Etwa ein Drittel der Nußmischung auf der Teigschicht verteilen. Weitere 6–8 *phyllo*-Teigblätter mit Butter bestreichen und darüberlegen. Dann die Hälfte der verbliebenen Nüsse, nochmals 6–8 (mit Butter bestrichene) Teigblätter und die verbliebenen Nüsse einschichten. Als letztes 8 weitere *phyllo*-Teigblätter mit Butter bestreichen und darauflegen. Die obere Teiglage großzügig mit Butter bestreichen. (Nach Möglichkeit für etwa 30 Minuten in den Kühlschrank stellen, damit die Butter fest wird. Der Teig läßt sich dann vor dem Backen leichter in Stücke schneiden.) Mit einem scharfen Messer die obere Teigschicht in 25–30 Rauten schneiden.

Baklava 30 Minuten backen, dann die Temperatur auf 150 °C (Gasherd Stufe 1) herunterschalten und das Gebäck noch 15–20 Minuten backen, bis die Oberfläche goldbraun ist.

Aus dem Ofen nehmen und sofort mit dem kalten Sirup überziehen. Abkühlen lassen. Zum Servieren in die vorgeschnittenen Stücke teilen.

Ergibt 25–30 Gebäckstücke

Von links nach rechts: *Konafa-Gebäck; Baklava; Kaffee*

TÜRKEI

KAHVE
Kaffee

Türkischer Kaffee, der mitunter auch als arabischer Kaffee in den Handel kommt, ist in Geschäften erhältlich, die Lebensmittel aus dem Vorderen Orient führen. Man trinkt ihn in der gesamten Region. Der Kaffee ist feingemahlen und wird in einem kleinen langstieligen Topf aus Messing oder anderem Metall zubereitet, der in der Türkei »cezve« heißt und in anderen Ländern der Region »jazoua«, »ibrik«, »rakwi« oder »tanaka« genannt wird. In manchen Ländern glaubt man, daß der Kaffee drei-, vier- oder fünfmal aufkochen muß, damit einem das Glück gewogen bleibt; die unterschiedliche Zahl hat sich aus der jeweiligen Tradition ergeben. Mitunter wird der Kaffee mit Kardamomsamen, einer Messerspitze Zimt, Rosen- oder Orangenblütenwasser aromatisiert. Nach dem Aufkochen und Einschenken darf er nicht mehr umgerührt werden. Man kann den Kaffee in unterschiedlicher Süße bestellen: »helou« oder »sekerli« (süß), »mezbout« oder »orta« (mittelsüß) und »murra« oder »sade« (ungesüßt), aber im allgemeinen ist er immer süß – ganz gleich, was man bestellt. Manche Leute kochen zuerst das Wasser und den Zucker und fügen erst dann den Kaffee hinzu, doch ist es einfacher, alles zusammen zum Kochen zu bringen. Gewürze gibt man hinzu, wenn der Kaffee kocht, Orangenblüten- oder Rosenwasser, wenn der Kaffee fertig ist.

PRO PORTION:

1 gehäufter TL Zucker
1 gehäufter TL feingemahlener türkischer Kaffee
125 ml Wasser
Einige Kardamomsamen (nach Belieben)
Einige Tropfen Rosenwasser (nach Belieben)

Je nach gewünschter Tassenzahl die entsprechende Menge an Zucker, Kaffee, Wasser und nach Belieben Kardamomsamen in einen kleinen schmalen Topf geben. Die Zutaten gründlich verrühren. Den Kaffee zum Kochen bringen und aufschäumen lassen. Von der Kochstelle nehmen und 1 Minute stehenlassen. Dann zurück auf die Kochstelle setzen und erneut aufschäumen lassen. In kleine Tassen gießen und sofort servieren.

Den Topf beim Einschenken schwenken, damit auf jeder Portion etwas Schaum schwimmt.

Ergibt 1 Portion

TÜRKEI

Kabagi Tatlisi
Kürbis mit Walnüssen

In der Türkei sagt man, der Prophet Mohammed habe Kürbis gegessen, bevor er zum Himmel aufgefahren sei. Aus diesem Grund reicht man diese Speise gewöhnlich am »Mirac«, dem Tag seiner Himmelfahrt. In Sizilien und Spanien wird das Kürbisfleisch 10–15 Minuten in Wasser vorgegart, dann abgegossen und weitere 35 Minuten in Zuckersirup zu Marmelade gekocht, die man als Kuchenfüllung verwendet. In Sizilien fügt man dem Kürbis mitunter Jasminblüten oder etwas Zimt, Orangenblüten- oder Rosenwasser hinzu. Die spanische Entsprechung dieses Rezepts heißt »cabello d'angel«.

1 kleiner Kürbis oder 1 Stück Kürbis (etwa 1 kg), geschält, Samen entfernt und in 2,5 cm große Würfel geschnitten
250 g Zucker
Etwa 125 ml Wasser
Zitronenschale, Zimtstange oder Nelken (nach Belieben)
80 g gehackte Walnüsse oder Mandeln, geröstet
Kaymak (siehe Glossar) oder Crème fraîche zum Servieren

Die Kürbisstücke in einen flachen Topf schichten und zwischen die einzelnen Lagen Zucker streuen. Das Wasser angießen und nach Belieben Zitronenschale, Zimtstange oder Nelken hinzufügen. Zum Köcheln bringen, den Deckel auflegen und die Kürbisstücke etwa 30 Minuten bei schwacher Hitze garen, bis sie weich sind und das Wasser weitgehend verkocht ist. Von der Kochstelle nehmen und abkühlen lassen.

In einer Servierschüssel oder auf Portionstellern anrichten. Mit Nüssen bestreuen und *kaymak* (in Scheiben geschnitten) oder Crème fraîche dazu reichen.

Für 8 Personen

Von oben nach unten: *Quittenkompott; Orangen in duftendem Sirup; Kürbis mit Walnüssen*

TÜRKEI

Ayva Kompostosu
Quittenkompott

Die Kerne der Quitten tragen dazu bei, daß die Früchte beim Kochen eine wundervolle rötliche Farbe annehmen. Wenn man also möchte, daß sich die Quitten rot färben, sollte man die Kerngehäuse nicht wegwerfen, sondern mit in die Garflüssigkeit geben. Außerdem muß das Obst lange köcheln, damit es seine Farbe verändert. Um diesen Prozeß zu beschleunigen, kann man der Garflüssigkeit etwas Granatapfelsirup zusetzen.

Etwa 1 kg Quitten
12 Nelken
350 g Zucker
750 ml Wasser oder einen Teil Granatapfelsaft (siehe Glossar)

Die Quitten schälen, längs halbieren und die Kerngehäuse entfernen. Quittenschalen zusammen mit den Kerngehäusen in ein Stück Küchenleinen binden.

Die Früchte mit der ausgehöhlten Seite nach oben nebeneinander in einen Topf legen und jede Quittenhälfte mit einer Nelke spicken. Das Säckchen mit den Schalen und Kernen zwischen die Früchte legen. Den Zucker über das Obst streuen. Wasser oder Wasser und Granatapfelsaft hinzufügen und zum Kochen bringen. Auf sehr schwache Hitze reduzieren, den Deckel auflegen und die Quitten etwa 1 Stunde köcheln lassen, bis sie weich sind.

Zum Servieren auf Portionstellern anrichten und mit dem Sirup beschöpfen. Warm oder mit Raumtemperatur auftragen.

Für 6 Personen

TÜRKEI

Portokal Kompostosu
Orangen in duftendem Sirup

Dieses Dessert findet man in der Türkei, in Griechenland, in Nordafrika und in der Provence. Der Sirup wird mit Orangenblütenwasser und Zimt aromatisiert. Man kann das Kompott nur mit den Orangenzesten aus dem Sirup garnieren oder auch mit gerösteten Mandeln oder gehackter frischer Minze bestreuen.

6 große unbehandelte Orangen
350 g Zucker
125 ml Wasser
1 Zimtstange (etwa 5 cm lang)
100 g Honig
3 EL Orangenblütenwasser

Die Orangenschale mit einem Sparschäler entfernen und in feine Streifen schneiden. Die Fruchthaut zusammen mit der weißen pelzigen Schicht wegschneiden. Mit einem scharfen Messer die einzelnen Fruchtsegmente von den Trennhäutchen schneiden und herauslösen. Die filetierten Orangen in eine Schüssel geben und zugedeckt in den Kühlschrank stellen.

Einen Topf zu drei Vierteln mit Wasser füllen und das Wasser zum Kochen bringen. Die Orangenschale hinzufügen und 3–5 Minuten kochen lassen. Dann abgießen und in kaltem Wasser abschrecken. Zum Abtropfen beiseite stellen.

In einem Topf Zucker, Wasser, Zimtstange und Honig bei starker Hitze zum Kochen bringen. Die Flüssigkeit kräftig kochen lassen, bis ein dickflüssiger Sirup entsteht und ein Zuckerthermometer 110 °C anzeigt. Den Topf von der Kochstelle nehmen.

Die Zimtstange wegwerfen. Die zurückgestellte Orangenschale und das Orangenblütenwasser einrühren und die Orangensegmente mit dem Sirup beschöpfen. Das Orangenkompott abgedeckt für etwa 4 Stunden kalt stellen.

Die Orangen zum Servieren auf Portionstellern anrichten und den Sirup mit den Orangenschalen darüberschöpfen.

Für 6 Personen

SIZILIEN

CASSATA ALLA SICILIANA
Biskuitkuchen mit Ricotta und kandierten Früchten

Die besten italienischen Desserts stammen aus Sizilien. Der klassische Biskuitteig »pan di spagna« (spanisches Brot) wird mit Ricotta und kandierten Früchten und mitunter auch mit Schokoladenraspeln gefüllt. Die fertige »cassata« kann mit einer Glasur aus Puderzucker und Eiweiß, einer Schicht Marzipan oder Schokolade überzogen werden. Diese »cassata« hat nichts zu tun mit »cassata gelata«, einem Eisdessert, oder »cassata al forno«, einem flachen Mürbeteigkuchen, der die gleiche Ricotta-Füllung enthält. »Cassata« leitet sich von dem arabischen Wort »quasat« ab, das runder Topf oder Schüssel bedeutet. Es ist jedoch einfacher, den Biskuit und die Füllung in eine Kastenform zu schichten.

FÜR DEN BISKUITTEIG:

6 große Eier
250 g Zucker
1 Prise Salz
125 g Mehl
1 Messerspitze gemahlener Zimt
1 TL abgeriebene Orangenschale
Einige Spritzer Vanille-Essenz

FÜR DIE RICOTTA-FÜLLUNG:

500 g Ricotta
60 ml Crème double
125 g Zucker
½ TL gemahlener Zimt
80 g Schokoladenstückchen oder gehackte Halbbitter-Schokolade
30 g kandierte Früchte wie Zitronat und Orangeat, in Würfel geschnitten

125 ml süßer Marsala, dunkler Rum, Cointreau oder Crème de Cacao

FÜR DIE GLASUR:

400 g Halbbitter-Schokolade, gehackt
180 ml Kaffee mit der zweifachen Menge Kaffeepulver aufgebrüht
125 g Butter
60 ml dunkler Rum oder Crème de Cacao

Den Backofen auf 180 °C (Gasherd Stufe 2–3) vorheizen. Ein 23 × 39 cm großes Backblech mit Butter einfetten und dann mit Pergamentpapier auslegen.

Für den Biskuit eine Rührschüssel über einen Topf mit warmem Wasser setzen, ohne daß die Schüssel mit dem Wasser in Berührung kommt. Eier, Zucker und Salz hineingeben und kräftig durchrühren, bis sich der Zucker aufgelöst hat und die Masse leicht angewärmt ist. Dann mit dem elektrischen Handrührgerät bei hoher Stufe durchschlagen, bis die Masse schaumig ist und eine blaßgelbe Farbe hat. Das Mehl mit dem Zimt darübersieben, abgeriebene Orangenschale und Vanille-Essenz hinzufügen und behutsam unterheben.

Die Biskuitmasse auf dem vorbereiteten Backblech glattstreichen und 10–15 Minuten backen, bis sich der Biskuit von den Seiten des Backblechs löst und an einem hineingestochenen Spießchen kein Teig haftenbleibt. Den Biskuit aus dem Ofen nehmen und auf dem Blech abkühlen lassen.

Für die Füllung Ricotta, Sahne, Zucker und Zimt mit dem Schneebesen oder dem elektrischen Handrührgerät verschlagen, bis die Masse leicht und locker ist. Die Schokolade und die kandierten Früchte unterrühren.

Um den Kuchen zu füllen, eine 13 × 23 × 8 cm große Kastenform mit Pergamentpapier auskleiden.

Den Biskuit vom Backblech auf die Arbeitsfläche stürzen und das Pergamentpapier abziehen. Den Teig quer in drei Stücke schneiden, die exakt die gleiche Größe wie die Kastenform haben. Einen der Teigböden in die Form legen und mit etwas Wein oder Likör bestreichen. Die Hälfte der Ricotta-Füllung darauf verteilen. Das zweite Stück Biskuit auf die Füllung legen, ebenfalls mit Wein oder Likör bestreichen und die verbliebene Füllung daraufgeben. Den dritten Biskuitboden in die Form legen und mit dem verbliebenen Wein oder Likör bestreichen. Mit Klarsichtfolie abdecken und vorzugsweise für gut 2 Stunden oder bis zum nächsten Tag in den Kühlschrank stellen.

Von links nach rechts: *Biskuitkuchen mit Ricotta und kandierten Früchten; Zitroneneis*

Für die Glasur Schokolade und Kaffee unter gelegentlichem Rühren im Wasserbad erhitzen, bis die Schokolade schmilzt. Von der Kochstelle nehmen und die Butter und anschließend den Rum oder den Likör unterrühren. Die Glasur abkühlen lassen; dabei von Zeit zu Zeit durchrühren.

Den Kuchen vorsichtig auf eine rechteckige Platte stürzen und die Kastenform abheben. Die Glasur kräftig durchrühren, bis sie schön locker ist und dann den Kuchen damit überziehen. Sofort servieren oder zugedeckt bis zu 1 Stunde in den Kühlschrank stellen.

Den Kuchen zum Servieren wieder auf Raumtemperatur kommen lassen und in 2 cm dicke Scheiben schneiden.

Für 6 Personen

SIZILIEN

GRANITA DI LIMONE
Zitroneneis

Dieses Rezept läßt sich auch mit dem Saft und der Schale von Orangen oder Grapefruits zubereiten. Die Zuckermenge nach Geschmack angleichen. Beerenobst ist eine hübsche Garnierung.

250 ml Wasser
250 g Zucker
1 Prise Salz
500 ml durchgesiebter frisch gepreßter Zitronensaft
2 EL abgeriebene Zitronenschale (nach Belieben)

Wasser, Zucker und Salz mit dem Zitronensaft und der Zitrusschale in einen kleinen Topf geben. Bei mittlerer Temperatur zum Köcheln bringen und dabei rühren, bis sich der Zucker aufgelöst hat. In eine flache Metallschale geben. Zugedeckt für 2–3 Stunden in das Gefriergerät stellen, bis sich Eiskristalle bilden.

Die Eiskristalle mit einer Gabel zerkleinern. Die Schale wieder abdecken und in das Gefriergerät stellen. Diesen Arbeitsschritt im Abstand von 30 Minuten wiederholen, bis die *granita* nach 2–3 Stunden vollständig gefroren ist.

Das Eis in Dessertschalen füllen und sofort servieren, damit es nicht schmilzt.

Für 4–6 Personen

TÜRKEI

EKMEK KADAYİF
Brotpudding mit Honig und Kaymak

Wer keine Zeit hat, »kaymak« für dieses Dessert zuzubereiten, sollte es mit Schlagsahne oder Crème fraîche anrichten. Das mit Honig überzogene Brot ist sehr süß und gehaltvoll, schmeckt aber köstlich. Die Sahne ist als geschmackliches Gegengewicht erforderlich.

1 kleines französisches oder italienisches Weißbrot
125 ml Milch
550 g aromatischer Honig
Saft von 2 großen Zitronen (etwa 125 ml)
Kaymak, aus 500 ml Crème double zubereitet, in Scheiben geschnitten (siehe Glossar)

Den Backofen auf 180 °C (Gasherd Stufe 2–3) vorheizen.

Das Brot waagerecht halbieren. Die Kruste abschneiden. Jede Hälfte sollte etwa 4 cm dick sein. Die beiden Brotscheiben auf ein Backblech legen.

Das Brot 15–20 Minuten im Backofen rösten, bis es leicht gebräunt und schon ein wenig knusprig ist. Aus dem Ofen nehmen. Das Brot mit der Milch übergießen und für etwa 5 Minuten in ein Küchentuch wickeln, bis es die Milch aufgenommen hat. Die Backofentemperatur auf 150 °C (Gasherd Stufe 1) herunterschalten.

In einem Topf Honig und Zitronensaft zum Kochen bringen. In der Zwischenzeit das Brot aus dem Tuch nehmen und in eine flache ofenfeste Form legen, in der die Scheiben gerade Platz haben. Nach Belieben kann das Brot auch in viereckige Stücke von 5–7 cm Größe geschnitten werden.

Den heißen Honig gleichmäßig über das Brot geben. Für etwa 30 Minuten in den Backofen schieben, bis das Brot den Honig aufgenommen hat und goldbraun ist. Aus dem Ofen nehmen und zum Abkühlen stehenlassen.

Das lauwarme Brot auf Portionstellern anrichten und mit in Scheiben geschnittener *kaymak*-Sahne garnieren. (Läßt sich die angedickte Sahne nicht in Scheiben schneiden, weil sie zu weich ist, gibt man sie einfach mit dem Löffel auf das Dessert.) Sofort servieren.

Für 6–8 Personen

LIBANON

MUHALLABIA AMARDINE
Aprikosen-Dessert

Anstelle von Aprikosenpaste oder »amardine« kann man zur Zubereitung dieser Nachspeise auch getrocknete Aprikosen nehmen. Da die Süße der Trockenfrüchte variiert, muß die Zuckermenge entsprechend angeglichen werden. Maisstärke wird in vielen arabischen Rezepten verwendet, ist jedoch in den meisten Fällen nicht unbedingt nötig, so daß man sie hier nach Belieben auch weglassen kann.

500 g getrocknete Aprikosen oder Aprikosenpaste
1 l Wasser
250 g sowie 2 EL Zucker (oder nach Geschmack)
2 EL Maisstärke, in 60 ml Wasser angerührt (nach Belieben)
250 ml Crème double
2 TL Orangenblütenwasser
2 TL abgeriebene Orangenschale (nach Belieben)
2 EL gehackte, geröstete Pistazien

Die Aprikosen in einer Schüssel mit dem Wasser übergießen. Über Nacht stehenlassen. Dann die Aprikosen mit dem Einweichwasser in einen Topf geben. Wenn nötig, weiteres Wasser angießen, damit die Früchte mit Flüssigkeit bedeckt sind. Zum Kochen bringen. Dann auf mittlere Temperatur herunterschalten und die Aprikosen etwa 30 Minuten köcheln lassen, bis sie sehr weich sind.

Die Aprikosen mit ihrer Garflüssigkeit in den Mixer geben und pürieren. (Sie können auch durch ein Sieb gestrichen werden.)

Das Aprikosenpüree zurück in den Topf geben und zum Köcheln bringen. Dann 250 g Zucker und – falls verwendet – die angerührte Maisstärke hinzufügen. Unter gelegentlichem Rühren 2–3 Minuten köcheln lassen, bis das Püree eindickt. In 6 Portionsschalen füllen und zugedeckt in den Kühlschrank stellen.

Zum Servieren die Sahne mit 2 Eßlöffeln Zucker (nach Geschmack auch mehr) schlagen, bis weiche Spitzen stehen bleiben. Dann das Orangenblütenwasser und – falls verwendet – die Orangenschale unterrühren. Jede Portion mit einem Klecks Sahne garnieren, mit gehackten Pistazien bestreuen und servieren.

Für 6 Personen

Von links im Uhrzeigersinn: *Brotpudding mit Honig und Kaymak; Aprikosen-Dessert; Mandel-Reis-Pudding*

LIBANON

MAHALLABIA
Mandel-Reis-Pudding

Der arabische Rezeptname bedeutet »mit Milch zubereitet«. Im Gegensatz zu anderen Reispuddings, die mit gegartem Reis zubereitet werden, nimmt man in diesem Fall gemahlenen Reis oder Reismehl. Einige Rezepte enthalten zum Andicken etwas Maisstärke. Der Pudding kann mit Rosenwasser oder Orangenblütenwasser aromatisiert und mit gerösteten Kokosraspeln, gehackten Pistazien oder Mandeln oder mit Granatapfelkernen garniert werden. In der Türkei fügt man dem Pudding einen Eßlöffel gemahlenen Kaffee hinzu, der mit heißem Wasser angerührt wird.

1 l sowie 125 ml Milch
125 g gemahlene Mandeln
250 g Zucker
¼ TL frisch geriebene Muskatnuß oder gemahlener Zimt
125 g Reismehl (siehe Glossar)
2 EL Maisstärke
2 EL Orangenblütenwasser oder Rosenwasser
(oder nach Geschmack)
Gehackte Mandeln oder Pistazien (nach Belieben)
Geröstete Kokosraspeln (nach Belieben)
Granatapfelkerne (nach Belieben; siehe Glossar)

In einem Topf mit 2 l Fassungsvermögen 1 l Milch zum Kochen bringen. Gemahlene Mandeln, Zucker und Muskat oder Zimt unterrühren. Den Topf von der Kochstelle nehmen und 30 Minuten stehenlassen.

In einer Schüssel Reismehl und Maisstärke vermischen. Nach und nach 125 ml kalte Milch unterrühren, so daß eine schöne, glatte Paste entsteht.

Die gesüßte Mandelmilch wieder zum Kochen bringen. Die Reismehlpaste mit etwas Mandelmilch verdünnen, dann in den Topf zu der restlichen Mandelmilch geben.

Unter häufigem Rühren 10–15 Minuten bei sehr niedriger Temperatur erhitzen, bis der Pudding eindickt. Darauf achten, daß er nicht anbrennt und angesetzten Pudding nicht vom Topfboden schaben.

Das Blütenwasser hinzufügen und alles noch 3–4 Minuten unter Rühren erhitzen. Von der Kochstelle nehmen und in 6–8 Dessertschalen füllen. Zugedeckt zum Abkühlen in den Kühlschrank stellen.

Zum Servieren nach Belieben mit Nüssen, Kokosraspeln oder Granatapfelkernen garnieren.

Für 6–8 Personen

MAROKKO

M'HENCHA
Teigspiralen mit Mandelfüllung

Dieser traditionelle marokkanische Mandelkuchen hat die Form einer Spirale oder zusammengeringelten Schlange (»m'hencha« heißt wörtlich übersetzt »die Schlange«) und sieht daher besonders interessant aus.

FÜR DIE FÜLLUNG:
250 g Mandeln, blanchiert und enthäutet
Einige Spritzer Mandel-Essenz
60 g Butter, zerlassen
100 g Puderzucker
3–4 EL Orangenblütenwasser
1 Ei
½ TL gemahlener Zimt (nach Belieben)

12 *phyllo*-Teigblätter (siehe Glossar)
80 g Butter, zerlassen
1 Eiweiß, mit etwas Wasser verquirlt
Puderzucker
1 TL gemahlener Zimt

Teigspiralen mit Mandelfüllung

Für die Füllung alle Zutaten in der Küchenmaschine gründlich vermengen. Die Masse auf der Arbeitsfläche so lange durchkneten, bis sie zusammenhält.

Dann in 12 gleich große Portionen teilen und jede Portion zu einer Kugel formen. Zugedeckt kalt stellen, bis die Mandelfüllung gut durchgekühlt ist.

Die durchgekühlte Mandelfüllung auf die Arbeitsfläche legen und jede Kugel mit den Handflächen zu einem Strang mit etwa 1 cm Durchmesser rollen.

Den Backofen auf 180 °C (Gasherd Stufe 2–3) vorheizen.

Ein *phyllo*-Teigblatt auf die Arbeitsfläche legen und mit zerlassener Butter bestreichen. Ein zweites Teigblatt darauflegen und ebenfalls mit zerlassener Butter bestreichen. An einer langen Seite, etwa 5 cm vom Rand entfernt, 2 Mandelrollen hintereinander auf die Teigblätter legen.

Den Rand über die Mandelfüllung legen und den Teig fest zusammenrollen; die Enden dabei nach innen klappen. Auf diese Weise insgesamt 6 gefüllte Teigrollen herstellen.

Eine flache Kuchenform oder ein Backblech mit zerlassener Butter einfetten. Eine der Teigrollen in der Mitte der Form spiralförmig aufwickeln.

Die nächste Teigrolle ansetzen (die Enden dazu mit dem Eiweiß bestreichen) und die Spirale vergrößern. Mit den übrigen Teigrollen ebenso verfahren, so daß der Kuchen wie eine lange zusammengerollte Schlange aussieht. Den gesamten Kuchen mit verquirltem Eiweiß bestreichen.

Die Teigspiralen etwa 30 Minuten backen, bis sie leicht gebräunt und knusprig sind. Dann in eine zweite Kuchenform oder auf ein zweites Backblech stürzen und noch etwa 10 Minuten backen, bis auch die andere Seite knusprig ist.

Aus dem Ofen nehmen und auf eine Kuchenplatte stürzen. Großzügig mit Puderzucker bestäuben und den Zimt linienförmig daraufstreuen, so daß ein Muster entsteht.

Die Teigspirale in Stücke schneiden und warm oder mit Raumtemperatur servieren.

Für 8 Personen

GRIECHENLAND

KYTHONI STO FOURNOU
Quitten mit Walnußfüllung

In Griechenland und auf dem Balkan sind Quitten im Herbst und Winter eine beliebte Nachspeise. Einige Sorten nehmen beim Garen eine wundervolle rötliche Farbe an. Verwendet man andere Sorten oder werden die Quitten nicht lange genug gegart, um sich rot zu färben, kann man etwas Granatapfelsaft hinzufügen. Sind keine Quitten erhältlich, läßt sich das Rezept auch mit Äpfeln zubereiten.

6 große Quitten
3 EL Butter (mit Raumtemperatur)
60 g Walnüsse, gehackt
125 g Zucker
1 TL gemahlener Zimt
60 ml Wasser oder Granatapfelsaft (siehe Glossar)
Kaymak oder angedickter Joghurt zum Servieren (siehe Glossar)

Den Backofen auf 180 °C (Gasherd Stufe 2–3) vorheizen.

Den feinen Flaum von den Quitten abreiben. Die Früchte der Länge nach halbieren und die Kerngehäuse entfernen. Die Quitten mit der ausgehöhlten Seite nach oben in eine mit Butter eingefettete ofenfeste Form legen.

In einer kleinen Schüssel Butter, Walnüsse, Zucker und Zimt vermengen. Von dieser Mischung jeweils einen Löffel in die Mitte der Quittenhälften geben. Das Wasser oder den Granatapfelsaft in die Form gießen.

Die Quitten etwa 30 Minuten im Backofen garen, bis sie weich sind; zwischendurch gelegentlich mit der Garflüssigkeit beschöpfen. Auf Portionstellern anrichten und warm oder mit Raumtemperatur servieren. *Kaymak* (in Scheiben geschnitten) oder angedickten Joghurt dazu reichen.

Für 6 Personen

SYRIEN

TEEKH MOURABA
Eingemachte Wassermelonenschale

Eingemachte Wassermelonenschale paßt ausgezeichnet zu Huhn und Bratenfleisch.

500 g Wassermelonenschale
2 l Wasser
1 EL frisch gepreßter Limettensaft oder Salz
Kochendes Wasser
500 g Zucker
1 unbehandelte Zitrone, in dünne Scheiben geschnitten
1 Zimtstange (etwa 5 cm lang)

Die harte grüne Haut von der Melonenschale abschneiden und die rosarote Fruchtfleischschicht entfernen. Die Melonenschale in 2,5 cm große Würfel schneiden. In einer Schüssel 1 l Wasser, Limettensaft oder Salz verrühren. Die Melonenschale hinzufügen und über Nacht stehenlassen.

Am nächsten Tag abgießen und gründlich mit kaltem Wasser abspülen. Die Melonenschale in einen säurebeständigen Topf geben, mit kochendem Wasser bedecken und 15 Minuten köcheln lassen, dann abgießen. Im selben Topf den verbliebenen Liter Wasser mit dem Zucker zum Kochen bringen; dabei rühren, bis sich der Zucker aufgelöst hat. Etwa 5 Minuten kochen lassen. Melonenschale, Zitronenscheiben und Zimt dazugeben. Alles 15–20 Minuten bei starker Hitze kochen lassen, bis die Melonenschale glasig ist. Von der Kochstelle nehmen und über Nacht stehenlassen.

Am nächsten Tag die Melonenschale mit dem Sirup wieder zum Kochen bringen und dann in heiße, sterilisierte Gläser füllen. Die Gläser nach Anweisung des Herstellers verschließen. An einem kühlen, dunklen Platz aufbewahren.

Ergibt 1,5 l

Quitten mit Walnußfüllung

Von links nach rechts: *Orangenlikör; Tomatenmarmelade; Eingemachte Wassermelonenschale*

PROVENCE

CONFITURE DE TOMATES
Tomatenmarmelade

1,25 kg reife Tomaten, enthäutet und gehackt
1 kg Zucker
1 Prise Salz
Schale von 2 unbehandelten Zitronen, in lange schmale Streifen geschnitten
1/2 Vanilleschote (nach Belieben)
30 g Walnüsse, gehackt (nach Belieben)

Tomaten, Zucker und Salz in einem säurebeständigen Topf zum Kochen bringen; dabei häufig umrühren, damit die Tomaten nicht anbrennen. Auf schwache Hitze reduzieren und die Tomaten 30 Minuten köcheln lassen. Zitronenschale und nach Belieben Vanilleschote dazugeben.

Noch etwa 15–20 Minuten köcheln lassen, bis die Mischung sehr dick und der Gelierpunkt erreicht ist (105–106 °C auf einem Zuckerthermometer). Zur Gelierprobe kann man auch etwas Tomatenmarmelade auf einer Untertasse in das Gefriergerät stellen; die Marmelade muß nach 2 Minuten fest sein.

Falls verwendet, die Nüsse unterrühren. Die Vanilleschote entfernen. In heiße, sterilisierte Gläser füllen und die Gläser nach Herstelleranweisung verschließen. Kühl und dunkel aufbewahren.

Ergibt etwa 2 l

PROVENCE

RATAFIA
Orangenlikör

Dieser Orangenlikör wirkt wie ein Elixier. Man kann ihn monatelang an einem kühlen, dunklen Ort aufbewahren und bei kleinen Beschwerden ein Gläschen davon trinken.

6 unbehandelte Orangen
500 g Zucker
1 TL gemahlener Koriander
1/4 TL gemahlener Zimt
1 l Weinbrand oder Cognac

Die Orangen gründlich abwaschen und trockenreiben. Die Schale mit einem Sparschäler entfernen, feinhacken und in eine große Rührschüssel geben.

Die Orangen auspressen und den Saft mit in die Schüssel gießen. Zucker, Koriander, Zimt und Weinbrand hinzufügen und gründlich durchrühren.

In eine große Flasche füllen und die Flasche fest verschließen. An einem kühlen Ort 2 Monate durchziehen lassen.

Den Likör durch ein feinmaschiges Sieb gießen und in eine saubere Flasche abfüllen. Fest verschließen und an einem kühlen, dunklen Platz aufbewahren.

Ergibt etwa 2 l

GRIECHENLAND

KOURAMBIEDES
Butterplätzchen

Obwohl diese kleinen Kekse eigentlich ein Weihnachtsgebäck sind, serviert man sie in Griechenland auch zu Hochzeiten, Geburtstagsfeiern, Taufen und anderen Festlichkeiten, denn sie sind einfach zu gut, um sie nur einmal im Jahr zu genießen. Frisch schmecken sie am besten, doch kann man sie auch bis zu 1 Woche in einer luftdicht verschlossenen Dose aufbewahren.

500 g Butter
2 Eigelb
3 EL Puderzucker sowie Puderzucker zum Bestäuben
1/8 TL Natron
3 EL frisch gepreßter Orangensaft
1 1/2 EL Weinbrand
750 g Mehl
Etwa 36 Nelken

Den Backofen auf 180 °C (Gasherd Stufe 2–3) vorheizen. Zwei Backbleche mit Pergamentpapier auslegen.

In einem schweren Topf bei schwacher Hitze die Butter zerlassen. Die Butter 1 Minute erhitzen, dann in eine Schüssel gießen und vollständig abkühlen lassen.

Die Eigelb und anschließend 3 Eßlöffel Puderzucker unter die abgekühlte Butter schlagen. Orangensaft und Weinbrand in eine Tasse geben, das Natron darin auflösen und zur Buttermischung geben. Alles gründlich durchschlagen, bis die Masse eine sehr helle Farbe angenommen hat. Nach und nach das Mehl unterrühren, so daß ein weicher Teig entsteht.

Den Teig etwa 5 Minuten auf der leicht bemehlten Arbeitsfläche durchkneten, bis er glatt und glänzend ist. Zwischen den Handflächen zu etwa drei Dutzend Teigkugeln von 4 cm Durchmesser rollen. In die Mitte jeder Teigkugel eine Nelke stecken und die Plätzchen mit ausreichend großem Abstand auf die vorbereiteten Backbleche legen.

Die Plätzchen etwa 20 Minuten backen, bis sie leicht gebräunt sind. Auf Kuchengitter legen und etwas abkühlen lassen. (Vorsicht, die Kekse brechen leicht.)

Etwas Puderzucker in eine flache Schüssel sieben. Die Plätzchen behutsam im Puderzucker wenden, so daß sie gleichmäßig davon überzogen werden.

Ergibt etwa 36 Plätzchen

GRIECHENLAND

KOPENHAGI
Kopenhagener Gebäck

Diese Nachspeise wurde zu Ehren von König Georg I. von Griechenland kreiert, als er 1862 den Thron bestieg. Da er aus Dänemark stammte, benannte man das Gebäck aus Strudelteig und Mandeln nach der dänischen Hauptstadt Kopenhagen. Bei einigen Versionen dieses Rezepts wird für den Boden eine Art Mürbeteig verwendet, und nur die obere Teigschicht besteht aus »phyllo«-Teigblättern; bei anderen trennt man die Eier, rührt das Eigelb unter die Mandelmischung. Das Eiweiß schlägt man, bis ein steifer Eischnee entstanden ist, und hebt diesen unter die Füllmasse.

FÜR DEN SIRUP:

500 g Zucker
250 ml Wasser
2 EL frisch gepreßter Zitronensaft
1 Streifen Orangenschale (etwa 7,5 cm lang)
1 Zimtstange (etwa 5 cm lang)

500 g Mandelpaste (siehe Glossar)
125 g Zucker
8 Eier
2 TL Mehl
1 1/2 TL Backpulver
1/2 TL gemahlener Zimt
2 EL Weinbrand (nach Belieben)
125 g geklärte Butter (siehe Glossar)
16 *phyllo*-Teigblätter

Für den Sirup in einem schweren Topf Zucker, Wasser, Zitronensaft, Orangenschale und Zimtstange zum Kochen bringen; dabei rühren, bis sich der Zucker aufgelöst hat. Auf schwache Hitze reduzieren und den Sirup etwa 15 Minuten köcheln lassen, bis er eindickt. Von der Kochstelle nehmen und die Orangenschale und die Zimtstange wegwerfen. Den Sirup vollständig abkühlen lassen.

Den Backofen auf 165 °C (Gasherd Stufe 1–2) vorheizen.

Mandelpaste und Zucker in eine Schüssel geben und mit dem elektrischen Handrührgerät (mittlere Stufe) vermengen. Nacheinander die Eier hinzufügen und jeweils gründlich unterschlagen. Mehl, Backpulver und Zimt dazugeben und alles zu einer cremigen Masse verarbeiten.

Nach Belieben den Weinbrand unterrühren.

Den Boden und die Seiten einer 28 × 40 × 6 cm großen ofenfesten Form mit zerlassener Butter bestreichen. Acht mit Butter bestrichene *phyllo*-Teigblätter in die Form schichten. Die Mandelfüllung darauf verteilen.

Die restlichen *phyllo*-Teigblätter ebenfalls mit Butter bestreichen und über die Füllung legen. Die obere Teiglage großzügig mit Butter bestreichen. Den Teig mit einem scharfen Messer in 16–24 Rauten schneiden.

Für 45–50 Minuten in den Backofen schieben, bis das Gebäck leicht gebräunt ist. Aus dem Ofen nehmen und sofort den kalten Sirup über das heiße Gebäck schöpfen. Noch 2–3 Minuten backen, dann herausnehmen. Vor dem Servieren sollte man das Gebäck einige Stunden stehenlassen.

Zum Servieren mit einem scharfen Messer in die vorgeschnittenen Stücke teilen.

Ergibt 16–24 Gebäckstücke

GRIECHENLAND

FLAOUNES KYPRIOTIKES
Käsekuchen mit Minze

Dieser interessante Käsekuchen wird in Spanien ebenfalls als Dessert zubereitet, auf Zypern dagegen als pikanter Kuchen (obwohl die Zyprioten der Quarkfüllung mitunter auch Rosinen und Zimt hinzufügen). Statt Quark oder Ricotta verwendet man auf Zypern »haloumi«, »mizithra« und »kasseri« (siehe Glossar) und setzt dem Teig anstelle von Hefe etwas Mastix zu.

FÜR DEN TEIG:

320 g Mehl
60 g Schweineschmalz
1 Ei
1 EL Zucker
1 TL Trockenhefe, in 125 ml Milch angerührt

FÜR DIE FÜLLUNG:

500 g frische Ricotta oder Quark
250 g Zucker
4 Eier
60 ml Pernod oder Ouzo
12 ganze frische Minzeblätter
1 Messerspitze gemahlener Zimt (nach Belieben)

Für den Teig Mehl, Schweineschmalz, Ei, Zucker und angerührte Hefe vermengen. Den Teig auf der bemehlten Arbeitsfläche durchkneten, bis er glatt ist.

Mit einem Küchentuch oder Klarsichtfolie abdecken und 20 Minuten gehen lassen.

Um den Teig in der Küchenmaschine herzustellen, Mehl, Zucker und Schweineschmalz in die Rührschüssel geben und kurz vermischen. Dann bei laufendem Gerät das Ei und die angerührte Hefe hinzufügen und alles zu einem glatten Teig verarbeiten.

Den Teig auf der leicht bemehlten Arbeitsfläche ausrollen und eine 25 cm große Obstkuchenform mit herausnehmbarem Boden damit auskleiden. Überstehenden Teig wegschneiden.

Von oben nach unten: *Butterplätzchen; Kopenhagener Gebäck; Käsekuchen mit Minze*

Den Backofen auf 180 °C (Gasherd Stufe 2–3) vorheizen.

Für die Füllung Ricotta oder Quark, Zucker und Eier in eine Schüssel geben und mit dem elektrischen Handrührgerät (mittlere Stufe) zu einer cremigen Masse verrühren. Pernod oder Ouzo unterrühren. Nach Belieben zwei der Minzeblätter hacken und zusammen mit der Messerspitze Zimt (falls verwendet) unter die Füllung mischen.

Die Füllung auf den Teigboden in der Kuchenform geben und gleichmäßig verteilen. Die Minzeblätter dekorativ darauflegen und leicht nach unten drücken.

Den Kuchen 25–30 Minuten backen, bis die Füllung am Rand fest geworden, in der Mitte aber noch etwas weich ist. Auf einem Kuchengitter abkühlen lassen.

In Stücke schneiden und servieren.

Für 8 Personen

KATALONIEN

SANGRÍA
Gekühlter Weinpunsch

Jede spanische Familie hat ihr eigenes Rezept für diesen gekühlten Weinpunsch. Manche fügen Weinbrand oder Likör hinzu, andere variieren die Früchte oder die Menge an Mineralwasser. An einem heißen Sommertag ist dieser Weinpunsch mit Zitrusfrüchten einfach köstlich.

1 Flasche (750 ml) trockener Rotwein
2 EL Weinbrand oder Orangenlikör
2 EL Zucker
Saft von 1 Zitrone
Saft von 2 Orangen
1 Zitrone, in hauchdünne Scheiben geschnitten
1 Orange, in hauchdünne Scheiben und dann in Viertel geschnitten
750 ml Mineralwasser
8–10 Eiswürfel

Wein, Weinbrand oder Likör, Zucker und Zitrussaft in einen großen Krug füllen. Die in Scheiben geschnittenen Zitrusfrüchte dazugeben und alles mehrere Stunden im Kühlschrank durchziehen lassen.

Mineralwasser und Eiswürfel hinzufügen und servieren.

Für 6–8 Personen

KATALONIEN

PANELLETS
Batatenkekse

Diese Kekse, die man traditionell zu Allerheiligen ißt, werden vor dem Backen zumeist in Pinienkernen gewälzt. Die hier verwendete Mischung aus Pinienkernen und gehackten Haselnüssen ist weniger verbreitet. Die Kekse halten sich in fest verschlossenen Behältern etwa eine Woche bei Raumtemperatur.

250 g Bataten (2 kleine oder 1 große)
600 g Mandeln, gehackt
500 g Zucker
2 Eigelb
Einige Spritzer Vanille-Essenz
1 EL abgeriebene Zitronenschale
80 g Mehl
150 g Pinienkerne
150 g Haselnüsse, gehackt
2 Eiweiß, zu mittelfestem Eischnee geschlagen

Die Bataten schälen und in große Stücke schneiden. In einem Topf mit Wasser bedecken und zum Kochen bringen. Die Bataten etwa 15 Minuten garen, bis sie weich sind.

Abgießen und gut abtropfen lassen. Dann in eine große Schüssel geben und zerdrücken. Oder die ganzen ungeschälten Bataten etwa 30 Minuten kochen, bis sie weich sind, dann pellen und zerdrücken. Abkühlen lassen.

Mandeln, Zucker, Eigelb, Vanille-Essenz und abgeriebene Zitronenschale zu den abgekühlten Bataten geben und alles mit einem Holzlöffel zu einer glatten Masse verrühren, die fast wie Kartoffelpüree aussieht.

Einige Minuten in der Schüssel durchkneten. Dann mit einem Küchentuch abdecken und 30 Minuten stehenlassen.

Den Backofen auf 180 °C (Gasherd Stufe 2–3) vorheizen. Drei große Backbleche mit Öl einfetten.

Die Pinienkerne und die gehackten Haselnüsse in einer flachen Schüssel vermischen.

Walnußgroße Teigstücke abnehmen und zwischen den Handflächen zu Kugeln rollen. Die Teigkugeln ein wenig flachdrücken, rundum mit Eiweiß bestreichen und in den Nüssen wenden.

Die Kekse 15–20 Minuten backen, bis sie gebräunt sind. Auf Kuchengittern abkühlen lassen.

Ergibt etwa 50 Kekse

KATALONIEN

CREMA CATALANA
Eiercreme mit Karamelkruste

Karamelisierte Eiercreme wird nahezu in jedem Restaurant von Barcelona serviert. Mitunter heißt sie auch »crema de San José«, da sie traditionell am Tag des heiligen Joseph gegessen wird. Das Aroma von Zimt und Zitrone verleiht dieser Creme eine exotische Note, und der Karamel bildet eine köstliche Kruste. Obwohl die Cremespeise gewöhnlich zuerst kalt gestellt und dann karamelisiert wird, war die opulenteste Version, an die ich mich erinnern kann, eine noch warme Eiercreme mit sehr knuspriger Karamelkruste.

1 EL Maisstärke
250 ml Milch
250 ml Crème double

Von oben links im Uhrzeigersinn: *Eiercreme mit Karamelkruste; Gekühlter Weinpunsch; Batatenkekse*

3 Streifen Zitronenschale (je etwa 5 cm lang)
1 Zimtstange (etwa 5 cm lang)
5 oder 6 Eigelb
125 g Zucker
80 g brauner Zucker oder 100 g weißer Zucker

In einer kleinen Schüssel die Maisstärke in einigen Eßlöffeln Milch anrühren. Übrige Milch, Crème double, Zitronenschale und Zimtstange in einen Topf geben.

Bei mittlerer Temperatur die Mischung bis kurz vor den Siedepunkt erhitzen. Den Topf von der Kochstelle nehmen und zugedeckt beiseite stellen.

In einer Schüssel Eigelb und 125 g Zucker mit dem elektrischen Handrührgerät schaumig schlagen. Die Zitronenschale aus der warmen Milch nehmen und wegwerfen. Etwas warme Milch unter die Eigelbmasse rühren und dann die Eigelbmasse unter die Milch schlagen. Die angerührte Maisstärke hinzufügen und alles gut verrühren. Den Topf zurück auf die Kochstelle setzen und die Eiercreme bei schwacher Hitze etwa 10 Minuten unter ständigem Rühren köcheln lassen, bis sie eindickt. Durch ein feinmaschiges Sieb in einen Krug geben. Die Eiercreme dann in sechs 125-ml-Portionsförmchen oder eine große flache Form von 0,75–1 l Fassungsvermögen füllen.

Die große Form oder die Portionsförmchen zudecken und in den Kühlschrank stellen, bis die Creme durchgekühlt ist.

Zum Karamelisieren der Eiercreme den Grill vorheizen. Über jede Portion einen knappen Eßlöffel braunen oder weißen Zucker streuen. Bei Verwendung einer großen Form 80 g braunen oder 100 g weißen Zucker darüberstreuen. Unter den Grill stellen, bis der Zucker schmilzt und karamelisiert.

Man kann auch – falls vorhanden – eine kleine Lötlampe anzünden oder eine spezielle Eisenplatte zum Karamelisieren über einer Gasflamme erhitzen, bis sie rotglühend ist, und den Zucker damit bräunen. Sofort servieren.

Für 6 Personen

Von links nach rechts: *Kaffee-Eis; Aprikosen-Eiscreme; Pistazien-Eiscreme; Marsala-Eiscreme*

SIZILIEN

Gelato di Zabaglione
Marsala-Eiscreme

Was könnte typischer für Sizilien sein als eine Eiscreme mit Marsala? Das Eis nach Belieben mit Beerenobst garnieren.

180 ml sowie 2 EL süßer Marsala
1 l Crème double
180 g Zucker
1 Prise Salz
8 Eigelb

Die 180 ml Marsala in einen Topf gießen und auf 60 ml einkochen. Von der Kochstelle nehmen und auf Raumtemperatur abkühlen lassen.

In einem Topf bei mittlerer Temperatur Crème double, Zucker und Salz erhitzen und rühren, bis sich der Zucker aufgelöst hat; nicht zum Kochen kommen lassen.

In einer Schüssel das Eigelb leicht verquirlen. Dann 250 ml der heißen Crème double unterrühren und die Eigelbmischung unter die heiße Crème double im Topf rühren. Bei mittlerer Temperatur 3–5 Minuten unter ständigem Rühren erhitzen, bis die Mischung eindickt und einen Löffel überzieht; nicht zum Kochen kommen lassen.

Die Eigelbmischung durch ein feinmaschiges Sieb in eine Rührschüssel geben. Die Rührschüssel in eine zweite Schüssel setzen, die mit Eis gefüllt ist, damit die Eigelbmischung rasch abkühlt. Den reduzierten Marsala unterrühren.

Abdecken und die Masse durchkühlen lassen.

Die verbliebenen 2 Eßlöffel Marsala unter die abgekühlte Eismasse rühren. Dann in eine Eismaschine geben und nach Herstelleranweisung gefrieren.

Ergibt 1 l Eiscreme

SIZILIEN

Gelato di Pistacchio
Pistazien-Eiscreme

Sizilien ist für fabelhaftes Eis bekannt, und dieses gehört zu den besten Eisrezepten der Insel. Man sollte nicht enttäuscht sein, wenn es dem selbstgemachten Eis an der leuchtendgrünen Farbe von gekauftem Pistazieneis fehlt – es ist künstlich eingefärbt.

320 g Pistazien
875 ml Crème double
375 ml Milch

250 g Zucker
7 Eigelb

Den Backofen auf 180 °C (Gasherd Stufe 2–3) vorheizen. Die Pistazien auf einem Backblech verteilen und 6–8 Minuten rösten, bis sie angenehm duften. Die gerösteten Pistazien in der Küchenmaschine oder von Hand grobhacken. Beiseite stellen.

In einem großen Topf Crème double und Milch zum Kochen bringen. Von den Pistazien 60 g abnehmen und zurückstellen. Den Rest zu der Sahnemischung in den Topf geben und alles 2 Stunden durchziehen lassen.

Ein Sieb mit Küchenleinen auslegen und über eine Schüssel hängen. Die Sahnemischung durchsieben und die Pistazien ausdrücken, damit möglichst viel Aroma in die Eismasse übergeht. Die Sahnemischung zurück in den Topf geben und mit 125 g des Zuckers zum Kochen bringen; dabei rühren, bis sich der Zucker aufgelöst hat.

In einer Schüssel Eigelb und restlichen Zucker verquirlen. Dann 250 ml der heißen Sahne unterrühren und die Eigelbmischung unter die heiße Sahne im Topf schlagen.

Bei mittlerer Temperatur 3–5 Minuten unter ständigem Rühren erhitzen, bis die Eiercreme eindickt und einen Löffel überzieht; nicht zum Kochen kommen lassen.

Die Eiercreme durch ein feinmaschiges Sieb in eine Schüssel geben. Die Schüssel in eine zweite Schüssel setzen, die mit Eis gefüllt ist, damit die Eismasse rasch abkühlt. Dann zugedeckt über Nacht in den Kühlschrank stellen.

Die Eismasse in eine Eismaschine geben und nach Herstelleranweisung gefrieren. Die zurückgestellten Pistazien unterrühren, bevor die Eiscreme fest wird.

Ergibt 1 l Eiscreme

SYRIEN

Dondurma Mish Mish
Aprikosen-Eiscreme

Fruchteis ist im Vorderen Orient sehr beliebt. Steht »sahleb« nicht zur Verfügung, nimmt man Maisstärke.

250 g Aprikosen
2 TL abgeriebene Orangenschale (nach Belieben)
1 TL *sahleb* (siehe Glossar) oder 1½ EL Maisstärke
500 ml Milch
250 ml Sahne
150 g Zucker
2 TL Rosenwasser oder Orangenblütenwasser

Einen Topf zu drei Vierteln mit Wasser füllen und das Wasser zum Kochen bringen. Die Aprikosen hinzufügen und etwa 1 Minute blanchieren. Abgießen und etwas abkühlen lassen.

Dann die Haut abziehen, die Kerne entfernen und die Aprikosen in Stücke schneiden. Das Fruchtfleisch zusammen mit der abgeriebenen Orangenschale (falls verwendet) in der Küchenmaschine oder dem Mixer glattpürieren.

Sahleb oder Maisstärke in etwas Milch anrühren und beiseite stellen.

Die restliche Milch mit der Sahne und dem Zucker in einen Topf geben. Bei mittlerer Hitze langsam zum Kochen bringen; dabei rühren, bis sich der Zucker aufgelöst hat. Pürierte Aprikosen und *sahleb* oder Maisstärke hinzufügen. Bei niedriger Temperatur etwa 3 Minuten unter Rühren erhitzen, bis die Mischung eindickt und einen Löffel überzieht. Von der Kochstelle nehmen, das Blütenwasser unterrühren und die Eismasse mit einem Löffel durchschlagen, bis sie eindickt. Abkühlen lassen.

Die Eismasse in eine Eismaschine geben und nach Herstelleranweisung gefrieren.

Ergibt 1 l Eiscreme

SIZILIEN

Granita di Caffè
Kaffee-Eis

»Granita« ist an heißen Sommertagen eine erfrischende Alternative zu Milcheis.

125–180 g Zucker
750 ml heißer, starker Espresso
375 ml Crème double
3 EL Zucker
2 TL gemahlener Zimt (nach Belieben)

Den Zucker im heißen Espresso auflösen. Den Espresso in eine flache Metallschale gießen und zugedeckt für 2–3 Stunden in das Gefriergerät stellen, bis sich Eiskristalle bilden.

Die Eiskristalle mit einer Gabel zerkleinern und die Schüssel zugedeckt zurück in das Gefriergerät stellen. Diesen Vorgang alle 30 Minuten wiederholen, bis das Eis nach 2–3 Stunden durchgefroren ist.

Crème double in eine Schüssel geben und schlagen, bis sie fest wird. Zucker und – falls verwendet – Zimt dazugeben und weiterschlagen, bis weiche Spitzen stehen bleiben. In 4–6 Eisbecher jeweils einen Löffel Crème double geben. Die *granita* in die Becher füllen und mit der verbliebenen Sahne garnieren. Sofort essen, damit das Eis nicht schmilzt!

Für 4–6 Personen

Feigenkonfitüre (links), *Quittenmarmelade* (rechts)

TÜRKEI

AYVA REÇELI
Quittenmarmelade

Quittenmarmelade ist ein herrlicher Brotaufstrich, eignet sich aber auch ausgezeichnet als Füllung für Plätzchen.

1 kg Quitten, geschält und die Kerngehäuse entfernt
3 Nelken (nach Belieben)
1 Zimtstange, etwa 5 cm lang (nach Belieben)
1 l Wasser
1 kg Zucker
60 ml frisch gepreßter Zitronensaft
60 ml Rosenwasser (nach Belieben)

Die Quitten raspeln und in einen säurebeständigen Topf geben. Schale und Kerngehäuse der Quitten, Nelken und Zimtstange in ein Stück Küchenleinen binden und mit in den Topf geben. Mit kaltem Wasser bedecken und zum Kochen bringen. Etwa 30 Minuten kochen lassen. Durch ein Sieb in einen Krug oder eine Schüssel gießen. Fruchtfleisch und Säckchen zurückstellen. Die Flüssigkeit abmessen und – wenn nötig – mit heißem Wasser auf 450 ml ergänzen.

Die Flüssigkeit in einem Topf zum Kochen bringen und 2 Minuten kochen lassen. Fruchtfleisch und Säckchen mit in den Topf geben und alles etwa 5 Minuten ohne Deckel kochen lassen. Von der Kochstelle nehmen und etwa 3 Stunden stehenlassen, bis die Mischung eine rosarote Farbe angenommen hat.

Wieder zum Kochen bringen. Zitronensaft hinzufügen und alles 20–30 Minuten garen, bis der Gelierpunkt erreicht ist. Zur Gelierprobe etwas Marmelade auf eine Untertasse geben und in das Gefriergerät stellen; die Marmelade muß nach 2 Minuten fest sein.

Das Säckchen herausnehmen. Nach Belieben Rosenwasser unterrühren. Die Quittenmarmelade in heiße, sterilisierte Gläser füllen und die Gläser nach Herstelleranweisung verschließen.

Ergibt 2 l Marmelade

PROVENCE

CONFITURE DE FIGUES
Feigenkonfitüre

Diese Konfitüre fängt den Geschmack des Sommers ein und schmeckt vorzüglich auf Walnußbrot und jeder Art von Toastbrot.

1 kg Zucker
500 ml Wasser
Abgeriebene Schale von 1 unbehandelten Zitrone
1,25–1,5 kg Feigen, geschält, entstielt und in Viertel geschnitten
1/2 Vanilleschote (nach Belieben)
1 TL Anissamen oder Fenchelsamen (nach Belieben)
1 Zimtstange, etwa 5 cm lang (nach Blieben)
2 Nelken (nach Belieben)
60 ml frisch gepreßter Zitronensaft

Zucker und Wasser in einem großen säurebeständigen Topf langsam zum Kochen bringen; dabei rühren, bis sich der Zucker aufgelöst hat. Von der Kochstelle nehmen. Abgeriebene Zitronenschale und Feigen hinzufügen. Falls verwendet, Anis- oder Fenchelsamen, Zimtstange und/oder Nelken in ein Stück Küchenleinen binden und mit in den Topf geben. Einige Stunden oder über Nacht bei Raumtemperatur stehenlassen.

Die Feigen in der Flüssigkeit zum Kochen bringen. Auf mittlere Hitze reduzieren und alles etwa 2 Stunden köcheln lassen, bis die Flüssigkeit geliert oder ein Zuckerthermometer 105–106 °C anzeigt. Zur Gelierprobe kann man auch ein wenig Feigenkonfitüre auf eine Untertasse geben und in das Gefriergerät stellen; die Konfitüre muß nach 2 Minuten fest sein. Etwa 30 Minuten vor Ende der Garzeit den Zitronensaft hinzufügen.

Das Säckchen herausnehmen. Die Konfitüre in heiße, sterilisierte Gläser füllen und die Gläser nach Anweisung des Herstellers verschließen.

Ergibt etwa 1,75 l Konfitüre

ALGERIEN

ACIR
Zitrusgetränke

Eisgekühlte Zitrusgetränke sind im gesamten Mittelmeerraum beliebt. Sie bieten eine willkommene Erfrischung an heißen Tagen. In der Türkei reicht man »limon şerbeti«, ein eisgekühltes Getränk aus Zitronensaft, abgeriebener Zitronenschale, Zucker und Eiswasser, das mit frischen Minzeblättern aromatisiert ist. Die Fruchtsäfte können im voraus angemischt und zum Servieren mit kaltem Mineralwasser aufgegossen werden.

ZITRONEN-GRAPEFRUIT-WASSER *(acir el qaress)*:

Saft von 6 großen Zitronen
Saft von 1 Grapefruit
150 g Zucker

ORANGEN-ZITRONEN-GRAPEFRUIT-WASSER *(acir tchina)*:

Saft von 1 Orange
Saft von 1 Zitrone
Saft von 1 Grapefruit
125 g Zucker
1 Orange, geschält und in dünne Scheiben geschnitten

Eiswürfel
750 ml Mineralwasser

Die Fruchtsäfte für das gewünschte Getränk mit dem Zucker in einen Krug geben und rühren, bis sich der Zucker aufgelöst hat. Für *acir tchina* die Orangenscheiben hinzufügen.

Drei oder vier hohe Gläser mit Eiswürfeln füllen und ein Drittel oder ein Viertel des Fruchtsafts hineingießen. Mit Mineralwasser auffüllen und servieren.

Ergibt jeweils 3 oder 4 Gläser

Zitrusgetränke

Plätzchenteller: *Gefüllte Butterplätzchen* (außen), *Mandelplätzchen* (innen), *Minzetee*

SYRIEN

MA'MOUL
Gefüllte Butterplätzchen

Die Herstellung dieser syrischen Osterplätzchen ist ganz einfach, sobald man heraushat, wie der Teig um die Füllung gelegt wird. Sie können mit einer Dattelfüllung gebacken werden, die mit Orangenschale und Zimt aromatisiert wird, oder mit einer Nußfüllung, die duftendes Rosenwasser enthält. Die Plätzchen halten sich in einer luftdicht verschlossenen Dose bis zu 1 Woche bei Raumtemperatur.

FÜR DIE DATTELFÜLLUNG:

500 g entkernte Datteln, gehackt
125 ml Wasser
Abgeriebene Schale von 1 unbehandelten Orange
1/2 TL gemahlener Zimt

FÜR DIE NUSSFÜLLUNG:

250 g Walnüsse, Mandeln oder Pistazien, gehackt
250 g Zucker (oder nach Geschmack)
1 EL Rosenwasser
2 TL gemahlener Zimt

FÜR DEN TEIG:

250 g Butter (mit Raumtemperatur)
2 EL Zucker
250 g Mehl, gesiebt
1 EL Rosenwasser oder Orangenblütenwasser
2–4 EL Milch oder Wasser
Puderzucker (zum Bestäuben)

Eine der beiden Füllungen zubereiten. Für die Dattelfüllung die gehackten Datteln und das Wasser in einem Topf zum Kochen bringen. Auf schwache Hitze reduzieren und die Datteln etwa 5 Minuten unter ständigem Rühren im offenen Topf köcheln lassen, bis sie

zu Mus zerfallen. Für die Nußfüllung alle Zutaten in einer Schüssel vermengen.

Den Backofen auf 150 °C (Gasherd Stufe 1) vorheizen.

In einer Schüssel Butter und Zucker mit dem elektrischen Handrührgerät schaumig schlagen. Das Mehl und anschließend die Milch und das Blütenwasser unterrühren. Den Teig in der Schüssel durchkneten, bis er zusammenhält und geschmeidig ist.

Vom Teig walnußgroße Stücke abnehmen und zwischen den Handflächen zu Kugeln rollen. Mit dem Daumen in der Mitte eine Vertiefung hineindrücken und die Seiten nach oben ziehen. Einen Löffel Füllung hineingeben und den Teig über der Füllung zusammendrücken.

Die gefüllten Plätzchen auf ein ungefettetes Backblech legen. Für etwa 20 Minuten in den Ofen schieben, bis die Plätzchen fest und durchgebacken sind; sie sollen nicht bräunen. Vorsichtig auf Kuchengitter geben. Die warmen Plätzchen dick mit Puderzucker bestäuben und abkühlen lassen.

Ergibt etwa 30 Stück

ALGERIEN

Makroud el Louse
Mandelplätzchen

Damit die Mandeln beim Mahlen nicht ölig oder teigig werden, gibt man sie partienweise mit dem Zucker in die Küchenmaschine oder den Mixer. Die Plätzchen sind süß und etwas klebrig. Man kann sie eine Woche im voraus backen und in einer luftdicht verschlossenen Dose aufbewahren.

630 g abgezogene Mandeln, feingemahlen
310 g Zucker
1 EL abgeriebene Zitronenschale
2 Eier
Mehl zum Bestäuben
250 ml Wasser
1 EL Orangenblütenwasser
250 g Puderzucker

Den Backofen auf 180 °C (Gasherd Stufe 2–3) vorheizen. Zwei große Backbleche mit Pergamentpapier auslegen oder ungefettet lassen.

In einer großen Schüssel gemahlene Mandeln, 250 g des Haushaltszuckers und abgeriebene Zitronenschale vermischen. In die Mitte eine Mulde drücken und die Eier hineingeben. Nach und nach das Mehl unterarbeiten, so daß ein glatter Teig entsteht.

Den Teig halbieren. Die Arbeitsfläche dick mit Mehl bestäuben und aus jeder Teigportion mit den bemehlten Händen eine 45 cm lange Rolle von etwa 4 cm Durchmesser formen. Die Rolle zu einem etwa 4 cm hohen und 5 cm breiten Rechteck drücken. Den Teig diagonal in 4 cm dicke Rauten schneiden. Die Rauten mit Mehl bestäuben und im Abstand von 2,5 cm auf die vorbereiteten Backbleche legen. Etwa 15 Minuten backen, bis die Kekse leicht gebräunt sind. Auf Kuchengittern abkühlen lassen.

In einem Topf die restlichen 60 g Zucker und das Wasser bei starker Hitze zum Kochen bringen; dabei rühren, bis sich der Zucker aufgelöst hat. Im offenen Topf zu einem dünnen Sirup einkochen. In eine flache Schüssel gießen und abkühlen lassen. Dann das Blütenwasser in den abgekühlten Sirup rühren.

Den Puderzucker in eine flache Schale sieben. Die abgekühlten Kekse in den Sirup tauchen und anschließend im Puderzucker wenden. Auf Kuchengittern trocknen lassen.

Ergibt etwa 60 Plätzchen

MAROKKO

Chay
Minzetee

Das richtige Einschenken ist bei diesem Tee von größter Wichtigkeit. Die Kanne wird hoch über die Teegläser gehalten, damit der Tee beim Eingießen mit dem Sauerstoff der Luft in Berührung kommt und sich dadurch sein Aroma verstärkt.

2 EL grüner Tee
6 EL Zucker
1 große Handvoll frische Minzeblätter ohne Stiel
1,5 l kochendes Wasser
Einige Streifen Orangenschale oder 1 TL Orangenblütenwasser (nach Belieben)

Den Tee in die Teekanne geben. Zucker, Minzeblätter und Orangenschale oder Orangenblütenwasser hinzufügen. Den Wasserkessel etwa 30 cm über die Teekanne halten und das kochende Wasser hineingießen. Gründlich durchrühren und den Tee 10–15 Minuten ziehen lassen.

Ein Glas mit Tee füllen und zurück in die Kanne gießen, damit der Minzetee mit Sauerstoff in Berührung kommt. Damit sich sein Aroma weiter entfaltet, die Teekanne beim Einschenken etwa 30 cm über die Teegläser halten. Heiß servieren.

Für 6 Personen

GLOSSAR

Alioli mitunter auch *ajiaceite* genannt, ist die spanische Version der französischen Knoblauchmayonnaise *aïoli* (Rezept S. 144–145).

Avgolemono ist eine Mischung aus Eigelb und Zitronensaft, die in der griechischen Küche Verwendung findet. In dünnflüssiger Form dient sie zum Andicken von Eintöpfen und Suppen oder wird über gefüllte Weinblätter (Rezept S. 61) geschöpft. In dickflüssiger Form reicht man sie als Beilage zu gefüllten Zucchini oder anderem mit Fleisch gefülltem Gemüse. Um eine dünnflüssige *avgolemono* herzustellen, 2 oder 3 ganze Eier oder 3 Eigelb mit 4–5 Eßlöffeln frisch gepreßtem Zitronensaft verquirlen. Dann unter ständigem Rühren nach und nach 250 ml Brühe des betreffenden Gerichts hinzufügen. Die Flüssigkeit unter ständigem Rühren erhitzen (aber nicht zum Kochen bringen, da das Ei gerinnen würde), bis sie eindickt, oder zum Aromatisieren in die Suppe oder den Eintopf rühren und heiß werden lassen. Man kann auch 3 Eiweiß steif schlagen, die Eigelb-Zitronensaft-Mischung unter den Eischnee ziehen und dann die Brühe hinzufügen. Für eine dickflüssige *avgolemono*-Sauce in einem Topf bei mittlerer Hitze 2 Eßlöffel Butter zerlassen. Dann 2 Eßlöffel Mehl hinzufügen und einige Minuten unter ständigem Rühren erhitzen. Nach und nach 500 ml heiße Brühe angießen und das Ganze unter ständigem Rühren zum Kochen bringen. Auf schwache Hitze herunterschalten. In einer kleinen Schüssel 3 ganze Eier oder 3 Eigelb mit 4–5 Eßlöffeln frisch gepreßtem Zitronensaft verquirlen. Ein wenig der heißen Sauce unter die Ei-Zitronen-Mischung schlagen und diese anschließend unter die Sauce rühren. Unter ständigem Rühren erhitzen, aber auf keinen Fall zum Kochen kommen lassen.

Bouquet garni nennt man ein sorgfältig zusammengebundenes Sträußchen aus Kräutern und Gewürzen (Thymian, Petersilie und Lorbeerblatt bilden die Basis), das man Suppen, Eintöpfen und anderen Gerichten hinzufügt und nach dem Garen mühelos wieder herausnehmen kann. Die Kräuterzusammenstellung eines *bouquet garni* ist von dem jeweiligen Gericht abhängig.

Briouat nennt man eine marokkanische Pastete aus *malsouqua*-Teig, die pikant oder süß sein kann. Sie wird entweder mit Fleisch, Geflügel, Fisch oder Nüssen gefüllt und knusprig und goldbraun gebacken. Süße Pasteten werden anschließend in Honig getaucht.

Butter, geklärte, auch Butterschmalz genannt, ist reines Butterfett, dem das in der Butter enthaltene Wasser und die Eiweißstoffe entzogen wurden. Zur Herstellung die Butter langsam erhitzen, damit sich das Eiweiß am Boden der Pfanne absetzt. Den weißen Schaum an der Oberfläche abschöpfen und die goldgelbe klare Flüssigkeit vorsichtig in ein anderes Gefäß umfüllen; die Eiweißstoffe, die sich am Boden abgesetzt haben, weggießen. Geklärte Butter hat einen höheren Rauchpunkt als normale Butter und eignet sich ideal zum Braten, da ihr das Eiweiß, durch das die Butter sonst verbrennt, entzogen wurde. Sie hält sich länger im Kühlschrank als normale Butter, die aufgrund der Eiweißstoffe nach einiger Zeit ranzig wird. Nordafrikanisches *smen* und arabisches *samneh* sind ähnliche Produkte.

Bulgur auch als Burghul bekannt, ist geschälter, vorgekochter, gedarrter und geschroteter Hartweizen, der sich durch einen nußartigen Geschmack und einen körnigen Biß auszeichnet. Es gibt ihn fein, mittelfein und grob geschrotet. Für *tabbouleh* benötigt man beispielsweise feinkörnigen Bulgur. Man bekommt ihn in Geschäften, die Lebensmittel aus dem Vorderen Orient führen, sowie in Naturkostläden und Reformhäusern.

Butifarra ist eine weiße Wurst aus Katalonien. Sie wird aus Schweinefleisch, Kutteln und Pinienkernen hergestellt und mit Zimt, Muskat und Nelken gewürzt. Ersatzweise kann man eine italienische frische Schweinswurst nehmen.

Caciocavallo ist ein süditalienischer Käse, der ursprünglich aus Kampanien stammt, aber auch in Sizilien hergestellt wird. Dort heißt er *ragusano* – benannt nach der sizilianischen Stadt Ragusa. Der *caciocavallo* gehört ebenso wie Mozarella und Provolone zu den *formaggi a pasta filati* (Filata-Käse); das ist in einem speziellen Verfahren hergestellter gebrühter Knetkäse. *Caciocavallo* kommt geräuchert und ungeräuchert sowie in verschiedenen Reifestadien auf den Markt.

Chillies siehe *Paprikaschoten und Chillies*

Chorizo ist eine gepökelte, kräftig mit Paprika und Knoblauch gewürzte Schweinswurst aus Spanien. Im Gegensatz zum südamerikanischen *chorizo* ist die spanische Version eher mild. *Chorizo* wird sowohl zum Kochen verwendet wie auch kalt gegessen.

Couscous ist grober Hartweizengrieß, der vor allem in Nordafrika gegessen wird. Man bekommt ihn abgepackt in verschiedenen Sorten, wobei mittelfeiner *(moyen)* Couscous am häufigsten angeboten wird. Traditionell wird Couscous in einer *couscousière* über kochender Brühe oder Wasser gedämpft. Man kann ihn jedoch auch einfach in einen normalen Topf oder eine Schüssel geben und mit der heißen Flüssigkeit übergießen; auf 150 g Couscous rechnet man etwa 375 ml Flüssigkeit.

Dicke Bohnen können frisch und nur kurz blanchiert gegessen werden, wenn sie sehr jung sind. Getrocknete dicke Bohnen werden vor dem Garen eingeweicht. Getrocknete dicke Bohnen gibt es in verschiedenen Farben, die von Grün bis Rotbraun reichen. Für das ägyptische Gericht *ful mudammas* (Rezept S. 214) wird eine besonders kleine Sorte verwendet.

Feta ist ein weicher, krümeliger Käse aus Ziegen- oder Schafmilch, der ursprünglich aus Griechenland stammt. Heute wird *feta* auch in vielen anderen Ländern hergestellt, beispielsweise in Frankreich, Israel, Bulgarien und Rumänien. Festere *feta*-Käse werden aus Kuhmilch produziert und lassen sich für Salate oder Vorspeisen verwenden. Mit Salzlake bedeckt, kann *feta* lange Zeit im Kühlschrank aufbewahrt werden.

Fonds Hausgemachte Fonds sind einfach in der Zubereitung und lassen sich zum späteren Gebrauch einfrieren. Für die meisten Rezepte kann man notfalls auch Fertigprodukte nehmen, doch sollte man sie mit Zurückhaltung verwenden, da sie zumeist sehr salzig sind.
FISCHFOND: 2 kg Köpfe und Karkassen von weißfleischigen Fischen unter kaltem fließendem Wasser abspülen und in einen großen Topf geben. 2 geschälte und in Streifen geschnittene Zwiebeln, 1 in Streifen geschnittene Bleichselleriestange, 1 Lorbeerblatt, 8 zerstoßene Pfefferkörner und Salz nach Geschmack hinzufügen. Dann 500 ml Weißwein und etwa 3 l Wasser angießen, so daß die Zutaten 3 cm hoch mit Flüssigkeit bedeckt sind. Zum Kochen bringen, die Hitze reduzieren und alles 20 Minuten (nicht länger, da der Fond sonst einen bitteren Geschmack annehmen kann) im offenen Topf köcheln lassen; dabei den Schaum, der zur Oberfläche aufsteigt, abschöpfen. Durch mehrere Lagen Küchenleinen gießen und unabgedeckt abkühlen lassen. Ergibt etwa 3 l.
HÜHNERFOND: 2 kg Hühnerklein (Rückenknochen, Flügel, Hälse und Reste eines Brathähnchens) in einen großen Topf

geben. 2 geschälte und halbierte Zwiebeln, 2 ganze Möhren, 2 ganze Bleichselleriestangen, einige Petersilienstengel, 1 Lorbeerblatt, 6 zerstoßene Pfefferkörner, 1 Teelöffel getrockneten Thymian und Salz nach Geschmack hinzufügen. Etwa 4 l Wasser angießen, so daß die Zutaten 3 cm hoch damit bedeckt sind. Zum Kochen bringen, dann die Hitze reduzieren, den Deckel halb auflegen und alles etwa 4 Stunden leise köcheln lassen; während der ersten 30 Minuten immer wieder den aufsteigenden Schaum abschöpfen. Die Brühe durch mehrere Lagen Küchenleinen gießen und unabgedeckt abkühlen lassen. Ergibt etwa 3 l.

Lammfond: Lammknochen und möglichst auch Markknochen (beim Metzger vorbestellen) zusammen mit Zwiebel, etwas Knoblauch, Lorbeerblatt, Bleichsellerie, Möhre, Petersilie und anderen Kräutern Ihrer Wahl in einen großen Topf geben. Salz und Pfeffer nach Geschmack hinzufügen und so viel Wasser angießen, daß die Zutaten 3 cm damit bedeckt sind. Dann zum Kochen bringen und wie bei Hühnerfond weiter verfahren. Nach Belieben kann auch Tomate mitgegart werden.

Rinderfond: 2 kg Rinderknochen (mit etwas Fleisch daran) in die Fettpfanne des Backofens legen und bei 230 °C (Gasherd Stufe 5) 30 Minuten rösten; zwischendurch einmal wenden. Die Knochen anschließend in einen großen Topf geben und 2 geschälte und halbierte Zwiebeln, 3 ganze Möhren, 3 ganze Bleichselleriestangen, 1 Lorbeerblatt, einige Petersilienstengel, Salz und zerstoßene Pfefferkörner hinzufügen. Das Fett aus der Fettpfanne weggießen und die Pfanne mit 500 ml Wasser ablöschen. Die Flüssigkeit mit in den Topf geben und weitere 3,5 l Wasser hinzufügen. Zum Kochen bringen, dann die Hitze reduzieren, den Deckel halb auflegen und die Knochen etwa 5 Stunden leise köcheln lassen; während der ersten 30 Minuten immer wieder den aufsteigenden Schaum abschöpfen. Die Brühe durch mehrere Lagen Küchenleinen gießen und unabgedeckt abkühlen lassen. Ergibt etwa 3 l.

Granatapfelsaft und -kerne werden aus Granatäpfeln gewonnen, die im Vorderen Orient heimisch sind und seit alters her als ein Symbol der Fruchtbarkeit und des Wohlstands gelten. Granatäpfel werden in Feinkostläden und gutsortierten Obst- und Gemüsegeschäften verkauft. Sie halten sich monatelang, wenn sie nicht allzu reif geerntet wurden und an einem kühlen, dunklen Platz aufbewahrt werden. Die Früchte werden als Tafelobst verzehrt, den säuerlich-süßen Saft, der aus den Kernen gewonnen wird, nimmt man für Sirups, Sorbets und Getränke. Ungesüßter Granatapfelsaft ist in Geschäften erhältlich, die Lebensmittel aus dem Vorderen Orient führen. Die Kerne werden zum Garnieren von Suppen, Desserts und Saucen verwendet und können auch eingefroren werden.

Granatapfelsirup ist ein Konzentrat aus ungesüßtem Granatapfelsaft, das in Flaschen abgefüllt wird. Um den Sirup zu Saft zu verdünnen, nimmt man etwa 1½ Eßlöffel Sirup auf 250 ml Wasser.

Haloumi ist ein salziger Schafkäse mit einer fadenähnlichen Konsistenz. Auf Zypern hergestellter *haloumi* ist mit Minze aromatisiert, im Libanon fügt man schwarzen Kreuzkümmel hinzu.

Harissa ist eine scharfe nordafrikanische Würzpaste aus Chillies, Knoblauch und Kreuzkümmel, die in Tuben oder Gläsern verkauft wird. Tunesische *harissa* kann mit Kümmel und Koriander gewürzt sein. Um selbst *harissa* herzustellen, 1 Eßlöffel Cayennepfeffer mit 60 g gemahlenem Kreuzkümmel und 125 ml Olivenöl in einem Mörser zu einer Paste zerreiben. Mit etwas Salz und Knoblauch abschmecken.

Hartweizengrieß wird bevorzugt zur Herstellung von Pasta ohne Ei verwendet. Die Nudeln zeichnen sich durch eine ausgezeichnete Qualität und beste Kocheigenschaften aus. Hartweizengrieß ist in italienischen Geschäften erhältlich.

Haselnüsse Um die Haut zu entfernen, die Haselnußkerne bei 180 °C (Gasherd Stufe 2–3) 7–10 Minuten rösten, bis die Haut abzublättern beginnt. Dann in ein Küchentuch einschlagen und die warmen Nüsse kräftig gegeneinanderreiben, damit die Haut abplatzt.

Joghurt gibt es in den verschiedensten Fettgehaltsstufen zu kaufen, doch kann man ihn – wie dies im Vorderen Orient üblich ist – auch selbst herstellen: In einem Topf 1,5 l Milch mit 100 g Milchpulver vermischen und unter Rühren auf 82 °C erhitzen. Die Flüssigkeit auf 43–46 °C abkühlen lassen. Dann als Starter 60 g Joghurt (Lebendkultur) unterrühren. Die Mischung in ein Glasgefäß geben, mit Tüchern abdecken und für 6–12 Stunden an einen warmen, zugfreien Ort stellen. Je länger der Joghurt steht, desto säuerlicher wird der Geschmack. Den festgewordenen Joghurt in den Kühlschrank stellen und mindestens 2 Stunden durchkühlen lassen. Selbstgemachter Joghurt muß innerhalb weniger Tage aufgebraucht werden. Für einige Rezepte benötigt man abgetropften, dicken Joghurt. Dazu ein Sieb mit Küchenleinen auslegen, den Joghurt hineingeben und 3 Stunden bis 1 Tag an einem kühlen Ort oder im Kühlschrank abtropfen lassen. Auf diese Weise dickt der Joghurt stark ein und ähnelt einem Frischkäse.

Kalmar Zum Säubern eines Kalmars den Kopf mit den Eingeweiden aus dem Körpermantel herausziehen. Das durchsichtige Fischbein aus dem Kalmarmantel herausziehen und wegwerfen. Mit einem scharfen Messer die Augen so vom Kopf trennen, daß die Fangarme noch durch einen schmalen Ring verbunden bleiben. Die Kauwerkzeuge am Ansatz der Fangarme herausdrücken und entfernen. Das Innere des Körpermantels unter kaltem fließendem Wasser säubern. Die Tentakel sowie den Körpermantel mit den Flossen aufbewahren, alle anderen Teile wegwerfen. Die braun-violette Haut abziehen. Alle Kalmarteile gründlich waschen und dann wie im jeweiligen Rezept angegeben in Stücke schneiden.

Kapern sind die Blütenknospen des im Mittelmeerraum heimischen Kapernstrauchs (*Capparis spinosa*). Sie werden im Frühsommer geerntet, gesäubert, in der Sonne getrocknet und anschließend in Essig oder in Salz eingelegt. (Mitunter werden auch die Früchte eingelegt.) Kapern können etwa 1 Jahr aufbewahrt werden. Vor der Verwendung spült man sie ab, um überschüssigen Essig oder das Salz zu entfernen. Große Kapern haben das kräftigste und kleine das feinste Aroma.

Kasseri ist ein gebrühter Schafmilch-Hartkäse aus Griechenland. Er ist als Tafelkäse beliebt, kann aber auch in Butter oder Olivenöl gebraten und mit Zitronenachteln serviert werden (siehe *saganaki*, Rezept S. 48).

Kaymak auch als *eishta* bekannt, ist eingedickte türkische Sahne, die vor allem für Desserts verwendet wird. Sie wird bei schwacher Hitze geköchelt, bis sie auf etwa ein Sechstel ihrer ursprünglichen Menge reduziert ist. Sie ist dann so fest, daß sie sich formen und in Scheiben schneiden läßt. Um *kaymak* herzustellen, 500 ml Crème double in einen weiten, hohen Topf geben und auf niedrige Temperatur schalten. Die Crème double zum Köcheln bringen und dann bei niedriger Temperatur unter häufigem Rühren etwa 1½ Stunden erhitzen; zwischendurch von Zeit zu Zeit einen Teil der Crème double mit einer Schöpfkelle herausnehmen, hoch über den Topf halten und zurück in den Topf rinnen lassen. Dadurch wird *kaymak* mit Luft angereichert. Die Sahne ist ausreichend angedickt, wenn sich große Blasen bilden. Dann in eine flache Form geben, leicht abdecken und 2–6 Stunden an einem warmen Ort stehenlassen. Anschließend für 6–8 Stunden in den Kühlschrank stellen, damit die Masse vollkommen fest wird. Mit einem Messer am Rand der Form entlangfahren und die feste Sahne auf einen großen Teller oder ein Backblech stürzen. Zum Servieren *kaymak* zu einer Rolle formen und in etwa 2,5 cm dicke Scheiben oder in Stücke schneiden. Ist die Sahne nicht ganz fest geworden, kann man sie auch mit dem Löffel auf den entsprechenden Speisen verteilen. *Kaymak* läßt sich notfalls durch Crème fraîche ersetzen.

Kefalotiri ist ein beliebter griechischer Reibkäse, der aus unpasteurisierter Schaf- oder Ziegenmilch hergestellt wird. Junger, etwa 8 Monate alter *kefalotiri* kann als Tafelkäse gegessen werden.

Kibbeh ist eine arabische Mischung aus gehacktem Lammfleisch und Bulgur, die roh, gebraten oder fritiert (Rezept S. 182) serviert werden kann.

Kichererbsenmehl ist in Naturkostläden und Geschäften, die Spezialitäten aus dem Vorderen Orient und Indien führen, erhältlich.

Klippfisch ist gesalzener, an der Luft getrockneter Meeresfisch, wie etwa Kabeljau. Je nach Herkunft und Salzgehalt muß man ihn vor der Verwendung 12–36 Stunden in kaltem Wasser einweichen; normalerweise ist er nach 24 Stunden küchenfertig. Am besten fragt man den Fischhändler, wie lange der bei ihm gekaufte Klippfisch gewässert werden muß. Den Klippfisch zum Einweichen in eine große Schüssel mit kaltem Wasser legen und in den Kühlschrank stellen. Das Wasser mehrmals erneuern. Er ist küchenfertig, wenn er sich weiß gefärbt und sein ursprüngliches Volumen verdoppelt hat.

Korinthen siehe *Rosinen und Korinthen*

Kreuzkümmel auch Kumin genannt, sind die kleinen gelbbraunen Spaltfrüchte eines aus dem Vorderen Orient stammenden Krautes (*Cuminum cyminum*). Das Gewürz hat ein einzigartiges Aroma. Zumeist wird Kreuzkümmel gemahlen angeboten, doch ist das Aroma am besten, wenn man ihn erst unmittelbar vor der Verwendung in einer Gewürzmühle mahlt oder im Mörser zerkleinert.

Mandelpaste wird aus enthäuteten und gemahlenen Mandelkernen und Zucker hergestellt und enthält eine kleine Menge Glyzerin (oder eine ähnliche Substanz), damit sie geschmeidig bleibt. Sie ist süßer und grober als ihr naher Verwandter, das Marzipan. Mitunter wird zur Verstärkung des Aromas Mandelextrakt hinzugefügt. Mandelpaste verwendet man hauptsächlich für Backwaren, in Marokko auch zum Füllen von Fisch.

Marsala wurde erstmals 1773 von John Woodhouse für seine englischen Landsleute hergestellt, die solche gespriteten (mit Alkohol versetzten) Weine schätzten. Die Produktionszentren sind die Stadt Marsala und benachbarte Städte in Westsizilien. Marsala kann süß oder trocken sein und hat einen Alkoholgehalt von 16–20 Vol.-%.

Mastix ist ein Harz, das aus dem Mastixstrauch (*Pistacia lentiscus*) aus der Familie der Pistaziengewächse gewonnen wird. Das pulverisierte Harz wird süßem Hefebrot, Pudding und Eiscreme als Aromazutat zugesetzt. Mastix ist in Geschäften erhältlich, die Lebensmittel aus dem Vorderen Orient und aus Griechenland führen.

Melokhia sind die eßbaren Blätter der Naltajute (*Corchorus olitorius*). Sie enthalten eine zähe, klebrige Flüssigkeit und schmecken ähnlich wie Spinat oder Sauerampfer. *Melokhia* wird für die gleichnamige klassische ägyptische Suppe verwendet (Rezept S. 111) und ist getrocknet in Geschäften erhältlich, die sich auf Lebensmittel aus dem Vorderen Orient spezialisiert haben.

Meze auch *mezedakia* (arabisch *mazza*) genannt, sind kleine Speisen, die als Vorspeisen, Häppchen zu Getränken oder als Imbiß gegessen werden.

Mizithra ist ein weicher »Hüttenkäse«, der aus der Molke hergestellt wird, die bei der *feta*-Produktion anfällt. Da *mizithra* nicht exportiert wird, muß man ersatzweise frische Ricotta verwenden.

Mozzarella ist wie der *caciocavallo* ein gebrühter Knetkäse, der traditionell aus Büffelmilch, heute jedoch auch aus Kuhmilch hergestellt wird.

Oliven Grüne und schwarze eingelegte Oliven (Rezept S. 41) sind im gesamten Mittelmeerraum beliebt. Es gibt viele verschiedene Sorten und Möglichkeiten der Zubereitung. Am häufigsten findet man *niçoise,* kleine schwarzbraune provenzalische Oliven, die erst in Salzlake und dann in Olivenöl eingelegt werden; Kalamata-Oliven, schwarzviolette griechische Oliven, die häufig in Salzlake und anschließend in Essig eingelegt werden; Gaeta-Oliven, kleine, trockene, runzlige schwarze italienische Oliven; und dunkelgrüne, leicht zerdrückte Oliven, die in der Provence und in Griechenland beliebt sind.

Olivenöl spielt in der Küche aller Mittelmeerländer eine herausragende Rolle. Das beste Olivenöl ist kaltgepreßt und trägt die Bezeichnung »natives Olivenöl extra«. Sein Säuregehalt ist niedriger als 1 Prozent. Natives Olivenöl extra verliert sein Bouquet, wenn es stark erhitzt wird; am besten verwendet man es daher für kalte Gerichte oder fügt es am Ende der Garzeit hinzu. Raffiniertes Olivenöl ist auch zum Braten und Fritieren geeignet; es läßt sich bis ca. 210 °C erhitzen.

Orangenblütenwasser wird aus Orangenblüten destilliert und zum Aromatisieren von Sirups und Backwaren verwendet. Man bekommt es in Geschäften, die Lebensmittel aus dem Vorderen Orient führen, sowie in den Feinkostabteilungen guter Supermärkte. Da es ein intensives Aroma hat, sollte es sparsam verwendet werden.

Malsouqua sind hauchdünne Teigblätter aus Hartweizengrieß, die in der marokkanischen Küche für *b'stilla, briouat* und *brik* verwendet werden. Als Ersatz kann man *phyllo*-Teig oder Teigblätter für chinesische Frühlingsrollen nehmen.

Pancetta ist luftgetrockneter italienischer Bauchspeck, der mit Nelken und schwarzem Pfeffer gewürzt und häufig als wurstähnliche Rolle angeboten wird. Mitunter gibt es auch *pancetta affumicate* (geräuchert).

Paprikaschoten und **Chillies** finden häufig in der Mittelmeerküche Verwendung. Beliebt sind lange dunkelgrüne scharfe Chilischoten, die zur Spitze hin schmaler werden, und Cayenne-Chillies, kleine dünne Chilischoten, die zumeist getrocknet und gemahlen werden. Um Paprika und Chillies zu rösten und die Haut abzuziehen, die Schoten über die Gasflamme des Küchenherds halten, unter den vorgeheizten Küchengrill oder über ein Holzkohlenfeuer legen und wenden, bis die Haut rundum angekohlt ist. Die Schoten für 10–15 Minuten in eine Plastiktüte geben und anschließend die schwarze Haut abziehen. Stengel, Samen und Rippen entfernen und das Fruchtfleisch wie im betreffenden Rezept angegeben in Stücke schneiden.

Paradiessamen Es handelt sich um eine nordafrikanische Gewürzmischung, die zu gleichen Teilen aus Anissamen, Fenchelsamen, braunen Sesamsamen und schwarzen Kümmelsamen besteht und auf tunesisches Brot gestreut wird. Nicht zu verwechseln mit Paradieskörnern, einer anderen Bezeichnung für Malagettapfeffer.

Pecorino ist einer der bekanntesten italienischen Käse aus Schafmilch. Frischer Pecorino (*pecorino fresco*) ist ungereift und wird als leicht salziger Tafelkäse gegessen. Nach einigen Monaten Reifungszeit kommt Pecorino ebenfalls als Tafelkäse auf den Tisch. Mit zunehmender Reife und Festigkeit wird er zu einem würzigen Reibkäse. Die bekanntesten Sorten sind *pecorino romano* aus Rom und *pecorino sardo* aus Sizilien.

Phyllo auch *filo* geschrieben, ist das griechische Wort für »Blatt«. Die hauchdünnen Teigblätter werden in Griechenland, der Türkei und im Vorderen Orient für süße und pikante Backwaren wie Baklava, *spanokopitta, börek* und dergleichen verwendet. *Phyllo* kann als Ersatz für *malsouqua* dienen, die dünnen nordafrikanischen Teigblätter, aus denen Pasteten wie *b'stilla, brik* und *briouat* hergestellt werden. *Phyllo*-Teig ist frisch und tiefgefroren erhältlich; tiefgefrorene Teigblätter im Kühlschrank auftauen lassen. Der dünne Teig trocknet rasch aus und muß daher gut abgedeckt werden.

Picada eine Spezialität aus Katalonien, ist eine Paste aus Knoblauch, Safran, gebratenem Brot, Nüssen und mitunter Bitterschokolade. Sie wird zum Binden von Speisen wie Suppen und Eintöpfen verwendet und gewöhnlich am Ende der Garzeit hinzugefügt.

Pinienkerne sind die langen, dünnen Samenkerne aus den Zapfen der Pinie (*Pinus pinea)*, einer im Mittelmeerraum heimischen Kiefernart. Sie werden in der gesamten Mittelmeerregion für viele süße und pikante Speisen verwendet.

Pistazien sind im Vorderen Orient heimisch und besitzen eine hellbraune Samenschale, die sich leicht öffnen läßt. Die Samen selbst haben eine grüne Farbe und sind von einer braunen papierähnlichen Haut umgeben. Pistazien finden sowohl in süßen wie auch in pikanten Speisen Verwendung.

Portulak auch Postelein genannt, ist ein Wildgemüse mit rötlichen Stengeln und fleischigen Blättern, das als Zutat für den syrischen und libanesischen Salat *fattoush* (Rezept S. 45) sowie für Salate aus Griechenland und anderen benachbarten Ländern verwendet wird. Die Stengel wegwerfen und nur die zarten fleischigen Blätter verwenden.

Prosciutto ist ein roher, luftgetrockneter Schinken mit feuchtem, leicht marmoriertem, kräftig rotem Fleisch und einem Fettrand. Parmaschinken ist der bekannteste *prosciutto.*

Provolone ist ein süditalienischer Käse aus Kuhmilch. Er wird in einer Reihe von Formen und Größen hergestellt – rund, oval, birnenförmig, zylindrisch. Junger Provolone hat ein mildes Aroma; Provolone mit kräftigem Geschmack ist bis zu 1 Jahr gereift. Er gehört, wie der *caciocavallo* und die Mozarella zu den gebrühten Knetkäsesorten. Er ist auch geräuchert erhältlich.

Ras el hanout ist eine marokkanische Gewürzmischung, die gewöhnlich für Fleisch- und Wildgerichte verwendet wird. Üblicherweise enthält sie Ingwer, Pfefferkörner, Zimt, Piment, Nelken, Kardamom, schwarzen Kreuzkümmel, Anissamen, Koriander, Cayennepfeffer, Galgant, Lavendel, Muskatblüte oder Muskatnuß und Kurkuma sowie Belladonna, Spanische Fliege, Rosenknospen und manchmal noch mehr. Jeder marokkanische Gewürzhändler stellt seine eigene Mischung zusammen. Viele dieser exotischen Gewürze stehen in dem Ruf, Aphrodisiaka zu sein. *Ras el hanout* ist in Geschäften erhältlich, die sich auf nordafrikanische Lebensmittel spezialisiert haben.

Reis Sowohl Rundkorn- wie auch Langkornreis wird in der Mittelmeerküche häufig verwendet. In Italien werden vier Reissorten angebaut: *ordinario,* ein Rundkornreis mit sehr kurzen Körnern, den man für Pudding nimmt; *semifino,* ein Rundkornreis mittlerer Länge, den man für Suppen und Salate verwendet; *fino,* ein längerer Rundkornreis, der für Risotto genommen wird; und *superfino,* ein Reis mit dicken längeren Körnern, der ideal für Risotto ist. Die besten *superfino*-Sorten sind Arborio- und Carnaroli-Reis. Man kocht sie im offenen Topf und fügt die Flüssigkeit nur nach und nach hinzu. In Spanien verwendet man zumeist Rundkornreis, der vorwiegend in der Provinz Valencia angebaut wird. Er wird ebenfalls im offenen Topf gegart, doch fügt man die gesamte Flüssigkeit auf einmal hinzu und läßt den Reis am Ende der Garzeit bei ausgeschalteter Kochstelle noch einige Zeit quellen. Man verwendet ihn für Paella und andere Reisgerichte sowie für Suppen, Salate und Süßspeisen.

Obwohl man im Vorderen Orient für Pudding Rundkornreis nimmt, findet dort für andere Speisen zumeist Langkornreis Verwendung. Die gegarten Körner sind locker, aber fest und kleben nicht aneinander. Die beste und aromatischste Sorte ist Basmati (»Königin der Düfte«), den man ausreifen läßt, um seinen Feuchtigkeitsgehalt zu reduzieren. Basmati-Reis ist in Geschäften erhältlich, die Lebensmittel aus Indien und dem Vorderen Orient führen. Im Vorderen Orient wird Reis vor dem Garen gewöhnlich eingeweicht und stets im geschlossenen Topf gekocht. In Syrien bringt man gesalzenes Wasser zum Kochen und fügt dann den gewaschenen und abgetropften Reis hinzu; Butter oder Öl gibt man nach dem Garen hinzu. Im Libanon fügt man Butter oder Öl dem Kochwasser zu. In Ägypten wird Reis in Butter oder Öl angedünstet, und man fügt anschließend Wasser und Salz hinzu. In allen Fällen muß der Reis 2 Minuten kräftig kochen, anschließend reduziert man die Hitze und läßt den Reis mit fest aufgelegtem Deckel etwa 20 Minuten köcheln, bis sich an der Oberfläche kleine Löcher gebildet haben. Dann schaltet man den Herd aus und läßt den Reis vor dem Servieren noch 10 Minuten ruhen.

Reismehl ist ein pulvriges Mehl, das aus weißem Reis hergestellt und für Backwaren verwendet wird.

Ricotta bedeutet wörtlich »zweimal gekocht« eine Bezeichnung, die sich auf die Herstellung bezieht, denn für Ricotta wird die Molke von Kuhmilchkäse nochmals erwärmt. Ungereifte, ungesalzene Ricotta ist cremig und mild. Man verwendet sie für Nachspeisen wie *cassata* (Rezept S. 233) und in Füllungen für Ravioli und andere Teigwaren. Es gibt auch gereifte und gesalzene Ricotta *tipo forte;* sehr feste bis harte Ricotta *secca* wird als Reibkäse verwendet. Es gibt auch geräucherte Ricotta *salata affumicata.*

Romesco eigentlich *salsa romesco* (auch *romescu* geschrieben), ist eine scharfe katalanische Sauce aus Olivenöl, Chillies, Mandeln, Knoblauch und Tomate (Rezept S. 136). Man serviert sie zu Meeresfrüchten, Fleisch und gegrilltem Porree.

Rosenwasser wird aus stark duftenden Rosenblüten destilliert und als Aromazutat für Desserts und Sirups verwendet. Es kann ein sehr intensives Aroma haben und sollte daher sparsam verwendet werden.

Rosinen und **Korinthen** finden häufig in der Mittelmeerküche Verwendung. Man kann sie direkt in Eintopfgerichte geben, wenn sie ausreichend lange mitgaren, um weich zu werden. Anderenfalls weicht man sie für etwa 30 Minuten in heißem Wasser (oder Wein, wenn es das Rezept vorsieht) ein und gießt sie anschließend ab. Die Einweichflüssigkeit kann dem Gericht nach Belieben ebenfalls hinzugefügt werden.

Safran das arabische Wort für »gelb«, ist das teuerste Gewürz der Welt und besteht aus den getrockneten Blütennarben des

Safrankrokusses. Safran stammt ursprünglich aus Kleinasien, doch kommt der beste Safran heute hauptsächlich aus Spanien. Man sollte nicht auf billige Imitationen hereinfallen, bei denen es sich oftmals um zerstoßene Blütenblätter von Ringelblumen oder um Kurkuma handelt. Safran ist als Pulver und als Fäden erhältlich, wobei Safranfäden vorzuziehen sind. Die Fäden zur Verwendung in einem Mörser zerreiben und in warmer Flüssigkeit ziehen lassen, damit sich das Aroma entwickelt.

Sahleb ist ein beigefarbenes Pulver, das aus den getrockneten Wurzeln einer zur Familie der Orchideen gehörenden Pflanze (*Orchis mascula*) hergestellt wird. Ähnlich wie Maisstärke oder Pfeilwurzelmehl wirkt es als Bindemittel. In Griechenland und der Türkei setzt man es einem heißen Getränk aus Milch und Zucker zu. Im Libanon und in Syrien wird es zum Andicken der Grundmischung für Eiscreme verwendet.

Smen ist eine nordafrikanische geklärte gesalzene Butter mit Kräutern und einem etwas scharfen Geschmack. Verwandt mit *samneh,* arabischer geklärter Butter aus Kuh- oder Schafmilch.

Steinpilze (*Boletus edulus*), die in Frankreich *cèpes* und in Italien *porcini* heißen, zeichnen sich durch ihre fleischige Konsistenz und ihr Waldaroma aus. Frische Steinpilze werden zumeist im ganzen gegrillt oder in Scheiben geschnitten und sautiert. Sie lassen sich auch ausgezeichnet trocknen und sind in dieser Form das ganze Jahr hindurch erhältlich. Getrocknete Steinpilze gründlich abspülen, um Schmutz und Erde zu beseitigen, dann mit heißem Wasser übergießen und 1 Stunde einweichen lassen. Das Einweichwasser durch ein mit Küchenleinen ausgelegtes Sieb gießen, um die Schmutzpartikel herauszufiltern; die Flüssigkeit zum Kochen zurückstellen, denn sie ist recht schmackhaft.

Sumach ist ein Gewürz, das aus den zerstoßenen getrockneten roten Samenkörnern eines ungiftigen Sumachstrauchs besteht und einen leicht pfeffrigen, sauren, zitronenähnlichen Geschmack hat. Im Iran wird das Gewürz über Reis und gegrilltes Fleisch gestreut. Im Libanon stellt man aus Sumach, Majoran und Sesam die Gewürzmischung *zaatar* her. Ganze Samenkörner weicht man ein und verwendet die aromatisierte Flüssigkeit zum Kochen. Ganzer und gemahlener Sumach ist in Geschäften erhältlich, die Lebensmittel aus dem Vorderen Orient führen.

Tabil ist eine tunesische Gewürzmischung, die fast zu gleichen Teilen aus Knoblauch, Kümmel, Koriander und Chili besteht.

Tagine nennt man ein marokkanisches Kochgeschirr aus Terrakotta sowie die darin zubereiteten Eintopfgerichte.

Tahin ist eine dicke, ölige Paste aus gemahlenen Sesamkörnern, die im Vorderen Orient für pikante und süße Speisen verwendet wird. Bei längerem Stehen setzt sich das Öl an der Oberfläche ab, so daß die Paste vor der Verwendung durchgerührt werden muß. *Tahin* wird in Gläser oder Dosen abgefüllt und ist in gutsortierten Supermärkten, in Naturkostläden sowie in Geschäften erhältlich, die sich auf Lebensmittel aus dem Vorderen Orient spezialisiert haben.

Tapas werden in Spanien kleine Speisen genannt, die man zu einem Glas Wein genießt oder als Vorspeise. *Tapa*-Bars sind Lokale, in denen man Wein und *tapas* bekommt.

Tarama ist in Salz (und mitunter auch in Öl) eingelegter Meeräschen- oder Karpfenrogen. Man bekommt ihn in Gläsern in Geschäften, die griechische Lebensmittel führen. *Tarama* wird zusammen mit Brot, Knoblauch, Zwiebel, Olivenöl und Zitronensaft püriert und als Dip oder Aufstrich serviert, der *taramasalata* (Rezept S. 41) heißt.

Tarator ist eine arabische Sauce, die aus Tahin, Zitronensaft und Knoblauch besteht. Im Libanon, in Syrien und Ägypten bestreicht man damit gegarten Fisch (Rezept S. 60). Türkische *tarator*-Sauce wird gewöhnlich aus Olivenöl, Brotkrumen, Knoblauch, Zitronensaft oder Essig und Walnüssen oder Haselnüssen (mitunter auch Mandeln oder Pinienkernen) zubereitet und enthält üblicherweise kein *tahin.* Man reicht sie zu gebratenem Fisch oder gegartem Gemüse.

Tomatensauce Zur Zubereitung einer einfachen, leichten Tomatensauce 1,25 kg Eiertomaten aus der Dose mit ihrem Saft in der Küchenmaschine feinhacken, aber nicht pürieren. Das Ganze in einen großen schweren säurebeständigen Topf geben und 250 ml Tomatenpüree aus der Dose unterrühren. Die Sauce unter häufigem Rühren erhitzen, bis sie zu kochen beginnt, dann die Temperatur herunterschalten. Die Tomatensauce köcheln lassen, bis sie eindickt; die Garzeit ist vom Saftgehalt der Tomaten und von der gewünschten Saucenkonsistenz abhängig. Nach Belieben 2–3 Eßlöffel Olivenöl oder Butter unterrühren und die Sauce anschließend mit Salz und frisch gemahlenem Pfeffer abschmecken. Diese Grundsauce kann nach Belieben mit Knoblauch, Kräutern oder Gewürzen verfeinert werden. Im Kühlschrank hält sie sich etwa 1 Woche.

Wurstdarm ist bei Metzgern erhältlich; in der Regel muß man ihn im voraus bestellen. Es gibt dünne Schweinedärme (Durchmesser etwa 1,5 cm) und große Rinderdärme (Durchmesser 7,5–10 cm), die gesäubert und in Salz eingelegt sind. Den Wurstdarm vor der Verwendung über Nacht in Wasser einweichen, dann gründlich waschen und dazu so unter den Wasserhahn halten, daß das Wasser hindurchläuft.

Zathar ist eine gemahlene Gewürzmischung aus Sesam, Sumach und Thymian, die im Vorderen Orient auf ölbestrichenes Fladenbrot gestreut oder zum Aromatisieren von Fleischgerichten verwendet wird. Mitunter enthält diese Mischung auch Majoran.

Zitronen, eingelegte sind eine wichtige Zutat der marokkanischen Küche. In Marokko nennt man sie *msir.* Um sie selbst herzustellen, 16 unbehandelte Zitronen (etwa 2 kg) mit einer harten Bürste gründlich säubern und in ein säurebeständiges Gefäß legen. Mit kaltem Wasser bedecken und 3 Tage stehenlassen; das Wasser mindestens einmal am Tag erneuern. Die Zitronen abgießen und anschließend mit einem scharfen Messer der Länge nach vierteln, ohne die Früchte am oberen und unteren Ende zu durchtrennen. Zwischen die Schnittflächen grobes Salz drücken und die Zitronen wieder in ihre ursprüngliche Form bringen. Dann in mehrere kleine sterilisierte Einmachgläser jeweils 1 Eßlöffel grobes Salz füllen. (Kleine Gläser eignen sich am besten, da sich die Zitronen nicht lange halten, wenn die Gläser angebrochen sind.) Die gesalzenen Zitronen dicht gedrängt in die Gläser füllen, mit frisch gepreßtem Zitronensaft bedecken und die Gläser fest verschließen. (Manche Köche fügen außer Zitronensaft auch kochendes Wasser hinzu, doch ist reiner Zitronensaft am besten.) Vor der Verwendung 3–4 Tage an einem kühlen, dunklen Platz durchziehen lassen. Die Gläser während dieser Zeit gelegentlich drehen. Es macht nichts, wenn sich auf den Zitronen ein weißer Film bildet; er läßt sich abwaschen und beeinträchtigt den Geschmack in keiner Weise. Darauf achten, daß kein Öl in die geöffneten Gläser gelangt. Die Zitronen auch nicht mit einem fettigen Löffel herausnehmen, da die restlichen Zitronen im Glas sonst verderben. Angebrochene Gläser im Kühlschrank aufbewahren. Die Zitronen vor der Verwendung unter fließendem Wasser abspülen; den Saft und das Fruchtfleisch wegwerfen. Die Schale wie in den jeweiligen Rezepten angegeben in Stücke schneiden.

Danksagung

Joyce Goldstein möchte Dan Glazier und Jennifer Millar danken. Der Fotograf und die Food-Stylistin möchten folgenden Personen und Institutionen danken: Accoutrement, Mosman; Bay Tree, Woollahra; The Art of Food and Wine, Woollahra; David Jones, Sydney; Corso de Fiori, Chatswood; Orson and Blake, Woollahra; In Residence, Woollahra; Sentimental Journey, Woollahra; Sandy de Beyer, Mosman; Simple Pleasures, Neutral Bay; Sewita Marble, Silverwater; Hale Imports, Villeroy & Boch und John Dufficey. Der Verlag und die Fotografen möchten folgenden Personen und Institutionen für ihre Hilfe bei der Vorbereitung dieses Buches danken: Sigrid Chase, Richard Van Oosterhout, Kim Green, Miriam Coupe, Dawn Low, Janique Poncelet, Tori Ritchie, Fee-ling Tan, Jonette Banzon, Patty Hill, Angela Williams, Laurie Wertz, Wendely Harvey, Bruce Bailey, Tarji Mickelson.

Bildquellenverzeichnis

Der Verlag dankt folgenden Fotografen und Institutionen für die Genehmigung zur Veröffentlichung ihrer Fotos:

(Abkürzungen: u = unten, o = oben)

Allstock/David Barnes S. 23; Allstock/Ric Ergenbright S. 66; Allstock/Guy Marche S. 68; Allstock/Gary Braasch S. 73 (o); Allstock/Art Wolfe S. 94; Allstock/Connie Coleman S. 157 (o); Allstock/Will & Deni McIntyre S. 225 (u)
Australian Picture Library/Leo Meier S. 121
Comstock/Georg Gurster S. 72 (u); Comstock/Bill Elizey S. 102 (u), S. 157 (u); Comstock/Hartman-DeWitt S. 189 (o); Comstock/Ed Pieratt S. 225 (o)
FPG International/Yoichiro Miyazaki S. 26; FPG International/Travel Pix S. 64–65, 195 (o); FPG International/Ann & Myron Sutton S. 118; FPG International/Farrell Graham S. 150; FPG International/Richard Nowitz S. 152 (u); FPG International/Richard Hamilton Smith S. 194; FPG International/Michael Goldman S. 195 (u); FPG International/Ulf Sjostedt S. 220
Image Bank/Grafton Marshall Smith S. 125 (u)
Susan Katz S. 156 (o), 188
Odyssey-Chicago/Robert Frerck S. 24–25
Stock Market/David Ball S. 18; Stock Market/Tibor Bognár S. 33 (u); Stock Market/Luis Villota S. 73 (u); Stock Market/Dick Durrance S. 92–93; Stock Market/Johanna Simeone Huber S. 97; Stock Market/Bill Wassman S. 102 (o), 124; Stock Market/Harvey Lloyd S. 125 (o); Stock Market/Zefa-Everts S. 216–217
Tony Stone Worldwide/Steve Vidler S. 2–3, 146–147, 218; Tony Stone Worldwide/Stephen Studd S. 6; Tony Stone Worldwide/Robert Frerck S. 12–13; Tony Stone Worldwide/Warren Jacobs S. 14; Tony Stone Worldwide/Hugh Sitton S. 15, 184–185; Tony Stone Worldwide/David C. Tomlinson S. 21; Tony Stone Worldwide/Manfred Mehlig S. 28; Tony Stone Worldwide/Jon Bradley S. 29; Tony Stone Worldwide/Michael Busselle S. 32; Tony Stone Worldwide/Charlie Waite S. 33 (o); Tony Stone Worldwide/Nicholas De Vore S. 69, 96, 99; Tony Stone Worldwide/Richard Passmore S. 72 (o), 191; Tony Stone Worldwide/Joe Cornish S. 98; Tony Stone Worldwide/George Grigoriou S. 116–117; Tony Stone Worldwide/David Hanson S. 151; Tony Stone Worldwide/Linny M. Cunningham S. 156 (u); Tony Stone Worldwide/Leonard Nadel S. 186; Tony Stone Worldwide/Sylvain Grandadam S. 189 (u), 190, 221
Harold Sund S. 20, 120, 148, 152 (o) 153
Westlight/Jim Zuckerman Schutzumschlag; Westlight/Lawrence Manning Vorsatz; Westlight/Jon Gardey S. 19; Westlight/Craig Aurness S. 22, 103; Westlight/Brent Bear S. 224

Erläuterungen der Vignetten

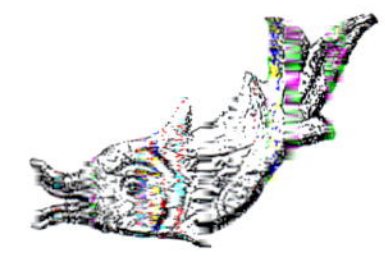

Seite 11: Die Kopten, einheimische ägyptische Christen, die der Islamisierung durch all die Jahrhunderte widerstanden, schufen im vierten oder fünften Jahrhundert diese in Kalkstein gehauene Bauplastik, die einen Delphin zeigt.

Seite 15: Das Erbe der mehr als sieben Jahrhunderte dauernden maurischen Herrschaft in Spanien spiegelt sich in diesem arabischen Golddinar wider. Obwohl die letzten Muslime bereits 1492 des Landes verwiesen wurden, prägte man in Madrid noch im 18. Jahrhundert arabische Münzen.

Seite 27: Durch eine Folge von Invasionen unterlag die spanische Kunst vielfältigen Einflüssen. Diese Bauplastik im römischen Stil ist eine Hinterlassenschaft der frühen Herrscher des zweiten Jahrhunderts v. Chr.

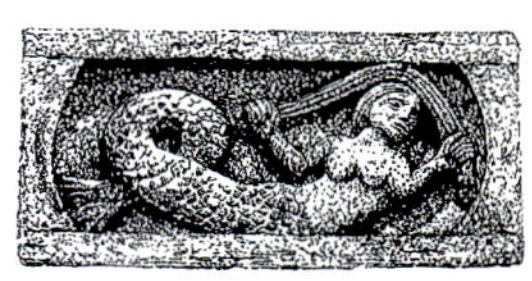

Seite 67: Heidnische Legenden wurden von europäischen Mönchen oftmals im Sinne des christlichen Glaubens umgedeutet, um dem unwissenden Publikum die Gefahren der Sünde vor Augen zu führen. Die Meerjungfrau war in diesem Zusammenhang ein beliebtes Objekt der mittelalterlichen Steinmetze, die im Dienst der Kirche standen.

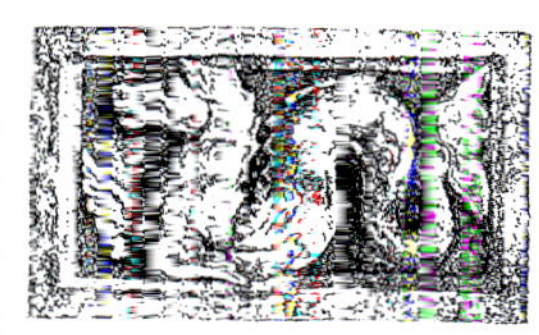

Seite 95: Dieses Relief, das sich auf einem Kalksteinsarkophag (ca. zweites Jahrhundert v. Chr.) befindet, markiert die Blütezeit der etruskischen Zivilisation. Das wenige, was wir heute über die etruskische Kultur wissen, verdanken wir den archäologischen Funden in ihren Gräbern.

Seite 119: Mykenische Kunsthandwerker schufen einen hochentwickelten eigenen Stil. Dieser griechische Vorratsbehälter aus dem 14. Jahrhundert verdeutlicht die charakteristische Schlichtheit und Formgebung der mykenischen Motive.

Seite 149: Dekorative Kufi- und Neschi-Schriftzeichen aus osmanischer Zeit wurden hier so abgewandelt, daß sie Noahs Arche darstellen. Kalligraphische Ornamente in kufischer Schrift entwickelten sich bereits im 8. Jahrhundert zu einem wichtigen Element der islamischen Kunst.

Seite 187: Seine Machtstellung verdankte das alte Phönizien (der heutige Libanon) dem Mittelmeer. Als meisterhafte Schiffsbauer und Navigatoren waren die Phönizier um 1250 v. Chr. eine bedeutende Handelsmacht, und das Land war ein diplomatisches und wirtschaftliches Zentrum der Alten Welt.

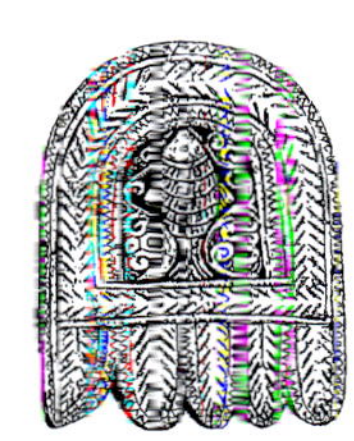

Seite 219: Dieser marokkanische Brustschmuck in Form einer Hand, die einen Fisch hält, dokumentiert die Anerkennung der lebensspendenden Kräfte des Mittelmeers. Seit frühester Zeit ist das Mittelmeer ein wesentliches Bindeglied für den Handel.

Register

Kursiv gesetzte Seitenzahlen beziehen sich auf die Abbildungen, **fettgedruckte** Seitenzahlen auf die Stichworte im Glossar.